登山口がわかる！

九州の名山115

上島昭宣

Uejima Akinobu

海鳥社

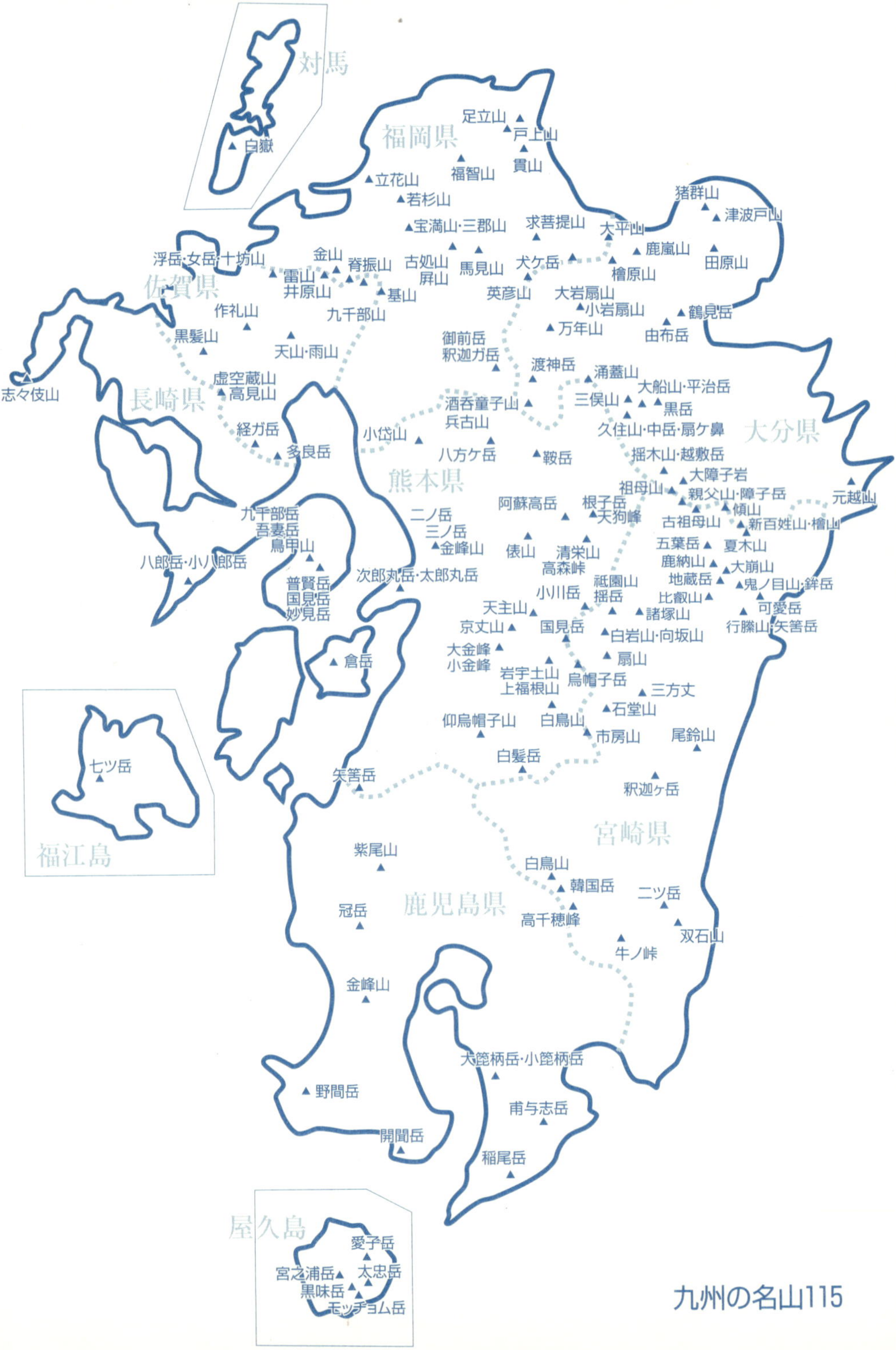
対馬
白嶽
福岡県
足立山
戸上山
福智山
貫山
立花山
若杉山
宝満山・三郡山
求菩提山
大平山
猪群山
津波戸山
浮岳・女岳・十坊山
金山
脊振山
古処山
屏山
馬見山
犬ケ岳
鹿嵐山
田原山
雷山
井原山
基山
檜原山
佐賀県
英彦山
大岩扇山
小岩扇山
鶴見岳
由布岳
作礼山
九千部山
万年山
黒髪山
天山・雨山
御前岳
釈迦ガ岳
志々伎山
虚空蔵山
高見山
渡神岳
涌蓋山
大船山・平治岳
長崎県
酒呑童子山
兵古山
三俣山
黒岳
経ガ岳
小岱山
久住山・中岳・扇ケ鼻
大分県
多良岳
八方ケ岳
鞍岳
揺木山・越敷岳
熊本県
大障子岩
祖母山
親父山・障子岳
元越山
阿蘇高岳
根子岳
天狗峰
傾山
九千部岳
二ノ岳
三ノ岳
古祖母山
新百姓山・檜山
吾妻岳
金峰山
五葉岳
夏木山
鳥甲山
俵山
清栄山
八郎岳・小八郎岳
高森峠
鹿納山
大崩山
普賢岳
次郎丸岳・太郎丸岳
地蔵岳
鬼ノ目山・鉾岳
国見岳
祇園山
小川岳
妙見岳
揺岳
比叡山
可愛岳
天主山
諸塚山
京丈山
国見岳
白岩山・向坂山
行縢山・矢筈岳
倉岳
大金峰
小金峰
扇山
岩宇土山
烏帽子岳
上福根山
三方丈
七ツ岳
石堂山
仰烏帽子山
白鳥山
市房山
尾鈴山
白髪岳
矢筈岳
釈迦ヶ岳
福江島
宮崎県
紫尾山
白鳥山
韓国岳
二ツ岳
冠岳
鹿児島県
高千穂峰
双石山
牛ノ峠
金峰山
大箆柄岳・小箆柄岳
野間岳
甫与志岳
開聞岳
稲尾岳
屋久島
愛子岳
宮之浦岳
太忠岳
黒味岳
モッチョム岳

九州の名山115

宮之浦岳（鹿児島）山頂にて

鶴見岳（大分）下山の際に足をのばした
鞍ヶ戸山頂にて。後方は由布岳

巨岩が重なる天狗岩（大分）

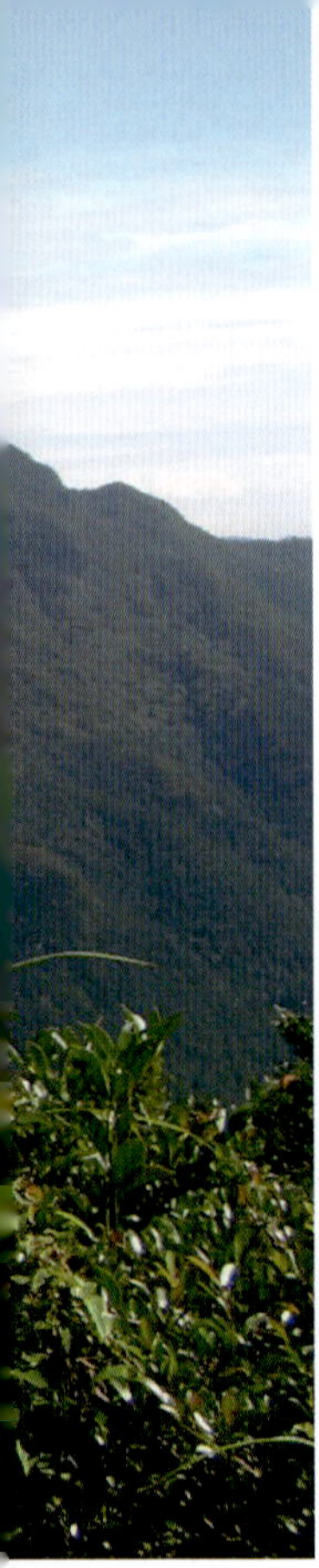

▶飯盛ヶ城から由布岳（大分）をバックに
▼犬ヶ岳（福岡）の難所、笈吊岩

アケボノソウ（仰烏帽子岳）

リンドウ（俵山）

ギンリュウソウ（求菩提山）

黄ホトトギス（鉾岳）

風露草（根子岳）

▶かぶと岩展望所から紅葉の清水谷へ（阿蘇北外輪山）

吾妻岳（長崎）の観音岩

▲高住神社（英彦山）の天狗杉

◀御前岳（福岡）登山口近くにある杣の大吊橋

▲白鳥山（宮崎）展望所の石灰岩
▶白嶽（長崎）山頂真下の岸壁

▲大川（おおこ）の滝（鹿児島）
◀新百姓山（宮崎）登山道にあるブナの巨木

太忠岳（鹿児島）の蛇紋杉

▲次郎丸岳（熊本）頂上付近の大岩
▶市房山（熊本）のチョックストーン

薩摩富士とも呼ばれる美しい円錐状の開聞岳（鹿児島）

▲黒味岳山頂の大岩（鹿児島）
◀扇山（宮崎）登山道にあるイチイの古木

▲石堂山（宮崎）の鎖場
▼宮之浦岳（鹿児島）から永田岳を望む
◀菊池渓谷広河原の清流

▲冠岳（鹿児島）の天狗岩
◀万年山（大分）の樹氷

▶小文字山（福岡）から響灘を望む
▼鹿納山（宮崎）で九州百名山完登

▲野間岳（鹿児島）山頂から野間岬の眺望
▼高祖山（福岡）山頂から望む糸島富士

はじめに

　定年を迎え、社会の一線から退くと、時間に余裕ができ、仕事に追われていたときにくらべ、普段の生活のネジが緩み、行動もルーズになる。

　身体の方も徐々に弱ってくるような気になってしまう。十年近く、ウォーキングや登山をしていた家内に誘われ、近辺の低山に登り始め、体力がついてくると高い山に登ってみようかと思うようになってきた。平成十八（二〇〇六）年の春、家内と二人で、会員二名だけの「イケドン会」を結成し登山を始めることになった。イケドンとはイケイケドンドンから採った名称で、それこそテレビの天気予報を見て、晴れと出れば、その晩に支度して、翌日の早朝には家を出るというようなものである。それに比例するように体力がついてくるのがわかり始め、ますます山の魅力にひかれ、あっという間に多くの山に登ることができた。

　登山には早朝のおいしい自然の空気を存分に吸い、春夏秋冬の山の変化を見る楽しさがある。また、山には人との出会いがあり、珍しい花を目にする喜びもある。帰りには温泉も待っている。

　登山を始めて五年目を迎えている。年齢は上がっていくが、体の方は今のところまだまだ健康であると自負している。自然に負荷がかかる山登りは体力維持にもってこいの健康法である。長寿国日本では高齢者人口が増え続け、その医療問題も避けては通れない。ひとり一人が健やかで心豊かに生活できるよう、健康維持に努めることが肝要だろう。

登山にまったく素人の私どもが登れた。健康寿命の延伸は自分自身のやる気ひとつだと思う。

マイカーでの日帰り登山の一部、九州では名の知れた山々を紹介する。

登山のとき、一番困ったのは、登山口がすぐにわからなかったことだった。これから初めて登山に挑戦される人にわかりやすく、本書はアクセスを中心に書いてみた。

「登山口がわかれば九州の山は登れたようなもの」とは言い過ぎだろうか。

最後に、出版にあたりお世話になった海鳥社社長西俊明氏、編集の柏村美央さんに、感謝申し上げます。

平成二十二年九月

上島昭宣

本書はつぎの要領で記載した

□筆者が登山した順に掲載し、文は登山道を中心にできるだけシンプルにした

□複数県にまたがる山の県別分類では、出発した登山口が存在した方の県とした

□山名や標高は『日本山名辞典』（三省堂）による

□山名由来は『日本山岳ルーツ大辞典』（竹書房）を参考にした

□登山路の中での（　）は地点着と発時間である。なお、休憩時間は５分以上で５分単位とした。メモ程度の時間は省略している

□登山ルートの地図は、国土地理院の５万分の１地図をもとに、「カシミール３Ｄ」より作成した

□三角点は一等三角点のみ記載した

□地名表記は、市町村合併で判明した分は新行政区名で記入したが、旧行政区のままで記しているカ所もある。ご勘弁願いたい

□各文末の項目「花」は、その山の代表的なものを挙げ、開花時期は目安である。「温泉」は実際に入浴したところであり、下山口付近に温泉がなかった場合は、帰路に利用した施設である

□付録としてトレッキングを７つ追加した

□記事のなかに記載されている俳句は、すべて家内の即興の句で、登山中にメモしていたものである

□アクセスにおける自宅は宗像市、「山荘かつらの樹」は南阿蘇村である

以上

登山口がわかる！　九州の名山115■目次

はじめに　11

登山口がわかる！　九州の名山115……19

1　九千部山　20　▽佐賀県・福岡県
2　脊振山　22　▽福岡県・佐賀県
3　金山　25　▽福岡県・佐賀県
4　雷山・井原山　27　▽福岡県・佐賀県
5　作礼山　29　▽佐賀県
6　天山・雨山　31　▽佐賀県
7　犬ヶ岳　33　▽福岡県・大分県
8　求菩提山　36　▽福岡県
9　三俣山　37　▽大分県
10　英彦山　40　▽福岡県・大分県
11　黒岳　43　▽大分県
12　黒髪山　46　▽佐賀県
13　虚空蔵山・高見岳　48　▽長崎県
14　祖母山　50　▽宮崎県・大分県
15　多良岳　53　▽佐賀県・長崎県
16　経ヶ岳　55　▽佐賀県・長崎県
17　普賢岳・国見岳・妙見岳　57　▽長崎県
18　八郎岳・小八郎岳　59　▽長崎県
19　九千部岳・吾妻岳・鳥甲山　62　▽長崎県
20　御前岳・釈迦ヶ岳　66　▽福岡県・大分県
21　阿蘇高岳　69　▽熊本県
22　根子岳東峰・天狗峰　72　▽熊本県
23　傾山　74　▽大分県・宮崎県
24　久住山・中岳・扇ケ鼻　77　▽大分県
25　小川岳　79　▽熊本県・宮崎県
26　渡神岳　81　▽大分県
27　基山　83　▽佐賀県・福岡県
28　大岩扇山・小岩扇山　85　▽大分県
29　鞍岳　87　▽熊本県
30　清栄山・高森峠　89　▽熊本県
31　檜原山　91　▽大分県
32　大平山　93　▽大分県・福岡県
33　戸ノ上山　95　▽福岡県
34　鹿嵐山　97　▽大分県
35　猪群山　99　▽大分県
36　津波戸山　101　▽大分県
37　田原山（鋸山）　103　▽大分県
38　二ノ岳・三ノ岳・金峰山（一ノ岳）　105　▽熊本県
39　八方ケ岳　108　▽熊本県
40　浮嶽・女岳・十坊山　110　▽佐賀県・福岡県
41　小岱山　113　▽熊本県
42　次郎丸岳・太郎丸岳　115　▽熊本県
43　倉岳　117　▽熊本県
44　志々伎山　119　▽長崎県

45 若杉山 121 ▽福岡県
46 祇園山・揺岳 123 ▽宮崎県
47 諸塚山 125 ▽宮崎県
48 白岩山・向坂山 127 ▽宮崎県
49 緩木山・越敷岳 130 ▽大分県
50 天主山 133 ▽熊本県
51 大金峰・小金峰 135 ▽熊本県
52 高千穂峰 137 ▽鹿児島県・宮崎県
53 白鳥山 139 ▽宮崎県
54 韓国岳 141 ▽宮崎県・鹿児島県
55 大船山・平治岳 144 ▽大分県
56 京丈山 147 ▽熊本県
57 紫尾山 150 ▽鹿児島県
58 矢筈岳 152 ▽熊本県・鹿児島県
59 鶴見岳 154 ▽大分県
60 俵山 156 ▽熊本県
61 稲尾岳 158 ▽鹿児島県
62 甫与志岳 160 ▽鹿児島県
63 冠岳 162 ▽鹿児島県
64 金峰山 164 ▽鹿児島県

65 野間岳 166 ▽鹿児島県
66 開聞岳 168 ▽鹿児島県
67 親父山・障子岳 170 ▽宮崎県・大分県
68 古祖母山 172 ▽宮崎県・大分県
69 白髪岳 174 ▽熊本県
70 仰烏帽子山 176 ▽熊本県
71 比叡山 179 ▽宮崎県
72 行縢山・矢筈岳 182 ▽宮崎県
73 鉾岳・鬼の目山 184 ▽宮崎県
74 可愛岳 187 ▽宮崎県
75 元越山 190 ▽大分県
76 大崩山 192 ▽宮崎県
77 福智山 195 ▽福岡県
78 涌蓋山 197 ▽熊本県・大分県
79 尾鈴山 199 ▽宮崎県
80 地蔵岳 202 ▽宮崎県
81 釈迦ヶ岳 205 ▽宮崎県
82 双石山 207 ▽宮崎県
83 牛ノ峠 209 ▽宮崎県
84 扇山 211 ▽宮崎県

85 大篦柄岳・小篦柄岳 214 ▽鹿児島県
86 七ツ岳 217 ▽長崎県
87 二ツ岳 220 ▽宮崎県
88 夏木山 222 ▽大分県・宮崎県
89 五葉岳 225 ▽宮崎県
90 国見岳 226 ▽熊本県・宮崎県
91 烏帽子岳 229 ▽宮崎県・熊本県
92 白鳥山 232 ▽宮崎県・熊本県
93 白嶽 235 ▽長崎県
94 三方岳 238 ▽宮崎県
95 石堂山 240 ▽宮崎県
96 宝満山・三郡山 243 ▽福岡県
97 宮之浦岳 246 ▽鹿児島県
98 黒味岳 250 ▽鹿児島県
99 愛子岳 252 ▽鹿児島県
100 大障子岩 255 ▽大分県
101 市房山 258 ▽熊本県・宮崎県
102 高祖山 261 ▽福岡県
103 新百姓山・檜山 263 ▽宮崎県・大分県

104　岩宇土山・上福根山　266　▽熊本県

105　酒呑童子山・兵古山　269　▽大分県

106　太忠岳　272　▽鹿児島県

107　モッチョム岳（本富岳）　275　▽鹿児島県

108　古処山・屏山　277　▽福岡県

109　馬見山　280　▽福岡県

110　由布岳　282　▽大分県

111　立花山　284　▽福岡県

112　貫山　286　▽福岡県

113　足立山・小文字山　289　▽福岡県

114　万年山　291　▽大分県

115　鹿納山　293　▽宮崎県

トレッキング7コース…………297

南阿蘇外輪壁を歩く　一　298
雪の地蔵峠から駒返峠へ　熊本県

宗像四塚連峰縦走　福岡県　300

英彦山を歩く　一　303
裏英彦山　福岡県

紅葉の菊池渓谷　熊本県　307

南阿蘇外輪壁を歩く　二　310
地蔵峠から護王峠往復　熊本県

英彦山を歩く　二　312
峰入り古道　福岡県

錦繍の霧立越　宮崎県　315

おわりに　319

登山口がわかる！　九州の名山115　県別山名

福岡県

2 脊振山 22 ▽ 3 金山 25 ▽ 4 雷山・井原山 27 ▽ 7 犬ヶ岳 33 ▽ 8 求菩提山 36
10 英彦山 40 ▽ 20 御前岳・釈迦ヶ岳 66 ▽ 33 戸ノ上山 95 ▽ 45 若杉山 121 ▽ 77 福智山 195
96 宝満山・三郡山 243 ▽ 102 高祖山 261 ▽ 108 古処山・屏山 277 ▽ 109 馬見山 280 111 立花山 284
112 貫山 286 ▽ 113 足立山・小文字山 289

佐賀県

1 九千部山 20 ▽ 5 作礼山 29 ▽ 6 天山・雨山 31 ▽ 12 黒髪山 46 ▽ 15 多良岳 53
16 経ヶ岳 55 ▽ 27 基山 83 ▽ 40 浮嶽・女岳・十坊山 110

長崎県

13 虚空蔵山・高見岳 48 ▽ 17 普賢岳・国見岳・妙見岳 57 ▽ 18 八郎岳・小八郎岳 59
19 九千部岳・吾妻岳・鳥甲山 62 ▽ 44 志々伎山 119 ▽ 86 七ツ岳 217 ▽ 93 白嶽 235

熊本県

21 阿蘇高岳 69 ▽ 22 根子岳東峰・天狗峰 72 ▽ 25 小川岳 79 ▽ 29 鞍岳 87 ▽ 30 清栄山・高森峠 89
38 二ノ岳・三ノ岳・金峰山（一ノ岳） 105 ▽ 39 八方ケ岳 108 ▽ 41 小岱山 113 ▽ 42 次郎丸岳・太郎丸岳 115
43 倉岳 117 ▽ 50 天主山 133 ▽ 51 大金峰・小金峰 135 ▽ 56 京丈山 147 ▽ 58 矢筈岳 152
60 俵山 156 ▽ 69 白髪岳 174 ▽ 70 仰烏帽子山 176 ▽ 78 涌蓋山 197 ▽ 90 国見岳 226

101 市房山 258 ▽ 104 岩宇土山・上福根山 266

大分県

9 三俣山 37 ▽ 11 黒岳 43 ▽ 23 傾山 74 ▽ 24 久住山・中岳・扇ケ鼻 77 ▽ 26 渡神岳 81
28 大岩扇山・小岩扇山 85 ▽ 31 檜原山 91 ▽ 32 大平山 93 ▽ 34 鹿嵐山 97 ▽ 35 猪群山 99
36 津波戸山 101 ▽ 37 田原山（鋸山） 103 ▽ 49 緩木山・越敷岳 130 ▽ 55 大船山・平治岳 144
59 鶴見岳 154 ▽ 75 元越山 190 ▽ 88 夏木山 222 ▽ 100 大障子岩 255 ▽ 105 酒呑童子山・兵古山 269
110 由布岳 282 ▽ 114 万年山 291

宮崎県

14 祖母山 50 ▽ 46 祇園山・揺岳 123 ▽ 47 諸塚山 125 ▽ 48 白岩山・向坂山 127 ▽ 53 白鳥山 139
54 韓国岳 141 ▽ 67 親父山・障子岳 170 ▽ 68 古祖母山 172 ▽ 71 比叡山 179 ▽ 72 行縢山・矢筈岳 182
73 鉾岳・鬼の目山 184 ▽ 74 可愛岳 187 ▽ 76 大崩山 192 ▽ 79 尾鈴山 199 ▽ 80 地蔵岳 202
81 釈迦ヶ岳 205 ▽ 82 双石山 207 ▽ 83 牛ノ峠 209 ▽ 84 扇山 211 ▽ 87 二ツ岳 220
89 五葉岳 225 ▽ 91 烏帽子岳 229 ▽ 92 白鳥山 232 ▽ 94 三方岳 238 ▽ 95 石堂山 240
103 新百姓山・檜山 263 ▽ 115 鹿納山 293

鹿児島県

52 高千穂峰 137 ▽ 57 紫尾山 150 ▽ 61 稲尾岳 158 ▽ 62 甫与志岳 160 ▽ 63 冠岳 162
64 金峰山 164 ▽ 65 野間岳 166 ▽ 66 開聞岳 168 ▽ 85 大箆柄岳・小箆柄岳 214 ▽ 97 宮之浦岳 246
98 黒味岳 250 ▽ 99 愛子岳 252 ▽ 106 太忠岳 272 ▽ 107 モッチョム岳（本富岳） 275

登山口がわかる！　九州の名山115

1　九千部山　847m

佐賀県・福岡県

登山日　2006年3月15日（水）晴

【アクセス】　自宅（8：10）⇩古賀IC⇩鳥栖IC下車⇩国道34号線元町信号右折⇩県道31号線を久留米方面へ5km走った地点にある立石信号（立石バス停、御手洗の滝の標識あり）より右折し、車道を約3km入ると御手洗の滝キャンプ場駐車場到着（9：30／66km）。

【登山路】　歩行時間4時間（往150分・復90分）

佐賀県鳥栖市と福岡県筑紫郡那珂川町の境（脊振山地の東端）にある花崗岩類からなる台地状の山である。ブナの自然林が残っている。また、サクラツツジの北限とも言われている。

　駐車場から清流を右に見ながら200mほど歩くとキャンプ場で、その先に**御《お》手《ちょう》洗《ず》の滝**があり、ここに登山口がある（9：50）。緩やかな山道をアップダウンす

御手洗の滝

トーテムポールのある山頂

ると滝上流の渓流沿いに出る。小さな木橋を渡り杉木立を行く。沢沿いに杉の落ち葉を踏みながらゆっくりと進む。前日に降った雪が、葉だれ雪となり顔に降り注ぐ。なんとも心地よい。

杉林から自然林に変わって間もなく林道に出た。林道を横切るとすぐに東屋《あずまや》がある（10：45）。屋根やその周囲は雪で白く輝いている。ここからアカガシやツバキなどの常緑樹で薄暗い感じの林の中を道を探すようにゆっくりゆっくり登ると、青色のトーテムポールが見えてくる。ここが**石谷山**７５４ｍである（11：20—11：30）。ベンチがあったので一息つく。

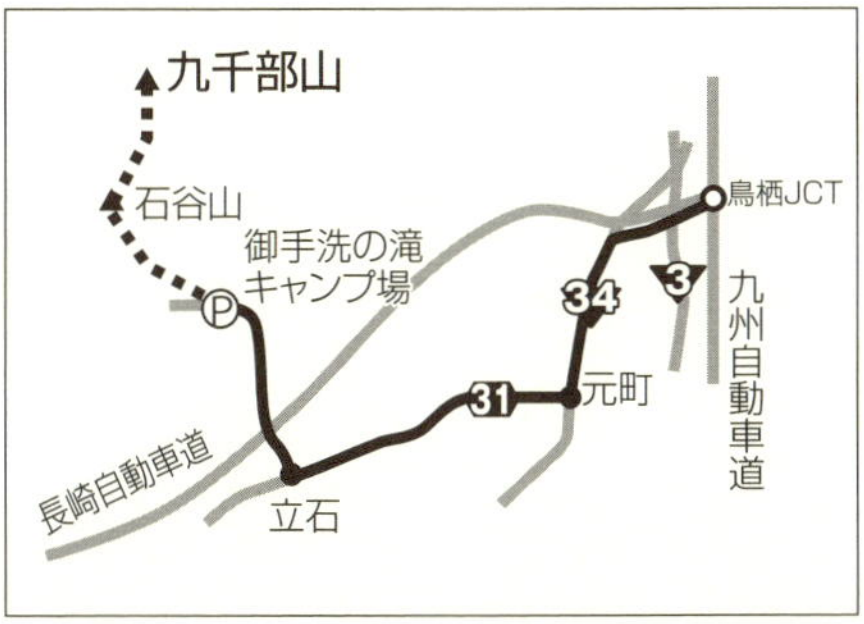

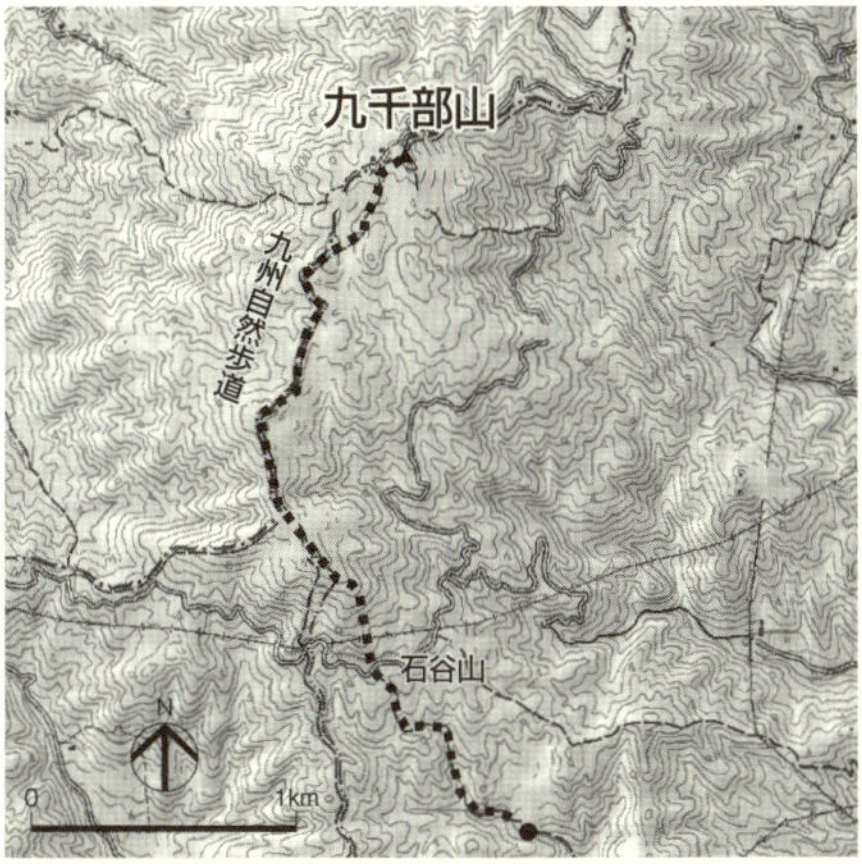

5分ほど登ると**三領堺峠**で七曲峠方面から延びてきている九州自然歩道と合流し歩きやすくなる。ほどなくブナ・コナラ・カエデなどの落葉樹になり、青空が見え、道は落ち葉の絨毯である。上へ行くほど陽が当たり雪が溶けだして歩きにくい。

ミツバツツジ・シロモジ・イヌツゲ・ヤマボウシなどの雑木林が現れ出すと山頂は近い。ＮＨＫや民間のテレビ塔を回り込むと**九千部山**頂である（12：30—13：00）。正面に祠と展望台がある。展望台からは３６０度の展望が得られる。筑後平野、宝満山・三郡《さんぐん》山のドーム、博多湾また太宰府や筑紫野方面も望める。登り初めは吐く息が白く、寒く感じながら登ったが頂上に着くころには気温も上がり、空は雲一つない日本晴れで爽快である。

下山は往路を戻る。石谷山（13：40）、御手洗の滝登山口着（14：30）。

✲花　ヤマボウシ（6月）
♨温泉　脇田温泉喜楽荘
⊞地図　中原
☎問い合わせ
鳥栖市役所＝0942（85）3500

2 脊振山 1055m

福岡県・佐賀県

登山日 2006年3月26日（日）曇

【登山口へのアクセス】 自宅（6：55）⇩福岡都市高速香椎東入口⇩百道ランプ（35ｋｍ）下車⇩国道263号線荒江（38ｋｍ）⇩早良平尾信号（45・2ｋｍ）より左折し、県道136号線に入る。2・4ｋｍほど走って大門信号（47・6ｋｍ）より右折⇩西鉄椎原バス停（50・3ｋｍ）の200ｍ先から右折し、集落を通り抜け、狭い道を「舟石橋」（52・8ｋｍ）まで走る。

ここから直進し、車1台ぐらいしか通れないような狭い道を400ｍほどで椎原峠コースの登山口に着く（8：40／53・2ｋｍ）。10台駐車可。（なお、舟石橋の近くに「車谷コース」の登山口もある）

【登山路】 歩行時間5時間50分（往150分・復200分）

福岡市早良区と佐賀県神埼市（旧脊振村）の境に位置する山で、脊振山地の最高峰である。かっては多くの宿坊があり、修験道の山として繁栄し、山頂には今も弁財天が祀られている脊振神社上宮がある。

9時ちょうどに出発。沢沿いに歩くこと5分、杉木立の入口に小さな「椎原峠へ」という案内板があり、間違いないルートだと安心して歩いていると、突然びっくりするような大きなメタセコイヤの美林場所に入る。100ｍ四方ほどの広さのなかに何百本もそびえ立っている。160年前に中国から入ってきた木がこんな山の中にあるなんてビックリする。落葉中で空まで見えるので一本一本がなおさら高く感じられる。

ここから数分で林道に出る（9：20）。林道を横切って杉林、檜林を通り過ぎるとクヌギ、カシ、ミツバツツジなどの灌木地帯に入り、やがて山道の左側に小さな地蔵菩薩が二体祀られている。

お地蔵さんから間もなくで**椎原峠**に着く（9：50）。ここは脊振山から金山方面への縦走路（九州自然歩道の通過地点）で、ちょっとした広場があり、脊振山へ4ｋｍ、金山へ4・6ｋｍの道標がある。イヌシデ、ミズナラ、アカガシなどの自然林が多く見られるところである。

しばらく歩いて背の高い樹木がなくなってくると福岡

ドーム方面がみえる眺望のよいところがあり、やがて「**唐人の舞**」の案内がある。その昔、唐から来た人が風景があまりに良いのと故郷を思う気持ちから上って舞ったという大岩（10：25）である。

　岩の上から有明海や博多湾も見える。この岩から縦走路に戻り、10分ほどで右側が開けた広い花崗岩の台地（ガレバ）があるがそのまま先を急ぐ。太鼓岩（10：40）は案内板を読むだけにして自然歩道を楽しみながら歩くと車道に出た。左は福岡管区気象台である。右へ車道を500mぐらい下った所が**矢筈峠**（11：00）である。

メタセコイアの美林

舟石橋付近からの急坂だが短い距離で登れる車谷コースからの出口らしい。ここ矢筈峠の案内板も小さくて木の根っ子に置いてあるだけでわかりにくい。

　ここから1・3kmほど車道を上ると古びたセメントづくりの展望台がある。

　上がってみると脊振山頂付近の山全体の形がわかる。ここを過ぎると立派な木板道が長く続く。そのうち航空自衛隊脊振駐屯地が目の前に見えてくる。その横を金網沿いに石段の参道を登っていくと脊振神社上宮の鳥居があり、その裏に山頂を示す**脊振山**山頂の標識が立っていた（11：30—12：10）。あいに

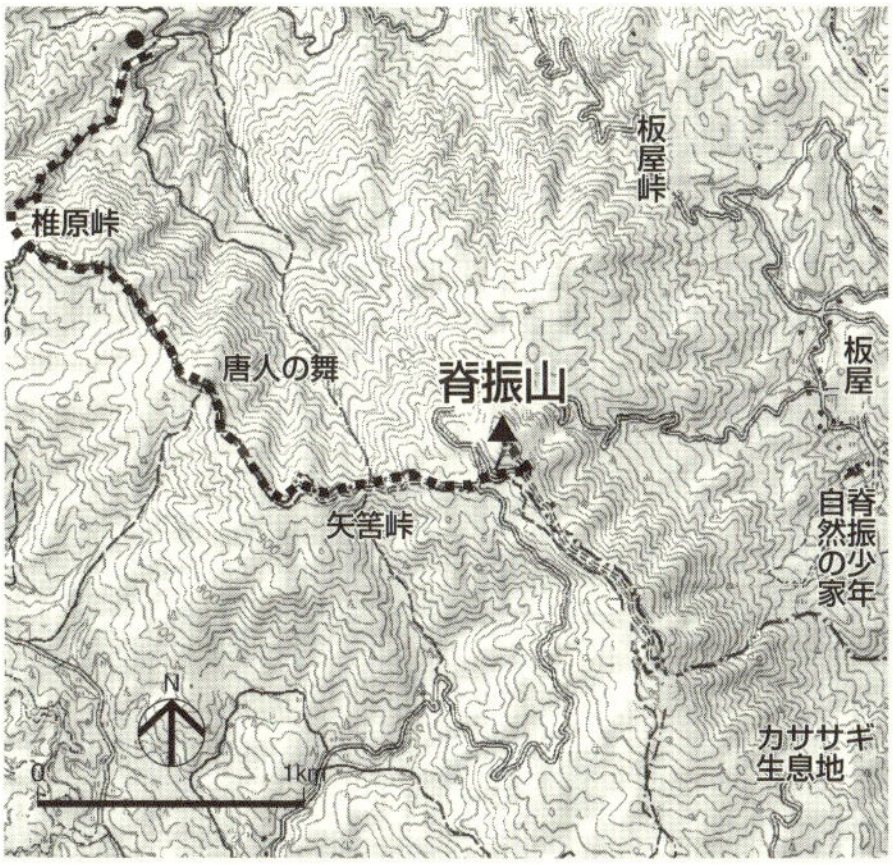

山頂は脊振神社上宮

く山頂は霧が出ていて周囲がよく見えなくて残念であった。

　下山は往路を戻る。矢筈峠先の車道から自然歩道への入口（12：45）から**太鼓岩**はすぐなので行ってみる。二つ重なった大きな岩の上に上るとボンボンと音がした。家内とかわるがわる上がって足を動かし鳴らしてみた。確かによく鳴る。もと来た道を帰る。往復20分だった（13：15）。ガレバを過ぎると歩道はミツバツツジの長いトンネルが続く。この日は、まだ花も葉もない枝の下を通るだけだったが、5、6月頃になれば見事な花のトンネルになるだろう。唐人の舞（13：40）を経て椎原峠へ戻る（14：10）。

　展望のよい鬼ケ鼻岩がここから1kmと近いし、せっかくだから行ってみることにした。25分で到着した（14：35－14：45）。花崗岩でできた絶壁の岩に立つと足が震える。

　恐るおそる身体を這いつくばって下方を覗いてみると50m以上あるような絶壁である。海や市街がよく見える展望台といえる。この付近にはマンサクやツクシシャクナゲがあるが花は見れなかった。また椎原峠にバックして、清流で汗を流し、のんびり下山する。駐車場着（15：40）。

✿花　ミツバツツジ・シャクナゲ（5月）、ヤマツツジ・ヤマボウシ（6月）

♨温泉　椎原温泉梁山泊

⊞地図　脊振山

☎問い合わせ

　福岡市役所観光課＝092（711）4111

3 金山 967m

福岡県・佐賀県
一等三角点

登山日 2006年4月7日（金）晴

小爪峠のシロモジの花

【アクセス】 脊振山（22頁）の椎原峠コース登山口までのルートを参照。

【登山路】 歩行時間6時間（往180分・復180分）

福岡市早良区と佐賀県神埼郡三瀬村の境に位置し、脊振山地の主峰脊振山の西北にそびえる山である。断層地形のため福岡県側は断崖や滝が多い。また、尾根にはブナ林やツクシシャクナゲの群落がみられる。

登山口（駐車場8：30）から椎原峠の方へ5分ほど歩いたところから長さ5mくらいの朽ちかけた木橋を右へ渡り、椎原峠コースと分かれて**鬼ケ鼻岩**への直登ルートを辿る（椎原峠を経由すれば20分ほど余計にかかる）。

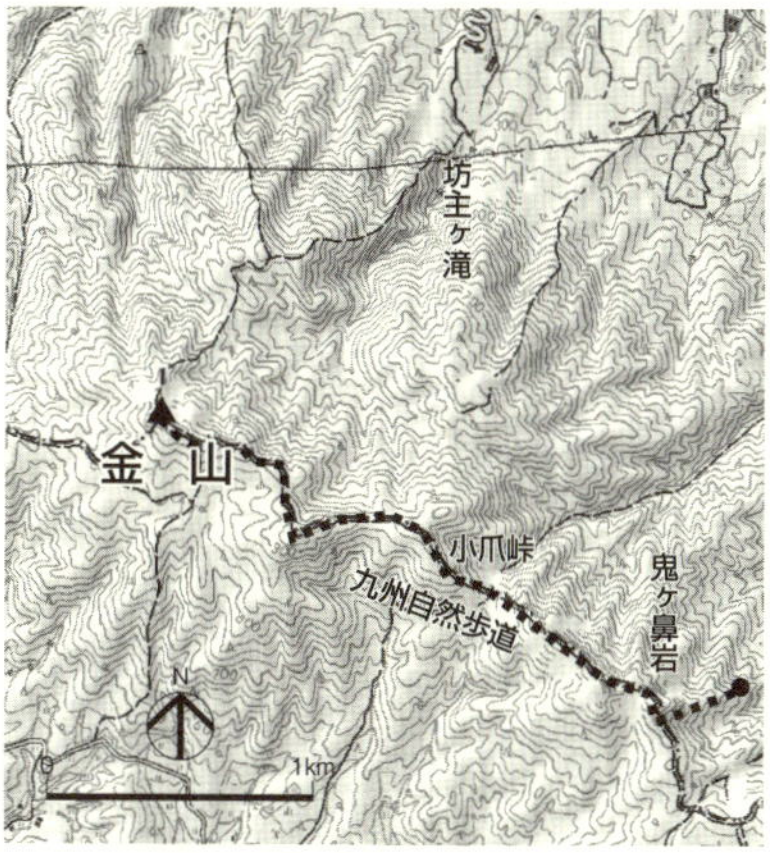

途中2回渓流を渡り、林道に出る（8：50）。杉林をしばらく歩くと背の低い灌木林になり、やがて正面に小さな滝がみえてくる。急斜面を登り、支尾根に上がると鬼ケ鼻への分岐標識がある（9：05－9：10）。道も平坦で青空も見える。樹間からは絶壁の大岩（鬼ケ鼻）が覆い被さってきそうに見える。標識通りに進むと絶壁の真下に着く。

花はまだだがコブシやマンサクもあるようだ。木や石を掴み四つ足で這うように、しがみつくようにして登り鬼ケ鼻の岩上に立つ（9：40－

樹林に囲まれた山頂

9：50）。博多湾や福岡市街が見える。下を覗けば足が震える断崖絶壁である。

鬼ケ鼻岩のすぐ後ろが脊振山方面から金山への九州自然歩道となっている。歩きやすい道だろうと思ったが、岩、岩のヤセ尾根続きで気をつけなければ落ちそうだ。ブナやミツバツツジも見られる尾根道をゆっくり辿っていく。

ツクシシャクナゲの群落地を過ぎると間もなく漁師岩山893mに上る（10：25）。この岩場からどんどん下ると**小爪峠**《こづめ》（10m四方ほどのカヤトの広場で井手野や湯野方面への案内あり）に着く（10：40―10：45）。周囲はシロモジの新芽が黄色の花にみえてマンサクの花と間違うほどだった。

小爪峠からアカガシやツバキなど常緑樹の下をてくてくと登っていくと金山と西山の分岐の立札がある（11：00）。このあたりからブナ林になり地面は笹の原になってくる。金山まで1・2km地点付近では金山の頂上が視界に飛び込む展望のよい場所がある。思わずシャッターを切る。アップダウンをくり返しながら先を急ぐと鍋島藩番所の説明板（11：45）が眼前に突然現れる。この200m先が**金山**山頂だった（11：50）。頂上は5m四方ほどの広場で南西方向に展望がひろがる。天山や井原山が見える。金山という名称は金・銀・銅・錫《すず》などの鉱石を埋蔵している山ということから付けられているようである。そこいらに転がっている石が太陽に照らされてキラキラ光る。

下山は往路を戻る（12：15）⇩西山分岐（13：10）⇩小爪峠（13：20―13：30）⇩猟師岩山（13：50）⇩鬼ケ鼻岩（14：20―14：30）⇩椎原峠（14：50）⇩椎原峠登山口（駐車場／15：35）

✲花　ミツバツツジ（5月）・ツクシシャクナゲ（5月）

♨温泉　椎原温泉梁山泊

⊞地図　脊振山

☎問い合わせ

福岡市役所観光課＝092（711）4111

4 雷山 955m・井原山 983m 福岡県・佐賀県

登山日 2006年4月17日（月）晴

【アクセス】 自宅（7：00）⇩福岡都市高速香椎東入口（22km）⇩西九州自動車道前原IC下車⇩左折して1・5kmでザ・クイーンズヒルゴルフクラブ正門、左折し1kmで冨信号、右折し2kmで県道564号線に突き当たる（信号あり）。この信号から右折して1・3kmで三坂信号、直進し3・7kmで雷山千如寺《せんにょじ》前に着く（自宅から62・5km／8：30）。寺の駐車場に止められないので200m先の道路脇に駐車。

【登山路】 歩行時間5時間50分（往195分・復155分）

　両山とも福岡県前原市と佐賀市の境にある。雷山は脊振山地の中央部にあり、雷神社が中腹にある。井原山は脊振山に次ぐ高峰で断層山地のため福岡県側は崖や滝が多い。駐車場所から5分の所にある雷山陶秀窯前に雷山自然歩道の案内板が立っている（8：50）。ここから渓流に沿って歩く。しばらく民家の横を歩いていくと杉林となり、沢沿いに登り林道に出る。そこに「清賀の滝」の案内があり、林道終点広場前にある滝はすぐである（9：25）。

　滝の横にある杉丸太橋を渡って杉木立の急斜面を登る。やがて灌木林になり、緩やかな尾根道を回り込むように登る。チエーンの柵があるところだけ、ほんの少し道が下る。

　桜やブナ、ツバキ

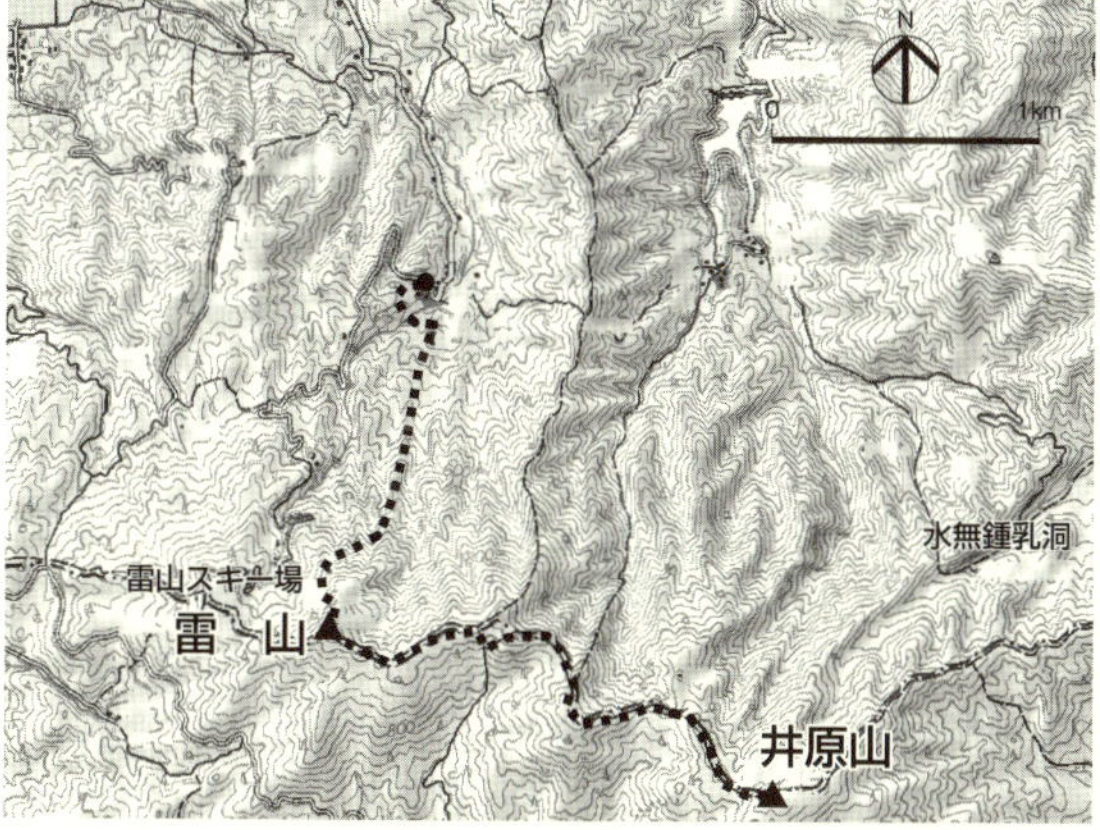

清賀の滝

などの大きな木が目につくようになってくる。樹間からは前原市街や二丈町方面が見える。杉林になると三つの石祠がある**雷神社上宮**に着く（10：15－10：20）。

上宮から杉林を抜けるとブナや黒モジなど落葉樹林になり青空が見え出すと急勾配になり木や根、石に摑まって登る。右前方に中継塔が見えてきたら、間もなく草原の**雷山**山頂である（10：45－10：55）。雷山山頂を示す鉄プレートと巨石がある。

休憩後、井原山へ。稜線を東へ東へとアップダウンをくり返しながら向かう。草原からブナ林、コバノミツバツツジのトンネルが続く。途中にもブナばかりの所があり、まだ新芽が出てない枝に宿り木がいくつも見える。

展望のよい山頂

井原山まで40分の小さな案内板があるあたりからミツバツツジが増えてくる。地面にはスミレなど野草の花も多数あり、この稜線歩きは楽しく魅力がある。最後のピークを越えると井原山が見えてきた。山腹はミツバツツジで覆われている。その時季には山全体がピンク一色になる。**井原山**山頂（12：20）は眺望がよく、脊振山・金山・雷山なども一望できる。オオキツネノカミソリを見たければ野河内渓谷の方へ下ると群落（水無鍾乳洞付近）がある。

下山（13：00）は往路を戻る。雷山山頂（14：25－14：40）⇩雷神社上宮（15：00）⇩清賀の滝（15：30）⇩千如寺（15：50）

✿花　コバノミツバツツジ（5月）・オオキツネノカミソリ（7月）
⊞地図　雷山・背振山
☎問い合わせ　前原市役所＝092（323）1111

5　作礼山　８８７ｍ　佐賀県

登山日　2006年4月25日（火）晴

【アクセス】　自宅（８：20）⇩古賀ＩＣ⇩鳥栖ＪＣＴ⇩長崎自動車道多久ＩＣ（１０１ｋｍ）下車⇩国道２０３号線牧瀬交差点を右折（１０７ｋｍ）⇩県道２７６号線右折⇩厳木《きゅうらぎ》小学校前交差点左折（１０７・８ｋｍ）⇩作礼《さくれい》山への林道（１１４ｋｍ）⇩九合目駐車場（１１８ｋｍ／９：50）。

【登山路】　歩行時間１時間（往30分・復30分）

唐津市相知町と厳木町の境に位置し、作礼神社上宮がある東峰と三角点がある西峰とに分かれている。以前は牧ノ瀬から栗ノ木を通り、山道を登るのが一般的であったらしいが、現在は九合目付近まで車道が通じている。

九合目駐車場（10：00）から２ｍ幅の砂利道、セメント舗装道を歩いていくと池が見えてくる。手前から緑池・中ノ池・じゅんさい池と三つの池があり、道は左右に分かれる（10：10）。右は国設キャンプ場を経て西峰へ通じる道である。左の東峰の方から行くことにして木造階段を上る。数えながら歩くと１０６段目ぐらいの所に小さな鳥居があった。その鳥居をくぐって、靴を横向けにするほど幅の狭い石段を上ると**東峰**山頂（10：20）で作礼岳権現神社の上宮があり、昔は信仰の霊山であったことが偲ばれる。天山・黒髪山・脊振山などの山々が見え、眺望も抜群によい。付近にはミツバツツジや桜・松も多い。

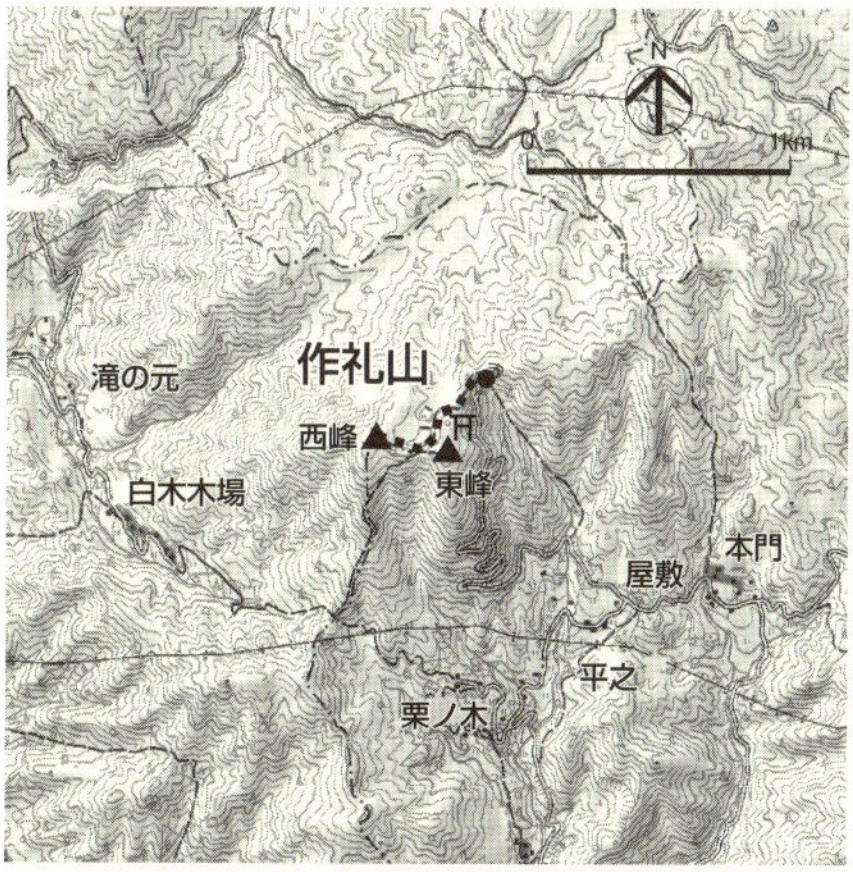

唐津方面の眺めがよい作礼山西峰

西峰へは鳥居からまっすぐに歩くとトリムコースが見えてくる。その横を上ると松の木と岩がある**作礼山（西峰）**山頂（10：30－10：40）に着く。唐津方面が眺められ展望もよい。

下山はキャンプ場の方へ左回りに下り、水汲み場やロッジのある所に出て、池の周囲を回って駐車場へ戻る（11：10）。

じゅんさい池にはじゅんさいも生えていたが、生まれたばかりのオタマジャクシの大群が泳いでいた。カエルの天国池に思えた。昔（子どもの頃）は田圃に、この光景は当たり前であったが今となれば大変珍しい。なお、時間に余裕があれば落差100mの大きな滝「見帰ノ滝」（日本の滝百選）へ立ち寄ってみるのもよい。

✻花　ヤマツツジ（5月）、アジサイ（6月）

田地図　相知

☎問い合わせ

唐津市役所厳木支所＝0955（63）3111

6 天山 1046m・雨山 996m

佐賀県
一等三角点

登山日 2006年4月25日（火）晴

【アクセス】 作礼山九合目駐車場（11：30）から山道を4km下って、厳木小学校方面に行かずに、逆の方向へ道を上っていく。鳥越バス停（昭和バス）を通過し天川方面へ行けば天山への登山口近くの天川駐車場に到着する（11：50／作礼山九合目駐車場から16km）。なお、一般的な登山口へのルートは左記の下山する道を逆に上るとよい。

（下山）天川駐車場（14：30）⇩天山神社上宮駐車場（3・5km）⇩県道337号線（天山小城公園線）を下り、県道203号線の晴田橋信号（15km）に出る。⇩県道203号線を佐賀方面へ走り、しばらくして大和方面への標識を見て県道48号線に入る⇩長崎自動車道佐賀大和IC（26km）⇩若宮IC⇩自宅

【登山路】 歩行時間1時間30分（往50分・復40分）

佐賀平野（小城市の背後）に横たわる天山は名山として知られているが、現在は車道が天山神社のある九合目付近まで延びていて登山者には魅力が薄れてきている。

それでも一等三角点がある山頂に立つと360度の雄大な展望が得られ、ミヤコザサに覆われた広大な草原は登山者を離さ

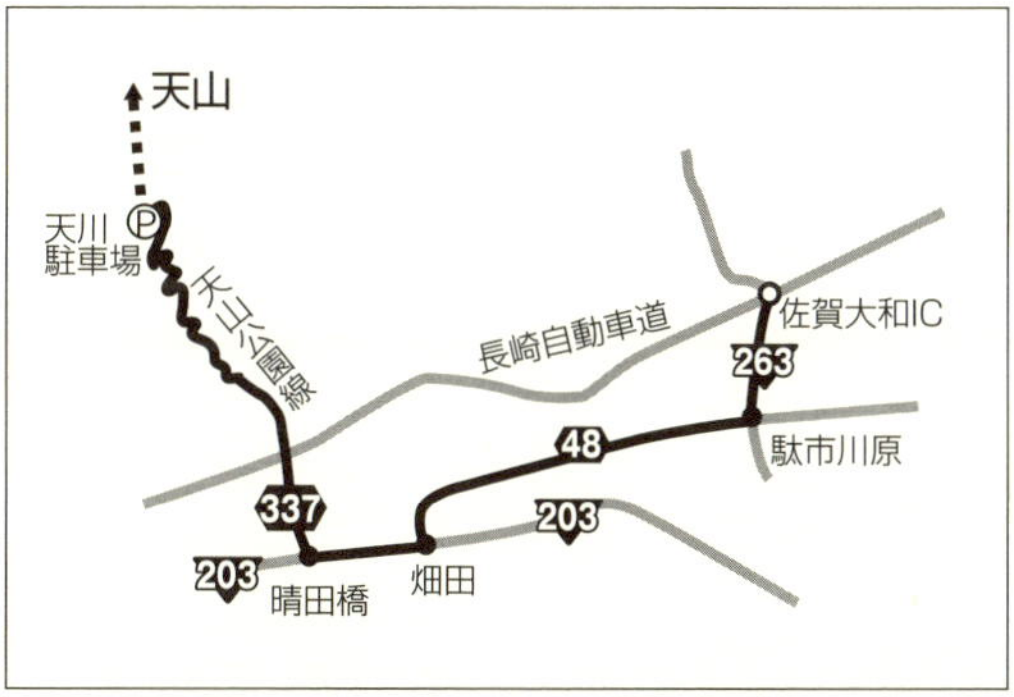

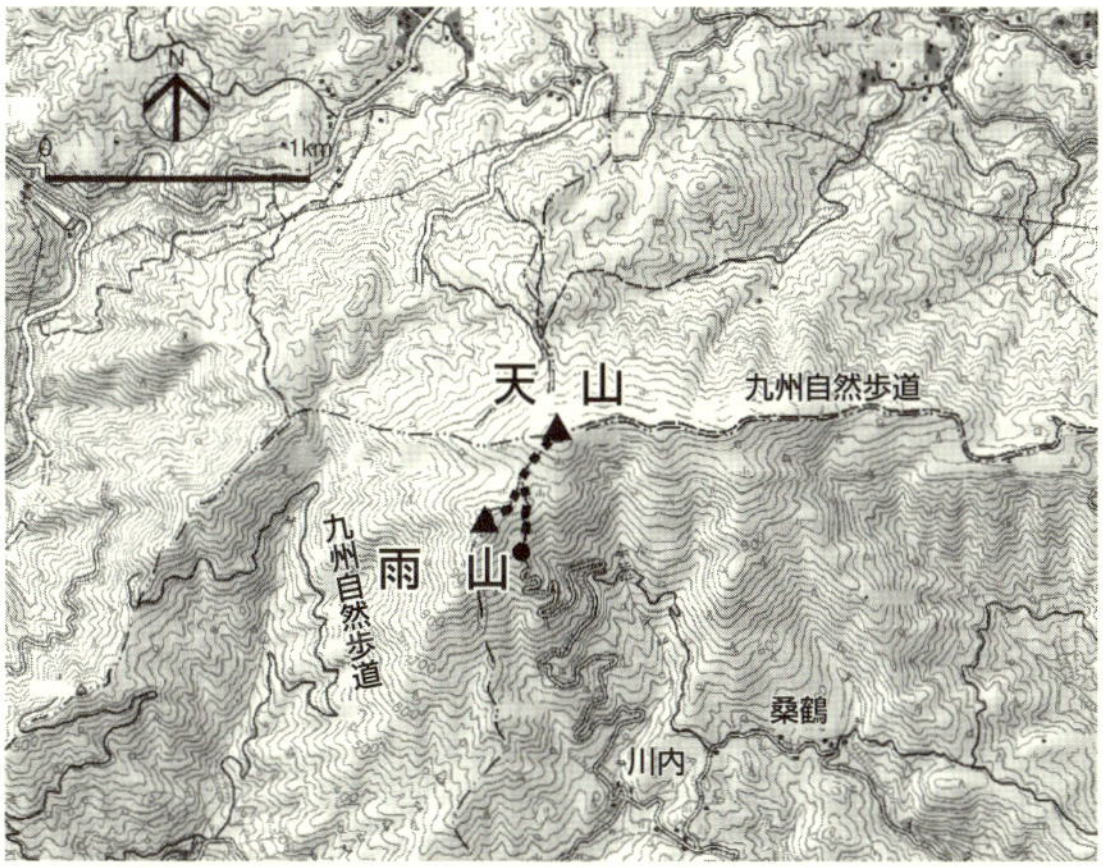

天山頂上の石碑

ない。

駐車場横の登山口（12：00）から石ころの多い道を何回も曲折しながら山頂を目指す。山頂には「**天山**」と刻まれた大きくて高い石碑がありわかりやすい。足利尊氏に敗れた阿《あ》蘇《そ》惟直《これなお》の供養塔もある。惟直は阿蘇神社の大宮司であったので阿蘇山の噴煙が見える山頂に葬られたのだと言われている。雲仙岳・多良岳や脊振山系の九千部山・金山・井原山・雷山なども見える見晴らしのよい山である。また、野草（センブリ、オキナグサ、マツムシソウ等）も多く、花の時季は楽しさも増す（12：30－12：40）。

向かい（南西）の**雨山**（996m）まで歩き、その山頂（13：00）から眺める天山は秀麗で東西に伸びる尾根上のピークであることもわかる。下山は雨山（13：30）⇩天山山頂（13：50）⇩天川駐車場（14：10）。

✲花　ミヤマキリシマ（6月）

♨温泉　脇田温泉

⊞地図　古湯・小城

☎問い合わせ　小城市役所＝0952（63）8800

7 犬ヶ岳 1131m

福岡県・大分県

登山日 2006年5月24日（水）晴

【アクセス】 自宅（7：25）⇩羽高信号から直方バイパス（県道22号線）を通り田川に出て県道201号線をみやこ町方面へ⇩勝山新町信号44km（8：10）を右折し県道58号線を徳永信号（52・4km）まで走る。ここから右折し国道10号線へ⇩道の駅おこしかけ（65・6km／8：30）の1km先の千束《ちづか》信号を右折し、県道32号線へ⇩約10km先の岩岳川にかかる赤い橋を左に渡り、1km走ると犬ヶ岳登山口駐車場がある。（8：45）

【登山路】 歩行時間5時間50分（往155分・復195分）

福岡県豊前市と大分県中津市との県境にあるメサ・ビュートの犬ヶ岳は英彦山《ひこさん》山地の東の主峰である。ツクシシャクナゲが多く自生し、国の天然記念物に指定されている。駐車場（9：00）からセメント舗装の林道を10分ばかり上っていくと道が恐淵コース（右）とウグイス谷コース（左）に分かれる（9：10）。シャクナゲの群生地がある左のウグイス谷コースを登る。

小さな木橋を渡るとすぐに杉林になり急坂となる。短い鎖が二カ所ある場所（9：35）を登り切ると経読林道に出る（9：45－9：55）。

目の前に「犬ヶ岳登山道笈吊《おいづる》岩」の案内標識がある。林道を右方へ500mほど歩くと笈吊峠まで460mの

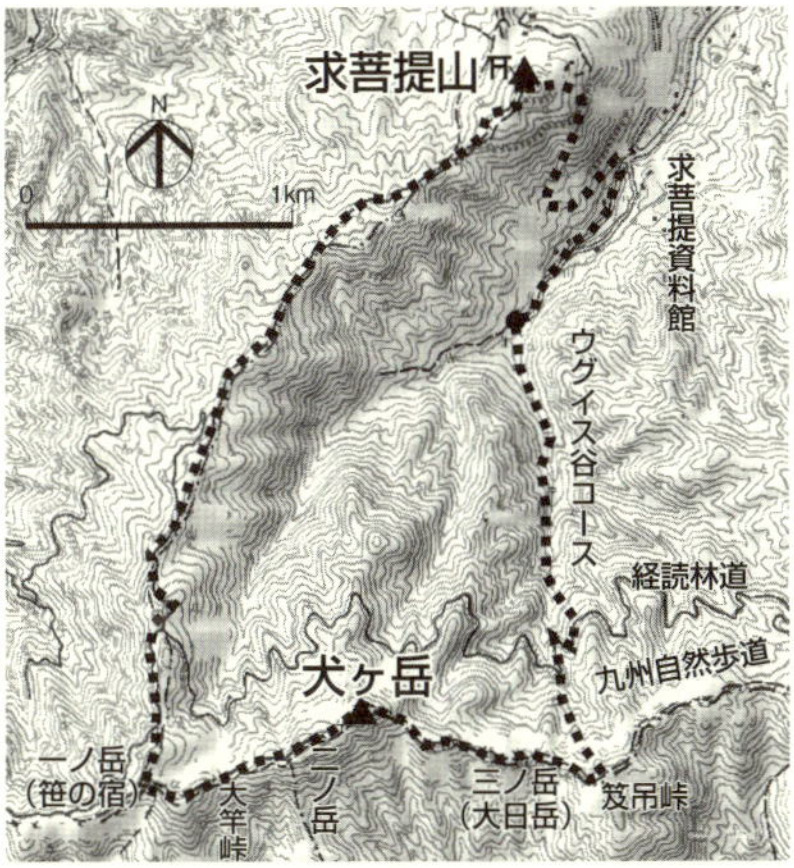

避難小屋兼展望台のある山頂

案内板がある（10：05）。

　チシャノキ、カエデやミズナラなどの自然林の新緑が美しい。家内が話す『徒然草』の花の一節を聞きながら登る。シャクナゲの花が咲いていればと思いながら歩いていると、**笈吊峠**に着いた（10：35－10：50）。経読岳2・8km、犬ケ岳1・1kmの道標がありわかりやすい。チドリノキ、シキミ、アブラチャンなどの木も多いようだ。笈吊峠から尾根を右へ進むと難所の**笈吊岩**で、鎖を頼りに急勾配の岩を30m近くよじ登る（11：00）。文字のとおり、修験者が背負っていた笈を肩からはずして吊して登ったと伝えられる岩場である。このあたりが一番のツクシシャクナゲの群落地で、これが三ノ岳（大日岳）まで続く。花は時季を過ぎてほとんどがしぼんでいたが、いくらかピンクの花を咲かせているものもあった。

　三ノ岳から少し下り、ブナ林（木の下は笹原）の急坂を登り、最後の岩場を越えると**犬ケ岳**山頂だった（12：00－12：35）。頑丈な石垣づくりの避難小屋兼展望台があるが周りの樹木が伸びて展望はない。犬ケ岳の由来は「山頂に鬼神の霊を祀ったことから、その鬼神の霊を威《い》奴《ぬ》、異奴《いぬ》と呼び、それから狗ケ岳、犬ケ岳と変わっていった」との説明がある。

　下山は往路を戻らずに一ノ岳へ行き、求菩提《くぼて》山を経由して帰る。若葉が繁るブナ林を下り、二ノ岳（1131m）へ。ここにはシャクナゲの大木があり、いくらか花も残っていた。花の時季（5月上旬）にはシャッターを切る人で賑わう所でもある。西へ緩やかな道を下ると**大竿峠**である（12：50）。ベンチと説明板があり、右へ下れば恐淵コースで帰れるが、直進して一ノ岳へ行く。急な木段を登り、ミズナラ林のゆるやかな心地よい道となると一ノ岳（1124m）はすぐであった（13：05－13：15）。一ノ岳は別名「**笹の宿**」とも言われ、山伏の峰入りの際の宿であったとのことである。展望がよく英彦山・阿蘇山・久住山なども望める。

　左へ行けば野峠を経て英彦山へ行ける。直進して求菩提山へ。求菩提登山歩道はほとんど下るのみで歩きやすい。途中で一度林道に出て（13：30）、また登山歩道に入り、間もなく峰入りの時に秘密の行法を伝授した場所で山伏の宿場ともなったと伝えられている「杉の宿跡」に着く（13：45）。ここから樹林で覆われた尾根道を先へ歩くと「虎の宿跡」がある（14：15）。近くに岩窟があり、石仏が安置されている。さらに木葉で陽が射さないような暗い歩道を下っていくと「胎蔵界護摩場跡」がある（14：30）。ここを過ぎるとすぐ石段になり、２００段ほど上ると**求菩提山**頂だった（14：40）。国玉《くにたま》神社の上宮がある。近くに珍しい竜に似た白い茸の「銀竜草」が顔を出していた。一息ついて急な石段を下ると国玉神社の中宮に着いた。石段を「鬼の鐙」といい、鬼が一晩で築いたという伝説の石段とのことである。ここから鳥居をくぐり（15：00）、お宮を出て岩岳川の橋（15：50）を渡り、犬ケ岳登山口駐車場に帰り着く（16：00）。

笈吊岩を登る

✲ツクシシャクナゲ（５月上旬）・ミツバツツジ（５月）
♨温泉　求菩提温泉「卜仙《ぼくせん》の郷」
田地図　下河内・英彦山
☎問い合わせ
豊前市役所商工観光課＝０９７９（８２）１１１１

8 求菩提山 782m

福岡県

登山日 2006年5月24日（水）晴

【アクセス】 犬ヶ岳（33頁）参照。一般的には市営バス求菩提資料館前にて下車し登山する（マイカーの場合は求菩提資料館前の駐車場に駐車）

【登山路】 犬ヶ岳参照。

✲花 ヒメシャガ（5月）

♨温泉 求菩提温泉「卜仙の郷」

田地図 下河内

☎問い合わせ

豊前市役所商工観光課＝0979（82）1111

求菩提山は英彦山山地に属し、犬ケ岳の一ノ岳から北東に伸びる尾根上のピークである。中世以降、山岳宗教の修験の場として繁栄し、遺跡や窟などが数多く残っている山である。山麓には求菩提資料館があり、出土品が展示されている。遺跡や五窟を巡るのも楽しい。

虎の宿跡の案内板

9 三俣山 1745m

大分県

登山日 2006年5月30日（火）晴

【アクセス】 山荘かつらの樹（7：00）⇩国道57号線阿蘇郡一の宮町宮司駅前27ｋｍ⇩県道11号線瀬の本⇩牧の戸⇩久住大曲駐車場（68ｋｍ／8：30）

【登山路】 歩行時間3時間50分（往100分・復130分）

大分県玖珠郡

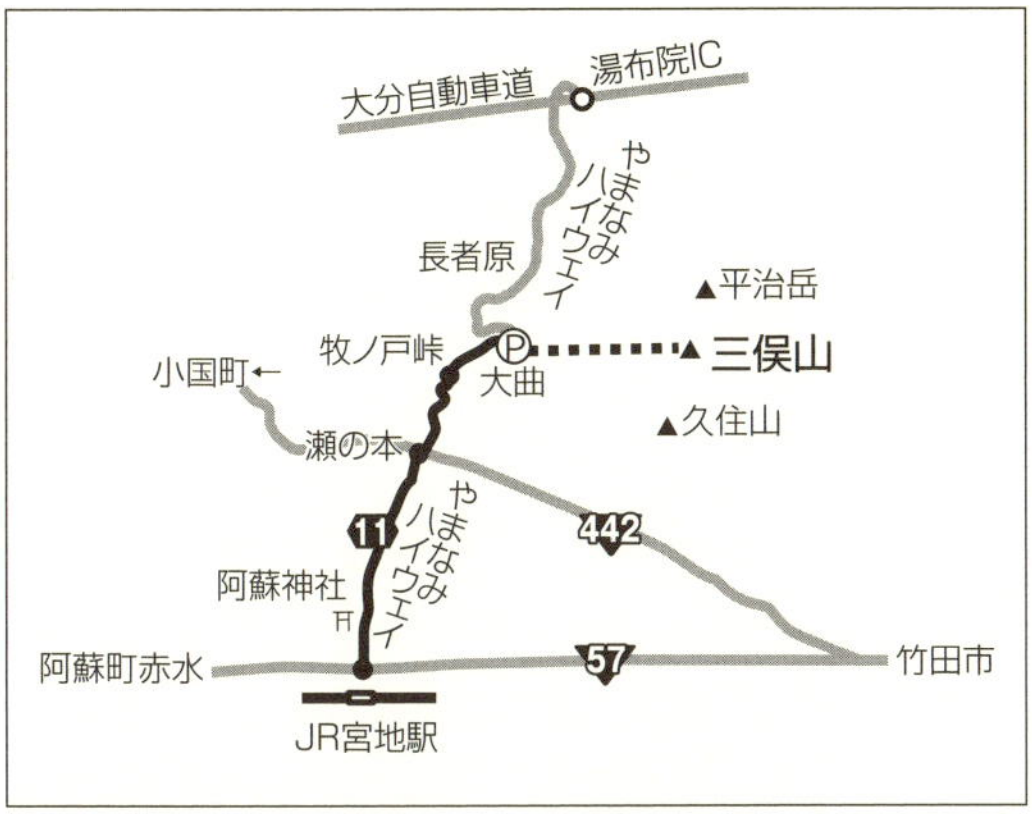

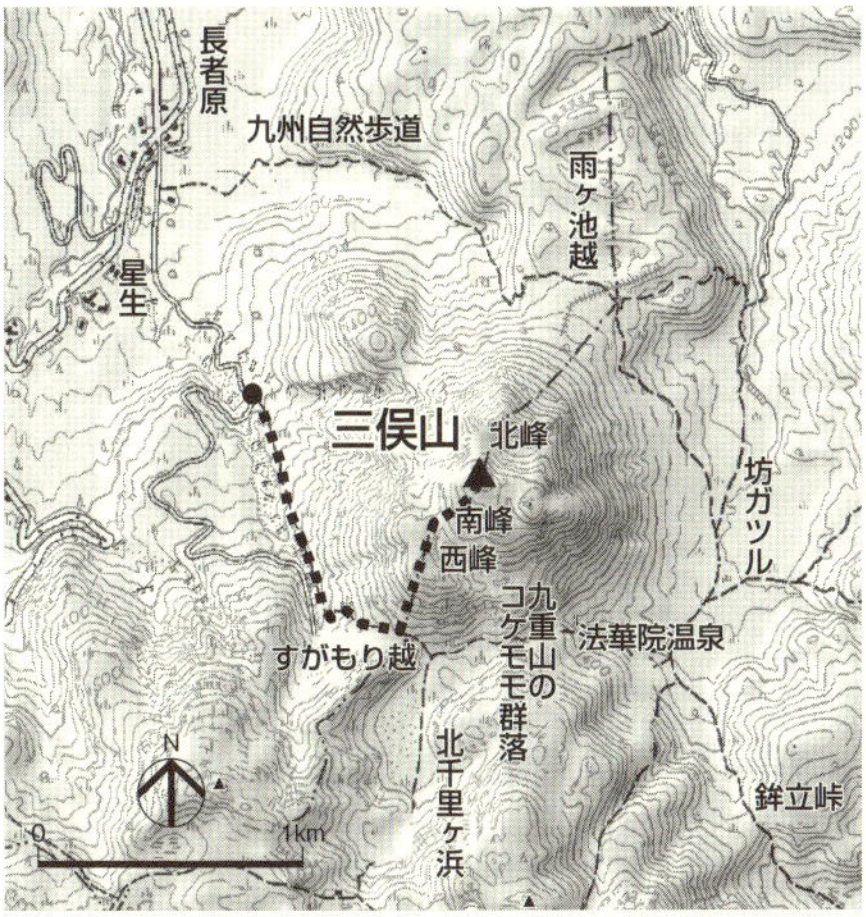

九重町と竹田市久住町の境界にあり、やまなみハイウェイの長者原付近から見ると三峰（三俣）の山容をした山である。東麓には坊ガツルキャンプ場や法華院《ほっけいん》温泉がある。

牧の戸峠前を通過し、長者原に近い国道11号線のカーブ地点にある駐車場から道路を渡り、低木帯を少し上ると、硫黄山採鉱場の方へと続く道に出る。道の途中から硫黄谷を渡ってゴロゴロ石の上を黄色のペンキを目印に、**すがもり越**１５０２ｍにつく（9：05－9：20）。以前はすがもり小屋があったが、平成７（１９９５）年の硫黄山噴火でなくなり、現在は火山岩をコンクリートで固めて造られた休憩所がある。ここを越えれば「北千里ケ浜」で右へ行けば久住分かれ、左は法華院、坊ガツル方面へ行ける。

まず三俣山の南斜面に取り付き、

三俣山本峰山頂

西峰１６７８ｍへ。広い草の台地である（9：50－9：55）。小さな鞍部への下り道にはイワカガミやコケモモも観られる。鞍部から右方の山へ登る。ここは**四峰**１６９６ｍらしいが名前は見当たらない（10：15－10：20）。ここを下り、右（東）前方の**南峰**１７４３ｍに登ると展望がすばらしい。坊ガツルや大船山・平治岳のミヤマキリシマがピンク色に染まって見える（10：30－10：40）。

南峰に近いところに「雨ケ岳⇩」の標識があったので、そちらへ30ｍほど下りた所で昼食中の二人の女性に出合う。「お鉢巡りはどちらに行くのですか」と尋ねると本峰からがよいという。引き返して**本峰（三俣山）**へ向かう。本峰山頂（10：55－11：10）から北峰が向かい側に見える。紅葉の時季にはドウダンツツジなどが山肌を真っ赤に染める所だ。「大鍋小鍋は下へ」という案内板を見つけ、そこから下りる。

ツクシシャクナゲが多く、未だピンクの花を咲かせている急斜面を木や根につかまり滑るように下りる。下りた所は大鍋の左端（西）のようである（11：20－11：25）。ミヤマキリシマやドウダンツツジが多い**北峰**１６９０ｍへ急坂の火口壁を登る（11：35）。

ナナカマド、イロハカエデ等が目につく緩やかな尾根道（火口壁の上）を歩くと右下に小鍋が見える。そのまま先へ歩いていると「雨ケ池⇩」の標識が立っている地点に着いた（12：00）。このあたりから道はまた登りになり、2人連れの女性に「お鉢巡り」を尋ねた地点に戻ってきたようだ（12：20）。「南峰は近いな」と思いながら登る。南峰はすでに登っていたので登らずに下って四峰へ行き、昼食をとりながら一休みする（12：30－

大曲から見る三俣山

12：50）。
下山は西峰を通り（13：05）、すがもり越（13：20－13：25）からゴロ石を踏みながら往路を駐車場へ向かう（13：50）。

✲花　イワカガミ・ツクシシャクナゲ・ミヤマキリシマ（5月）

♨温泉　星生ホテル

田地図　湯坪・大船山

☎問い合わせ　九重町役場＝0973（76）2111
竹田市役所久住支所＝0974（76）1111

10 英彦山　１２００ｍ

【アクセス】　自宅（8：20）⇩県道21号線粥田橋（17・６ｋｍ）⇩直方の羽高信（22・８ｋｍ／８：57）⇩田川バイパス（県道22号線）⇩県道２０１号線東大橋信号を左折（35・５ｋｍ／９：23）⇩下今任信号（原医院前）を右折（39ｋｍ）して県道52号線へ⇩添田町民会館（47ｋｍ／９：40）⇩道の駅歓遊舎ひこさん（49ｋｍ）⇩彦山駅前（55ｋｍ／９：50）を直進（国道５００号線）⇩英彦山温泉しゃくなげ荘前（59・３ｋｍ）⇩銅《かね》の鳥居前（61ｋｍ）⇩別所駐車場前（62・５ｋｍ）⇩青年の家前（65・４ｋｍ）⇩豊前坊（高住神社）前（66・３ｋｍ／10：13）

【登山路】　歩行時間3時間15分（往１１０分・復85分）

英彦山は奈良時代以降、山腹周辺には８００余の宿坊ができて、修験の霊場として栄えた山である。屏風岩や材木石などの奇岩・巨岩や奥深い谷があり、樹齢１０００年以上の鬼杉などもある。一等三角点のある南岳と中岳・北岳の三つからなる英彦山山地の主峰である。登山道は正面参道ルート、北参道ルート、南参道ルートの三個所が一般的である。今回は北参道ルートを登る。

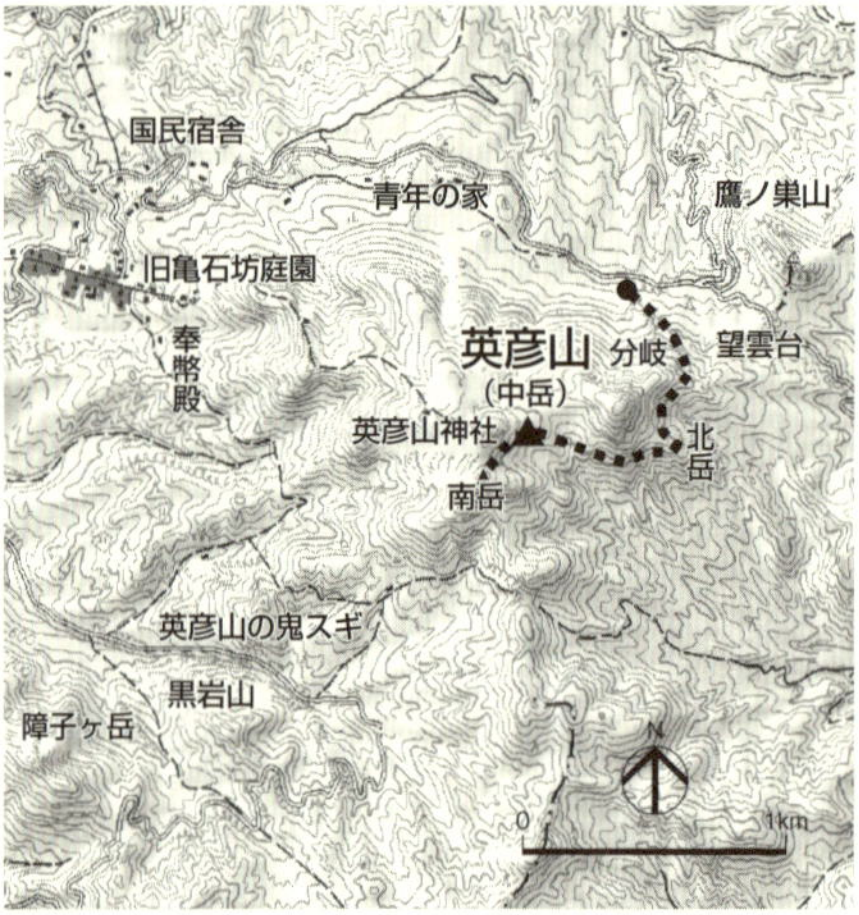

高住神社駐車場前（10：25）から長い石段の参道をウォーミングアップ代わりにゆっくりと上っていくと、御神木の天狗杉がそびえ立っている。その先に社殿があり、牛馬の神が祀られている。この右側が登山口で樹齢800年は超えるであろう大杉が林立している。それらを仰ぎ見ながら数分も歩くと筆立岩や逆鉾岩などの奇岩が眼前に現れる。その脇をすり抜けるように進むと**「望雲台」の分岐**に着く（10：40）。

鎖場を望雲台へ向かう

望雲台は分岐から50mほどで鎖場があり、溝状の岩の急斜面を一歩一歩登り切ると目の前が絶壁で足がすくむ。幅が1mもない狭い岩上を右手の鎖にしがみつくようにして通過すると望雲台が見えてくる。一歩ずつ足を岩に懸けながら鎖で垂直に登る。台には鎖で繋いである金属棒が立っているので大丈夫と思って登ったら、眼前は何百メートルの断崖絶壁で台（立っている岩幅）が狭く足が震える。直下の美林や鷹ノ巣山のビュートの山容が一望できる絶佳の展望台である。

分岐点に戻り（11：00）、北岳を目指して苔むした自然石の石段を登るが、サワグルミ・ミズメ・ヒメシャラ・イタヤカエデ・コハウチワカエデ・チドリノキなどが多く見られ、新緑の美しさと心地よい風とで疲れはまったく感じない。六十数段の木造の階段を登り切ると平坦な尾根（鞍部）に出る（11：30）。またすぐに急坂になりロープ個所もある。ブナの大木が目立つようになると間もなく**北岳**山頂1192m（11：40－11：45）である。石の祠があり、磐境がある。

ブナ林の緩やかな道を下り、しばらく歩

くと次第に岩場の急登になって**中岳上宮**広場に上がる（12：10）。九重・阿蘇・雲仙の山々が遠望できる。

上宮社殿前（12：25）から南岳へ行く。急坂を鞍部に下りて登り返すとすぐに**南岳**山頂に着く（12：35）。途中、鞍部から振り返ると上宮の社殿が映える。紅ドウダンやエゴノキがちょうど花の時季で美しく咲いていた。頂上には小さな鳥居と彦山大権現をまつる祠があり、三角点もある。（鬼杉へはここの端から下る）。山頂広場は周りの木が伸びて展望はないが、展望台に上れば３６０度の眺望が得られる。

下山は往路を戻る（13：15）⇩中岳（13：25）⇩北岳（13：50）⇩鞍部（14：05）⇩望雲台分岐（14：25）⇩駐車場（14：40）。

中岳上宮の広場

✲花　オオヤマレンゲ（6月）
♨温泉　英彦山温泉しゃくなげ荘
⊞地図　英彦山
☎問い合わせ
添田町役場商工観光課＝0947（82）1231

11 黒岳 １５８７ｍ

大分県

登山日 ２００６年６月13日（火）晴

【アクセス】山荘かつらの樹（６：20）⇩国道57号線一宮町宮地駅前（27・５ｋｍ）を左折して県道11号線へ、瀬の本（49ｋｍ）⇩牧の戸峠（56・７ｋｍ）⇩長者原（61・７ｋｍ）⇩吉部入口（64・２ｋｍ）⇩飯田高原の旭信号（男池入口／66・６ｋｍ）を右折⇩男池園地駐車場（74・５ｋｍ／８：00）。

【登山路】歩行時間５時間55分（往２１５分・復１４０分）

黒岳は、九重山群の東の端にある複式火山で「みいくぼ」と呼ばれる噴火口の周りにある高塚山や天狗岩など五つのピークの総称。ナラ・ブナ・オヒョウ・ケヤキなど豊かな原生林の魅力を持つ山として、また伏流水が湧き出る男池や白水鉱泉（北東山麓）があり登山者も多い。

駐車場から歩いてすぐの所に男池園地管理事務所があり、黒岳男池周辺清掃協力金１００円を払って出発（８：10）。木造の男池橋を渡り、風景林の中をコナラやミズナラの新緑に惹かれて歩くと牧柵があり、それをすり抜けるように進むと「かくし水」がある（８：35）。岩間につけられている管から勢いよく出る水を口に含み、先を急ぐ。エノキやカツラなどを見な

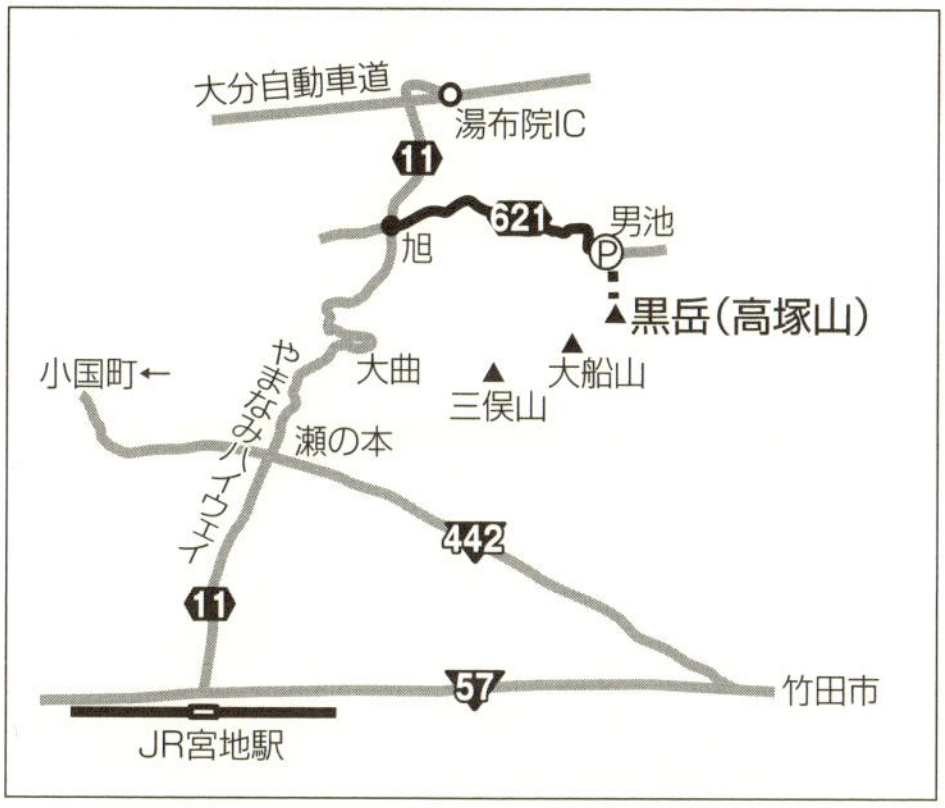

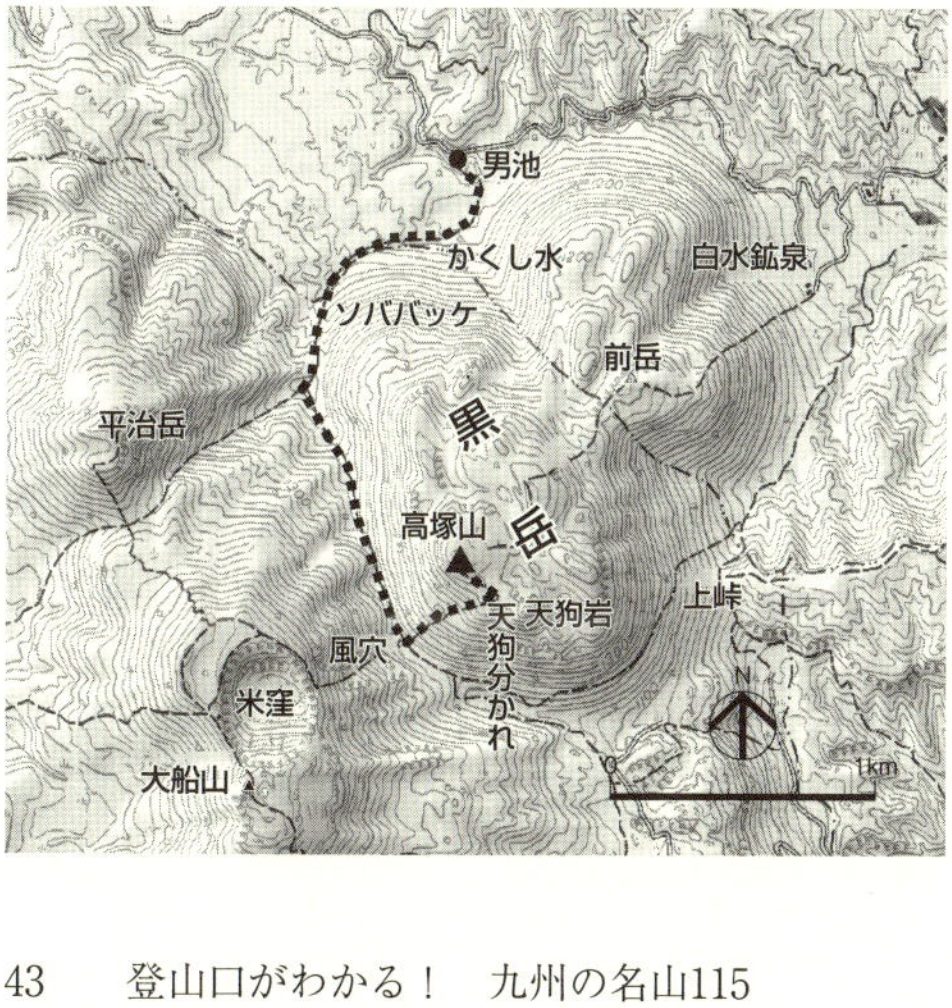

がら急坂を登ると下方に10ｍ四方ほどの窪地がある。**「ソババッケ」**である（標高１１５０ｍ／9：00－9：10）。ここから3分ほどの所に分岐があり、右は大戸越（北大船・平治岳）コース、左が黒岳コースである。

　ブナ系の大木が無数にある山道（時々見られる白い花に元気をもらいながら）を歩いていると「奥セリ分岐」（標高１２５０ｍ、黒岳・風穴と大戸越の標識あり）に

風穴から急登し天狗分かれに着く

着く（9：50－10：00）。ゴーロ石を乗り越え、飛び越えしながらセリグチ谷を進み、**「風穴」**に着く（10：30－10：40）。大きな岩の右方に１ｍ程の四角い穴（岩の隙間）があり、なかには残雪もあり、そのあたり一帯が涼しい。穴にはロープがつり下げられていてなかにも入れそうであった。なお、ここから直進すれば岳麓寺・今水方面へいける分岐点でもある。

　黒岳・天狗分かれへ通じる左の急坂を登る。すぐにガレ場で足が滑り、ロープを掴み、ゆっくりと登る。途中からは太めの石道になり、枝や根につかまり登り切ると平坦な道になる（11：05）。ツクシシャクナゲの群生地のようだが花は終わっている。ミヤマキリシマは満開だった。真向かいに大船山の新緑の北斜面が見える。ここからひと登りで**天狗分かれ**についた（11：30－11：35）。

　天狗分かれは天狗岩と高塚山（黒岳）との分岐点であり、両方の標識が立っている。まずは天狗岩から。大岩石が積み重なった頂上目指して岩に張りつくようにして登る。大きな岩ばかりの珍しい山である。頂上（11：50－12：20）は１５５６ｍで今が盛りのミヤマキリシマでピンクに染まった大船山や平治岳が見える。阿蘇山や祖母山なども遠望できる。眺望を楽しんだ後、天狗分

かれに戻り（12：35）、北西に向かい**高塚山**山頂１５８７ｍに立つ（12：50）。ミヤマキリシマが美しい。天狗岩の累々と重なった変わった山容も美しい。三俣山もハッキリ見える。ほかに登山者もなく、のんびり、ゆっくり山を満喫した。

下山（13：40）は往路を戻る。天狗分かれ（13：53）⇩風穴（14：25）⇩奥セリ（14：53）⇩ソババッケ（15：20）⇩かくし水（15：40）⇩男池駐車場（16：00）。

大岩の累積した天狗岩

✻花　ツクシシャクナゲ（5月）、ミヤマキリシマ（6月）
♨温泉　星生ホテル
⊞地図　大船山
☎問い合わせ
竹田市役所久住支所＝0974（76）1111
由布市役所庄内庁舎＝097（582）1111

12 黒髪山

516m 佐賀県

登山日 2006年8月3日（木）晴

【アクセス】 自宅（5：00）⇩古賀IC⇩長崎自動車道の武雄JCTより西九州自動車道へ、波佐見《はさみ》有田IC下車⇩有田駅前⇩原宿信号より右折（133km）⇩源右衛門窯前⇩大木有田線竜門峡入口（137km）⇩竜門峡駐車場（139km／7：20）。

【登山路】 歩行時間3時間（往100分・復80分）

陶器の里有田町の背後にある黒髪山地の主峰で夫婦岩や乳待坊など浸食作用による奇岩・巨岩が多い。また、鎮西八郎為朝の大蛇退治など多くの伝説も伝わっている。

最強の低山黒髪山山頂

駐車場横（7：50）から渓谷沿いに登っていくと正面に大きな岩窟と滝が見えてくる。そこにかかる「かじかばし」を渡り、10分ほどで分岐点に着く（見返峠経由黒髪山1・5kmの標識あり）。右は渓谷から離れて「後《うしろ》ノ平《たいら》」方面への道である。帰りに通ることにして、ここは直進して**見返峠**方面へ進む。見返峠は5m四方ほどの広場（8：35－8：45）で「左へ青螺山0・9km、右へ黒髪山0・8km」の道標がある。ここから3分ほどで展

天童岩を登る

望所に着いた。左に雄岳、右に雌岳が凄い迫力で間近に見える。この展望所の近くに「雌岳へ100m」の案内があったので行ってみる（8：55－9：05）。表面がギザギザの大きな露岩をテッペンまで登って、這いつくばって下を覗く。体が硬直してしまうほどの高さである。

　雌岳を後にして、頂上を目指してひたすら歩くと「黒髪山まで260m地点」に到着（9：20）。もうすぐ頂上と思うと気が急ぐが、切り立つ岩峰に鎖と梯子が取り付けられている。鎖が大きくて丈夫そうで安心して登る。狭い岩の間を登り、**黒髪山**山頂である天童岩に立つ（9：50）。遮るものがなく見晴らし最高である。この天童岩は黒髪山のご神体として信仰の対象となっている。また、黒髪神社は雨乞い祈願の神として地元の人たちの信仰が厚い。

　下山（11：00）は「後ノ平」経由で帰る。最初はわかりにくいが「後ノ平まで750m」地点の案内板（11：20）まで下ると、あとは照葉樹林の稜線をくだるのみで歩きやすい。**後ノ平**は黒髪山と後黒髪の鞍部で樹木のなかで視界はきかない。前へ進めば後黒髪へ行ける。右の「鬼の岩屋」方面へ歩く。岩屋（11：25）からは涸れ谷沿いの急坂をくだり、植林を過ぎると見返り峠への分岐点に帰り着く（11：50）。あとは渓流沿いに駐車場に戻る（12：20）。

　なお、この山には天然記念物に指定されているカネコシダ（ウラジロにそっくりで素人には見分けがつかない）をはじめ植物の数が多い。

✿花　竜門ダムと乳待坊周辺の桜（4月）
♨温泉　大正屋別館（椎葉山荘）
⊞地図　有田
☎問い合わせ　有田町役場＝0955（46）2111

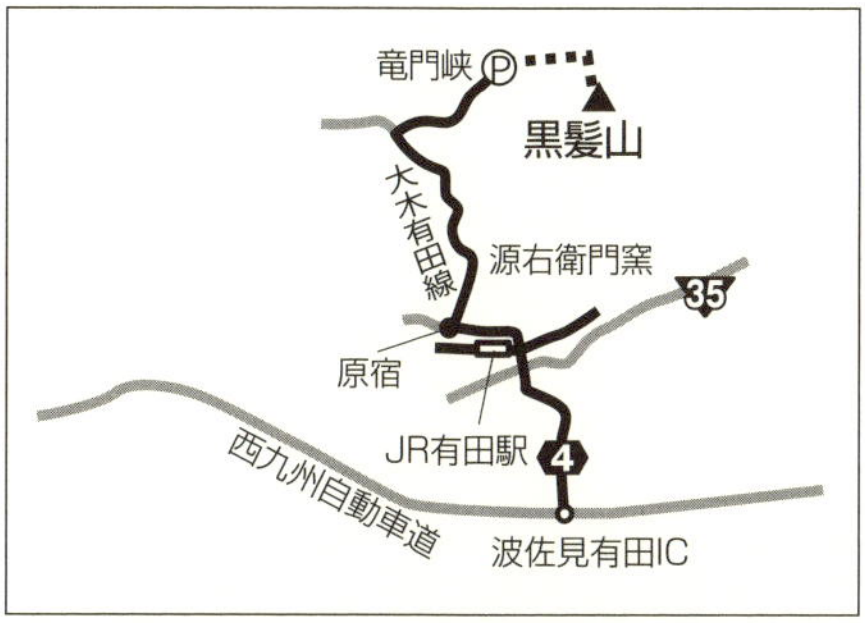

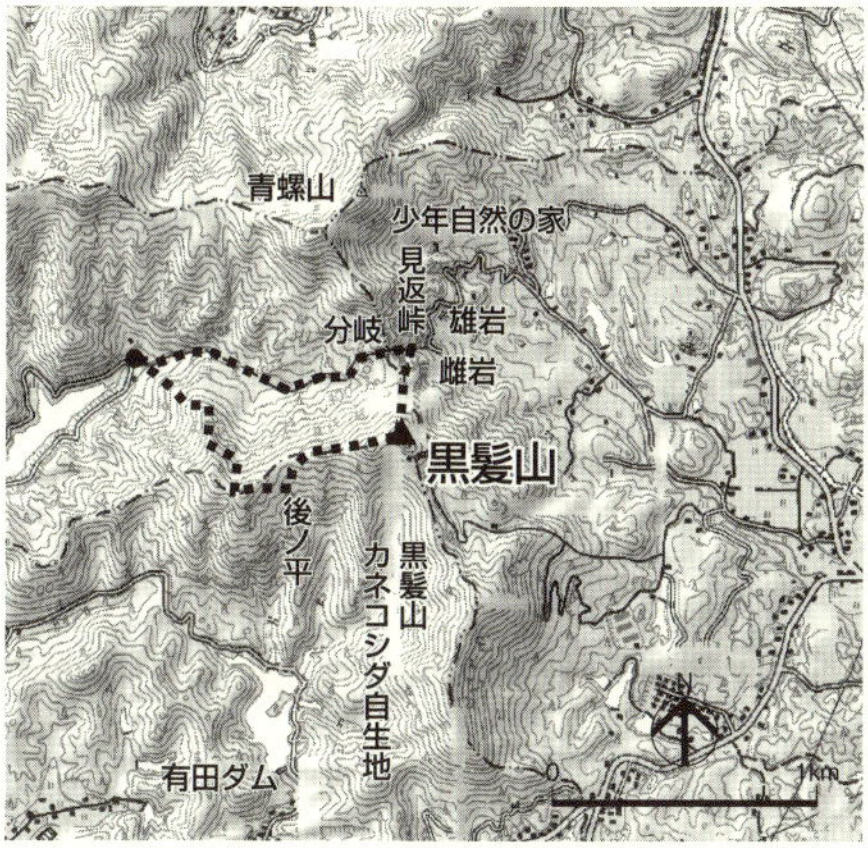

13 虚空蔵山 609m

高見岳 538m

長崎県
一等三角点

登山日 2006年8月4日(金) 晴

【アクセス】 国民宿舎くじゃく荘（東《ひがし》彼《その》杵《ぎ》郡川棚町小串郷／8：00）⇩大崎公園入口（国道205号線）⇩下組郷信号（5km）より左折（左側に本屋、右側にJOMOスタンド）⇩川棚町石木より右折（7km）⇩狭い道を上木場バス停を通過し、山道を広域基幹林道虚空蔵線に上がる。そこに開通記念碑の文字が見える（13km）。ここが駐車場（20台駐車可／8：45）

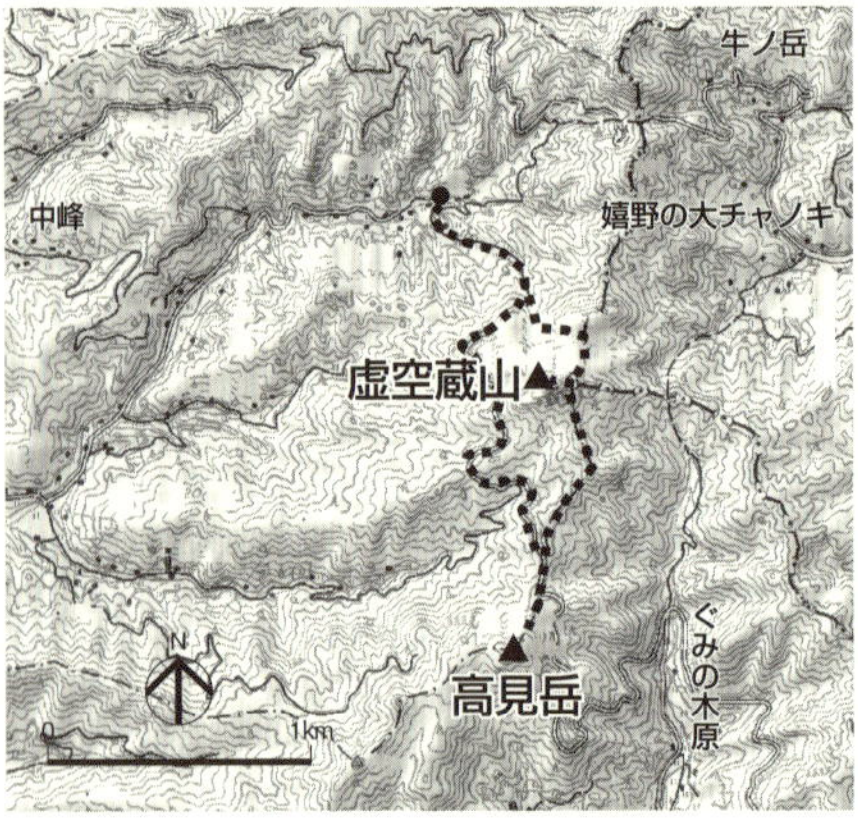

【登山路】 歩行時間2時間50分（往55分・復115分）

嬉野市と東彼杵郡川棚町との境にそびえるビュート状の山である。南（東彼杵町）から見るとテーブル状に見え、西（川棚町）から見るとマッターホルンのように見える。山頂には虚空蔵菩薩が祀られ、古来、信仰の山として知られている。

駐車場前が登山口（8：45）で檜林のなかを登り、砂防提を過ぎて旧道と新道との分岐に出る（8：55）。新旧どちらの道でもいいが右の新道を行く。すぐに大きな岩があり、鎖や梯子を使って岩の間をすり抜けるように上がり下りし、寺屋敷跡（9：10）の説明文を読み終え、歩き出すとまた、急勾配となる。岩場を鎖に頼って100mほど登り、嬉野温泉方面から来る道を合わせる（9：35）と**虚空蔵山**山頂はすぐである（9：40）。大村湾やハウステンボス、天山、多良岳、平成新山などが見え、360

度の展望が得られる。

下山（10：20）は嬉野方面への分岐を過ぎて１００ｍほど下ると岩屋への道標が立っている。岩屋方面へ急な坂を下りていくと「犬の墓」という石塚（10：30）がある。東彼杵町と岩屋との分岐点で十字路になっている。岩屋は右下へ。直進すると高見岳へ行けそうだ。予定外だが登りたくなって歩き出す（10：40）。途中で林道を横切って（11：10）、山道を進む。あまり登っていない山とみえて、人が歩いた足跡がまったくない。時々、クモの巣が顔に当たる。そろそろ頂上かなと思いながら歩いているとすごい急坂になる。ロープにしっかり掴まり滑り落ちないように気をつけて登る。ロープがなくなって、まだまだ１００ｍほど急登は続く。やっと**高見岳**５３８ｍに到着（11：35）。山頂は５メートル四方くらいの広さで檜・椿・椎の木などが茂り、展望はない。写真だけ撮って下山にかかり（11：45）、犬の墓まで戻り（12：30－12：35）、岩屋登山口の方へ下る。悠久の泉（12：44）あたりはシャクナゲの群落地で花の季節がよいだろう。すぐに岩屋の登山口に飛び出した（12：45）。冷たい山水がパイプから勢いよく出ていてありがたい。顔を洗い、一息ついてマイカーを停めている上木場駐車場へ林道を歩いて帰る。途中、虚空蔵山の姿が美しいビューポイントがあり、何枚もシャッターを切りながら帰る。駐車場着（13：20）。

方位板のある山頂

岩屋付近から虚空蔵山を見る

✿花　シャクナゲ（5月）
♨温泉　嬉野温泉
⊞地図　嬉野
☎問い合わせ
嬉野市役所嬉野総合支所＝０９５４（４３）１１１１
川棚町役場＝０９５６（８２）３１３１

14 祖母山 1756m

宮崎県・大分県
一等三角点

登山日 2006年8月6日（日）晴

【アクセス】 山荘かつらの樹（6：30）⇩国道325号線山都町柳信号左折⇩高千穂町河内信号から直進して県道8号線に入る。萌野峠を上り、五ケ所高原トンネルを過ぎるとすぐ、左前方に三秀台（ウェストン碑）が見える。ここから1・1km先の五ケ所小学校から右折し、4・7kmで「一の鳥居」がある。砂利道の狭い坂道を2km進むと北谷登山口の駐車場に着く（10台ほど駐車可／8：30）。

【登山路】 歩行時間4時間20分（往130分・復130分）

大分と宮崎の境にあり、一部は阿蘇外輪の高原にもかかっている祖母山地の盟主であり、ブナやモミ、ツガなどの原生林に覆われている山である。幾度かの噴火で形成された急峻な岩峰や奥深い渓谷が見られる。明治23（1890）年、英国人の宣教師、ウォルター・ウェストンは五カ所から登っている。三秀台にウェストン碑がある。

駐車場から直進する風穴コースでなく、北向きに千間《せんげん》平《だいら》コースを登る（8：45）。遊歩道がよく整備されていて登りやすい。530mきざみで標識が立っているので道に迷うこともなく登れる。

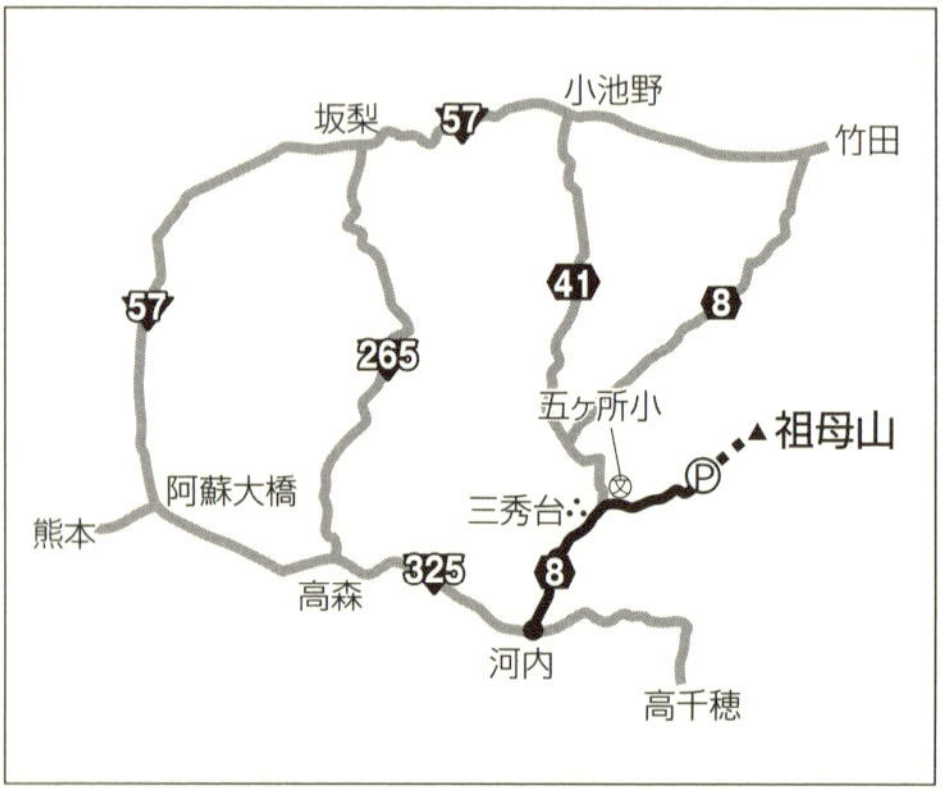

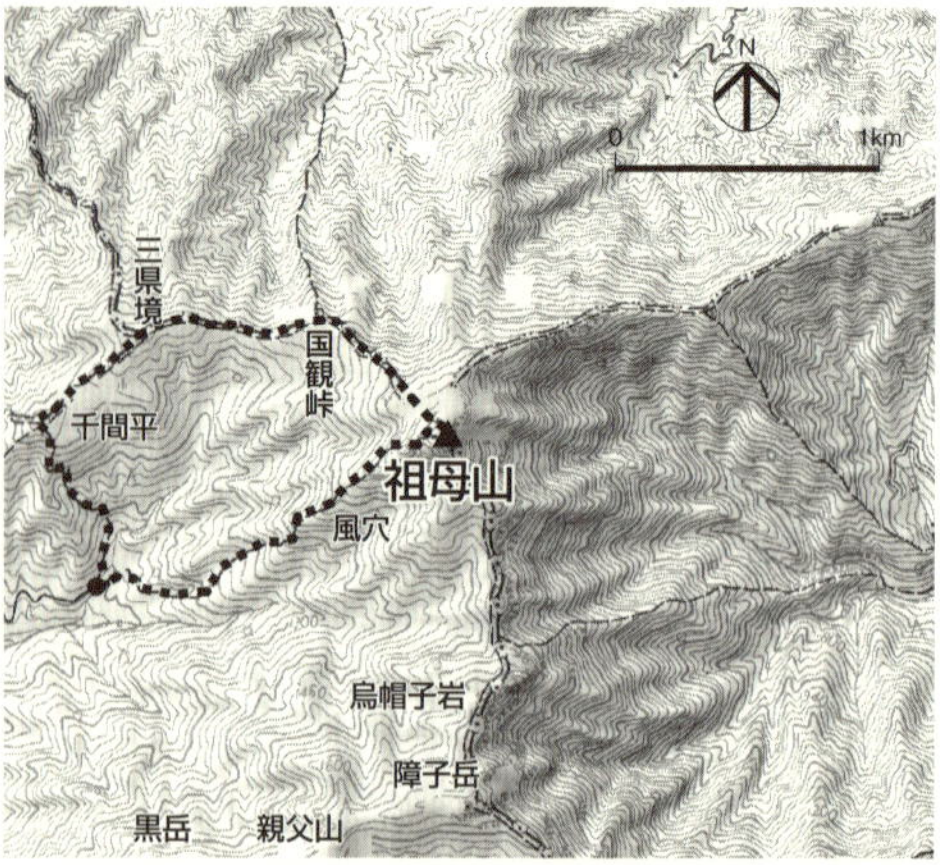

九合目の山小屋

登山口から杉林のなかを10分ほど歩くと1合目の標柱があり、右（北）に向かうと段々急坂になってくる。2合目を過ぎ、しばらくして水場がある。3合目（9：15）あたりからは視界も開け赤川浦岳や黒岳などが見えてくる。4合目を過ぎ、平らに近く広い丘陵地になってくる。ここが千間平1445mと呼ばれる所である（9：40－9：47）。西南の眺望がよい。5合目（9：50）を過ぎると緩やかな上りになり、やがて**三県境**（大分・熊本・宮崎の境界点）に着く（10：00－10：10）。その昔、延岡の殿様が登山された時に茶屋ができた場所で、御茶屋場とも言われているようである。

ここからスズタケと灌木の尾根道を東に進むと間もなく**国観峠**である（10：30－10：35）。神原《こうばる》からの道が左（北）から合わさる。30m四方はあろうかと思える広場で石地蔵もあり、ゆっくりできる。坂道を登り、8合目を通過し、9合目（10：55）に着くと山頂（右上へ490m、約10分の直登）と山小屋（直進し、約200m）との分岐がある。山小屋（あけぼの山荘）へ行ってみる。水場もあり数十人は泊まれるようだ（11：05－11：10）。この周辺は花の時季は終わっているが、オオヤマレンゲが群生する所である。小屋から急坂を登り、**祖母山**山頂に達する（11：25）。大分と宮崎県それぞれ

360度の絶景が楽しめる山頂

の神社の上宮祠があり、一等三角点もある。雄大な眺めは見飽きることがない。天狗岩・障子岳・古祖母山・傾山など名だたる山々や、九重連山・阿蘇山なども望め、360度絶景を楽しめる。

　下山（11：55）は往路を戻らずに風穴コースをたどり北谷登山口へ。自然林のなかの急斜面をぐんぐん下る。クマザサが多くなるとやがて巨岩が現れ、**風穴**に着く（13：10－13：20）。涼しい風が吹き上げる風穴を覗きながら一息つく。ここからの下りはほとんど熊笹のトンネル歩きである。歩けど歩けどクマザサは終わらない。やっと瀬音が聞こえだし、渓流が見え出すと間もなく北谷登山口（水、WCあり）に帰り着いた（14：15）。

✽花　アケボノツツジ（5月）、オオヤマレンゲ（6月）
♨温泉　高森温泉館
⊞地図　祖母山・豊後柏原
☎問い合わせ
高千穂町観光協会＝0982（72）3181
豊後大野市役所緒方支所＝0974（42）2111
竹田市役所＝0974（63）1111

15 多良岳 ９９６ｍ

佐賀県・長崎県

登山日 2006年8月13日（日）晴

【アクセス】 自宅（６：00）⇩古賀ＩＣ⇩長崎自動車道武雄北方ＩＣ下車⇩国道４９８号線⇩国道２０７号線多良町油津信号右折（１４３ｋｍ）⇩県道２５２号線多良岳県立自然公園内、中山キャンプ場（８：30／１５３ｋｍ）

【登山路】 歩行時間１時間15分（往75分・復は経ヶ岳へ）

佐賀と長崎の県境にある多良山地の主峰で急峻な峰と渓谷がある。山頂には金泉寺や行《ぎょう》基《き》が祀った多良大権現があり、奈良、平安時代からの真言密教の修験場として繁栄してきた山である。

キャンプ場のバンガロー下の駐車場に車を止め、多良岳神社の鳥居（８：40）の所から石段を上る。千鳥坂と呼ばれる急坂をジグザグに登ると、やがて幸福坂に着き、道も緩やかになる。ちょうど１ｋｍ歩いた地点が見上坂（９：05）である。また急登りになり道の左右に沢が見られ、ひんやりと涼しい。この先でまた石段を上るとキツネノカミソリが群生している場所（９：20－９：25）がある。ここを通過すると「夫婦仲良く登ろう」と書かれた夫婦坂（９：30）があり、急坂を登り切ると多良神社の鳥居（多良岳と金泉寺との分岐点）が見えてくる（９：35）。

鳥居をくぐり、役行者《えんのぎょうじゃ》の石塚や説明文を見て、急な

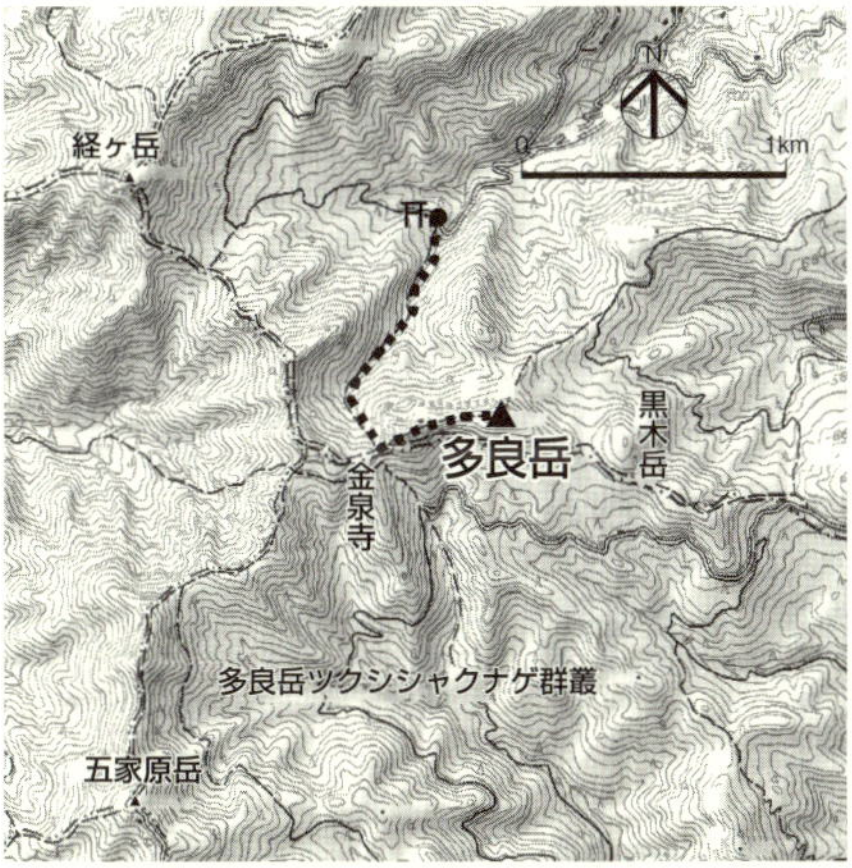

オオキツネノカミソリの群落

石段を上る。途中の鎖場を越え、最後の石段33段を登ると**多良岳**山頂だった（10：00）。5m四方ほどの広場で多良権現の石祠がある。周りは灌木で展望は得られないが、灌木の間から経ヶ岳を望める。

下山（10：10）は鳥居まで戻り、**金泉寺**に立ち寄る（10：20）。弘法大師が創建した高野山真言宗の有名な寺とのことであるが、杉の木立に囲まれた寺は静寂さが漂う。このまま往路を帰るのは少し物足りなさを感じ、経ヶ岳へ向かう（経ヶ岳参照）。

金泉寺を経て経ヶ岳へ

✲花　オオキツネノカミソリ（8月）
♨温泉　祐徳温泉宝乃湯
田地図　多良岳
☎問い合わせ　太良町役場＝0954（67）0311

16 経ヶ岳　１０７６ｍ

佐賀県・長崎県
一等三角点

登山日　２００６年8月13日（日）晴

【アクセス】　多良岳参照

【登山路】　歩行時間3時間10分（多良岳金泉寺より１０0分・復90分）

佐賀・長崎県境にそびえる多良岳山群の最高峰でピラミッドのような形をした安山岩の岩峰である。山名は経文を山腹の寺に埋めたことによるという。

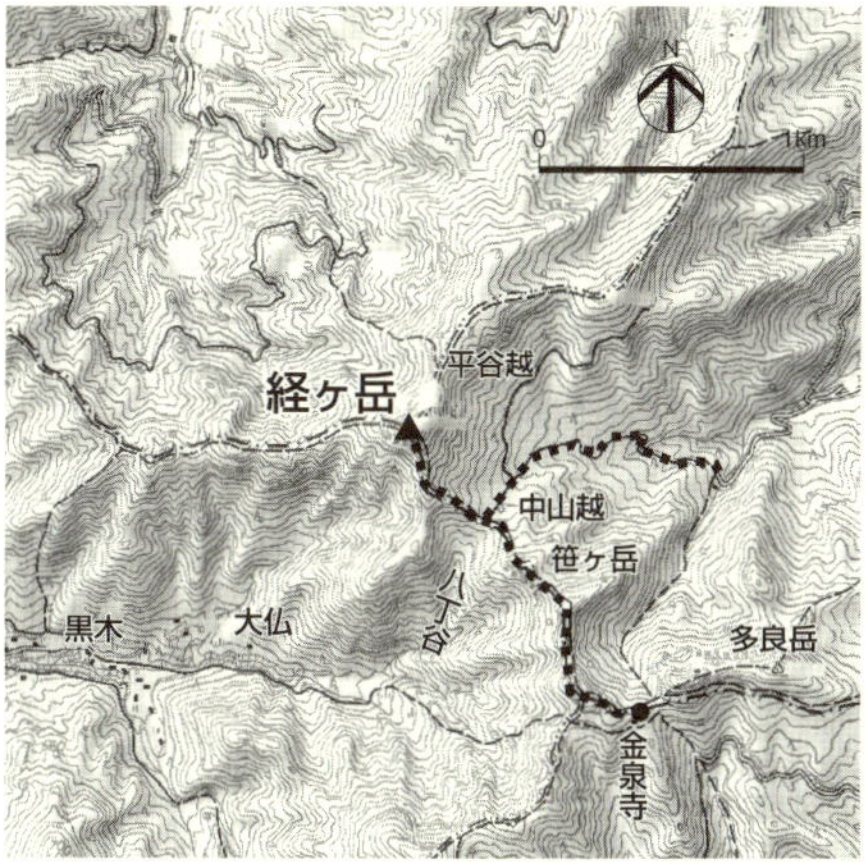

登山口は鹿島市の奥平谷キャンプ場と大村市黒木が一般的である。今回は多良岳から縦走する。

金泉寺のお堂横にある道標にしたがい経ヶ岳へ向かう（10：50）。真下に下りる感じがする急坂をくだると苔むした岩石道をアップダウンしながら山を胴巻きするように北東へ歩く。30分ほどで**笹ヶ岳**（９４５ｍ）の頂上（11：20－11：25）に着いて写真を撮っていると「ここはどこですか」と声をかけてきたA氏と出会う。黒木登山口から八丁谷経由で来た人で迷ったらしい。一緒に歩いて**中山越**７９０ｍに着く（11：45）。平谷越を通り、登る予定であったが、A氏の案内でその途中から近道をする。左へ急登しながら灌木のなかを進む。平谷越しからの道と合流し、ロープのある岩場を登ると間もなく**経ヶ岳**山頂だった（12：35）。６ｍ四方ほどの広さの山頂で五家原岳・多良岳や遠く雲仙の平成新山などが一望できる。周辺にはツクシシャクナゲやマンサクがあり、その季節には美しい花を咲かせる。

下山（13：00）は露岩の多いヤセ尾根を下り平谷越

夕立直前の山頂

を経て戻るつもりであったが、雨がザーザーと降り出したので岩尾根を通らずに、近道する灌木林の中を下りて中山越に帰着（13：50）。ここは四差路になっていて直進すれば金泉寺へ、右折すると八丁谷を経て黒木へ行ける。左折して中山キャンプ場へ下る。山道を5分も降りると経ヶ岳林道に出る。林道を歩くこと20分、渓流にかかる短い橋に着く。清流で、しばし休憩できる。ここからキャンプ場はすぐである（14：30）。

✲花　マンサク（3月）、ツクシシャクナゲ（5月）

♨温泉　祐徳温泉宝乃湯

地図　多良岳・古枝

☎問い合わせ　太良町役場＝0954（67）0311
鹿島市役所＝0954（63）2111
大村市役所＝0957（53）4111

17 普賢岳 1359m

国見岳 1347m
妙見岳 1333m

長崎県
一等三角点
（普賢岳）

登山日 2006年8月14日（月）晴

【アクセス】 雲仙有明ホテル（8：00）⇩仁田峠入口（8：15）から雲仙峠循環道路に入り、5・5km先の仁田峠大駐車場着（8：27）

〔注〕福岡県から行く場合は、長崎自動車道諫早ＩＣ下車⇩国道57号線を走り、小浜町の雲仙西登山口信号から雲仙道路を上り、仁田峠入口へ

【登山路】 歩行時間2時間35分（往110分・復45分）

島原半島にある雲仙岳の3峰に登る。主峰の普賢岳は平成2（1990）年に198年ぶりに大噴火をして平成新山が誕生した。普賢岳からその溶岩ドームが間近に望めることと、初夏にはミツバツツジやミヤマキリシマが咲き、厳冬には霧氷も見られるとあって登山者も多い。

（1）妙見岳

ロープウェイで3分（9：03）。ロープウェイ駅舎の横から石段を登り妙見神社展望台へ（9：06）。あいにく夕べの雨で霧が立ちこめ下界は見えない。すぐに灌木の中を北へ歩くと妙見神社があり、その近くに**妙見岳**山頂の標識がある（9：15）。ここからウンゼンザサが繁る狭い尾根道を。ウツギ・ナナカマド・ミヤマキリシマなどを見ながら歩いていると直ぐに国見岳と普賢岳の分岐点に着く（9：35）。

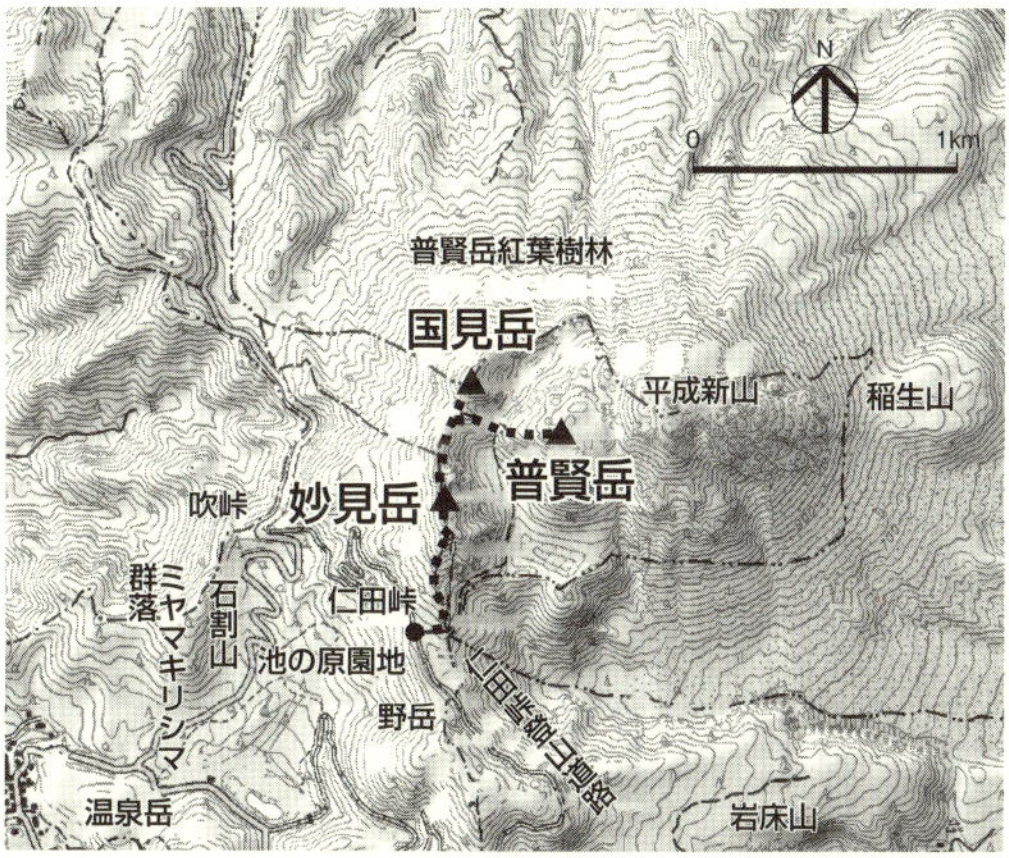

（２）国見岳

少し下り、また登る。道が狭く笹に挟まれるように進む。霧が出て、山が見えたり隠れたりするが、かえって登る意欲が出る。鎖とロープをしっかり握り大岩を登ると**国見岳**山頂に着いた（9：50）。普賢岳、その先の平成新山が指呼の距離だ。遠く多良岳も望める。有明海や天草灘も見え、３６０度の大展望が広がっている。

（３）普賢岳

普賢岳への分岐点に戻り（10：10）、普賢岳方面へ急坂を下る。妙見岳・国見岳・普賢岳の鞍部に下りる。紅葉茶屋と呼ばれる鞍部である。急峻な苔むす溶岩の道を登ると**普賢岳**山頂である（10：50）。一番高い所に普賢岳の名称が彫られた石柱が立っている。九重・阿蘇・霧島・桜島などの山々を見渡せる眺望抜群の山頂であるが、何といっても噴火（平成２〈１９９０〉年11月）の溶岩が積み重なってできた溶岩ドームが眼前に凄い迫力で迫るのが素晴らしい。普賢岳より１２７ｍ高く隆起しているそうである。日本で一番新しい山として**「平成新山」**（１４８６ｍ）と名付けられている。登山客はみんなシャッターチャンスを待っている。

普賢岳山頂から見る平成新山

国見岳山頂

下山（11：15）は紅葉茶屋まで下りて、自然歩道をあざみ谷（11：45）を通ってロープウェイ終着駅へ歩く（12：00帰着）。

✿花　ミヤマキリシマ（５月）
♨温泉　小地獄温泉館
⊞地図　雲仙・島原
☎問い合わせ　雲仙市役所＝０９５７（３８）３１１１

18 八郎岳 ５９０ｍ 小八郎岳 ５６４ｍ

長崎県
一等三角点

登山日 2006年9月13日（水）小雨

【アクセス】 自宅（５：00）⇩九州自動車道古賀ＩＣ⇩長崎自動車道諫早ＩＣで下車し、国道34号線を長崎市街へ⇩長崎県庁前より県道２３７号線を６・５ｋｍ走ると国道４９９号線と合流する。野母崎方面へ４・７ｋｍ走り平山バス停に到着。ここの信号より左折し、狭い道を約４００ｍで八郎岳登山口に着く（11：30）。
〔注〕長崎自動車道が長崎ＩＣまで開通につき長崎ＩＣからアクセスを図示

【登山路】 歩行時間2時間50分（往60分・復１１０分）

長崎半島中部に位置する八郎山系の最高峰で展望がよく、特に東西は眼下にすぐ海がせまり、行き交う船舶が手に取るよう眺められる。八郎は八龍のことで、この山で龍（水神）に雨乞いをしたことにより、この山名が付いたという。

登山口は墓地前の広い道でなく、墓地へ上がっていけば、その先に登山道がある（12：00）。なだらかな小雨に濡れた落ち葉道をゆっくりと登る。時折、顔に雨の滴も当たるが、雨で気温が幾分下がっているのか涼しく感じる。シイやタブノキなど照葉樹林帯で陽が射さず、モヤもかかっている。

黙々と歩いていくと「水（右下へ5分）」と書かれた小さな札がつり下げられている所に着く（12：30）。喉も乾いていないので止まらず上へ上へと歩く。

ちょうど1時間ぐらいで草住神社の小さな鳥居が見えてきた（12：53）。手を合わせお参りして急坂を登

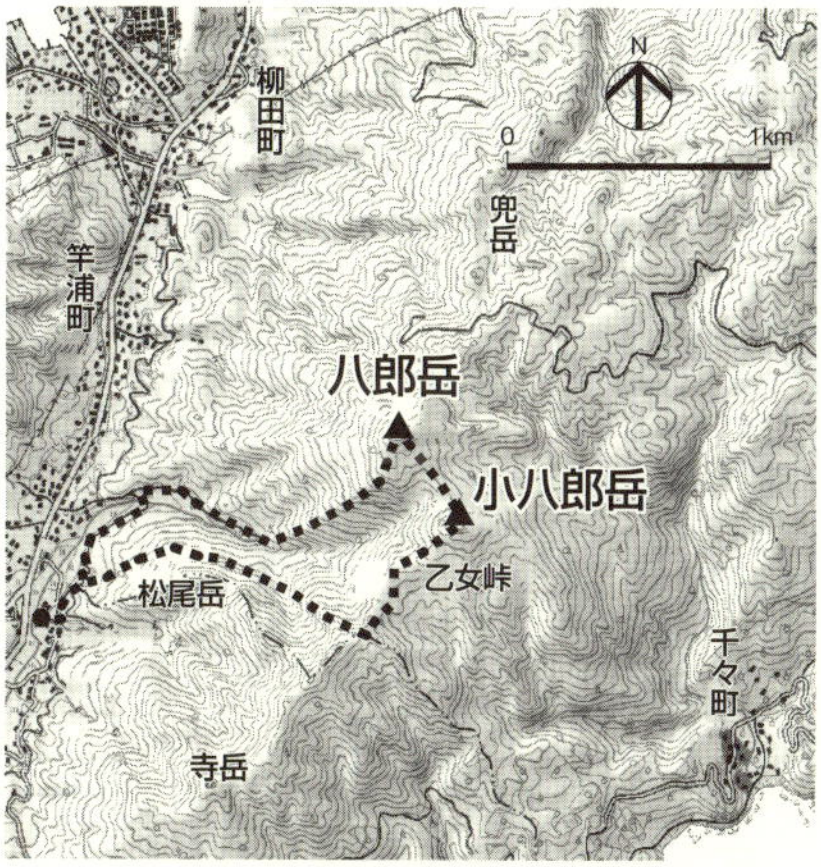

長崎港の見える八郎岳山頂

るとすぐに一等三角点のある**八郎岳**山頂に着いた（13：00－13：20）。草原の広場で全方位に視界が広がる。長崎港、造船所のドックや長崎市街がすぐ下に見える。また天草の島々や雲仙岳なども望める。眼前に迫る小八郎岳へ行ってみることにしたが、案内板がなく、いったん草住神社の鳥居まで下ることにした（登るときに小八郎岳への近道の札を見ていたから）。

　近道は最近、人が通っていないらしく伸びきったシダや草が生い茂り、道なき道でズボンはびしょ濡れになり、道を探しながら進んでいると突然、ヒサカキを背負った人に出会う。道を尋ねて広い道に飛び出した（この道は山頂から熊ヶ峰方面へ下り、小八郎岳への分岐から下りて来た道だった）。この道を少し下ると道が左右に分かれている。左へ山を巻くように上り、右へ直登すると**小八郎岳**山頂であった（14：00）。あいにくモヤがかかり何も見えず残念だった。

　下山（14：20）は乙女峠経由で周回して登山口に帰る予定で、案内板を探すが乙女峠の文字は見当たらず、どの方向に行けばよいか迷う。寺岳への標識があったので、この方向へ進む。灌木や伸びきったカヤのなかを西へ下る。20分ほど下り広い草原につく（ヤマツツジの群落地のようだが花の時季はすぎてるので真っ赤な花はみられない）。何か案内がないかと探すと木の枝に小さな木札がつり下げられていた。ここが**乙女峠**らしい（14：40）。南へ直進すれば寺岳へ。平山の登山口は右（西）のようだ。

　右へ10分ばかり下ると渓流が見えてきた。きれいな山水が流れていたので一休みする。やがて道がその谷川に突き当たって道がわからない。あちらこちら探し回る。ヤマ感で滝のように流れ落ちる所を渡り、下っていくうちに道を発見する。安心して歩いていると、右側に石を積み重ねた垣が無数ある。何のために築かれているのかわからない。間もなく林道に出た。お堂があるようなので林道をちょっとバックして地蔵さんにお参りする（15：25）。林道に出ると左手に市民農園がみえる。市民農園駐車場到着（15：30）。ここから登山口まで徒歩3分である。

八郎岳をバックに

✻花　ヤマツツジ（6月）
地図　長崎西南部・千々
温泉　ホテルセントヒル長崎
問い合わせ　長崎市役所＝095（822）8888

19 九千部岳 1062m

吾妻岳 870m
鳥甲山 822m

長崎県

登山日 2006年9月14日（木）晴

【アクセス】 ホテルセントヒル長崎（長崎市内／8：30）から国道34号線を走り、矢上大橋を渡って（有料100円）、県道251号線を愛野町へ⇩愛野町から国道57号線を走る。千々石町の橘神社前の参道口信号より左折し、県道210号線へ。途中から車1台がやっとの狭い山道を6・4km上ると、いきなり広い道路に出る。そこに田代原トレイルセンターがある（45km／10：00）。トレイルセンター前の雲仙天草国立公園田代原キャンプ場駐車場に駐車（30台可）

〔注〕現在、長崎自動車道が長崎ICまで開通につき長崎ICから諫早ICへ走り、愛野町へのアクセスを図示

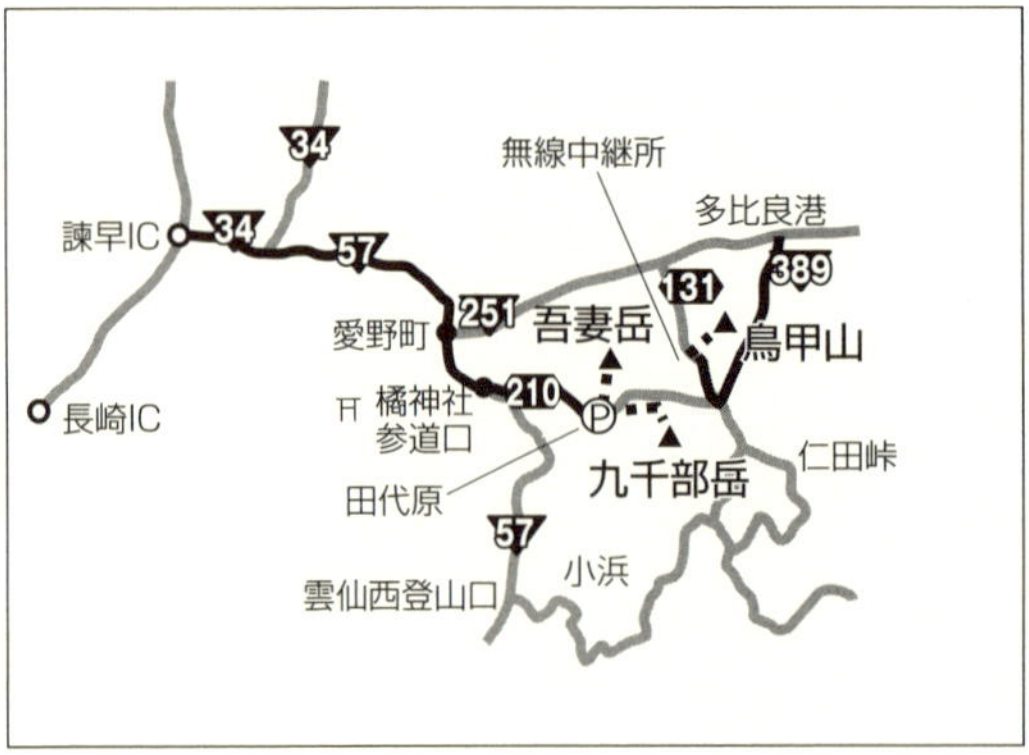

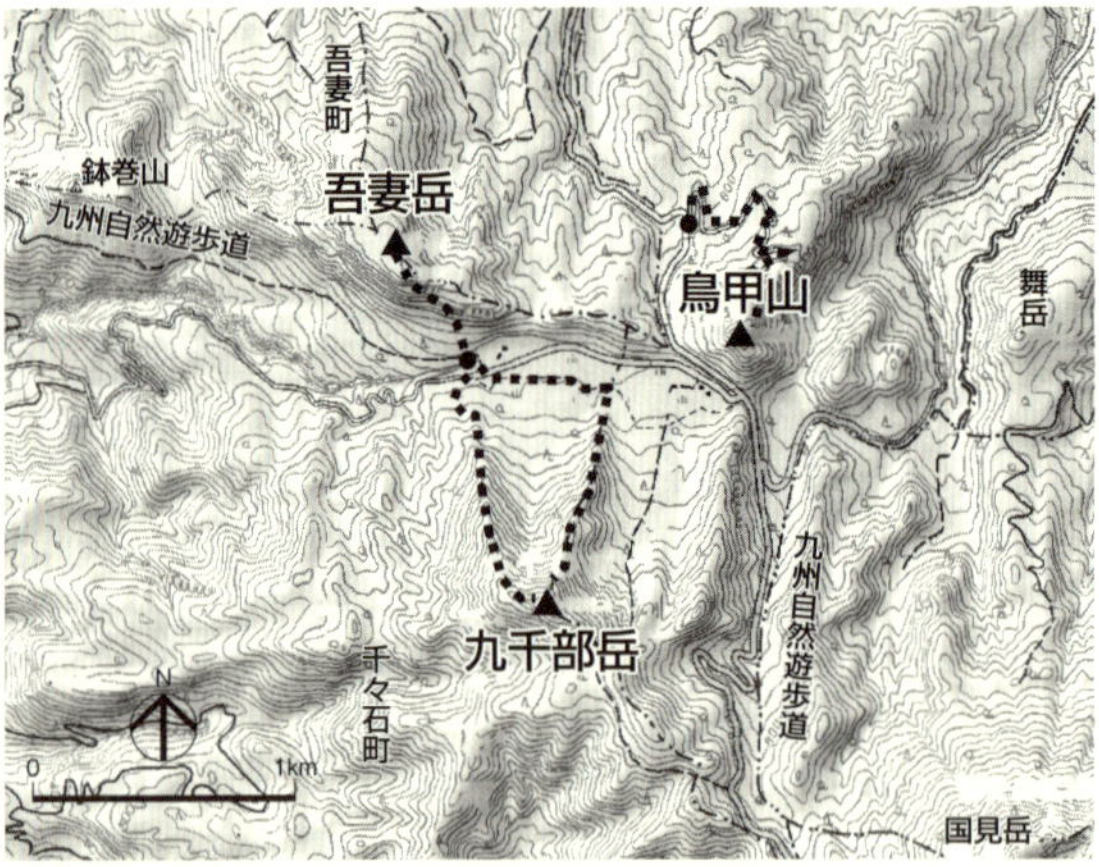

【登山路】 歩行時間5時間25分

雲仙火山群の西北にあり、奥雲仙と呼ばれる静寂な田

代原牧草地を見下ろすように聳える九千部岳と千々石断層で急峻な崖をもつ吾妻岳・鳥甲山へ登る。

(1)九千部岳（往95分・復70分）

トレイルセンター前の道路を横断すると登山口（10：15）がある。田代原牧場の木柵が左側に続く九州自然歩道を歩くと一つ目の東屋がある（10：25）。このあたりから赤松が左手に見え、爽やかな空気を吸いながら気持ちよく木道を進むと二つ目の東屋がある（10：40）。ここから右折し、杉や檜林の間の砂利道（幅５ｍ）をまっすぐ進むと砂利道が終わり（10：55）、苔むした自然石の石段になり、上りがきつくなってくる。道幅も段々と狭く（幅１ｍ）なり、ヤマボウシ、ヤマアジサイ、ウツギ、ナナカマド等が目につくようになる。

赤鳥居をくぐり山頂に着く

　やがて九千部岳へ７００ｍの道標に突き当たる（11：25）。左へ行けば雲仙への自然歩道、右へ進み九千部大明神の赤鳥居をくぐると山頂は近いと思いつつ、ヒサカキ・イヌツゲ・ニシギウツギやミヤマキリシマなどの低木の間をひたすら登る。急勾配の岩場を越えると**九千部岳**山頂である（11：50）。平成新山や長崎市街、遠く熊本市も見え３６０度の雄大な展望がひろがる。

　下山（12：10）は時計回りに周回コースを下る。15分間ぐらいは大岩が無数にあり、岩と岩との間で道が狭くリュックを手に持ち替えてすり抜けて通るような所もある。山頂から５００ｍ地点付近から大きい岩は無くなるが、高度はどんどん下がる。眼下に橘湾が見え、眼前に吾妻岳が見えるビューポイントがある（13：00）。そこから下るとすぐに林道に出た。登山口は林道から3分である（13：20）。

(2)吾妻岳（往35分・復35分）

　トレイルセンター駐車場隅の「雲仙天草国立公園・田代原キャンプ場」の看板横の木橋を渡ると吾妻岳登山口がある。九千部岳を下山後、しばらくしてこの山に登る

吾妻岳にある観音岩

（13：40）。なだらかな砂利道を15分ばかり歩いた地点に「山頂まで４００ｍ」の案内板がある。ここを通過すると勾配がきつくなってきて山らしくなった。木を埋め込んだ階段から自然石の石段になり、所々に大きな岩も見かけられ登りはきつい。きれいな野芝が生えそろった広場に出て、そこから右側の灌木のなかを少し登ると「**吾妻岳**山頂」の標識があった（14：15）。灌木に覆われて何も見えない。野芝広場に戻ると東西南北よく見える。多比良港や千々石町なども見える眺望のよい場所である。なお、この広場から5分（約３００ｍ）ばかり下ると吾妻観世音菩薩が祀られている場所がある。鳥居が

ススキ茂る鳥甲山頂上

三つ、その向こうに観音様に似た大岩が悠然と立っている。ここは必見の場所である（14：25）。下山は往路を戻る。25分で登山口につく（15：20）。

（３）鳥甲山８２２ｍ（往45分・復45分）

登るつもりで車を移動し、１時間近く登山口を探したが見つけられずに諦め、翌日再挑戦する。小浜温泉の国民宿舎「望洋荘」から国道57号線を13ｋｍ走行し、雲仙温泉街に着き、ここから国道３８９号線を９ｋｍ走り赤鳥居（雲仙から多比良港への３８９号線から県道１３１号線に分岐して３００ｍ先に赤鳥居あり）に着く（10：20）。

ここから１３１号線を１ｋｍあまり走った地点から斜め後ろに狭いセメント舗装路がある。ＮＴＴコミュニケーションズ株式会社鳥甲無線中継所への道路であり、鳥甲山登山口へのルートでもあった。車で行かずにセメント舗装路を歩いて登ったら30分かかった。無線中継所の前が登山口である。

登山口（11：00）から樹木で覆われた薄暗い山道を落ち葉を踏みながら登る。赤松・ヒサカキ・イヌツゲが多く目につく。すぐに頂上であった（11：15）。山頂は５ｍ四方ほどの広さでシャクナゲ。ヤマボウシ、ツツジがあり、花の季節は咲き誇ることだろう。九千部岳や吾妻岳が近くに見える。田代原の豊かな緑が眼下に広がる。

✿花　ヤマボウシ（６月）・ミヤマキリシマ（５月）
♨温泉　小浜温泉望洋荘
⊞地図　雲仙・島原
☎問い合わせ　雲仙市役所＝０９５７（３８）３１１１

20 御前岳 １２０９ｍ 釈迦ヶ岳 １２３１ｍ

福岡県・大分県
一等三角点（釈迦ヶ岳）
登山日 ２００６年９月２５日（月）晴

【アクセス】 自宅（6：00）⇩古賀ＩＣ⇩八女ＩＣ下車し国道４４２号線へ⇩日向神ダムの赤い橋（１０９ｋｍ）⇩矢部小学校前信号（１１１ｋｍ）より左折して御側川沿いに６ｋｍ走ると杣の里渓流公園（１１７ｋｍ）、その入園口を右に見て更に３００ｍ狭い道を上ると駐車場がある（9：00）。御前岳登山口はすぐ目の前にある。

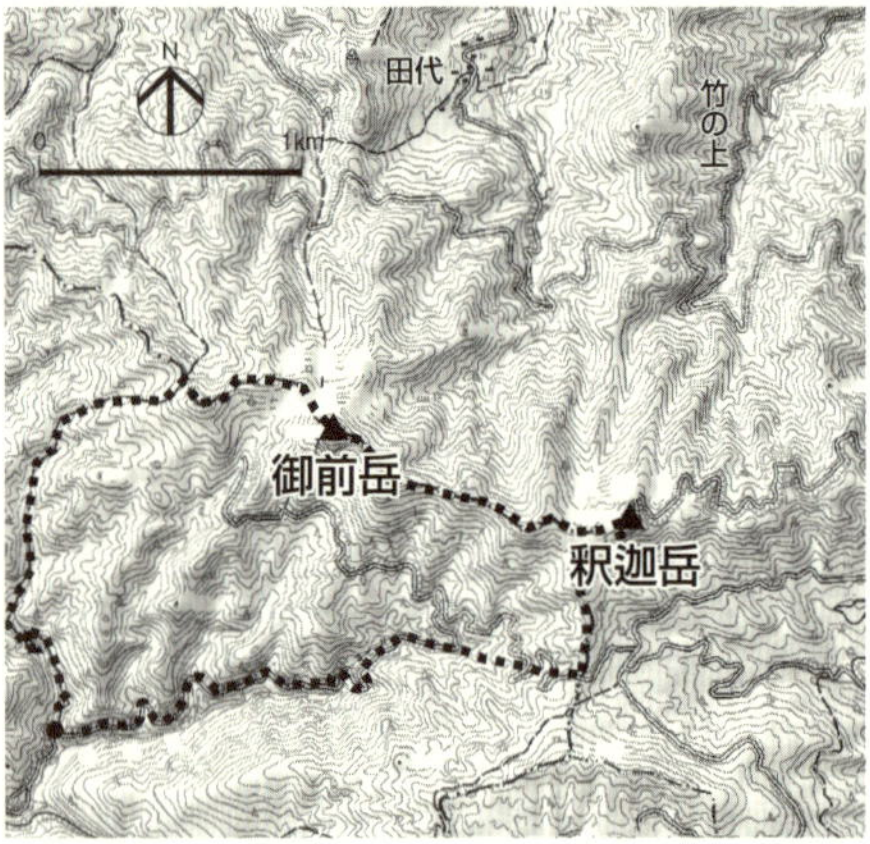

【登山路】 歩行時間4時間15分（往１５０分・復１０５分）

御前岳、釈迦ヶ岳ともに福岡県矢部村と大分県日田市前津江町の境界にある津江山地を代表する山である。釈迦ヶ岳は東西に3つのピーク（東から本城・普賢岳・本釈迦）が連なる尖頭状の山で本釈迦を釈迦ヶ岳と呼び一等三角点がある。三角錐の山容の御前岳は昔、田代権現を祀ってあったことで権現岳とも呼ばれる。

御前岳登山口から沢沿いに登る（9：20）。七つ目の沢を徒渉（10：00）すると沢から離れ、水の音も聞こえなくなってくる。緩やかな道をしばらく登ると林道に出る（10：05）。１００ｍほど左へ歩けば御前岳頂上まで０・８ｋｍの標識がある。杉林のなかの丸太段を上り、それがなくなるとなだらかな道で歩きやすくなる。ナラの巨木（10：25−10：30）を過ぎると間もなく枯木が3本立つ大岩に着く（10：40）。ここは頂上まで0・4km地点で素晴らしい眺めが堪能できる。

　鎖やロープに頼って大岩を登り、スズタケ道のコナラ、ブナの林を抜けると**御前岳**山頂である（11：00）。阿蘇山、九重連山、雲仙岳、八方ヶ岳なども望める。また、景行天皇御遺跡碑がある。

　釈迦ヶ岳へ出発（11：20）。いきなり急降下するが、自然に成長したブナの大木に見とれながらアップダウンをくり返しながら歩く。ドウダンツツジ、ツクシシャクナゲ、イロハカエデなどが多く見られ、疲れを感じないまま、緩やかな尾根道を行く。やがてそそり立つ大きい岩が眼前に現れる。そこを鎖とロープでよじ登ると**釈迦ヶ岳**山頂だ（12：15）。頂上は狭いが釈迦如来像が祀られている。根子岳・傾山・祖母山・涌蓋山・雲仙岳・英彦山なども見え、360度の大展望が得られる。真下にはブナの美林がみられる。

　普賢岳レーダードーム（雨量観測用レーダー）は鎖のついた手すりの階段を下りてドームと矢部越との分岐点に着き、左へ5分の所にある（12：55）。表に回ると展望台があり、名の知れた山々が望める。また分岐点に戻

展望のよい枯れ木が立つ大岩

釈迦岳頂上にて

杣の大吊橋

り（13：15）、左（南）へブナ林のなかの急勾配の御前・釈迦自然歩道を下り、林道に出る。ここが**矢部越**（13：35－13：40）で矢部村から前津江町に通じる峠である（椿ケ鼻ハイランドパークへ8・8kmの道標あり）。

蛇行する林道を通らずに欅やシオジが多い近道の自然歩道を下る。何度か林道を横切り、御側川原から林道に上がり、水量が豊富な幸運の滝を過ぎると右岸へわたり、なお林道を歩く。やがて左前方に「杣の大吊橋」が見えてくる（14：40）。吊橋から駐車場は2分である。

✿花　ツクシシャクナゲ（5月）
♨温泉　グリーンピア八女
⊞地図　豊後大野・十籠
☎問い合わせ　矢部村役場＝0943（47）3111
日田市役所前津江振興局＝0973（53）2111

21 阿蘇高岳

1592m　熊本県

登山日　2006年10月3日（火）晴

【アクセス】　山荘かつらの樹（8：30）⇩阿蘇大橋（国道57号線）⇩一の宮町宮地の仙酔峡入口（27km）から右折して仙酔峡道路へ⇩仙酔峡駐車場（33・5km／9：30）。

【登山路】　歩行時間5時間30分（往205分・復125分）

阿蘇山のなかで一番高い山が高岳で標高もヒゴノクニ（1592m）と呼ばれ、県民に親しまれている山である。ミヤマキリシマが咲く初夏の頃は、その観賞客で賑わう仙酔峡登山口から登る。駐車場から見上げると右に中岳火口展望所へのロープウェイ、左（東）に天に突き刺す赤褐色の鷲ヶ峰が見える。駐車場前の花酔橋を渡り（10：00）、階段を左へ登ると鷲見平。ここは右のカヤ繁る登山道を抜け、荒々しい溶岩の仙酔尾根を登る。褐色の溶岩道が続く。堅くて、割れない、剝げない岩で気をつけて歩けば歩きやすい登山ルートである。時々、振り返ると阿蘇谷や外輪壁の雄大な風景が眼下に広がっている。

やがて「中間点」と岩にペンキで書かれた地点（11：00）が見えてくる。溶岩壁が立ちはだかるように眼前に迫る。中間点から20分ほどで、唯一ロープが掛けられている岩を登る。

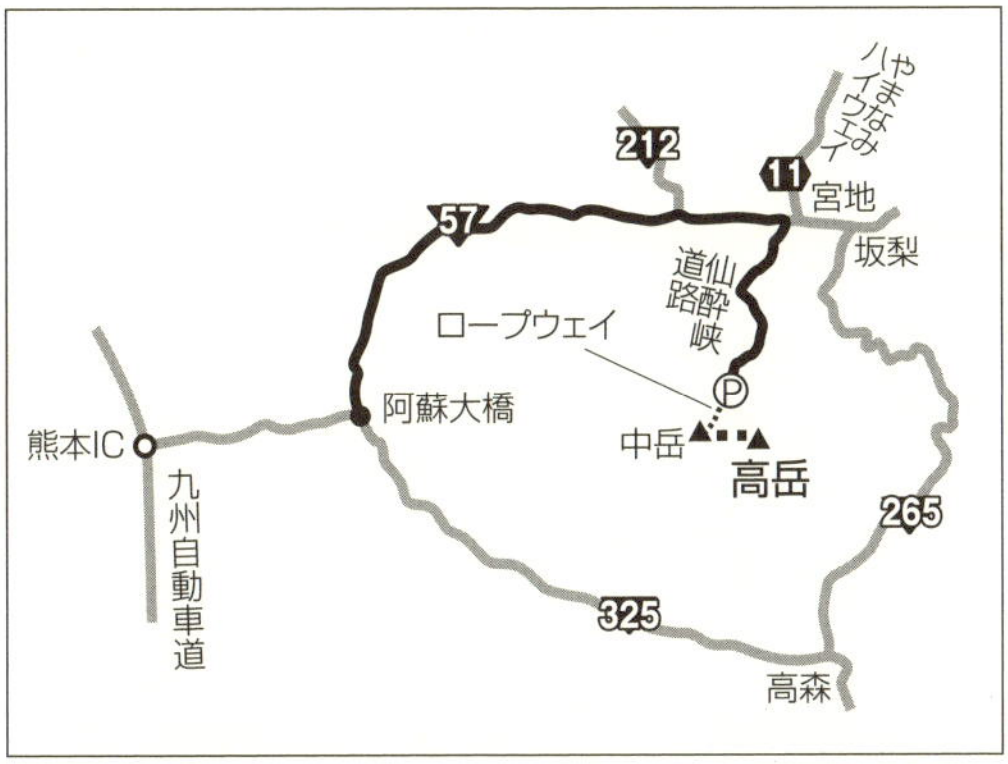

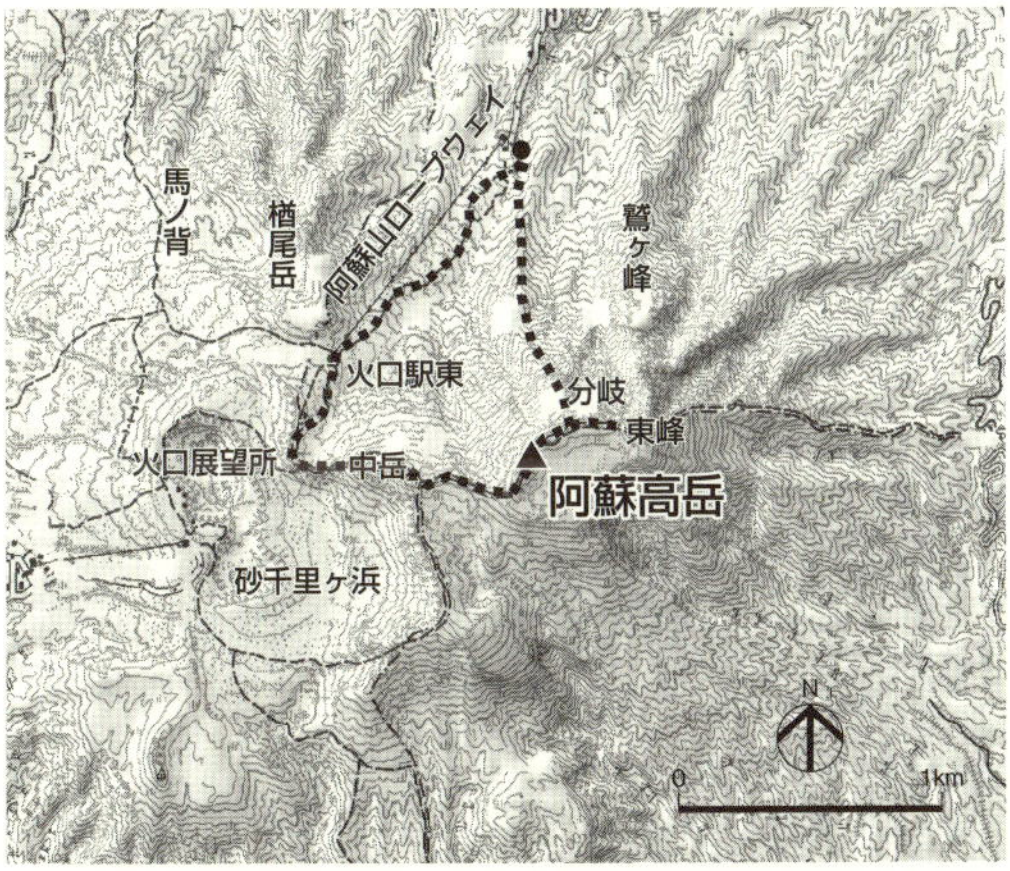

溶岩テーブル（天狗の舞台）

直径5mほどの丸い岩（噴煙弾）があるあたりから礫砂岩のザラザラ道となり足が滑るがひと息で稜線に上がる。そこは**「高岳・高岳東峰」分岐点**である（12：20）。左（東）へ500mで高岳東峰、右（西）へ220mで高岳山頂と記されている。正面（南）の窪地は大鍋（火口跡）であり、そのなかに月見小屋もある。

まずは左の東峰を目指す。平坦な道から小鞍部に下り、天狗の舞台とよばれる溶岩テーブルを見上げながら回り込んで**高岳東峰**に着く（12：35）。祖母山・傾山、九重連山なども望める。

広い東峰でパノラマを楽しんだ後、月見小屋を目指して大鍋の底へ小鞍部から下りて行く（13：10）。この季節はあまりここを通る人が少ないのか草が密生し歩きにくい。ススキの穂やイタドリの花を観ながら下ると避難小屋である月見小屋に到着した（13：35）。すぐ近くには高校の先輩（昭和二十七年、済々黌《せいせいこう》高校在学中に雪山で遭難された）の石碑があり、遭難を知らせる当時の新聞記事が鮮明に思い出された。

小屋から黄色のペンキを目印に火口壁を上ると「高岳・東峰」の分岐点に戻れた（13：50）。西へ少し下り登り返すと**高岳**山頂に達した（14：00）。頂上は溶岩台である。外輪山のなかにある中央火口丘の五岳が全望できるし、特に中岳の噴煙が白く立ち昇る活火山を目の当たりにできる。眺望抜群で素晴らしい阿蘇山、世界のカルデラがよく理解できる。

下山（14：40）は往路を戻らず、中岳火口を眺めながらのルートを辿る。西斜面をジグザグに歩くと稜線の先に中岳1506mの標柱が立てられている（15：00）。

東峰から見る根子岳

左下には草の1本も生えていない黒っぽい砂千里が見える。**中岳**から落石注意の案内板がある溶岩壁の下（15：18）を急降下し、火口東展望所へと続く吊り尾根を下り、上り返して東展望所に着く（15：30）。ロープウェイ東駅（15：50）の右脇から仙酔峡登山口へ約1400m（ロープウェイは10分）を歩いて帰る。途中、鷲ヶ峰、虎ヶ峰や仙酔尾根を眺め楽しみながら急な遊歩道を下る。ゴンドラが頭上を上り下りする。登山口帰着（16：45）。

✿花　ミヤマキリシマ（6月）
♨温泉　栃木温泉
⊞地図　阿蘇山・根子岳
☎問い合わせ　阿蘇市役所＝0967（22）3111

22 根子岳東峰 1408m 天狗峰 1433m

熊本県 登山日 2006年10月10日（火）晴

【アクセス】 山荘かつらの樹（7：45）⇩国道325号線の高森町村山信号を左折し、高森町から一の宮町へ通じる国道265号線へ、「休暇村南阿蘇」前を通過して旧上色見小学校から少し入り込んだ所にある東峰登山道入口の標識から右折（16ｋｍ）⇩大戸尾根コース登山口（16・5ｋｍ／8：10）。

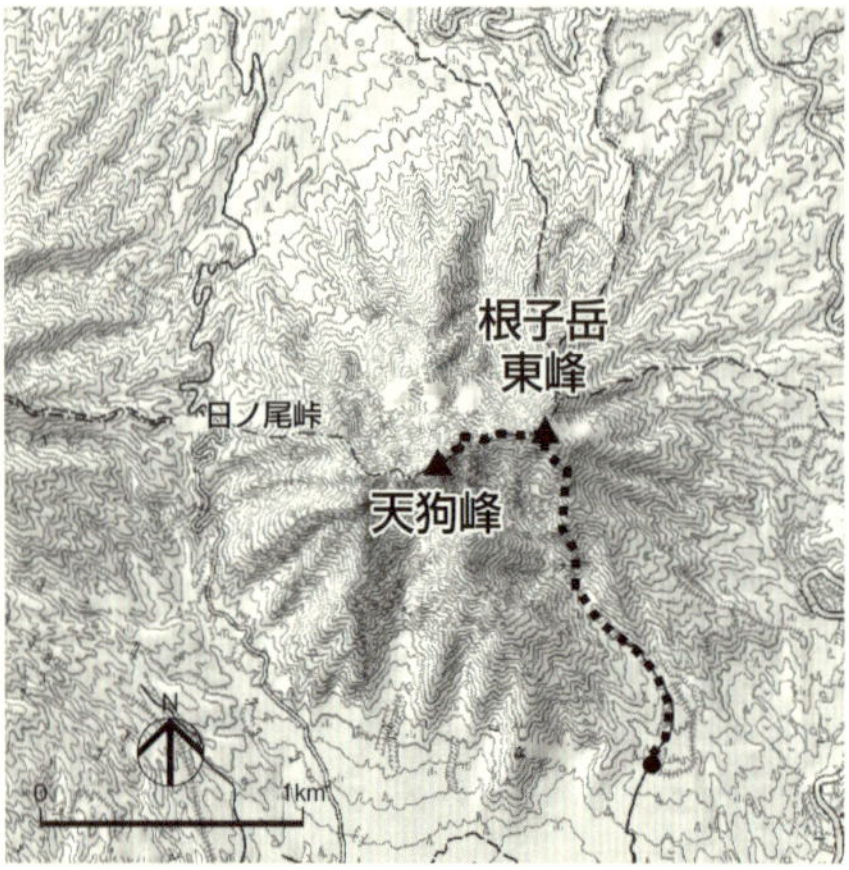

【登山路】 歩行時間5時間20分（往190分・復130分）

外輪壁や阿蘇谷から眺めると阿蘇五岳は涅槃像に見え、その顔の部分が根子岳である。天に聳える天狗岩や刻み込まれた深い谷の地獄谷・山口谷など特徴のある山である。稜線は東から西へ東峰・天狗峰・西峰（1394m）と並ぶ。輝石安山岩で形成され浸食や崩落が多い。

大戸尾根登山口から登る（他に東峰が大戸ノ口峠、箱石峠など、西峰は日ノ尾峠がある）。

駐車場前に根子岳登山道標案内板があり、登山ルートの説明がしてありわかりやすい。その前にある牧柵脇から牧道に入り（8：40）、歩いていると記帳台と避難小屋がある。そこから牧草地に上がり、正面の杉林に向かって進み、牧柵の外に出る（8：55）。杉や檜の植林の左側尾根を登る。野菊やアキノキリンソウなど野の花が多い。ラクダ山・清栄山や三秀台の塔が見える地点（9：40）を過ぎるとナラ・イヌシデ・モミジなどの樹木帯に入る。やがて尾根がヤセ、大きな露岩があ

天狗峰を背に東峰山頂

る場所に着く（10：00）。梯子とロープで登る。ミズナラが増え、ナナカマドやミヤマキリシマなどが現れ出すと「至根子岳東峰」の道標が立つ地点に達する（10：05）。天狗岩や東峰山頂が見える。すぐの崩壊地を過ぎるとモミジの大木があり、珍しい風露草の花が次々と咲いている。間もなく展望が開け、大戸ノ口峠からの道と出合う（10：20）。広大な阿蘇草原が目にしみる。カヤとササ、低木の道をひと登りで**根子岳東峰**山頂である（10：30）。展望雄大で天狗峰・釣井尾根・高岳東峰など指呼の間である。九重連山、祖母山・涌蓋山、南外輪山などもハッキリ見える。

そそり立つ天狗峰を間近に見ると行ってみたくなる（10：55）。カヤが繁る尾根を下り、デコボコの岩肌むき出しの岩（三つ目のピーク／11：05）を登り、下る。ヤセ尾根には野草が咲き、オオカメノキの実は赤くなり、ナナカマドも紅葉している。五つ目のピークは「進入禁止」の表示があり、迂回路の急坂を下り、また登る（11：35）。ここからもアップダウンをくり返し、10個目のピークは天狗峰の直前で眺望抜群のビューポイントである。広さは3m四方ほどだが、その周りには縦走中に目にした花木がほとんど揃っている、オオヤマレンゲ・ヒカゲツツジ・ミヤマキリシマ・ウツギ・イタヤカエデ等々である。眼下には地獄谷・ヤカタガウドの深い谷がある（12：00－12：30）。

谷の上にクマザサが繁り、狭い道を通りすぎると、急傾斜の岩登りが待っている。ピークを越え、下った所が**天狗峰**の直下になる。危険のため鎖やロープははずされている。天狗岩峰の中段に「この先キケン」と黄色のペンキで書かれている。そこまで登って引き返す（12：45－12：55）。

（下山）天狗峰（12：55）、迂回路（13：25－13：40）、デコボコ岩（13：45）、根子岳東峰（13：55－14：00）、「至根子岳東峰」標柱（14：20）、三秀台見ゆ（14：45）、牧柵（15：10）、駐車場（15：25）。

✿花　ミヤマキリシマ（5月）・ヒカゲツツジ（5月）
♨温泉　高森温泉館
⊞地図　根子岳
☎問い合わせ　高森町役場＝0967（62）1111
阿蘇市役所＝0967（22）3111

23 傾山 １６０２ｍ

大分県・宮崎県

登山日 ２００６年10月18日（日）晴

千間山から傾山を見る

【アクセス】 山荘かつらの樹（12：00）⇩高森町村山信号から国道２６５号線へ左折⇩大戸ノ口⇩箱石峠⇩一の宮坂梨信号（33・３ｋｍ）から県道57号線へ右折⇩竹田市鏡信号（60ｋｍ）から県道５０２号線へ右折⇩緒方町上自在信号（70ｋｍ）を右折し、県道7号線に入り、上畑集落へ向かって進む。新赤川トンネルを通り抜け、81ｋｍ地点の大きな鉄橋を渡らずに右方向へ（祖母傾山登山口⇩の案内板あり）。間もなく上畑集落に着き、バス停「傾山登山口」（86・５ｋｍ）が目に入る。そのバス停前から左折して、九折川沿いに３・８ｋｍ下ると傾山九折登山口の駐車場がある（14：00／90・３ｋｍ）。

前日、登山口の下見をして尾平にある「旅館もみ志や」に宿泊（傾山登山口バス停から８・７ｋｍ、約20分）

【登山路】 歩行時間7時間40分（往２６０分・復２００分）

傾山は、神武天皇が兄弟4人で登頂したとの伝説があり四皇子峰とも呼ばれている。一般的には山頂部が傾いて見えることから傾山という。五葉塚や三つ坊主など断崖絶壁をなす岩峰が屹立し、祖母山への縦走路もあり、登山者には魅力ある山として人気が高い。

午前6時に旅館を出発して九折登山口に6時30分に到着。ここには駐車場に加え、水道、トイレ完備の休憩小屋がある。さっそく、登山届に記入し歩き出す（6：45）。旧鉱山に使用されたトロッコ用の青色の鉄橋を渡り、坂道から平坦な道になると「三ツ尾コースと九折越コース」の分岐点（6：55）につく。「九折越《つづらごし》を経て傾山に至る」の文字を見て、右の栂、樅やヒメシャラなど巨木が繁る深い樹林帯に入っていく。

瀬音を耳にし、谷の深さに見とれながら急坂を登っていくと左下に芥神《あくたがみ》ノ滝の流れが木葉の隙間から見える。やがてカンカケ谷に入り、いったん沢を左に渡り、60ｍほど沢沿いに進み、沢を右へ渡る（7：50）。標高700ｍを過ぎると急な登りが続く。鉄梯子やロープのカ所もありハードであるが、三つ坊主の岩峰や紅葉しかかった樹木の美しさに疲れも忘れ、すぐに林道に出た（8：40）。

林道の左15ｍの所にある赤の鉄梯子を上がり、小さな祠（9：00）前を通り過ぎたところで鹿が2頭現れ、キーキッと鳴き声を発し、しばらくこちらを見ていたが樹林のなかに消えていった。標高1200ｍを越えると視界が開け、**九折越**に出た（9：35－10：00）。見立渓谷と笠松山からの道が合わさるところである。広場からは特徴のある傾山頂がそこに見える。（九折越小屋は右〈西〉へ50ｍの所にある）。

左（東）へ山頂目指して尾根道を進む。ブナ、ミズナラ、カエデなどが繁る歩きやすい道である。千間山1374ｍを越え、標高1400ｍ地点過ぎたあたりから急坂になり、ロープや木の根につかまり登る。やがて、杉ケ越からの道と合流する（11：05）。登りはなお続き、急坂を這い上がると後傾に着く（11：15）。疲れを忘れさせる傾山のど迫力、紅黄葉の木々の美しさに驚嘆する。鞍部に下り、目前の**傾山**頂に一気に登る（11：30－12：20）。素晴らしい頂上である。誰かがかっこよく切って据え付けたような大きな石と五葉松、ドウダンツツジ、ヒメシャラなどがあり日本庭園を見るようだ。祖母山、大障子岩、笠松山や遠く雲仙岳も望める。

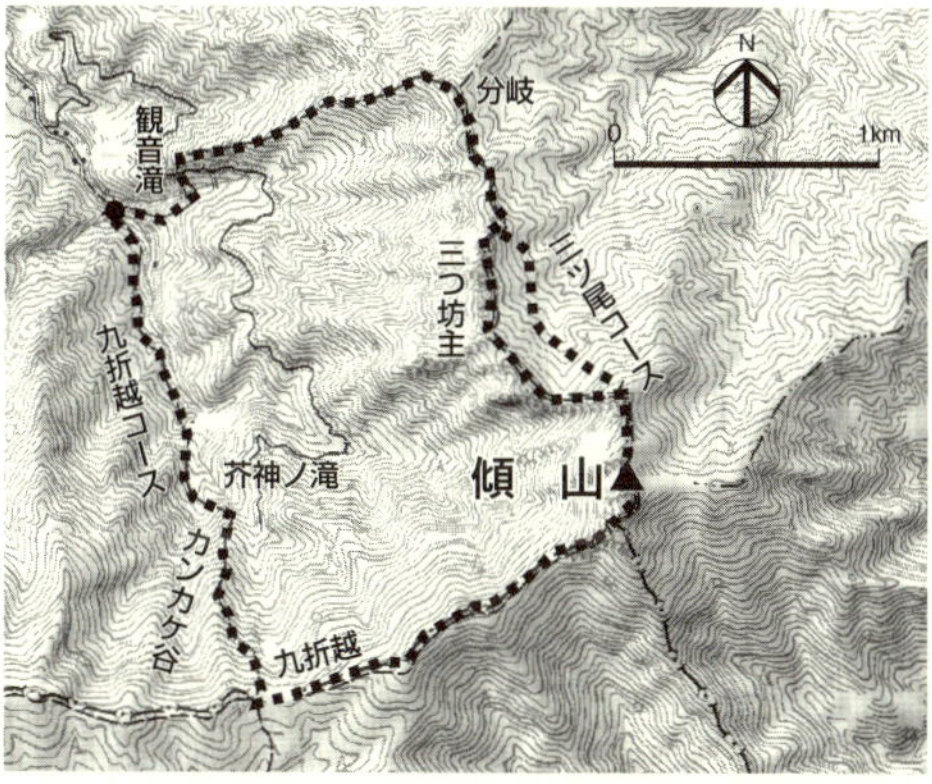

日本庭園のような山頂

　下山は往路を戻らず、三ツ尾へ水場の方を通って帰る。山頂直下から岩魂の右を巻いて北へ稜線を下る。10分ばかり下ったところに「大白谷」の道標があり迷う。本傾と後傾の鞍部に「大白谷への道案内板」があったので、方向が違うように思い、山頂へ引き返し25分ほどロスした。12：45から再度下山開始。五葉塚の東の尾根道から右に下る（13：05）。直進は三つ坊主の方向である。この分岐点で水場コースを登ってきた二人の男性と出会う。先に下っていた若い女性は迷って、「道がわからなかったとこぼしていましたよ。私たちも、倒木はあるし、道がわかりにくくて、やっと今ここまで来れました」と言い、「赤いテープを確かめられ十分注意して下りてください」とアドバイスを受けたことが大変役にたった。

水場（13：35）からが特にわかりにくい。赤テープは古くて見えにくく、倒木で木ごとテープが落ちているのもあり、道が消え大変であった。ただ先ほどのアドバイスがよくて、二人で確認しながらゆっくり道を探して下りて、何とか三つ坊主からの道との合流地点に到着した（14：20）。ここからは落ち葉の絨毯で歩きやすく、アップダウンのある稜線を楽しみながら下ると**三つ尾分岐**（上畑と大白谷への道標あり）に着いた（14：40）。ブナ、ミズナラなどが繁る急な下りが続き、杉林になるとやがて林道に出る（15：30）。林道を左へ10ｍほど行くと「観音滝を経て上畑へ」の案内がある。灌木林のなかをどんどん下っていくと瀬音が近くなり観音滝到着である（15：45）。落差75ｍもあり、スジのように水が流れ落ちる。間もなく青い鉄の橋に出て登山口に帰着した（16：05）。

✻花　アケボノツツジ、ミツバツツジ（5月）
♨温泉　天岩戸温泉
⊞地図　小原・見立
☎問い合わせ
豊後大野市役所緒方支所＝0974（42）2111

24 久住山 1787m

中岳 1791m
扇ヶ鼻 1698m

大分県
一等三角点（久住山）

登山日 2006年10月28日（土）晴

【アクセス】 山荘かつらの樹（8：00）⇩阿蘇大橋から国道57号線⇩一の宮町宮地駅前左折して県道11号線⇩瀬の本信号（49km）右折して県道442号線⇩国民宿舎「久住高原荘」前から左折⇩林道を1・7km走ると赤川久住登山口（57km／9：00）。

【登山路】 歩行時間5時間20分（往220分・復100分）

3年ぶりに赤川登山口に来てみたら駐車場とトイレが完備されていて安心して出発（9：25）。赤川温泉源泉付近の渓流にかかる丸太橋も新しくなり渡りやすい。ミズナラ林を通り抜け林道に出る（9：50）。その先（約50m）から左に入り、灌木林のなかを登る。紅葉には少し早いがモミジやモジノキなどが色づいている。ほどなく草原の尾根に上がる（10：35）と正面に久住山が聳え、谷ひとつ隔てた肥前ケ城東面の柱状節理も望める。

草原を進み、低木（特にミヤマキリシマ）の狭い登山道に入ると急登の連続である。高度があがるにつれ岩や木につかまりながら登る。時々、背景を眺めると高度感が漂い、久住高原の美しさを見ることができる。途中コケモモも6月頃は見かける所でもある。北上方に山頂が見えてくると急坂も緩み、ほどなく**久住山**頂に着く（11：20－11：30）。周囲の山々（九重連山）から遠く祖母・傾山や阿蘇山など展望が広がる。

すぐに東に見える**稲星山**1774mへ向かう。神

天狗ヶ城から見た御池

扇ヶ鼻山頂

明水がある鞍部に下りて、草っぱらを登り砂礫の山頂に着く（12：05）。1体の石仏におまいりし、眺望を楽しんだ後、真向かい（北）の中岳へ。鞍部に下り、ロープで登る岩もある急坂をのぼると九州本土で一番高い**中岳**山頂である（12：35）。風景をシャッターに納め、西の天狗ヶ城1780mへ。尾根の左（南）下にある御池の水が陽に照らされ、ブルーに輝き実に美しい。山頂着（12：55－13：10）。しばらく硫黄山の噴煙や坊がづる方面を眺め休憩した後、西斜面を歩いて**久住分かれ**へ着く（13：30）。

　星生山1762mの東尾根を登り、星生山頂へ行き、西側の急斜面を下りて扇ヶ鼻分岐に行く予定であったが、団体が長い列をつくって登っているのが見えたので、そちらへは登らずに星生崎直下の岩場を越えて、西千里ケ浜を通り、**扇ヶ鼻分岐**に着く（13：50）。

　南の方へ坂を上る。扇ヶ鼻山頂一帯はミヤマキリシマの群生地であり、その季節には見物客で賑わう。また初夏にはイワカガミやコケモモなどもみられる所である。**扇ヶ鼻山**頂（14：10－14：15）の南斜面からは久住高原が広がって見える。山頂台地から南へ、ドウダンツツジの鮮やかな黄葉を見ながら急勾配の下り道をどんどん下る。短い笹（スズ竹）帯になると、道も緩やかになり歩きやすい。やがてススキの穂がキラキラ光っているススキ台地になり、アセビの群落地を通り過ぎると、間もなく赤川登山口に帰りつく（15：15）。

✲花　ミヤマキリシマ・コケモモ（6月）
♨温泉　赤川温泉
田地図　湯坪・久住山
☎問い合わせ
竹田市役所久住支所＝0974（76）1111
九重町役場＝0973（76）2111

25 小川岳 １５４２ｍ

熊本県・宮崎県

登山日 ２００６年11月８日（水）晴

【アクセス】 山荘かつらの樹（７：30）⇩国道２１８号線の清和文楽館付近の山都町仏原から左折し、県道１５３号線（清和砥用線）を尾野尻へ⇩尾野尻バス停から緑仙峡方面へ（緑仙峡入口の標識あり）⇩緑仙峡にある緑川小学校跡の清流館（尾野尻から７・７ｋｍ）⇩清流館の１００ｍほど手前の清和緑川簡易郵便局前から左折し、１・７ｋｍで赤木集落入口⇩舞岳集落入口（３・６ｋｍ）につく。３００ｍ直進すると舞岳山神堂があり、この２５０ｍ先に小川岳登山道入口がある（４・15ｋｍ）。ここから左へ竹林の中を過ぎ、緩やかに上ると駐車場がある（５台可／５・１ｋｍ／９：30）。

【登山路】 歩行時間３時間35分（往１３０分・復85分）

駐車場前の記帳箱から20ｍ先に小川岳登山口の標識が立っている（10：00）。

農道を３００ｍほど上ると農作業小屋（10：07）があり、水場もある。右側の谷（沢）と並行して直進すると取りつき口がある（10：15）。杉の植林帯をうねうねと登る。杉林から赤松群（10：25）になると道の両側はクマザサになる。浸食され黒っぽい色の岩道を登り、支尾根に上がる（10：35）。左方にトンギリ山、その奥に黒峰が見える地点である。灌木林のなかの緩やかな道を

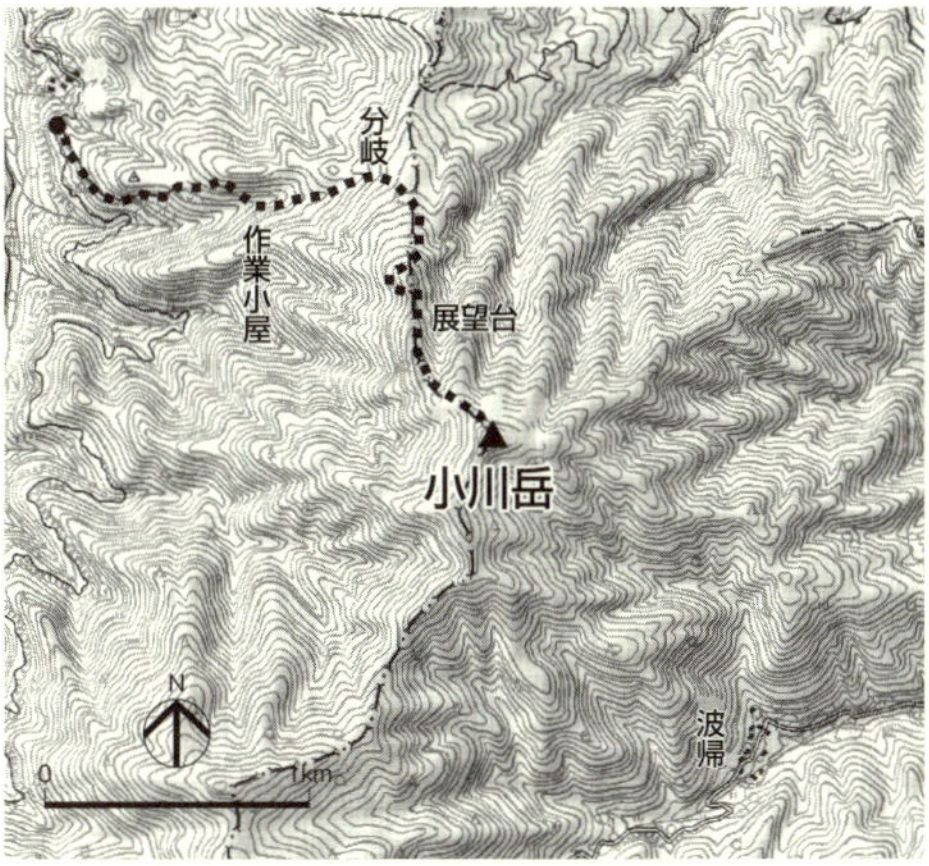

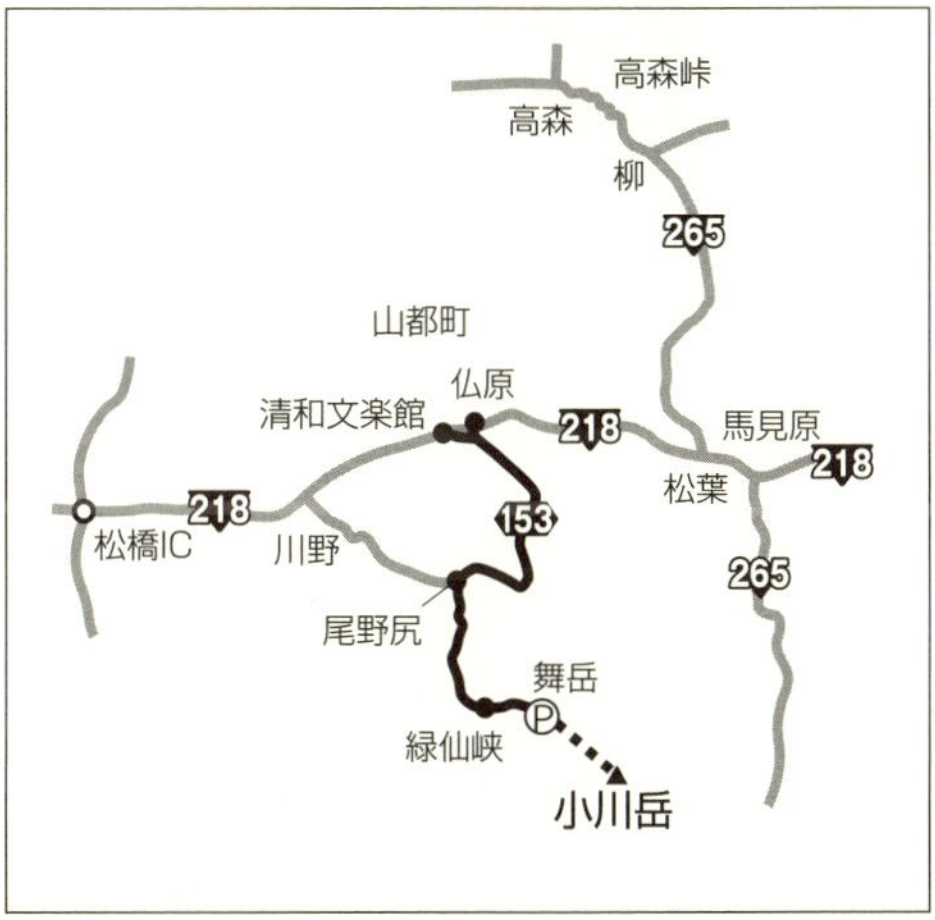

山頂へ930メートルピーク

のぼり、山想の泉と名づけられた水場を右に分け、進めばすぐに**小川岳・黒峰分岐**に達する。大きな松、櫟、ブナのなかの小広場である（10：45－10：50）。

　分岐を右（南）へ行き、檜林を尾根へと登り切る（11：00）としばらくの間、ミズナラ・モミ・モミジ・ブナなどの自然林が多く見られ、快適な登りが続く。幅広い県境尾根で歩きやすい。特にモミジ（カエデ）の巨木の多さにはビックリ、その葉は華やかに紅葉している。山頂まで１３５０ｍ地点あたりは朴ノ木や夏椿もみられる（11：20）。山頂へ９３０ｍとの標識が立つ展望所（11：40－11：45）からは赤・黄色に染まった樹木いっぱいの斜面が鮮やかに目にはいる。また、百名山の一つの祇園山・揺岳を含む山並みも遠望できるし、左右には宮崎県五ヶ瀬町と熊本県山都町も見ることができる。

「山頂まで７０５ｍ」の眺望のよいピークからはツクシシャクナゲも見かけるようになる。

　シロモジが黄色く染まり、イタヤカエデ・ミツバツツジ・アケボノツツジなどが真っ赤になり、山全体が美しい時季である。見事な紅黄葉だ。大きな岩魂が増えてくる（早春にはバイケイソウが見られる所でもある）と間もなく二等三角点がある広々とした**小川岳**山頂である（12：20）。周囲はブナの他、エゴノキ・ホウノキ・モミジなどの大きい樹が多く、展望は得られないが落葉樹なので秋冬の季節には樹間から周りの山々が望める。なお、向坂山、五ヶ瀬ハイランドスキー場への縦走路も南へ向かっている。

　下山（12：50）は往路を戻る。山頂まで９３０ｍ地点（13：15）⇩黒峰分岐（13：40－13：45）⇩取り付き口（14：05）⇩登山口（14：20）

✻花　ツクシシャクナゲ（5月）
♨温泉　そよ風パーク
⊞地図　緑川
☎問い合わせ
　山都町役場清和総合支所＝０９６７（８２）２１１１

26 渡神岳

１１５０ｍ

大分県

登山日 ２００６年11月13日（月）晴

【アクセス】自宅（６：00）⇩古賀ＩＣ⇩日田ＩＣ下車し、国道２１２号線へ⇩大山町中川原信号から右折し、県道９号線（日田鹿本腺）を15ｋｍ走ると椿ヶ鼻ハイランドパーク（１０７ｋｍ／８：30）

【登山路】　歩行時間２時間25分（往75分・復70分）

渡《と》神《がみ》岳は大分県日田市（旧中津江村と前津江村の境）にある円錐峰（尖峰）で釈迦ヶ岳や権現岳などの山々へ神様が渡り歩いた山ということでその名がある。椿ヶ鼻ハイランドパークの２基の風車下の砂利敷きの広いスペースの前にトーテムポールがある。その上に「渡神岳登山口」の案内がある（９：00）。作業用林道を１００ｍほど進み、右へ道なりに檜林を登る。ピークのヒラキ坊主からは下り坂となり、視界が開けてくると右前方に渡神岳が見え、すぐに林道に飛び出す（９：20）。林道脇にお地蔵さまが祀ってあり、ここが**地蔵峠**らしい。林道を横切ってしばらく歩くとまた、林道（未舗装）に出る（９：35）。取りつき口は目の前で右へ上がり長谷原尾根を進む。桜の幼木数本が植えられている道から、右下へ下ると杉林になり、緩い坂を右に巻いて上っていき、道が狭くなり、苔むすゴーロ石が多い谷間に下りる。このあたりはミズナラ、ブナ、リョウブ、カエデなどの高木が多く、**シオジ林**帯であり、紅黄葉も見頃でひと休みする（９：50－10：10）。

　ここから丸太段の急登が続く。階段がなくなり、緩やかな上り坂になる頃からブナのみ

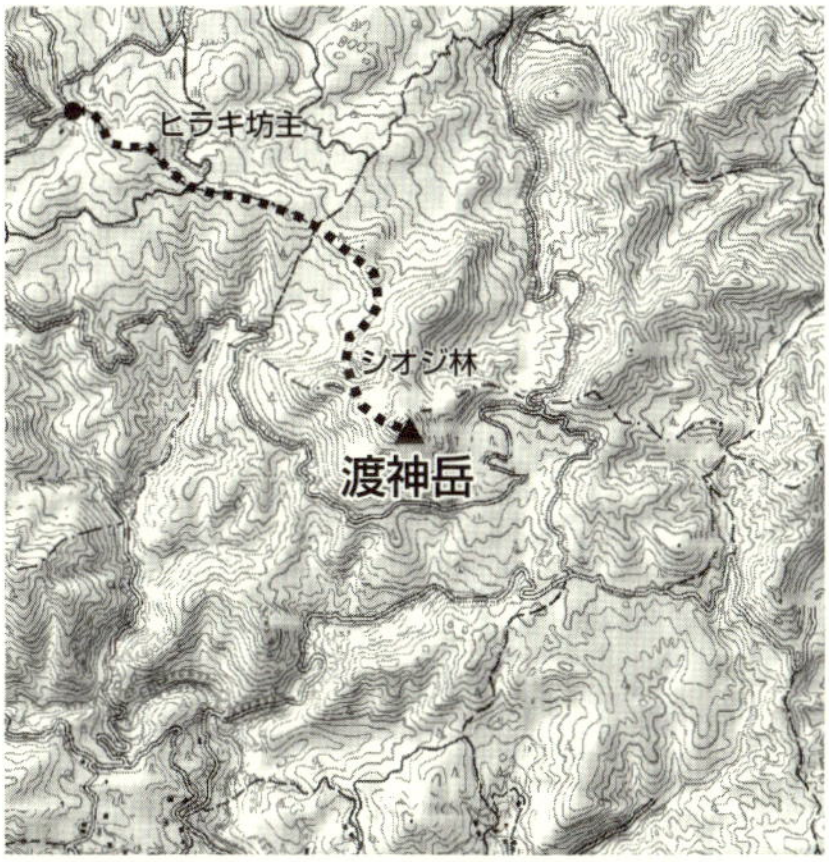

ごとな巨木が現れる。また、ツクシシャクナゲも群生地のようでたくさんみかける。花咲く季節を思い浮かべながら歩いていると**渡神岳**山頂は近かった（10：35－11：20）。

頂上は狭いがツゲ、ツツジ、アセビなどの低木で視界がよく、東西南北に久住山、釈迦ヶ岳、八方ヶ岳、万年山等が望める。また、雨乞いの神が祀られている石祠もある。

山頂付近のブナの巨木

下山は往路を戻る。シオジ林（11：40）⇩未舗装林道（11：55）⇩地蔵峠（12：10）⇩ヒラキ坊主から直進するとシダの一種である「ヒカゲ」やショウジョウバカマの群生を見ることができた⇩登山口（12：30）。

渡神岳山頂

✲花　ツクシシャクナゲ（5月）
♨温泉　天然温泉「風の湯」
⊞地図　豊後大野
☎問い合わせ
日田市役所前津江振興局＝0973（53）2111

27 基山 404m

佐賀県・福岡県
一等三角点

登山日 2006年11月15日（水）晴

【アクセス】 自宅（7：30）⇩国道200号線幸袋信号右折⇩国道3号線原田信号左折⇩JRけやき台駅近くの国道3号線にある基山《きやま》登山口信号（丸幸ラーメンセンター、ENEOSスタンド前）からすぐのJR踏切を渡り、高架下をくぐり抜け、信号より1・3km地点に酒井タバコ店（老松宮前）がある。丸林集落センター（2km地点）から丸林集落を抜けて住吉宮（小さな鳥居と水門址がある。2・5km地点）に着く。〔注〕宮から先は工事車以外は通行禁止で道路脇に駐車（4－5台可／9：30）。

【登山路】 歩行時間1時間45分（往80分・復25分）

唐・新羅の来襲に備えて、大宰府を守るため福岡県の大野城や水城堤とともに基肄《きい》城が脊振山地の東麓にある基山に天智4（665）年に築かれた。日本最古の朝鮮式山城で遺跡が数多くみられる。

住吉宮前の**基肄城水門址**を見て、横の道路を250mほど上ると基山登山口があり、「基山山頂直登コース歩道」と「史跡めぐりコース歩道」が左右にある。右の史跡めぐりコースへ行く（10：00）。

檜や杉の植林帯をS字形に登ると米倉礎石群（7列×4列の礎石あり）・鐘楼堂跡・つつみ跡（10m四方ほどの広さですりばち状に窪んでいる）・土塁跡などの遺跡がほぼ10分間隔で見られる。遺跡を眺めながら登ると、やがて山城の**東北門跡**に到着する（10：35）。

この門前から左の山

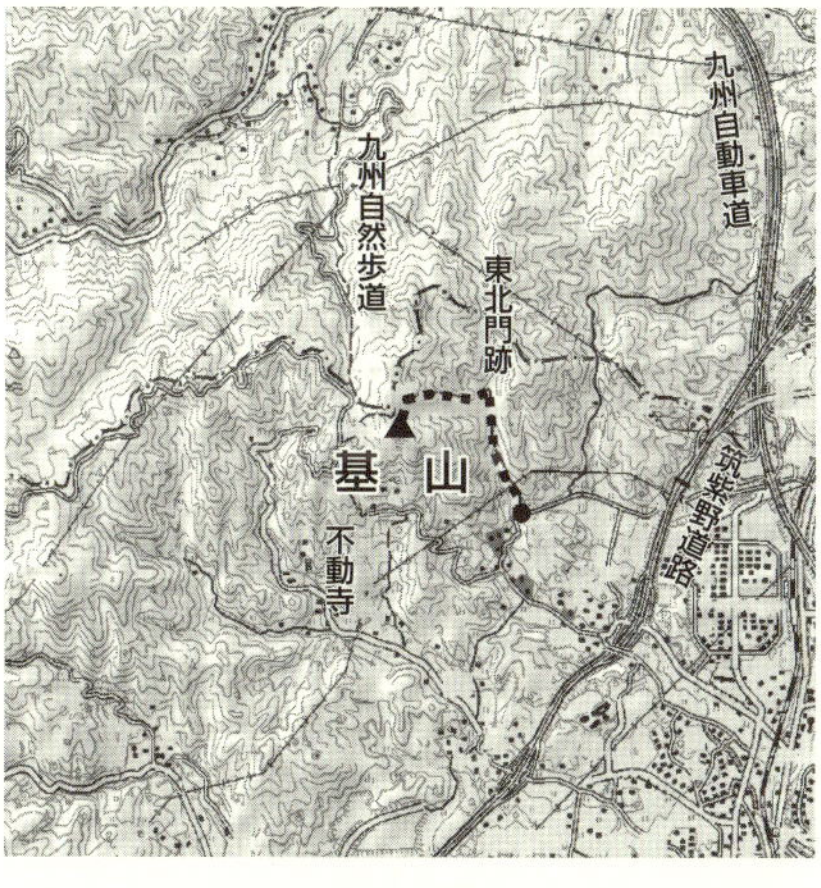

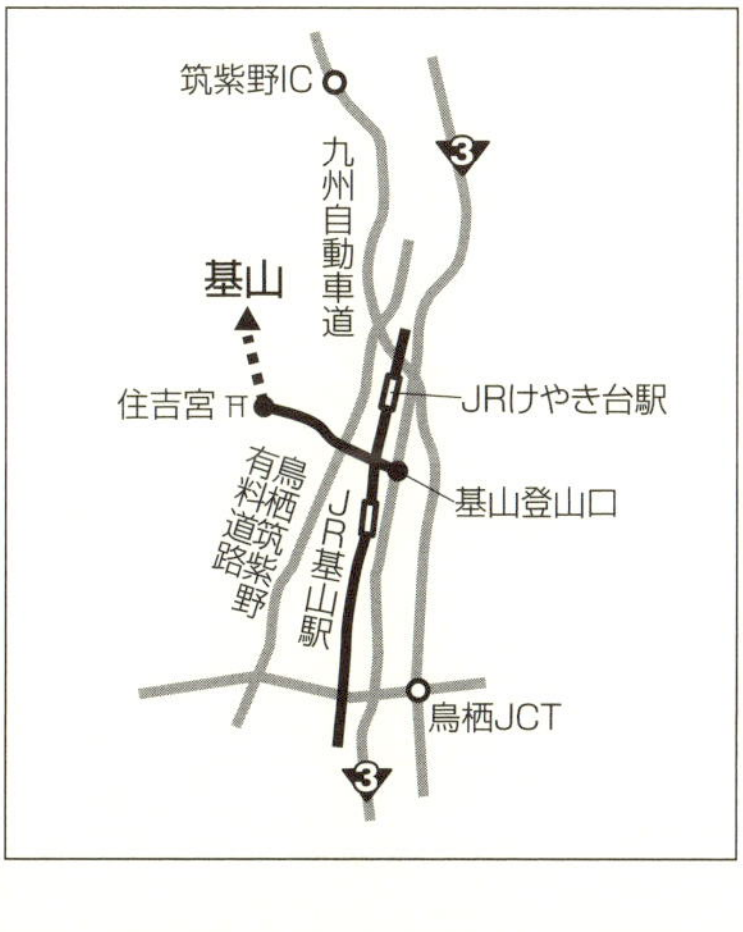

頂方面へ行かずに、まず、もう一つの登山口の方へ右折し、山道を下ると籠堂がある（10：45－10：50）。見学して東北門跡へ引き返し、山頂を目指す（11：00）。丸尾礎石群（6列×4列／11：06）のなかを通り、草原へ出て「北帝門跡」の標識をみながら先へ歩くと広い草原の山頂で「**基肄城跡**」の碑がある（11：20）。その向こうには「天智天皇欽仰之碑」も立っている。山頂広場

天智天皇欽仰之碑

からは東に英彦山・古処山、西に脊振山・九千部山、南には鳥栖市・久留米市、北には博多湾や福岡市街が望める。北東には宝満山も見え、展望抜群の山である。西斜面には草スキー場もある（山頂から往復15分程度）。

下山（12：20）は直登コースを戻る。「北帝門跡分岐」の案内板から右折して急坂を一気に下る（12：37）。住吉宮着（12：45）。

♨温泉　二日市温泉
田地図　二日市・不入道
☎問い合わせ　基山町役場＝0942（92）2011

28　大岩扇山　691ｍ　小岩扇山　720ｍ　大分県

登山日　2006年11月18日（土）　曇のち晴

【アクセス】　自宅（7：00）⇩古賀ＩＣ⇩玖珠ＩＣ下車し国道３８７号線の森信号から右折し、約６００ｍ先の若八幡神社前の十字路を左折して県道６７９号線を４・７ｋｍ進む。ここから右折し、県道２０９号線を６００ｍ上ると日出生台《ひじゅうだい》自衛隊演習場前に到着する（9：00）。この前から右方向へ約１ｋｍ入ると登山口がある。

【登山路】　歩行時間1時間（往30分・復30分）

　大分県玖珠町にある溶岩台地で、国指定の天然記念物になっている。万年山と同様に山頂が平坦で卓状（メサ）の山で周縁部は柱状節理の岩壁がある。南東の小岩扇山との間に八丁越があり、かつての参勤交代の道に石畳が残っている。

　日出生台演習場入口前に「大岩扇山⇩」の標識があり、そちらへ１００ｍほど歩いた地点（10：00）から左上へ上り、草原と檜林の境界に沿って小丘を登り下りしながら大岩扇山を探すが、山らしい山は見当たらない。大草原を歩き回っていたら、偶然「**小岩扇山**」の銘板が石の上に乗せてある場所があった（10：45）。大岩扇山を目指して来たのに小岩扇山（大岩扇山の南東にあり、現在自衛隊の演習地となっていて入山できない。知らずに勝手に入山したようだ）とはビックリした。仕方なく草原の丘陵を８つアップダウンして元の地点に帰る（11：25－11：30）。

　このままでは登った気がしなかったので大岩扇山をさがして標識の矢印方向へ１ｋｍ入

大岩扇山のメサ

ると養鶏場があり、その先に「大岩扇山1・03ｋｍ⇩」の案内板があった（11：40）。広大な台地にクヌギの植林がある。山頂へは櫟林の間を通る芝と小笹の道を20分位上ると**大岩扇山**山頂に着いた（12：00－12：40）。牛馬の守り神である「豊前坊」と刻まれた石碑が立っている。

展望も良いが登山というよりは身体に風を感じ、のんびりリラックスできる山である。この日も熊本から来たという中年の夫婦がテントを張り、コーヒーを沸かしておられた。九重の「夢の大吊り橋」を見てから、ここに来たとのこと、楽しめる山でもある。また、春には山菜狩りもできそうな山である。

下山は往路を戻る。

♨温泉　くす温泉
⊞地図　豊後森
☎問い合わせ　玖珠町役場＝0973（72）1111

29 鞍岳 1118m

【アクセス】山荘かつらの樹（7：00）⇩県道28号線⇩小森信号から県道206号線⇩阿蘇熊本空港前⇩国道325号線大津町室信号⇩旭志伊坂信号（34km）右折⇩高柳（39km）右折⇩旭志温泉「四季の里旭志」（43km）⇩鞍岳登山口（駐車10台可／44km／8：00）

【登山路】歩行時間2時間35分（往95分・復60分）

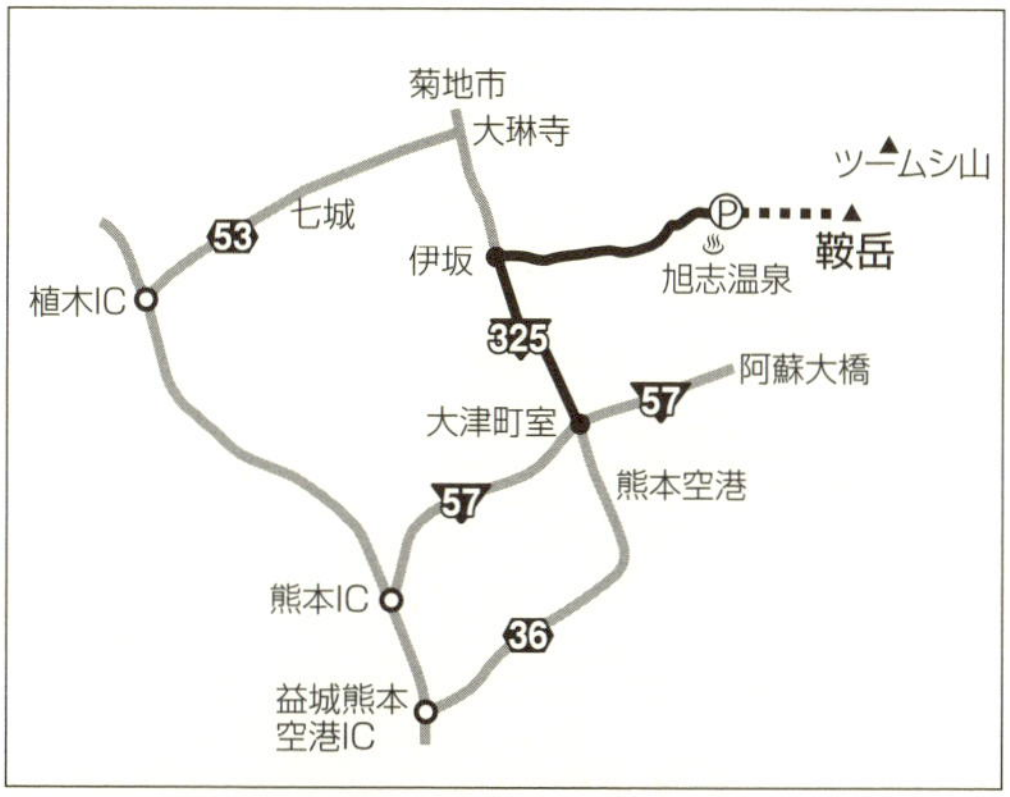

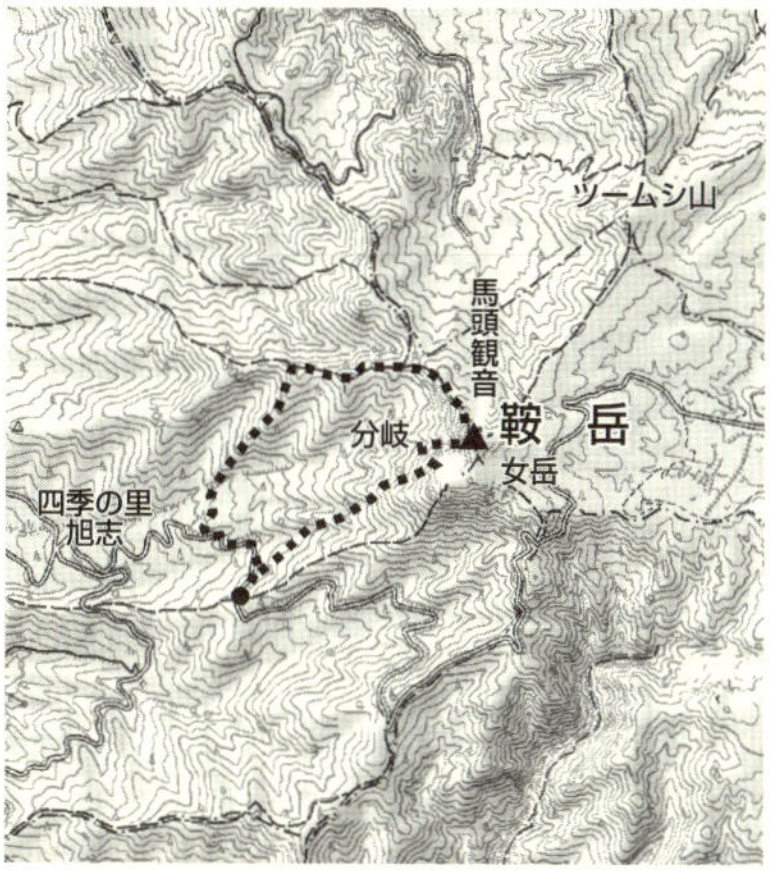

阿蘇北外輪山の一角を占める鞍岳は、山容が馬の鞍に似ているので、坂上田村麻呂が名づけたと言われる。山頂付近には自然林も残り、特に東斜面のアセビの開花時は白い花で埋めつくされる。

森林コースを登り、パノラマコースを下りてくる。鞍岳林道沿いの登山口（8：20）から、左の植林帯に入り、緩やかな上り坂を歩いていくと「鞍岳山頂3km」の案内があり、その先には「造林記念碑」が立っている（8：40）。植林も檜から杉になり、杉林がなくなると視界が開け、山頂も見えてくる。モミジやモジノキなど低い落葉樹が多くなり、紅葉がまぶしい（9：00）。登りも急になり、立木や根っ子につかまって登る。まもなく**分岐（三差路）**地点に着く（9：25）。左は馬頭観音を経て山頂へ、右は女岳との鞍部に出て山頂へ至る道である。

まずは左へ。ロープにつかまりクマザサの道を登ると馬頭観音が祀られているお堂が

展望抜群の鞍岳山頂

あった（9：30）。また、分岐に戻り、右へ。屏風岩の前を通り、灌木のなかを進むと女岳と男岳（鞍岳）の鞍部に出る（9：40）。右（南）方のアセビの群落を観ながら草原の**女岳**に登る（9：45－9：50）。山頂広場の東側の展望が良い。西には電波反射版が立っている。鞍部に戻り、木段を上り**鞍岳**山頂に着く（10：00）。３６０度の大パノラマで金峰《きんぽう》山・雲仙・万年山・八方ケ岳・祖母山・久住山・阿蘇五岳などが一望できる。

（なお、丘状のツームシ山（１０６４ｍ）は稜線の遊歩道を北へ30分ほどで行ける。散歩気分で楽しめる山である）

下山はパノラマコースを下る（10：45）。馬頭観音堂の横から紅葉した山々を眺めながら楽しんで下りたが急坂の所もあり、パノラマ登山口にアッという間に着いた（11：45）。駐車場までは10分の距離である。

✿花　アセビ（3月）
♨温泉　旭志温泉「四季の里旭志」
田地図　鞍岳
☎問い合わせ
菊池市役所旭志支所＝０９６８（３７）３１１１

30 清栄山 1006m 高森峠 790m

熊本県

登山日 2006年11月22日（水） 曇

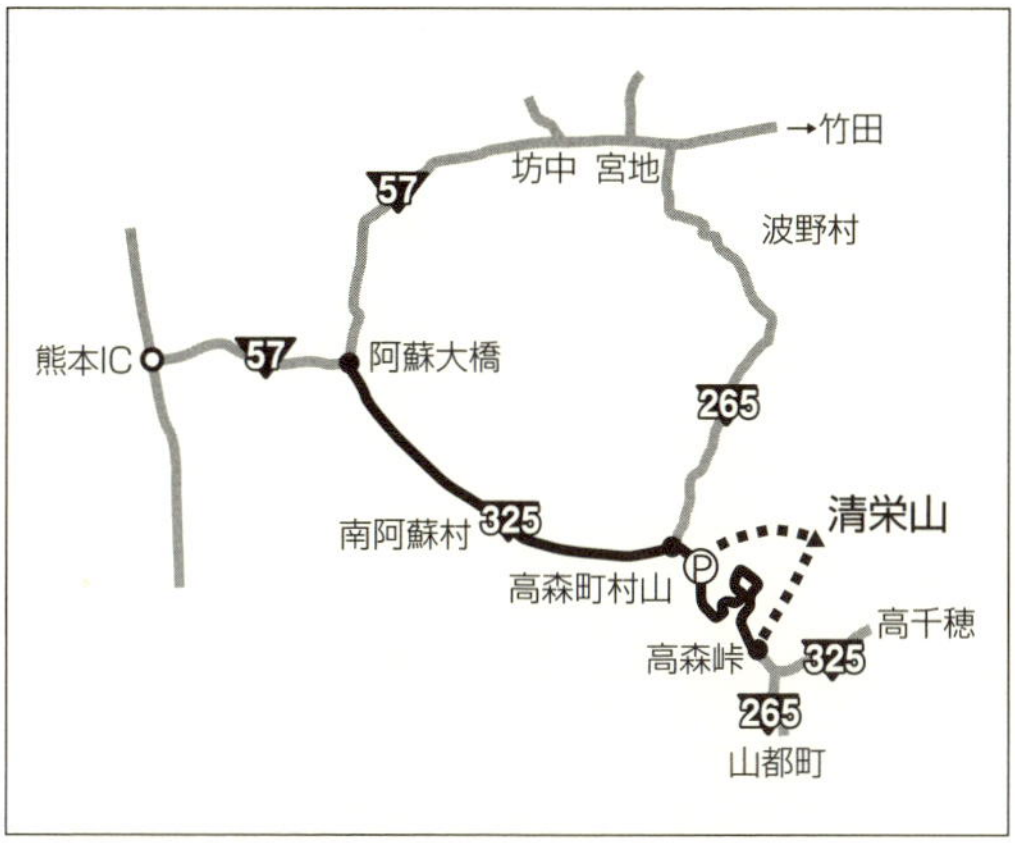

【アクセス】 山荘かつらの樹（7：30）⇩国道325号線高森町村山信号の約20m先から左折（道沿いに「清栄山登山道」の標識あり）し、狭い道路を400mほど入った地点（村山集落）の道路脇に「村山から黒岩峠や中坂峠などへの距離」が記されている看板がある（8：05）。ここから清栄山登山口がある黒岩峠まで2ｋｍの坂道である。

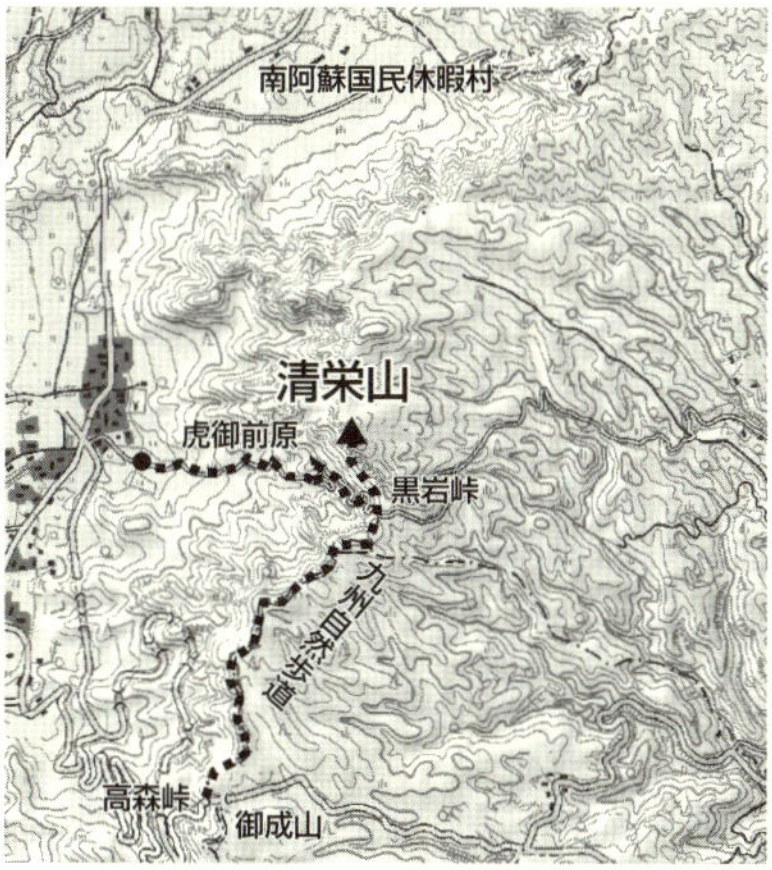

【登山路】 歩行時間3時間20分（往120分・復80分）

看板を過ぎるとすぐに虎御前原（蘇我五郎・十郎兄弟の母虎御前が仇討ちの後、世を弔うため、この地に庵を結んだとの伝説がある）のなかの牧道をうねうねと上っていく。2ｋｍの上り坂であるが、左（北）のラクダ岩や清栄山の岩壁とラクダ色の草原に松が点在する景観を眺めながらの歩きで、疲れもなく**黒岩峠**に着く（8：45－8：55）。

黒岩峠の登山口から北へ木段を上る。右側が杉林、左側はクマザサ（その下は岩壁）であるが尾根道は野芝が生えて歩きやすい。高森町街や南外輪山がよく見える。50段ほどの木段を登り切ると**清栄山**頂である（9：15－9：25）。特徴のある根子岳が眼前に現れる。山頂は細長い尖峰で、阿蘇五岳や祖母山や九重連山など展望が広がる。

黒岩峠まで下りて（9：40）、高森峠まで自然歩道を行くか防火帯をたどるか迷っ

虎御前原

旧高森峠展望所

たが、往きは自然歩道を歩く。約４ｋｍの距離である。小ピークを越え猿丸峠（１・５ｋｍ）を経て、アップダウンをくり返しながらどんどん歩いていくと、旧高森隧道（現在使用されていない）に到着（10：25）。そのトンネルを通り抜けると昔の**高森峠展望所**（国道３２５号線の上部）があった。ここから道は現在、使用されてなく壊れているが歩いて新高森峠（標高７９０ｍ、国道が延岡方面へ通じている）へ出た（10：35－11：35）。道路横は公園化され野口雨情の歌碑がある。「阿蘇の高森お日和りつづき　畑にや菜種子の花ざかり」。また、ここは九十九曲がりを登り詰めた所で高森公園の千本桜は近くにある。

帰りは新高森峠から防火帯や自然歩道をのんびり歩き、黒岩峠に戻り（12：30－12：45）、虎御前原の紅葉の美しさを満喫しながら村山集落まで下った（13：10）。

✿花　高森千本桜（４月）
♨温泉　高森温泉館
田地図　高森
☎問い合わせ　高森町役場＝０９６７（６２）１１１１

31　檜原山　７３５ｍ

大分県

登山日　２００６年11月29日（水）晴

【アクセス】　自宅６：30⇩古賀ＩＣ⇩日田ＩＣ下車し、国道２１２号線日田往還を走り、耶馬溪栃木の津民入口左折（１２４ｋｍ）⇩県道２号線（豊前耶馬溪線）を２ｋｍ進み、「檜原山入口バス停」右折して、１ｋｍほどで上ノ川内集落（耶馬溪町中畑）に入る。ここから５ｋｍで正平寺に到着（１３２ｋｍ／８：00）。

【登山路】　歩行時間１時間（往40分・復20分）

檜原山はメサ（卓状台地）の上にビュートを載せた珍しい山であり、豊前山岳宗教の修験霊場として隆盛したご神体山である。天台宗の古刹、正平寺は中津藩の祈願所であったとも言われている。また、毎年4月に行われる大分県無形民俗文化財「ひばるまつ」は、神仏習合の御田植祭で古式にのっとり行われる。

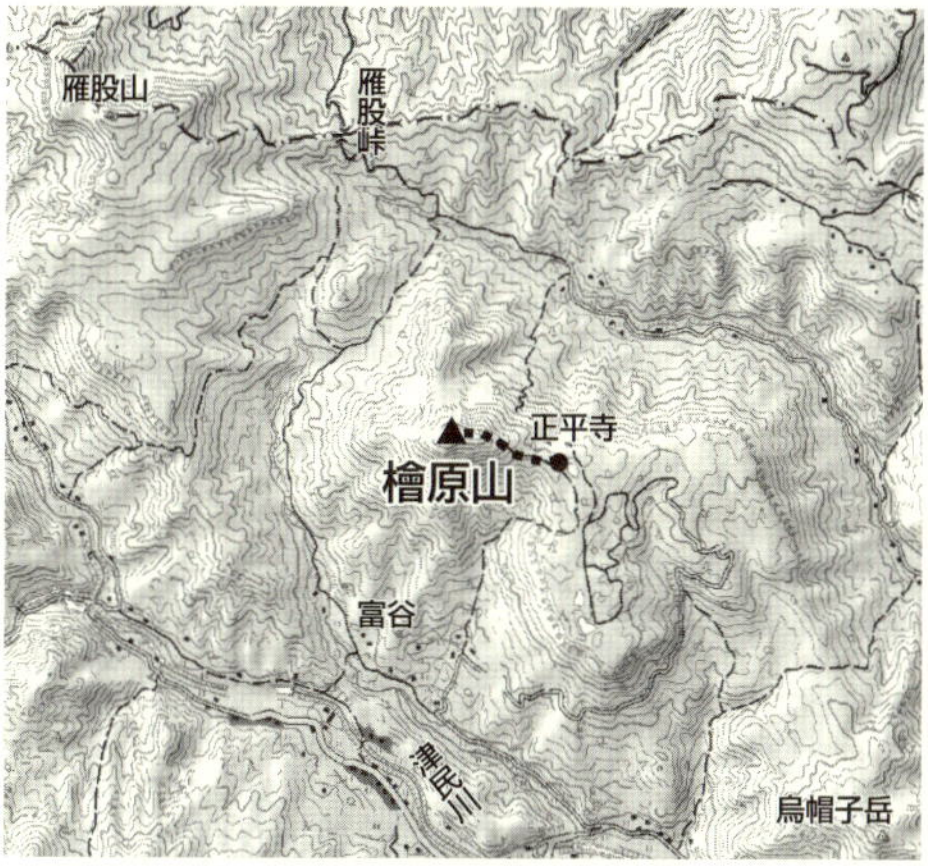

正平寺の鳥居（梵字七字の彫刻あり）をくぐり（8：30）、45段の石段を上がると、阿弥陀如来や釈迦如来、十一面観世音菩薩が安置されている**正平寺本堂**がある。その横が登山口である。南斜面を巻いて登る。途中、押別岩《おしわけいわ》という巨岩を見てから5分ほどで「針の耳（5ｍ超の大岩の下に一人がやっと通り抜けれる出口あり）」があり、入口には「よこしまな心で通れぬ針の耳」の文字まである。やっとの思いでそこを抜けて岩上にのぼ

針の耳

ると絶景が広がる。巨木や岩を見て楽しみながら登ると上宮奥の院に着く。石祠、宝篋印塔、薬師如来像がある。ここから1分で**檜原山**山頂である（9：10－9：35）。権現を祀る石像があり、その奥には巨岩が三つ寄り添うように立っている磐座《いわくら》もある。

下山は東斜面を下るが「金剛窟、護摩焚き岩、弁天岩、金刀比羅岩など山伏たちが修行したような跡がみられる。正平寺着（9：55）。

県指定天然記念物の千本桂は必見である。北斜面を片道15分程度（約700m）下ると、見事な桂の木がある。一株が30本ほどの幹になっている大樹である。黄葉し甘い香りが漂っていた。その昔、大和の葛城山から役行者が持ってきて植えたものと説明書きがあった。

なお、正平寺から少し下った地点にある展望所から見る紅葉と山々（鹿嵐山・由布岳・三俣山・久住山・涌蓋山のど）は墨絵の世界である。

千本桂（県指定天然記念物）

♨温泉　金色温泉

地図　耶馬渓西部

☎問い合わせ

中津市役所耶馬渓支所＝0979（54）3111

32 大平山 611m

大分県・福岡県

登山日 2006年11月29日(水) 晴

【アクセス】 檜原山登山口の正平寺(11：00)から８kmの津民入口(国道２１２号線)を左折し、１・８km進むと本耶馬溪町の洞門キャンプ場に到着(11：50)。その上が不動公園で駐車場とＷＣがある。

【登山路】 歩行時間３時間25分(往１３０分・復75分)

福岡県大平村と大分県耶馬溪町の境界にある安山岩からなるメサで、現在は「太平山ふれあいの森」と称して人と自然のふれあいの場として整備されている。不動公園の山側を右へ巻くように行き、銀杏林のナカを通り抜けると太平山登山口がある(12：00)。檜と杉の植林帯のなかのセメント舗装された林道を上ると地蔵さまが並んである場所に着く(12：20)。ここから林道は未舗装になり、耶馬溪特有の大きくて高い奇岩が眼前にいくつも現れる。すごい景勝地である。

　取り付き口はすぐ近くだがわかりにくい。道脇の草のなかに古びた赤いテープが見えた(12：35)。最初から雑草のなかをテープを探しながら右へ行き、左へ行き来しながら登る。雑草に加え、カヤが一面に生い茂り、行く手を阻む。赤いテープも古びて見にくくてなかなか見つけられない。何カ月も前に登山者が付けてくれたのだろう。テープ代わりの赤い布切れもあった。

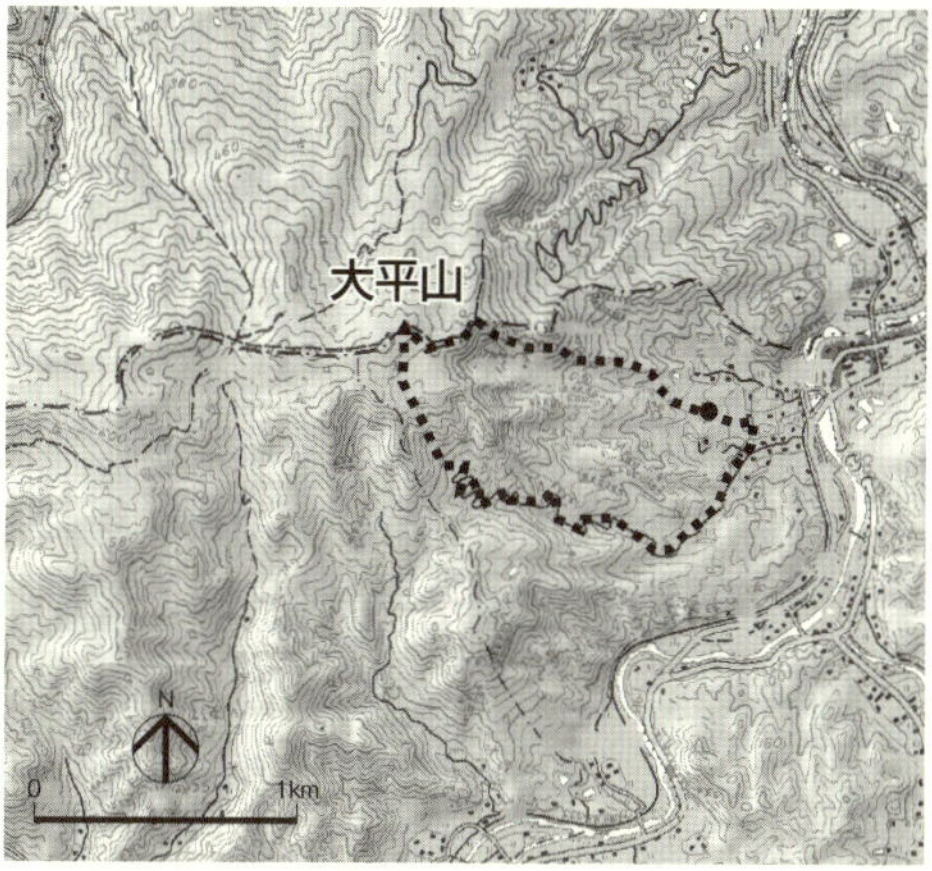

巨岩の下にルート標識を見つける

やっと大きく高い奇岩巨岩の根元に「九州自然歩道」の白い標柱を見つける（12：50）。喜びも束の間で雑草が道を遮る。これから30分後に2本目の標柱を見つける。まだまだ進むのが大変である。やっと巨岩の横を通り過ぎると水がチョロチョロと流れている沢があった（13：30）。沢を渡り、杉林のなかの苔むす石の急斜面を登る。ここで初めて山へ登れる思いがした。急坂を登り切ると「青の洞門と太平山山頂へ」の標識を見つけ一安心する（13：50）。ほどなく立派な林道に出た（14：00）。ここら一帯は「ふれあいの森」として公園化されていた。**太平山**山頂はここから0・7ｋｍの距離である。山頂付近はクヌギ・コナラ・アラカシなどの広葉樹とヒノキ・アカマツ・スギなどの針葉樹があり、散策にもってこいの山である。頂上からの展望はいいとは言えないが、近くの展望台からは青の洞門や八面山など景観が良い（14：10－14：45）。

下山は「ふれあいの森公園」に出て、太平林道を6ｋｍほど歩いて下りた。杉と檜の植林帯の道をうねうねと歩く。不動公園駐車場（16：00）。

♨温泉　金色温泉
田地図　土佐井・耶馬渓東部
☎問い合わせ
中津市役所耶馬渓支所＝0979（54）3111

33 戸ノ上山 ５２０ｍ

福岡県

登山日 ２００６年12月16日（土）曇

【アクセス】 自宅（12：40）⇩若宮ＩＣ⇩馬場山ＩＣから北九州都市高速道路に接続し、大里ＩＣで下車⇩戸ノ上神社から新門司港方面へ約３００ｍの地点に「寺内5丁目信号」あり。その前が登山口で「戸ノ上山頂」の標識がある（54ｋｍ／13：35）。

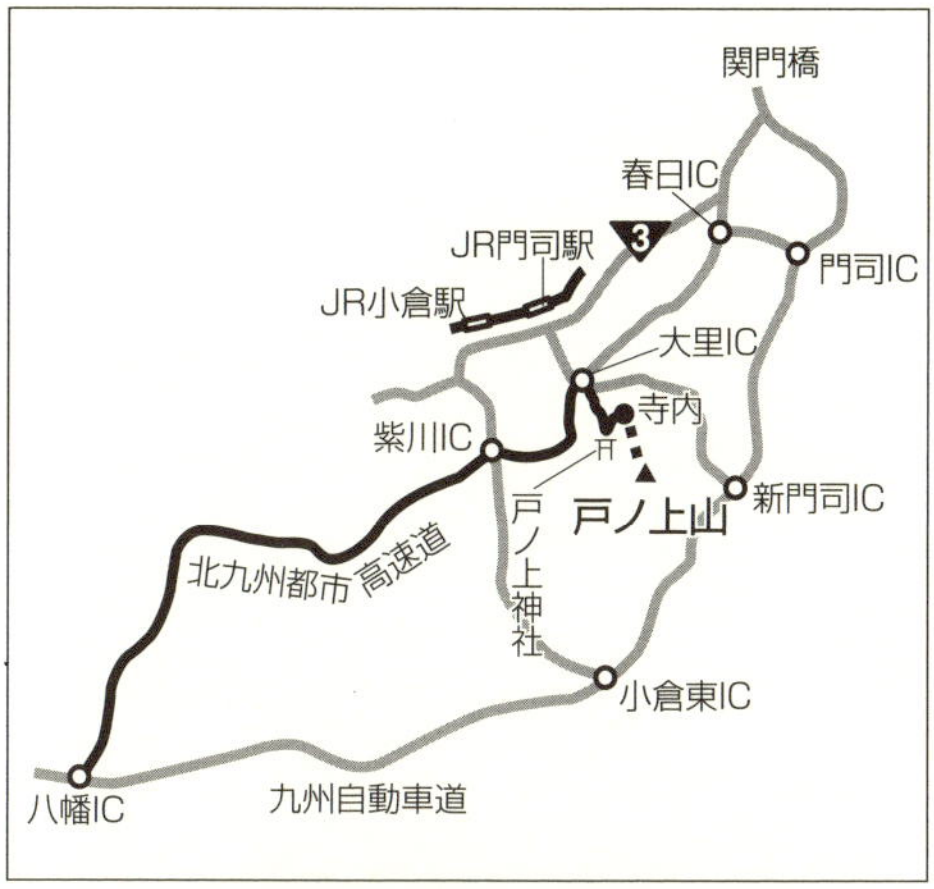

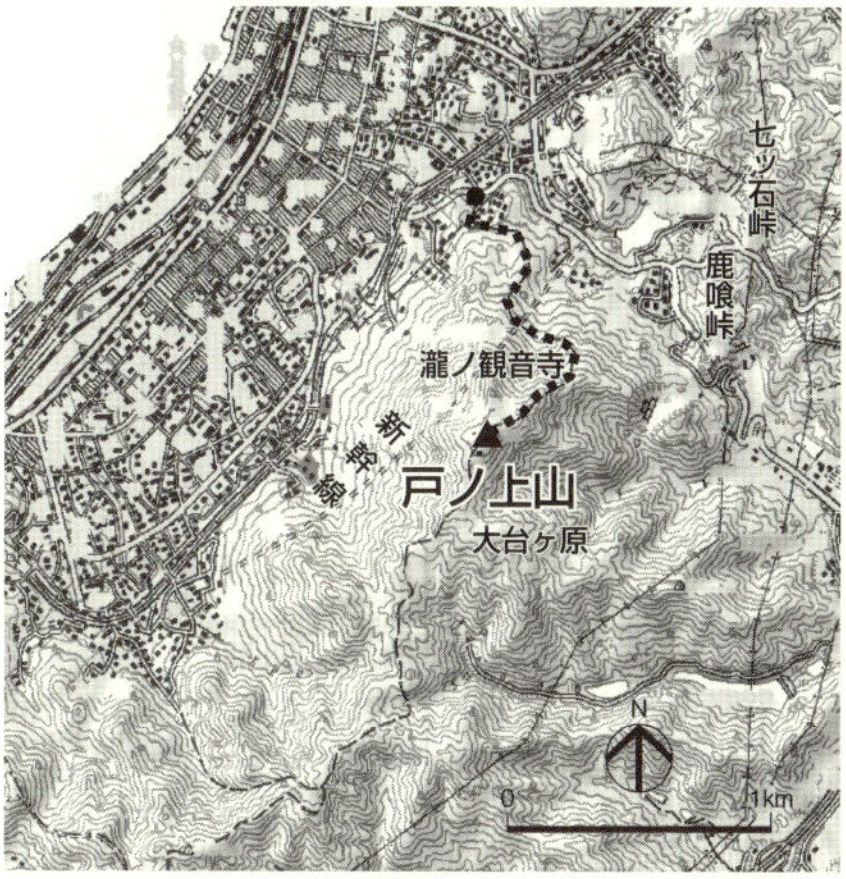

【登山路】 歩行時間2時間20分（往80分・復60分）

戸ノ上山は企救《きく》三山の一つで南の足立山へ自然歩道があり縦走（１５０分）もできる。

登山口（13：45）から住宅の間を緩やかに上り、ほぼ70段のセメントの階段を上がり切ると企救自然歩道に入る。道沿いにはヤマイチゴの赤い実がやたらと目につく。一つ手にとって食べると甘酸っぱい味で美味しい。カミシバやツバキなど常緑樹が多い。所々でヤマザクラや紅葉したハゼの木が見られる。直径１ｃｍほどの豆柿も目にかかる。急な登りが続き、汗が顔からしたたり落ちる。やがて企救自然歩道と刻印されたセメント作りの標柱が立っている。東へ、南へ、西へと斜面を巻いて登っているようだ。急坂から緩やかな道となり、大杉が目に入ってくるとすぐに**戸ノ上神社上宮**に着く（14：45－15：00）。上宮前に山頂広場があり、関門海峡や彦島、巌流島など大展望が広がる。

大台ヶ原

眺望を楽しんだ後、足立山への縦走路を通り大台ヶ原へ。樹木帯の緩い下り道を10分ばかり歩くと樹木がなくなり、前方が開けてくる。下方に大台ヶ原の草原が見える。急斜面を下り、スズタケの斜面をおりていき**大台ヶ原**に到着する（15：20－15：30）。ベンチがあり、休憩しながら絶景に見とれる。海峡を通過する船舶が見え、その汽笛も聞こえる。足立山の方へ5分ほど下れば原町分岐があり、谷沿いに下ると車道に出て帰れるが駐車場の関係でまた、戸ノ上山頂へ戻る（15：50－16：00）。

下山は往路を通らずに上宮の参道を下る。急降下の山道である。石段らしい石も見かけるがほとんど壊れた状態で歩きにくい。陽も射さないほどの薄暗い樹林の中で足が滑り大変だったが、やっと上宮への参道を示す小さな鳥居のある所まで下りた（16：20）。ここからしばらくで瀧ノ観音寺に着き、長い石段をおりて、車道を歩いて戸ノ上神社前に帰り着く（16：40）。

♨温泉　極楽湯小倉
⊞地図　小倉
☎問い合わせ
北九州市役所観光課＝093（582）2054
門司区役所＝093（331）1881

34 鹿嵐山 758m

大分県
一等三角点

登山日 2006年12月19日（火）晴

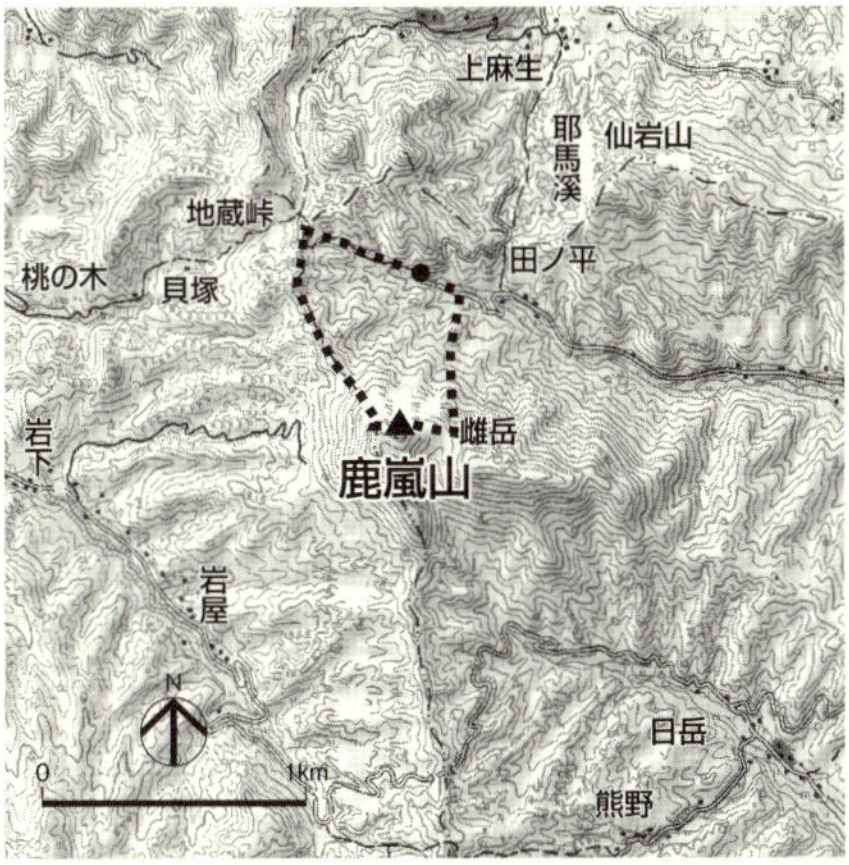

【アクセス】 自宅（8：50）⇩田川の仲哀トンネルを抜けて新町歩道橋を右折（椎田勝山線）⇩徳永信号右折（52・5km）し、椎田道路に入る。⇩道の駅「おこしかけ」（65・8km）⇩国道10号線「宇佐市法鏡寺信号」（91・6km）より右折し、国道387号線に入る⇩高並信号（101km）より県道664号線へ右折（円座中津線）⇩鹿嵐山第1登山口（108km）⇩中央登山口（109・5km）⇩第2登山口（110km）駐車場（12：10）。

【登山路】 歩行時間2時間30分（往90分・復60分）

鹿嵐山は中津市（本耶馬渓町）と宇佐市（院内町）に接する双耳峰の山である。特に北尾根の「地蔵峠の景」は奇岩奇峰が連なりみごとな景勝地となっている。

院内町小野川内から登る。案内板に書かれている3つの登山口の一番奥の第2登山口に着く。駐車場付近の高並川にかかっている十田橋の傍に登山者記入簿がある（12：15）。檜と杉の植林帯を抜けると地蔵峠分岐（12：30）があり、「鹿嵐山は左へ、地蔵峠は右下へ」の案内がある。峠はすぐ（3分）で地蔵と地蔵三昧堂がある。峠はかつての古道で安全祈願したのだろう。再び地蔵峠分岐に戻る（12：45）。

左（南）へしばらく登ると屏風岩や奇岩が目に飛び込んでくる。**「地蔵峠の景」**

地蔵峠の景（万里の長城）

鹿嵐山頂上

である。万里の長城の景色とも呼ばれているらしい。まさに絶景だ。やがて露岩のヤセ尾根が現れ、一歩一歩用心しながら進む。

山頂まで1000m地点（13：05）からは急登が続く。ロープや木を摑んで登る。道が緩やかになると間もなく**雄岳**（**鹿嵐山**）山頂である（13：45－14：00）。10m四方ほどの広さで南と北が開いている。八面山や宇佐平野、周防灘などが望める。

北斜面の急勾配をおよそ300m下ると雌岳との鞍部に着く（14：10）。シロダモ・イタヤカエデ・ヤブニッケイ・ハイノキ・イヌシデなど木の種類も多い。また、この北斜面はツクシシャクナゲの群生地である（4月下旬が見頃）。急坂を登り返すと石祠がある**雌岳**山頂730mである（14：20－14：50）。雑木林に囲まれて北側だけしか見えない。

下山は鞍部から中央登山口へ下る。大きな岩のある急坂を滑り転ばないよう注意しながらおりる。檜林になるといくらか歩きやすくなり、中央登山口に出て（15：25）、駐車場所（第2登山口）へ車道を500m歩いて帰る。

✼花　ツクシシャクナゲ（5月）
♨温泉　上恵良温泉
⊞地図　下市・耶馬溪東部
☎問い合わせ
宇佐市役所院内支所＝0978（42）5111
中津市役所本耶馬溪支所＝0979（52）2211

35 猪群山 458m

大分県

登山日 2006年12月20日（水）晴

【アクセス】 自宅（5：55）⇩田川の仲哀トンネル⇩新町歩道橋右折⇩徳永信号右折⇩国道10号線の宇佐市法鏡寺信号⇩宇佐市岩崎信号（98km）を左折し、県道213号線へ⇩真玉トンネルを抜ける⇩臼野バス停（12km）より右折して臼野川沿いに進む⇩横山地区（横山公民館の手前200m地点・飯牟礼神社の鳥居の手前300m地点）より右折し、林道を700m進んで左折し1・3km入り込むと猪群山登山口の駐車場に着く（117・7km／9：50）。

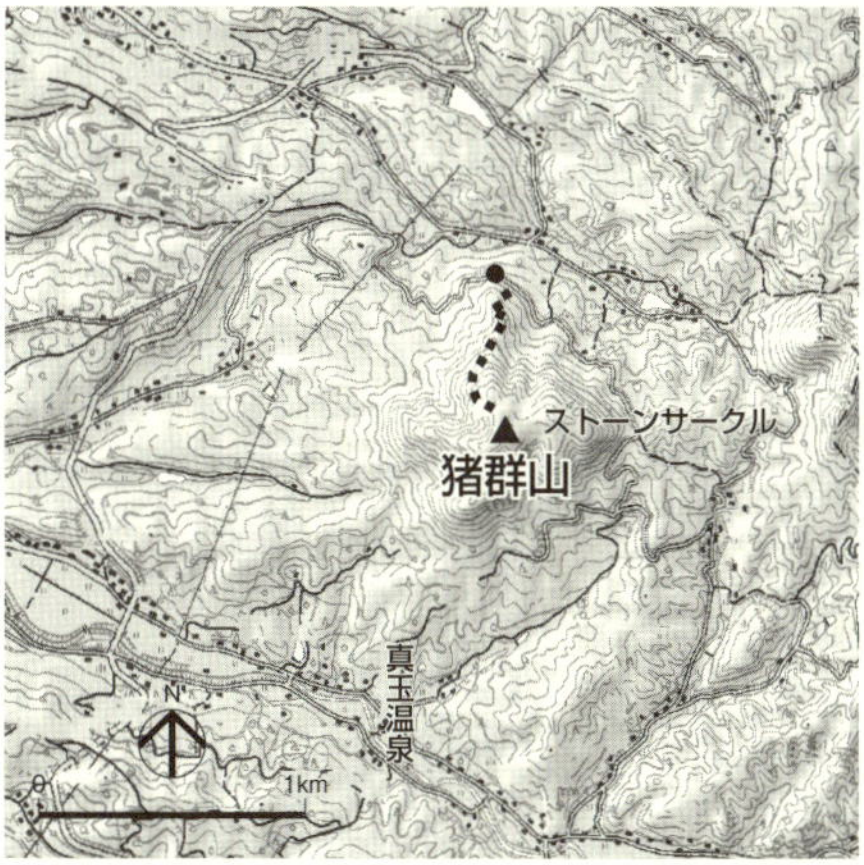

【登山路】 歩行時間1時間15分（往45分・復30分）

猪群山は国東半島の西部にある鐘状火山で、山頂東にストーンサークルがある山として知られている。駐車場に登山口の標識がありわかりやすい（10：00）。登山道は自然遊歩道として整備されていて、「山頂へ600m地点」（10：25）まで階段で、山登りとしてはおもしろみに欠ける。ただ、この場所にはベンチが設置されていて臼野港や干拓地など海岸部が眺められる。ここから先は歩きやすい登りで**猪群山**西峰に着く（10：35－10：45）。

東屋やベンチもあり、広い山頂だが樹木が大きくて展望は今一つである。西峰から防火帯を左に下り、ま

陰陽の巨石

た緩やかに上ると**ストーンサークル**（環状列石）の説明板がある。左右に陰陽巨石が現れ、その少し先には神体石がある（10：55）。直径2・5m、高さ4・5m、北北東に40度傾斜して立っている。何を表しているのだろうか。なお、この山頂には土塁も残っている。

下山（11：10）は防火帯鞍部のベンチ前から左下方へ旧登山道を下る。最近このルートはあまり利用されていないらしく大変な難路であった。杉林のなかで陽が当たらず苔むして緑色した石が多い急勾配の道を一歩一歩下る。石に足を乗せると滑る。「ストーンサークル登山道入口」の標柱が立っている車道に何とか飛び出した（11：35）。車道を歩いて駐車場に帰る（11：40）。

♨温泉　山香温泉「風の郷」
田地図　香々地・浜
☎問い合わせ
豊後高田市真玉庁舎＝0978（53）5111

36 津波戸山

５４０ｍ 大分県

登山日 ２００６年12月20日（水）晴

【アクセス】 猪群山登山口（12：20）⇩臼野バス停（５・８ｋｍ）⇩宇佐市岩崎信号（19・７ｋｍ）から左折して国道10号線を別府方面へ⇩向野小学校前信号（24・７ｋｍ）を左折して、日豊線を踏み切って６００ｍ進むと松尾区小屋敷の津波戸山駐車場に着く（13：00）。

【登山路】 歩行時間2時間50分（往１２０分・復50分）

国東半島の南西に位置する津波戸山は火山礫岩が浸食されてできた山で奇岩が多い。岩尾根の東と西に津波戸山八十八ヶ所巡り（ミニ霊場）がある。

駐車場（13：10）からセメント道路を１２００ｍほど上ると津波戸山登山口と書かれた大きな案内板がある（13：20－13：30）。溜め池を過ぎると現在は霊場1番札所になっている**旧海蔵寺跡**に着く（13：35）。右に道をとると二つ目の溜め池がある。その横を通りすぎて、間もなく左側に巡拝路の3番札所から12番への入口（西岩尾根へ）がある（13：55）。巡拝を終え、絶景をみながら入口に引き返し（14：13）、先へ進むと弘法大師立像（高さ２ｍ）があった（14：15）。ここから右側の65番、66番の札所に上ったり、左側の25番へ上ったりしているうちに時間が過ぎてしまい、肝腎のメインルートが見つからない。いくらか焦りも出てきたので再び弘法大師立像のところまで戻り、付近の大きな岩と岩の間をすり抜けてメインルートの渓谷を登る。やがてヤブツバキが繁

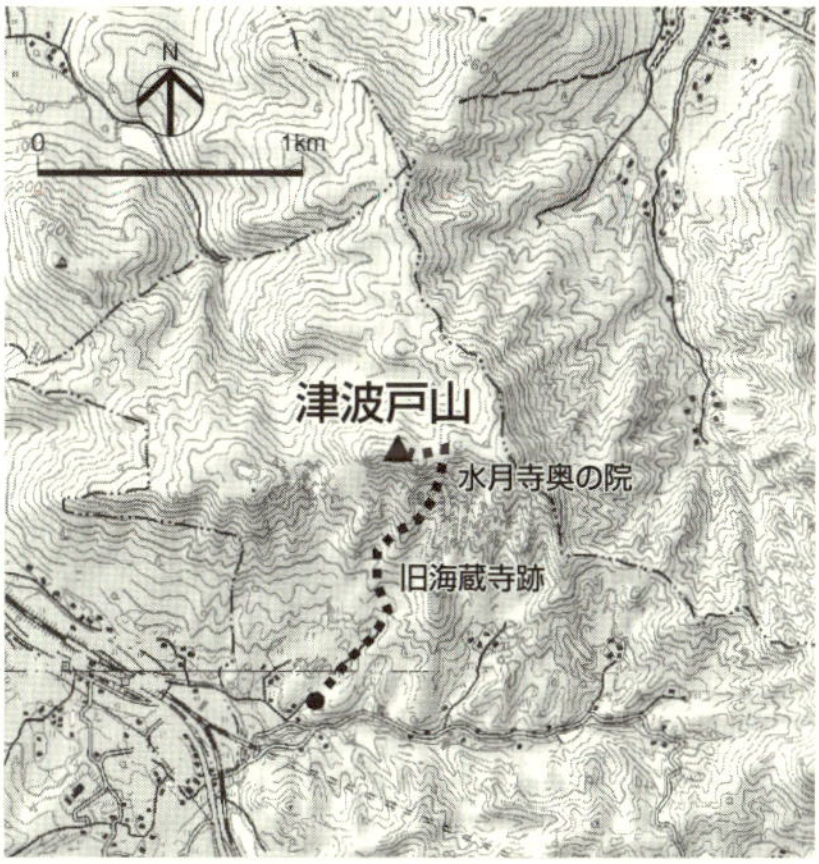

津波戸山展望所から望む

る急坂を登ると**水月寺奥ノ院**があった（15：10）。硯石水と呼ばれる水場もあったが、休憩する間も惜しんで登り稜線に上がる（15：14）。稜線を左へ4分で展望所があり、さらに3分で**津波戸山**頂（15：25－15：30）である。展望所からは岩尾根や遠くの山々（由布岳・鶴見岳など）まで望める。春にはゲンカイツツジの花が咲く。山頂からの展望はあまり得られない。

下山はメインルートを戻る。旧海蔵寺跡（16：10）から350ｍで登山口に帰った（16：15）。

〔注〕巡拝路を念入りに検討して登れば迷うこともなかった。巡拝路3番から登り、針ノ耳を下り、弘法大師立像の手前から岩を登り25番から41番へ行き、谷筋に下るとメインルートに合流する。復路は水月寺奥ノ院からメインルートを下り、弘法大師立像の近くに戻り、65番から東岩尾根（66番～88番）に取り付いて急斜面を下りメインルートに出る。

✲花　ゲンカイツツジ（4月）
♨温泉　山香温泉「風の郷」
⊞地図　豊後高田
☎問い合わせ
杵築市役所山香庁舎＝0977（75）1111

37 田原山(鋸山)

542m 大分県

登山日 2006年12月21日(木) 曇

【アクセス】 前日、津波戸山登山後、駐車場から500m走り、国道10号線「向野小学校前」信号に出る。別府方面へ10km進み、「下市北」信号を左折し1km走り、山香温泉「風の郷」に宿泊。山香温泉9:30⇩広域農道を3km走ると鋸山登山口駐車場(9:35)

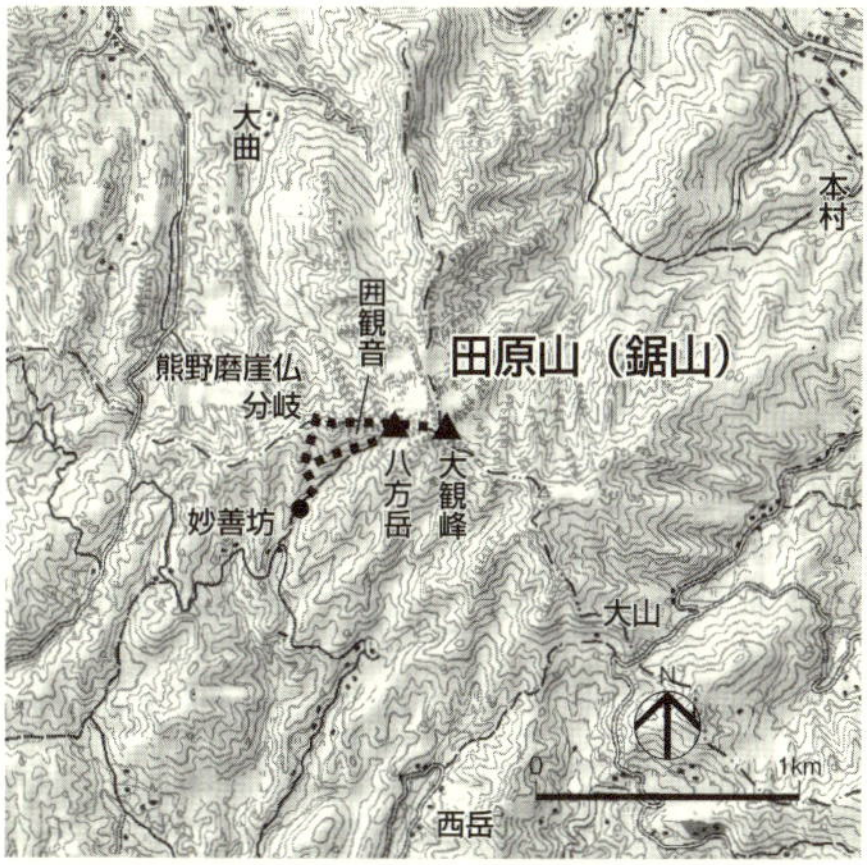

【登山路】 歩行時間3時間45分(往120分・復105分)

田原山は凝灰角礫岩が浸食され、稜線は鋸状で山香町では鋸山と呼んでいる。熊野磨崖仏や囲《かこい》観音があり、かつては修験者の修行の地でもあった。

駐車場には大きな鋸山登山案内図がある。道路を挟んで前にある登山口から杉林に取り付く(9:45)。やがて道が分岐する。左は下山出口(左に登れば熊野磨崖仏分岐を経て山頂へ行くこともできる)として見送り、直進して囲観音と大観峰の分岐点につく(10:00)。この地点からも囲観音堂経由で山頂へ行けるが、大観峰の方から登る。雫石(10:10)のあたりから檜林のなかの道はますます急坂となるが南尾根ルートに向かう。断崖絶壁を鎖を握り這うようにして登ると「大観峰と八方岳へ」の標識があった(10:30)。谷へ落ちないよう十分に注意しながら**大観峰**に登る(10:40-10:50)。オオコマユミの紅葉

鋸状の山容

が奇岩の山を彩ってみごとな景観をなしている。キレットから鎖を摑んで鋸山最高点の**八方岳**に登る（11：00）。360度の展望が広がる。由布岳・鶴見岳や別府湾も見える。眺めを楽しんだ後、股覗き岩（11：15）や小松岩などがある岩稜を西へ歩くと「囲観音は下へ、経岩越えは右前方へ」の案内板がある場所に着く（11：25）。

　ここから経岩越えの方へ向かい、無名岩（11：45）を過ぎると、やがて「下山道・駐車場へ」の案内がある（11：55）。下山道を確認したのち、熊野磨崖仏の方へ歩いてみたが時間がかかりそうで、熊野権現の館が下方に見えるあたりから引き返し、下山道に入る（12：15）。すぐに見返り岩があり、大観峰、八方岳から歩いてきた鋸状の山容を見返る。ヤセ尾根を鎖に頼ってアップダウ

八方岳へ

ンを繰り返し、先ほどのスリルを思い出しながら下る。岩松が無数にある岩場の急坂を下り、杉林に入ると間もなく下山出口（登り初めの最初の分岐点）に着いた（12：35）。

　駐車場は近いが囲観音を見ていないので、足は自然とそちらに向いていた。囲観音と大観峰分岐点に戻り（12：45）、丸太階段の急坂を上ると横幅が二間ほどの大きさの**囲観音堂**が経岩の下にあった（12：50）。ここから右上に登ってみると「経岩越え」の地点に出た。5分で登り、また囲観音堂に下りた（13：20）。この堂前から左へ歩くと未登岩や杓子岩があり、無名岩の所へも行けた（13：25）。囲観音堂に戻り、そのまま下山する。駐車場着（13：40）。

✿花　ゲンカイツツジ（4月）・オオコマユミ（11月）
♨温泉　山香温泉「風の郷」
⊞地図　若宮
☎問い合わせ
杵築市役所山香庁舎＝0977（75）1111

38 二ノ岳 685m

三ノ岳 681m
金峰山（一ノ岳）665m

熊本県
一等三角点（二ノ岳）
登山日 2007年1月22日（月）晴

【アクセス】 自宅（6：30）⇩古賀IC⇩菊水IC下車⇩県道16号線（玉名山鹿線）⇩県道1号線（熊本玉名線）⇩河内町野出（バス車庫前または野出公民館横に二ノ岳野出登山口駐車場（134km／9：15）。

〔注〕熊本市内からのアクセス 上熊本駅近くの本妙寺から県道1号線を「峠の茶屋」へ（6km）⇩追分バス停（8・3km）⇩野出（二ノ岳登山口駐車場、11・8km）

なお、金峰山駐車場は峠の茶屋から1・9km

※追分バス停は県道1号線と県道101号線（霊厳洞、河内方面）との分岐にある。

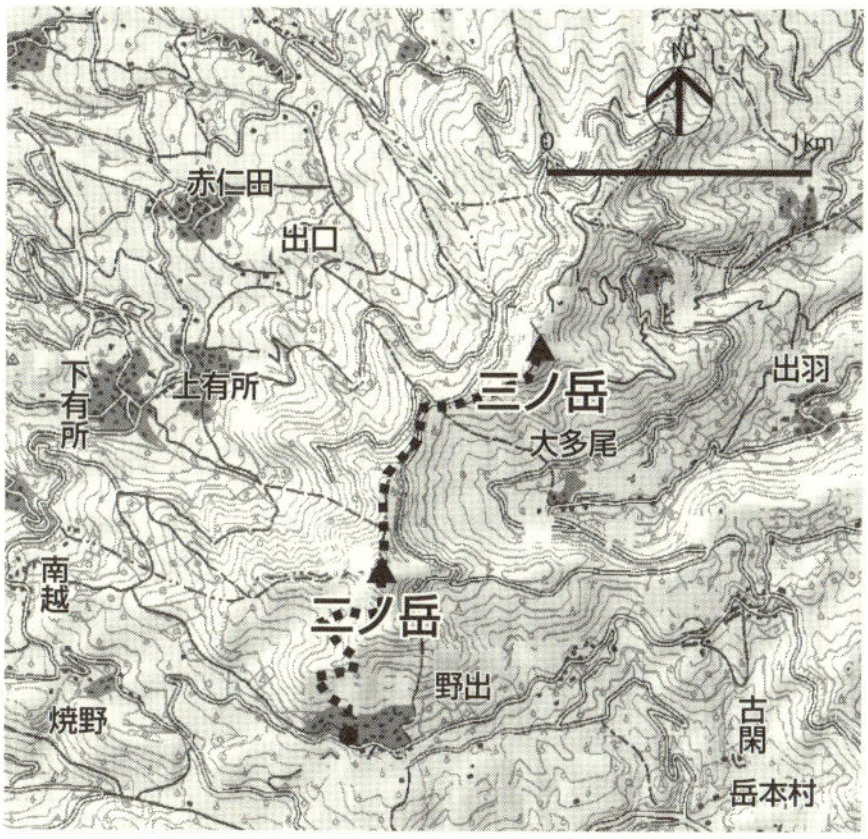

【登山路】 歩行時間3時間20分（往100分・復100分）

熊本市の西（河内町）、夏目漱石の『草枕』に出てくる峠の茶屋付近に金峰山（一ノ岳）がある。その北方に三角錐の型をした二ノ岳、三ノ岳がある。

バス車庫から約50m下がった所（三菱石油スタンド）に「二ノ岳登山口」の標識があり、そこから集落のなかのセメント道を100mほど上ると取り付き口の案内板が立っている（9：30）。

二ノ岳山頂から三ノ岳を望む

竹林から照葉樹林になり、丸太階段が続く。「ホッと一息えびね坂」を過ぎ、林道を横切ると「胸突き八丁」の急坂になる（9：47）。西側の山々を眺めながら、最後の急坂を登ると**二ノ岳**山頂（10：00）である。祠とベンチがあり、ゆっくり展望を楽しめる。東に鞍岳・阿蘇南外輪山、西に広い干拓地や有明海、南には宇土半島・雲仙、北に八方ヶ岳などがよく見える。

二ノ岳を後に三ノ岳へ向かう（10：15）。伐採地の丸木段を北へ急降下すると檜林のなかの平坦な道となり、心地よく歩ける。突然目の前が伐採地で開け、坂をくだると河内支所へ通じる林道に出る（10：33）。この林道を左へ5分ばかり歩くと三ノ岳登山口がある。登山道は右は檜林、左側は照葉樹林で海風を除ける防風林の役目をしている感じで登りやすい。大きな露岩がある急坂を登ると**三ノ岳**山頂だった（10：55）。山頂は芝の広場でベンチがあり、展望もよい。

三ノ岳観音、聖徳寺は林を下り九電無線中継所の電波塔の先にある（11：20）。

下山は往路を戻る。三ノ岳山頂（12：00）⇩登山口（12：10）⇩林道分岐（12：15）⇩二ノ岳山頂（12：39‐12：45）⇩登山口（13：00）⇩駐車場（13：10）。

一ノ岳（金峰山）へ車で7・7ｋｍ移動（駐車場13：30⇩一ノ岳駐車場13：45）。

二ノ岳・三ノ岳と登ったので一ノ岳も登る気になる。一ノ岳駐車場付近の金峰山神社の大きな鳥居に一礼して登り始める（13：50）。すぐに「自然歩道コース」と「猿すべりコース」の分岐に着く。猿もすべるという急登コースを選ぶ。斜度44・8‐52・8％の標識を見る。

三ノ岳山頂

斜面は踏み固められて石がむき出している所を５８０ｍ、標高差２４６・１５ｍを登る。さすがに汗が額からたらたらと流れる。休まずに一気に**一ノ岳**山頂に登る（14：20－14：30）。山頂には金峰山神社奥の院があり、「役行者　神変大菩薩像」や「金剛蔵王大権現像」がある。また、展望台もあり、東方には熊本市街や阿蘇南外輪山等が一望できる。山上茶屋もある。

下山は自然歩道コースを帰る（駐車場着14：55）。

♨温泉　草枕温泉てんすい

田地図　伊倉・植木・肥後船津・熊本

☎問い合わせ

熊本市役所河内総合支所＝０９６（２７６）１１１１

熊本市役所芳野出張所＝０９６（２７７）２００１

39 八方ヶ岳

１０５２ｍ　熊本県

登山日　2007年1月23日（火）曇

【アクセス】山荘かつらの樹（7：15）⇩国道３２５号線大津町室信号⇩七城メロンドーム⇩鹿本町来民信号（49ｋｍ）より県道9号線（日田鹿本線）へ右折⇩矢谷キャンプ場⇩江良橋（前に養魚場がある／3台駐車可／64・5ｋｍ／9：00）。

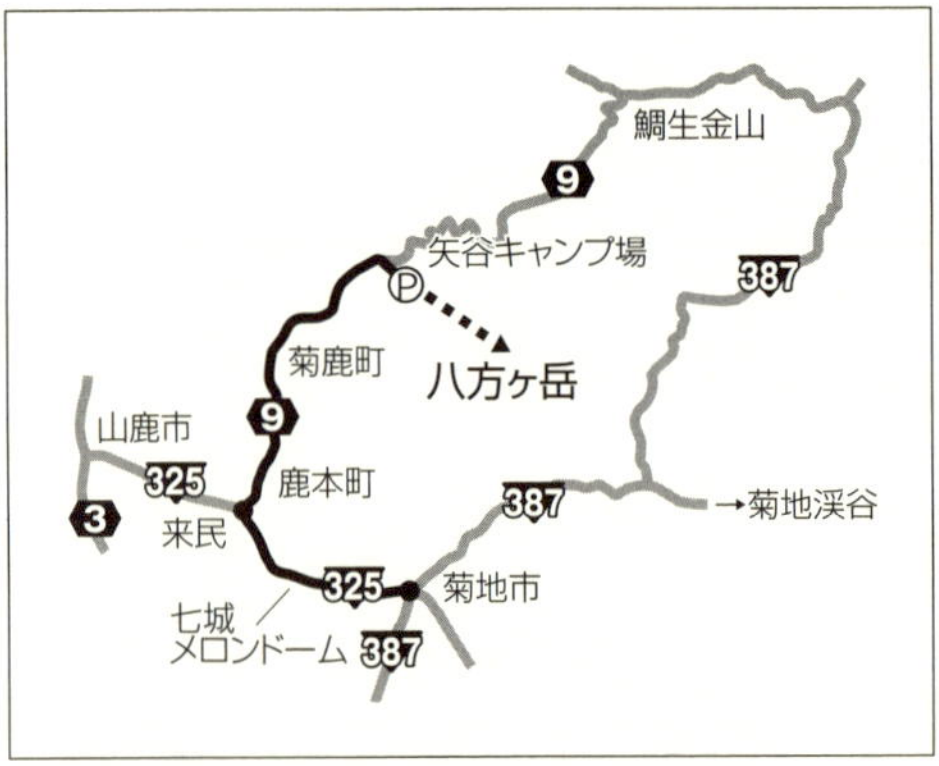

【登山路】歩行時間2時間55分（往１００分・復75分）

八方ヶ岳は菊池市と山鹿市（菊鹿町）の境にあり、輝石安山岩からなっている山で台形状の山容をなしている。

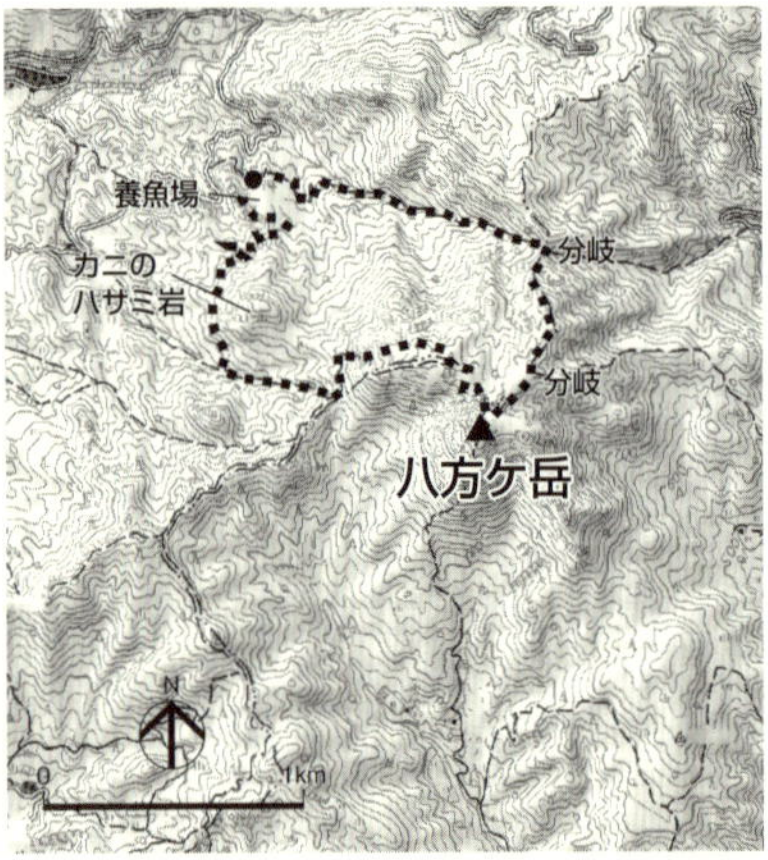

江良橋前から江良川沿いにセメント舗装の林道を5分ほど歩くと矢谷橋があり、八方ヶ岳登山口の案内がある（9：15）。渓流沿いに杉林を上って行くとロープで上る崖があり、その上に水場がある。このあと渓流を右、左、右、左と渡って行っていると赤松の群落地に着く。ここらあたりから渓流は涸れ、やがて左の桧林の尾根道を過ぎると**穴川分岐**がある鞍部に達する（10：05）。

稜線から山腹を右に巻いて登る途中に大岩があり、右下が深い谷でロープが張ってあるカ所を過ぎると樅の巨木が見えてくる（10：30）。短い急坂を登りきると「番所・八方ヶ岳」の小さな案内板がある。ここからシャクナゲやアセビの木を見ながら稜線を進むと「斑蛇口分岐」（10：45）に出合う。短いアップダウンをくり返しながら歩き、**「山ノ神分岐」**を過ぎ、緩やかに登るとすぐに**八方ヶ岳**山頂に飛び出した

（10：55）。

山頂は10ｍ四方ほどの芝生の広場で360度の展望が広がる。緑の菊池平野や阿蘇・雲仙なども見ることができる。祠もある。

下山（11：35）は「山ノ神分岐」から下って**「カニのハサミ岩」**を見て帰る。檜林を下ると落葉樹が多くなり、幹の間からカニのハサミ岩が眼前に見えてくる

カニのハサミ岩

（12：00）と今度は急勾配の下りになり、30数回に渡りウネウネが続く。また、檜林になり、急坂をくだり、右上に「カニのハサミ岩」が見えだすと、やがて林道に出る（12：30－12：40）。林道を右にとり、カーブを曲がると「カニのハサミ岩」の雄姿が突然、前に現れる。驚異の見事な石壁で思わずシャッターを切る。道なりに林道を歩くと矢谷橋登山口に戻れた（13：00）。

広くて展望もよい山頂

✻花　シャクナゲ（5月）
♨温泉　菊鹿温泉「菊翠苑」
⊞地図　八方ケ岳・宮ノ尾
☎問い合わせ
山鹿市役所菊鹿総合支所＝0968（48）3111

40 浮嶽 ８０５ｍ

女岳 ７４８ｍ 十坊山 ５３５ｍ

佐賀県・福岡県

登山日 2007年1月30日（火）晴

【アクセス】 自宅（６：00）⇩福岡都市高速道香椎東⇩西九州自動車道福重ＪＣＴ⇩前原ＩＣ⇩二丈浜玉道路（２０２号線）吉井ＩＣ下車⇩県道１４３号線（藤川二丈線）⇩七山村白木峠（71ｋｍ／７：30）。

〔注〕 県道１４３号線を走り、白木峠へ行くつもりが、白木峠より１・７ｋｍ手前から左折して林道（雷山浮嶽線）に入ってしまい、３ｋｍ登った地点の極楽展望台（姫島や唐津湾、糸島半島などが一望できる）から登る。

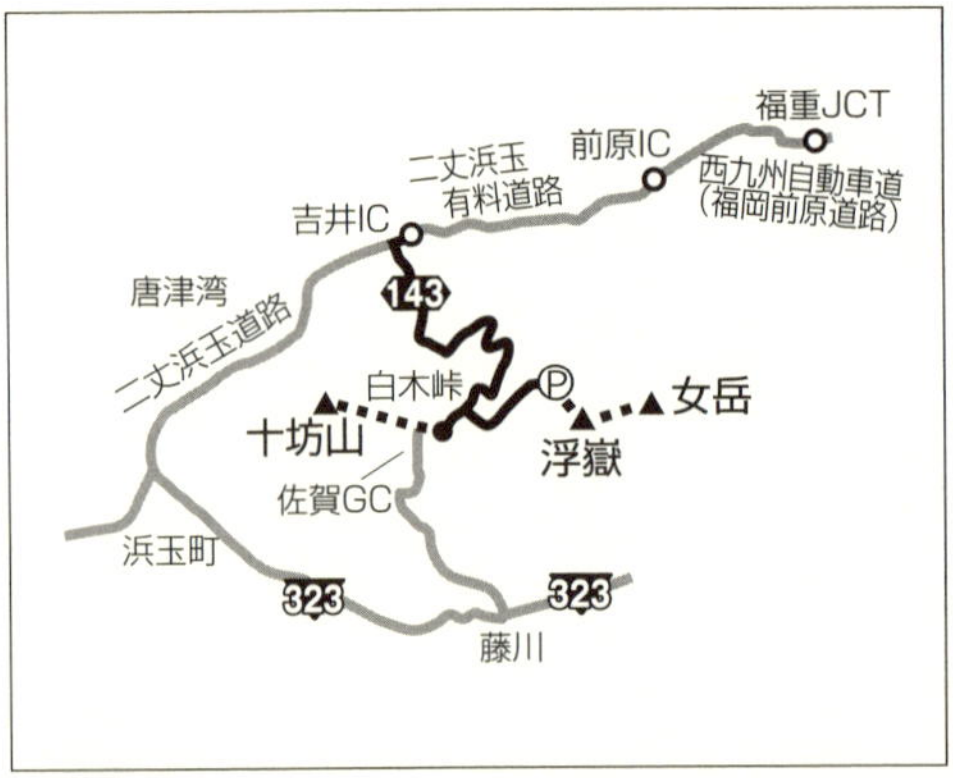

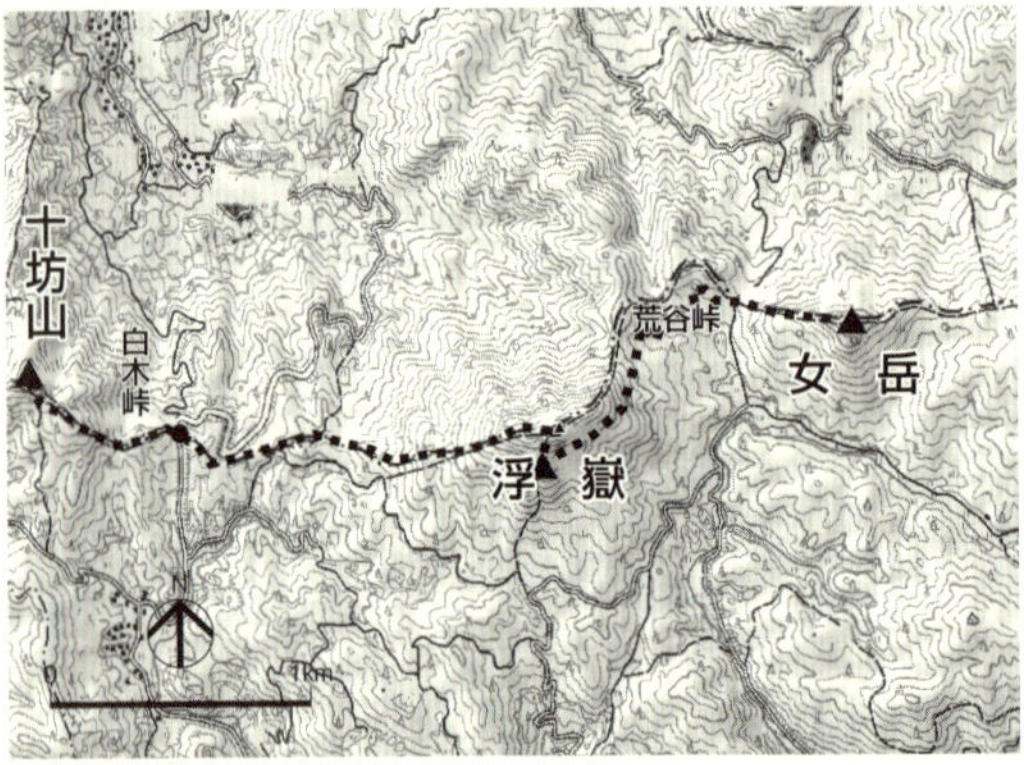

【登山路】 歩行時間４時間10分（往１４５分・復１０５分）

浮嶽は脊振山地の西端にあり、東に女岳、西に十坊山を控えた円錐状の山容で「筑紫富士」とも呼ばれ、古くから航海の目印とされていた。

極楽展望台のちょっと下の山側に登山口の標識（８：00）があり、そこから小笹を分け、杉林に入り、大岩を登り、尾根道を進むと「浮嶽へ」の案内板があった（８：25）。ここからしばらくでＴ字路（荒谷峠・女岳への縦走路）に突き当たった（８：35）。右へ５分ほど歩くと左側に舗装された林道があり、しばらく並行して歩く（林道を後で調べると、林道浮嶽線の最上部の浮嶽駐車場への行き止まり道である)。

　やっと山らしい急坂となる。ロープと木の枝を握り、雪の坂道を登る。大岩が何個も現れる（8：50）。やがて「駐車場へ7分」の分岐（9：00）を過ぎ、なお急登すると「白龍神社」が巨岩の下に見える。手を合わせ頂上を目指す。しばらく登ると脊振山地や海がみえる眺めのよい展望所（ベンチあり）があり、一息ついた後、杉の木立を過ぎると**浮嶽**山頂である（9：35－10：00）。

雪の浮嶽頂上

浮嶽神社上宮と大鳥居が海の方を向いて立っている。積雪10ｃｍで寒い。気温0・5度。

　下山の時、「駐車場へ7分」の分岐点から実際下りてみたら、浮嶽駐車場に着いた。ここに駐車すれば20分弱で山頂へ登れることがわかった。


また、分岐点に戻る（10：25）。急坂を下りて林道に接近する所で「女岳縦走路」の案内が目に入り、女岳へ行く気になる。緩やかな杉の尾根道をアップダウンしながらT字路を直進して林道に出る（11：00）。女岳登山口は１３０ｍ先である。登山口（11：10）から杉林のなかをうねうねと登る。杉がなくなり傾斜が緩くなると自然林が増えてくる。ここを通りすぎると露岩ゴロゴロの急登となる。降雪も深く寒いが登りがきつくて汗が吹き出る。雪で覆われた**女岳**山頂（11：35－11：50）は広いが眺望は北側の海だけである。

女岳山頂

　下山はT字路（12：50）から右折して極楽展望台へ帰る（13：15）。

　ここで林道がどのように繋がっているか調べたくなって車で移動する。極楽展望台から前方へ行くと女岳へ通じていたし、

十坊山頂上の大岩

林道浮嶽線の終点駐車場にもつながっていた。また、極楽展望台にバックし白木峠を探すため3km下り、県道143号線に出て1・7km上ると白木峠（佐賀ゴルフクラブ七山コースの横）で、福岡県二丈町と佐賀県七山村との境である。道路を挟んで左に浮嶽西登山口があり、右には十坊山登山口がある。

十坊山へ出発（14：25）。檜林から常緑樹をくぐり少し下る。また急坂を登ると修験道の山の**十坊山**山頂に到着する（14：50－15：15）。山頂には高さ5mほどの大岩があり、鎖で上る。360度の展望で鏡山・浮嶽・羽金山が望め、虹ノ松原・糸島半島・玄界灘なども見える。下山は往路を戻る（15：35）。

✿花　ヤマボウシ、ヤマツツジ（女岳5月）
♨温泉　まむし温泉
⊞地図　浜崎・雷山
☎問い合わせ
七山村役場＝0955（58）2111
二丈町役場＝092（325）1111

41 小岱山　５０１ｍ

熊本県

登山日　２００7年2月4日（日）曇

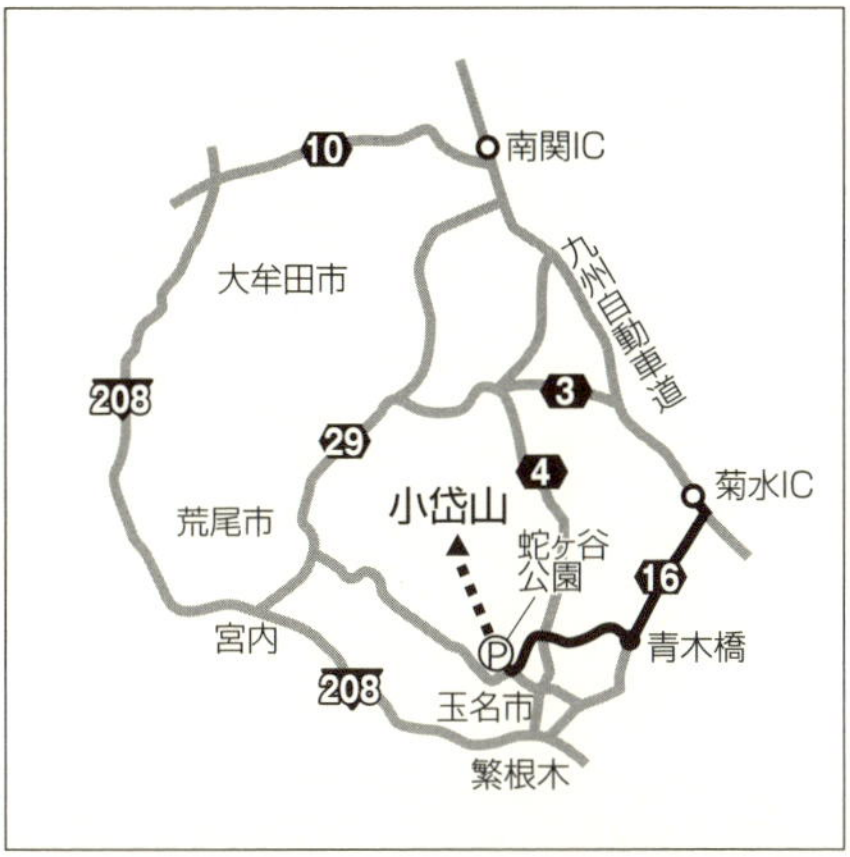

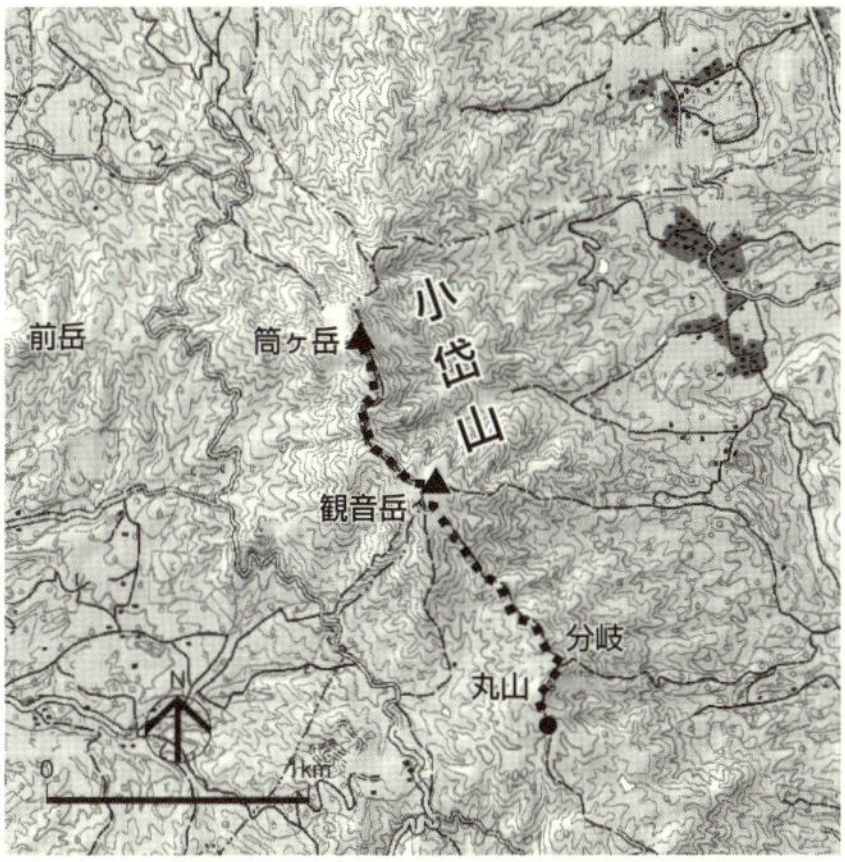

【アクセス】　自宅（8：00）⇩古賀ＩＣ⇩菊水ＩＣ下車（１０３ｋｍ）⇩県道16号線青木橋から右折⇩蛇ケ谷公園（１１２ｋｍ、九州看護福祉大学からすぐの所）。蛇ケ谷公園から４００ｍ先のテニスコート付近に四差路があり、そこから右折し、小岱山線を３・６ｋｍ上ると笹千里広場がある（10：00）。小岱山の案内板があり、駐車も20台可。

【登山路】　歩行時間4時間（往１６５分　復75分）

小岱山は有明海に面し、玉名市から荒尾市にかけて南北に延びている。ピークが南から三つ段々と高くなっていく。環境庁自然保護区に指定され、稜線は九州自然歩道であり歩きやすい。

笹千里広場から自然歩道（蛇ケ谷公園から延びてきている）に入り（10：25）、緩やかな坂道をヤマモモ・コナラ・ミツバツツジ等に目をやりながら歩くとキャンプ場分岐に着く（10：50）。その右上10ｍに**丸山展望所**があり、二ノ岳・三ノ岳・雲仙岳や有明海・宇土半島などが望める。歩道に戻り、しばらく歩き鞍部に下りると赤松やスタジイなどの常緑樹からヤブツバキばかりのトンネルになる。ツバキは根の方から枝や葉がついているのが普通であるが、ここの椿は下に枝葉がなく、空に向かってニョキニョキと伸びている感じである。１００段前後の階段の上り下りはあるが木陰

観音岳頂上

ヤブツバキのトンネル

で歩きやすい道である。短い急坂を登り切ると**観音岳**山頂473ｍに達する（11：30－11：35）。20ｍ四方ほどの芝生広場で、中央に記念碑があり、南にはベンチもあり展望がよい。北側には地蔵堂もある。鎌倉時代の名僧俊芿《しゅんじょう》律師が宋から帰って観音堂を建立したことから観音堂というらしい。

観音堂から稜線を下り、また上るとすぐ岩魂上の見晴らしのよい七峰台に着く（11：40）。雲仙岳・多良岳・権現岳・釈迦岳・英彦山・阿蘇山・金峰山の七つの山が見えるところから七峰台《ななほうだい》と言うとのことである。４分後には荒尾展望所があり、三井グリーンランドや有明海、普賢岳などが一望できる場所で屋根があり、椅子もあるので休憩しながら眺めることができる（11：45－11：50）。

眺望を楽しんだら照葉樹林のなかの急な階段を113段下って鞍部におり、124段上り返すと筒ヶ岳の巨石が現れ、その15ｍ先が**筒ヶ岳**山頂501ｍである（12：10－12：20）。標高が一番高く筒ケ岳城跡を示す標柱も立てられている。この先には**長助金比羅**488ｍがあるとのことで行ってみることにした。いきなり急な階段をくだり、また登るとピークに小さな石碑があり、金比羅さんの説明板があった（12：30－13：05）。小岱山の山腹には各所に金比羅宮が祀られているらしい。

下山は往路を戻る。筒ヶ岳（13：15）⇩荒尾展望所（13：28）⇩七峰台（13：30）⇩観音岳（13：33）⇩丸山展望所（14：00）⇩笹千里（14：20）。

✲花　ヤブツバキ（２月）
♨温泉　玉名温泉
⊞地図　玉名
☎問い合わせ　玉名市役所＝0968（75）1111

42 次郎丸岳 397m 太郎丸岳 281m

熊本県

登山日 2007年2月12日（祝）晴

【アクセス】 山荘かつらの樹（6：30）⇩益城空港ＩＣ（31ｋｍ）⇩松橋ＩＣ下車（50ｋｍ）⇩国道２６６号線を上天草市松島町へ⇩合津信号より国道３２４号線を松島町今泉へ、今泉三差路から左折し、約３００ｍで市営無料駐車場（10台駐車可／99ｋｍ／８：30）。

【登山路】 歩行時間2時間40分（往70分　復90分）

次郎丸岳と太郎丸岳は上天草市松島にあり、松島をはじめ、不知火海、有明海、天草の山々など３６０度の雄大な展望が得られる。

　駐車場（8：50）から標識にしたがい、今泉の西辺集落を抜け、梅や桃の段々畑を左に見ながら灌木林に入る。水場（9：22）を過ぎ、黒っぽく崩れやすい岩（風化砂岩）の山道から右上へ回り込み樫や椎、ヤマモモなどが繁る道を南へ登ると「遠見平」で次郎丸岳の岩魂が見える。すぐに太郎丸岳と次郎丸岳の**分岐**に達する（9：30）。

　まずは次郎丸岳へ。ツバキ、アセビ、ミツバツツジ、ヤマツツジなど低木帯を緩やかに登るが「いなずま返し」（9：40）からは急坂となる。「次郎落とし」の地点からは今にも転げ落ちそうな巨岩を仰ぎ見て、さらに登る。巨石の裏を体をよじるようにして通り、砂状の段々道を登る。雲仙や有明海方面が見えてくると丸くて大きな露岩が現れる（9：50）。

ロープで露岩の上に登るとより展望が開ける。岩を下り、稜線を南へのぼると弥勒菩薩（文政2年）があり、その先すぐで**次郎丸岳**山頂である（10：00–10：15）。東に阿蘇山、西に倉岳、南に竜ヶ岳、白岳、北には雲仙など四方を眺望できる。弥勒菩薩の東側には亀の頭に似た巨大な岩があり、緊張しながら、その岩に立ちシャッターを切る。前は絶壁で高度感を味わう。

有明海方面の見える露岩を登る

次郎丸岳頂上付近の大岩

下山は往路を太郎丸岳分岐まで戻り（10：35）、太郎丸岳へ向かう。シダの道を歩き、松の木が現れはじめると大岩が見えてくる。その岩に上がる（10：50）と西辺集落が真下にあり、展望が開ける。山頂はもう一つ向こうのピークでウラジロが繁る道を下り、松の間を縫うように登るとアセビ、ドウダンツツジ、マツなどがある**太郎丸岳**山頂に着く（11：00–11：10）。松島一帯の眺めを楽しんだ後、分岐（11：30）を経て市営駐車場へ帰る（11：55）。

✲花　ヤマツツジ。ミツバツツジ（5月）
♨温泉　弓ケ浜温泉「湯楽亭」
田地図　姫浦
☎問い合わせ
上天草市松島庁舎＝0969（56）1111

43 倉岳 682m

熊本県
一等三角点

【アクセス】 次郎丸岳登山用の市営無料駐車場（12：00）⇩国道324号線を本渡方面へ2・5kmの松島町知十橋信号を左折し、県道290号線を栖本倉岳方面へ。6・8km地点で栖本倉岳と姫戸への分岐にさしかかる。栖本方面へ右折して県道34号線を栖本町河内の河内小学校前（18km）まで走る。小学校の手前200m辺りから「小ケ倉観音3・5km」、「倉岳山頂8・3km」の標識を見て、車道を約7km進むと黄色のカヤツマル展望台に到着する。ここから2kmほど上ると倉岳神社の鳥居があり、その前に駐車場がある（27km／13：00）。

【登山路】 歩行時間45分（往25分　復20分）

倉岳は上島中南部に位置し、三角錐の姿をした天草諸島の最高峰であり、古くから山岳信仰の霊山で山麓には倉岳神社がある。

平成3（1991）年に倉岳山頂道路が開通し、マイカーで登れる。河内小学校前から道路標識にしたがい車を走らせ、黄色の**カヤツマル展望台**から天草の海と島々の景観を楽しんだ後、倉岳神社鳥居前の駐車場から登る。

鳥居をくぐり抜け、キャンプ用のバンガローを見ながら東屋のある広場に出る。ツバキ、ツゲ、モジノキ等の照葉樹林の中の急坂を登ると**倉岳**山頂に出る（13：25－13：45）。眺望抜群で天草諸島や八代海（不知火海）・島原湾などが一望できる。

帰りは鳥居前から桜

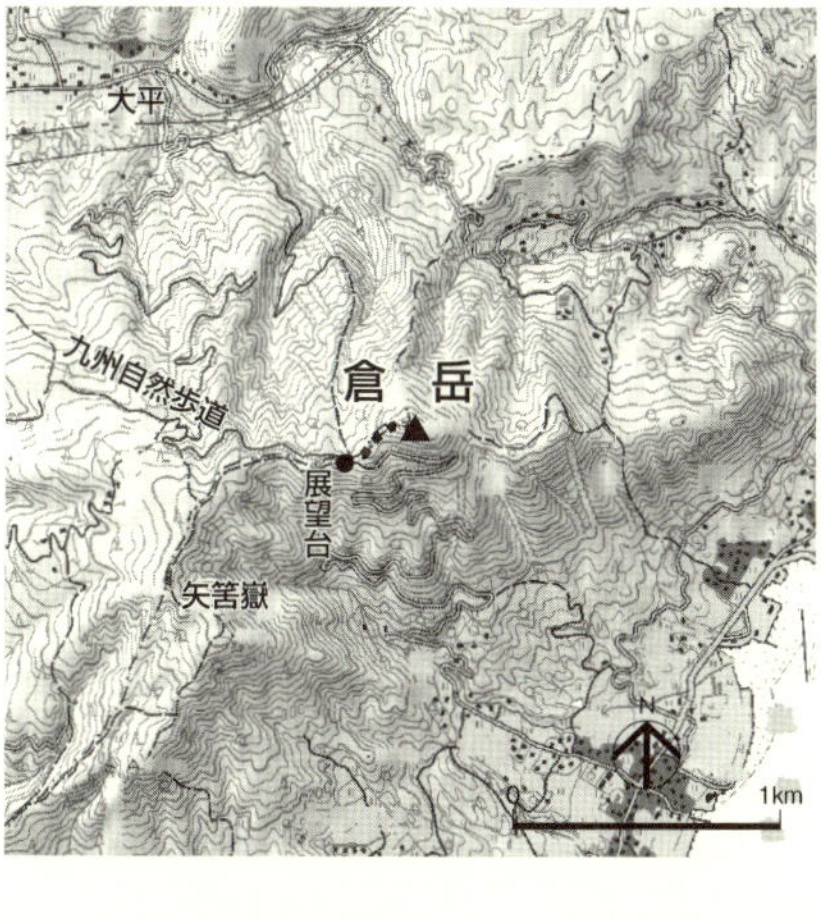

カヤツマル展望台

ロードを含む九十九折り道を国道２６６号線の棚底バス停（倉岳町棚底）まで下る。

〔県道59号線（有明倉岳線）⇩県道34号線（松島馬場線）⇩県道２９０号線で知十橋信号に出て、県道３２４号線を合津へ⇩県道２６６号線で松橋ＩＣへ〕

✲花　ヤマザクラ（４月）

♨温泉　弓ケ浜温泉「湯楽亭」

⊞地図　大島子・棚底

☎問い合わせ

天草市倉岳支所＝０９６９（６４）３１１１

天草市栖本支所＝０９６９（６６）３１１１

44　志々伎山

３４７ｍ

長崎県

登山日　２００７年２月26日（月）晴

【アクセス】　自宅（５：35）⇩福岡都市高速道路香椎東ＩＣ⇩福岡前原道路⇩二丈浜玉有料道路⇩唐津バイパス⇩唐津大橋を渡って国道２０２号線を伊万里へ向かう。二里大橋信号（１０４ｋｍ／７：25）を右折して国道２０４号線を田平町へ。田平町から平戸大橋（有料１００円）を渡ってすぐ、国道３８３号線へ左折し、紐差経由で平戸市野子町へ。道路沿いに志々伎神社の案内がある地点（９：41、１８３ｋｍ）から左折し、約５００ｍ進むと阿弥陀寺があり、その先に志々伎神社の大きな鳥居が現れる（右前方に幼稚園の建物あり）。鳥居付近から１・１ｋｍ林道を上った所に駐車場がある（20台駐車可／１８４・６ｋｍ／９：50）。

【登山路】　歩行時間1時間35分（往50分　復45分）

志々伎山は平戸島の最南端に位置し、海からそそり立つ山容は航海目標にもなり、また山麓には**志々伎神社**があり霊山として知られている。

駐車場（10：00）から神社への参道を１００ｍほど進むと宮と山の分岐がある。右の石段が登山道で、やがて石垣が残る中宮跡に出る（10：10）。緩やかな登山道は小さな岩場もあるが歩きやすい。槙の大木を見て、しめ縄が懸けてある「腰掛け岩」（10：17）を通過すると、やがて急な下りとなる。ここには古い石柱があり、よくみると「此処ヲ下レバ海岩ナラン　此ノ疑ヒアレトモ登

志々伎山全景

山頂真下のかため岩

路トナル也　明治33年8月」が読める。

　下って、また上りだすと「草履置場」の大岩が目に入る（10：30）。この山は女人禁制の霊山で成年女子の登山はできなかった。男子もここで草履を脱ぎ、頂上まで素足で上がる掟があったとのことである。大岩の横をロープで登り、木立を抜けると山頂直下の岩尾根に出る。**「かため岩」**（10：40）を過ぎると海に吸い込まれそうで、慎重に登る。**志々伎**山の山頂（10：50）には信仰の山を思わせる古い石の祠と、大パノラマが待っていた。360度ぐるりと紺碧の海である。九十九島、五島列島などの島々や九州西岸の山々も望める。無風、雲一つない日本晴れで遠くまでよく見える。一艘の船舶が白い波線を引いて走っていた。

　突然、空中を舞っていた鳶が急降下してきて木に掛けていた白い手袋を鷲掴みにして逃げようとした。後ろから来た不意の襲撃で驚いた。手袋は幸いに上から落ちてきて頭に当たって地に落ちた。空には10羽ぐらいの鳶が下を向いて飛んでいた。昼食中も襲ってきそうで落ち着いて食事ができない。とうとう私はスティックを左手で高く立てて食事した。恐るべき鳶だ。

　下山（11：30）は往路を戻る。志々伎神社にお参りして帰る。

✿花　ハマカンゾウ（7月）
♨温泉　グラスハウス
⊞地図　志々伎・野子
☎問い合わせ　平戸市役所＝0950（22）4111

45 若杉山

681ｍ

福岡県

登山日 2007年2月28日（水）晴

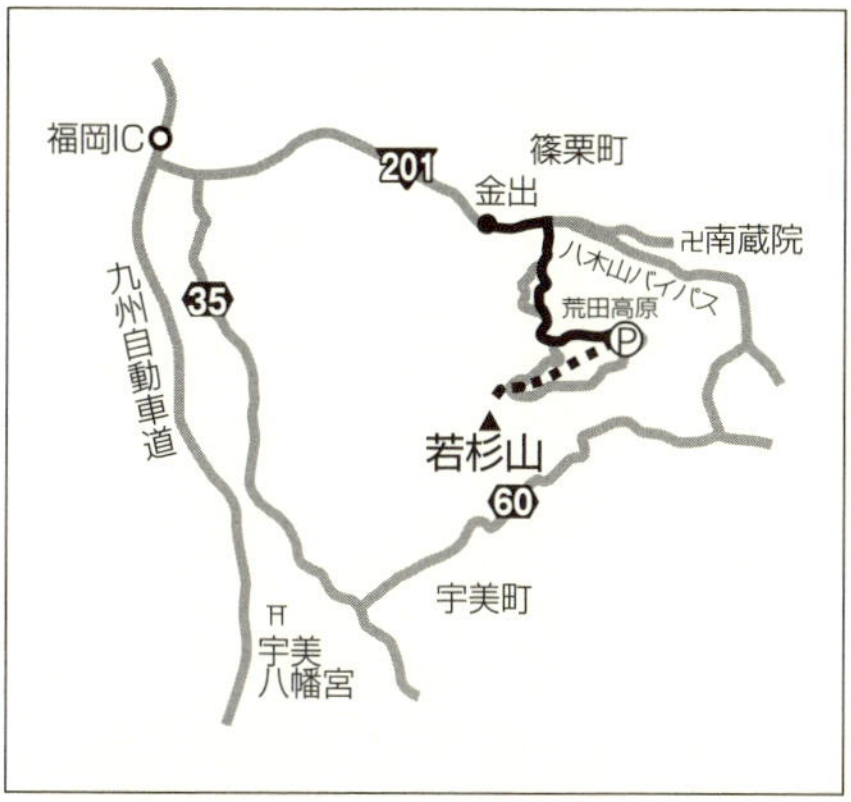

【アクセス】 自宅（11：00）⇩福岡教育センター⇩金出信号⇩山王天空会館信号（32ｋｍ）を右折（和食レストラン楽々庵前）⇩丸見屋旅館⇩荒田高原駐車場（荒田屋旅館前／ＷＣ／駐車15台可／36ｋｍ／12：00）。

【登山路】 歩行時間2時間05分（往65分・復60分）

若杉山は篠栗町と須恵町の境界にあり、篠栗四国霊場八十八カ所の多数をちりばめた霊峰で、巡礼者の姿が絶えない。1番札所は南蔵院である。

荒田高原から登る。駐車場近くの「レストハウス」を挟んで左右に道路がある。右側の篠栗霊場第26番札所（薬師大寺）の横に自然遊歩道の登山口がある（12：15）。自然遊歩道はもともとは遍路道だろう。杉木立の中に自然石があり、杉の根っ子も張り出している。間もなく夫婦杉に着く（12：30）。その上を通る林道に出てしばらく歩くと林道開通記念碑付近に「仏岩奥ノ院」の標識がある（12：40）。林道をはずれて仏岩周辺の仏像を拝みながら歩くと、いきなりセメント舗装道路に出る（12：50）。右に米ノ山荒神への案内がある。その舗装道路を横切って自然遊歩道の大杉の下を約700ｍ歩くと**太祖宮**（神社上宮）に上る（13：00－13：10）。イザナギの尊や神功皇后など七人の神が祀られている。

茶店の裏を下ると善人だけが通れるという「はさみ岩」があり、大きい岩の裂け目をやっと通過して**「番外札所奥の院」**に着く（13：20）。この山に神と仏があり、自然のなかに神仏混淆がある。奥の院から上にのぼると九州電力無線中継所の鉄塔があり、その近くに**若杉山**山頂の標柱（13：30）がある。ここから砥石山・三郡山・宝満山への縦走路口が左下に続いている。その方向へ3分ほど下ると「ビューティフル若杉ヶ鼻」という眺望絶佳の場所もある。

下山（14：00）は往路を戻る。帰りに急な木段を登り米ノ山頂上に上がる（案内板から7分で登れる）。山頂には「三宝大荒神」が祀ってある「米ノ山荒神」があり、手を合わせるだけでもとの地点に引き返す（14：45）。仏岩前を通り夫婦杉から遍路道を通って薬師大寺横の登山口に帰る（15：00）。

袖刷岩（はさみ岩）

※「楽々庵」近くの「旅館山王館」から旧道を歩き、「旅館丸見屋」の所に出て、遍路道を登っていくのもおもしろい。

✲花　さくら（3月）
♨温泉　久山温泉
⊞地図　篠栗
☎問い合わせ
篠栗町役場＝092（947）1111

夫婦杉

46 祇園山 1307m 揺岳 1335m 宮崎県

登山日　2007年3月11日(日)晴

【アクセス】山荘かつらの樹（7：40）⇩高森峠⇩山都町柳信号⇩国道265号線の松葉信号左折⇩馬見原信号右折⇩五ヶ瀬町鞍岡小学校付近から「妙見神社　水の館」（40ｋｍ）を通過して2ｋｍ先に「祇園山登山道入口」の案内がある。そこから（大石の内集落）左折して山道を登る。落石に注意しながら走ると大石越に着く（20台駐車可／WC／46ｋｍ／9：10）。

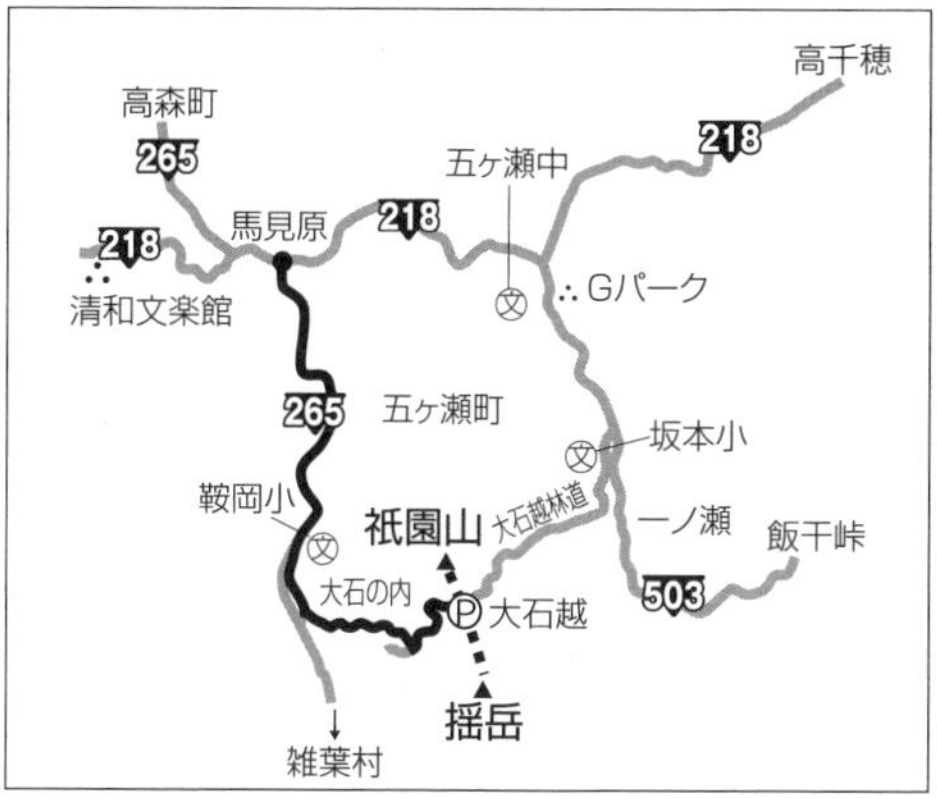

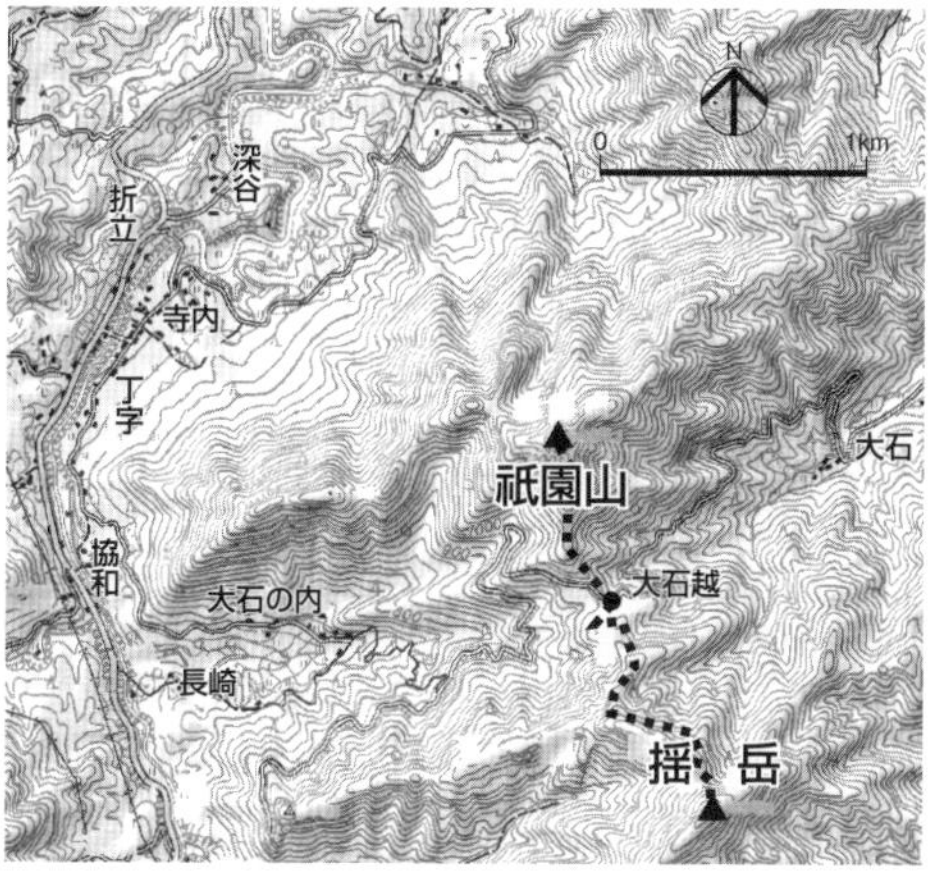

※道路は帰りの道程がよい（末尾参照）

【登山路】歩行時間2時間35分（往90分・復65分）

祇園山は宮崎県五ヶ瀬町にあり、地層から昭和27（1952）年に三葉虫やクサリサンゴなどの化石が発見され、海が隆起してできた九州最古の山と言われている。

また、登山口のある**大石越**は西南の役で薩軍が布陣した古戦場の跡である。

登山口（9：30）から、いきなり急登になる。スズタケから檜林になり、道が平になり、また登り出す地点に「山頂まで40分」の案内板がある。ここから檜がなくなり展望が開ける。小川岳や向坂山などがみえる。ロープが張られた所もあり、急坂は続くが、今日は風が冷たく（気温0度）樹氷がみられ疲れは感じない。リョウブやミズナラなどの木々を覆う雪が真っ白く輝いている。やがて眺望のよい小ピークに達する。このあたりにはヒ

揺岳から祇園山を見る

祇園山頂上

カゲツツジやドウダンツツジの群落がある。天狗岩の岩塔が現れるとひと登りで**祇園山**山頂である（10：20－10：35）。山頂は広く、西側に樹木があるが、冬季は落葉で３６０度の展望が開け、根子岳、祖母山、傾山や大崩山系に加え、霧立山系まで見ることができる。付近にはアセビやシャクナゲも見られた。往路を戻る（11：00着）。

駐車場から約２００ｍと近い所に揺岳登山口があったのですぐ登り始める（11：20）。杉林をうねうねと登り、赤松の群生地を過ぎるとなだらかな尾根道になる。ブナ、欅、朴などの大木があらわれると間もなく下りだして鞍部に着く（11：55）。この鞍部から１５０ｍ前後の長い急登が続く。ロープを摑み登る。地面は雪で白く、顔にはさざれ雪があたる。ロープがなくなるとしばらくで**揺岳**山頂１３３５ｍである（12：00－12：30）。山頂は祇園山より狭いが眺望はよい。

下山は往路をのんびりくだる（13：10）。

※帰りの道程

大石越林道⇩坂本小学校前（７ｋｍ）を通過して国道５０３号線に出て左折（７・６ｋｍ）⇩Ｇパーク（五ヶ瀬町総合公園）・五ヶ瀬中等教育学校（10・８ｋｍ）⇩国道２１８号線に出て馬見原信号へ⇩国道２６５号線を高森町へ（45ｋｍ）⇩山荘かつらの樹（56ｋｍ）

✻花　ヒカゲツツジ（５月）
♨温泉　ごかせ温泉「木地屋」
⊞地図　鞍岡
☎問い合わせ
五ヶ瀬町企画商工課＝０９８２（８２）１７１７

47 諸塚山　１３４２ｍ

宮崎県

登山日　２００７年3月18日（日）晴

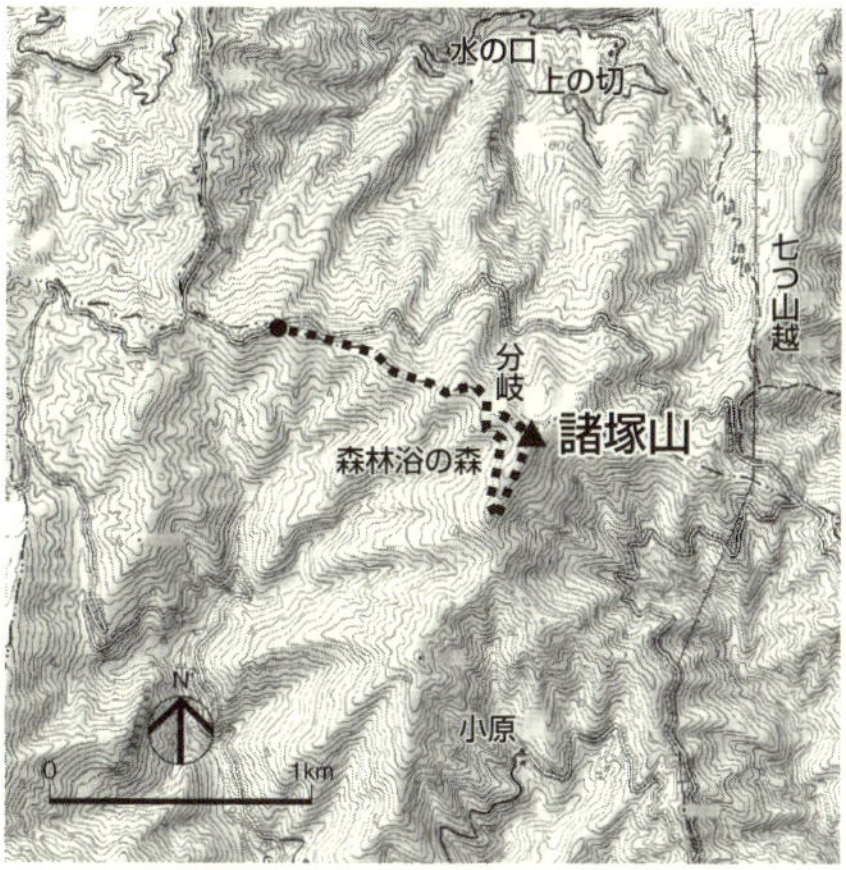

【アクセス】　山荘かつらの樹（5：15）⇩高森峠⇩馬見原信号から県道２１８号線へ⇩赤谷信号より国道５０３号線に入り、Gパークから３００ｍ下った地点から「六峰街道入口」（４４ｋｍ／６：25）に入る⇩二上山（信仰の神山）の前から道路工事で通行止めになっていて先へ行けない。仕方なく二上山に登頂（6：45－7：35）する。下山後、地図を見て別ルートを探し走る。「内の口集落」へ下って、五ヶ瀬町坂狩橋（国道５０３号線）に出合う⇩長迫公民館⇩谷下公民館⇩飯干峠（67ｋｍ）から赤土岸山、飯干緑地広場と通過して諸塚山登山口に到着する（70ｋｍ／８：30）。登山口前のアケボノツツジ広場に駐車（20台以上駐車可）。

【登山路】　歩行時間1時間25分（往45分・復40分）

諸塚山は諸塚村と高千穂町の境にあり、山頂南部に諸塚神社奥宮がある。また、中国の呉の太伯が住んだという伝説から太伯山、山尾根に七ツの峰があり、七ツ山との別称もある。

諸塚神社の木製の鳥居がある所が西登山口である。鳥居をくぐり（8：40）、雪で真っ白な木段を上がっていく。ここ2、3日の寒波で雪が凍り、歩くたびにザックザックと音がする。尾根道には所々に丸太段があり、そ

諸塚山頂上

の勾配も緩やかで登りやすい。ただ1カ所だけ160段ぐらいの急な階段がある。それを登ると5合目である（9：00）。

ここから先はスズタケ以外は青い葉っぱ（常緑樹）がほとんど見当たらない。ブナ・ケヤキ・イヌシデ・リョウブなど落葉高木が多い。傾斜も緩んで歩きやすい。樹木の説明板を過ぎると**「森林浴の森」分岐**がある。帰りにそこへ回るとして直進すると間もなく**諸塚山**山頂（9：25－9：50）である。山頂から落葉時季の今日は尾鈴山、祇園山、小川岳などがよく見える。

下山は、南へ尾根道を下って神社分岐（10：00）から右折し「森林浴の森」へ入る。ブナやミズナラの大木を眺めてゆっくり歩く。自然林を見ての心地よい時間である。ほどなく本道に合流して、西登山口に帰る（10：30）。

✻花　アケボノツツジ（4月）
♨温泉　ごかせ温泉木地屋
⊞地図　諸塚山
☎問い合わせ　諸塚村役場＝0982（65）1111

48 白岩山　１６２０ｍ　向坂山　１６８４ｍ

宮崎県

登山日　２００７年３月18日（日）晴

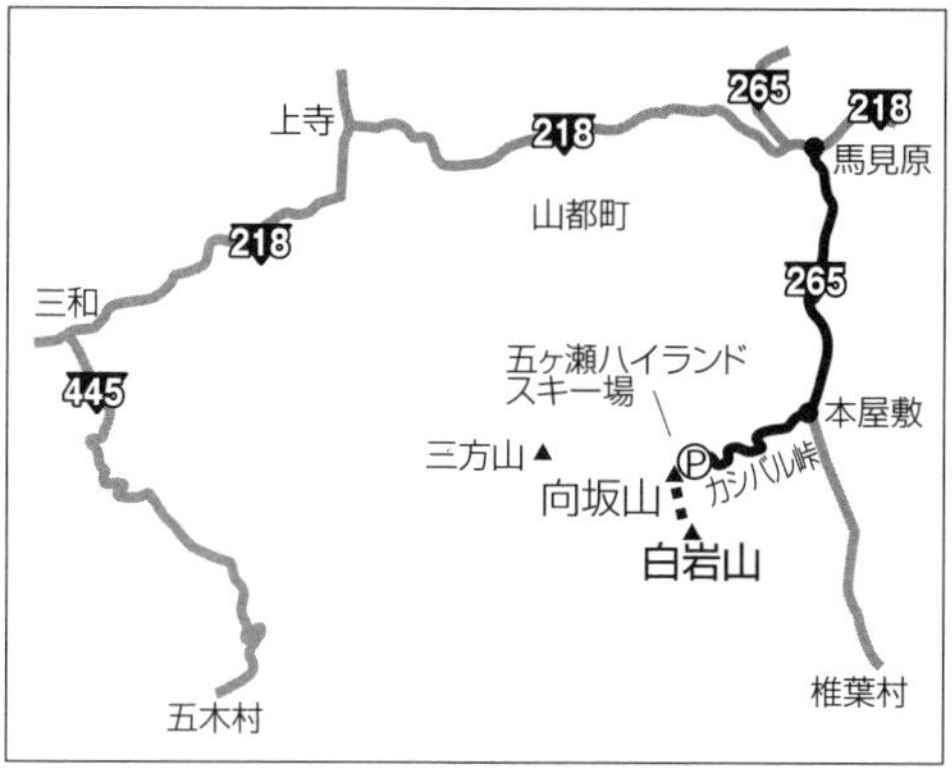

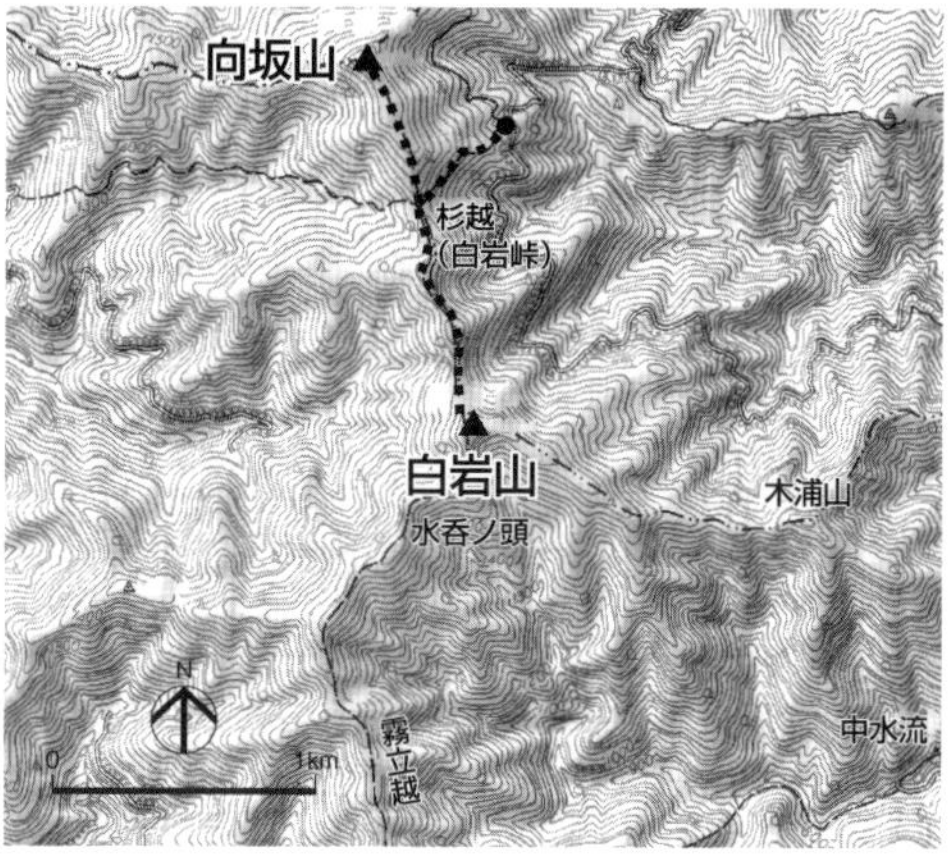

【アクセス】　諸塚山西登山口（11：00）⇩飯干峠⇩国道５０３号線を谷下公民館前（８ｋｍ）⇩長迫公民館⇩坂本小学校入口前の五ヶ瀬坂狩橋を渡って、三ケ所神社（14・８ｋｍ）、六峰街道入口（15・８ｋｍ）、Ｇパークと走り国道２１８号線に出て左折⇩馬見原信号（23・４ｋｍ）より国道２６５号線に出て左折⇩五ヶ瀬祇園町信号（34・８ｋｍ）⇩本屋敷信号より右折し、五ヶ瀬ハイランドスキー場へ上る。カシバル峠のスキーリフト乗り場前（41・２ｋｍ／12：00）。

【登山路】　歩行時間３時間20分（往１５０分・復50分）

白岩山は五ヶ瀬町と椎葉村の境にあり、霧立越の稜線上にある山である。また、霧立越山地の北側の縦走起点になる。白岩山は石灰岩からなり、自生する高山植物は天然記念物に指定されている。

　カシバル峠に駐車して、五ヶ瀬ハイランドスキー場のリフト乗り場前の白岩林道に入る（12：15）。未舗装の林道が左右に分かれる所を右へ進むとすぐ**白岩山登山口（ゴボウ畑）**がある（12：35）。登山道は段々と急な登りとなるが広い道で歩きやすい。ブナやモミの樹を見ながら緩やかに登るとやがて**杉越**（白岩峠）

白岩山頂上

に着く（13：05－13：15）。霧立越関所と書かれている。右（北）へ行けば向坂山だ。まずは左（南）の白岩山へ。緩やかな落ち葉道をブナの大木を見ながら上り下りすると程なく鹿除けネットが張ってある。ここを通り抜け石灰岩峰の**白岩山**頂（13：30－13：50）に登る。展望にすぐれ、国見岳、祖母山、揺岳などが望める。周辺には県天然記念物指定のイワギク・ホタルサイコ・ウスユキソウなど珍しい植物がある。

しばらく休憩の後、「水呑の頭」へ。雪の急坂を30ｍほどロープで下り、鹿除けネットを抜け、いくらか解けだした雪道を歩く。扇山まで続く縦走路はブナやナラの巨木が多数あり、心地よく歩ける。やがて「水呑の頭」の案内板を見て、左上へ急斜面を１３４ｍ登ると**水呑の頭**山頂１６４６ｍ（14：10－14：25）に達する。山頂は落葉樹が多く、遠い山並みも見えるが、葉が茂れば展望は得られない。南斜面はシャクナゲ群落地であり、花の季節は登山者が多い。

帰路は白岩山頂を越え、杉越へ戻る（15：10）。ここからブナ林のなかを**向坂山**へ向かう。幅広い階段の急坂が続き、道が平坦になると山頂に到着する（15：30）。10ｍ四方ほどの広さがあるが周りは樹木が多く、展望はあまり得られない。西北に稲積山が見える。また、椎矢峠への縦走口がある。

下山は雪の遊歩道をスキー場の方へ下り、ゲレンデの上に出る（15：50）。九重連山や阿蘇山などがみえ、眺望がよい。

ゲレンデの右端を管理棟まで下りて、子ども用ゲレンデ横を通り、林道に出てテクテクとカシバル峠まで歩く（16：30）。

ブナの巨木

✲花　ヤマシャクヤク（5月）
♨温泉　五ヶ瀬温泉木地屋
⊞地図　国見岳
☎問い合わせ
五ヶ瀬町役場＝0982（82）1717

49 緩木山 1046m 越敷岳 1061m 大分県

登山日 2007年3月20日(火) 晴

【アクセス】 山荘かつらの樹（6：00）⇩国道３２５号線⇩高森町村山信号を左折し国道２６５号線へ⇩大戸ノ口（21ｋｍ）から県道１３５号線（高森竹田線）へ右折⇩楢木野小学校分校（28ｋｍ）⇩仁田水から大分県荻町方面へ右折（29ｋｍ）⇩桑木（32・6ｋｍ）⇩馬場信号（36・5ｋｍ）より岩戸大橋を渡り、県道６９５号線（九重野荻線）を九重野まで行き（43ｋｍ）、県道8号線に突き当たり左折⇩田原バス停（43・8ｋｍ）より右折して緩木（神）社（45・5ｋｍ）に着く。緩木社より林道を５００ｍで宇目小国林道に出る（46ｋｍ）。その前に越敷岳登山の記帳所と案内板がある（8：00）。

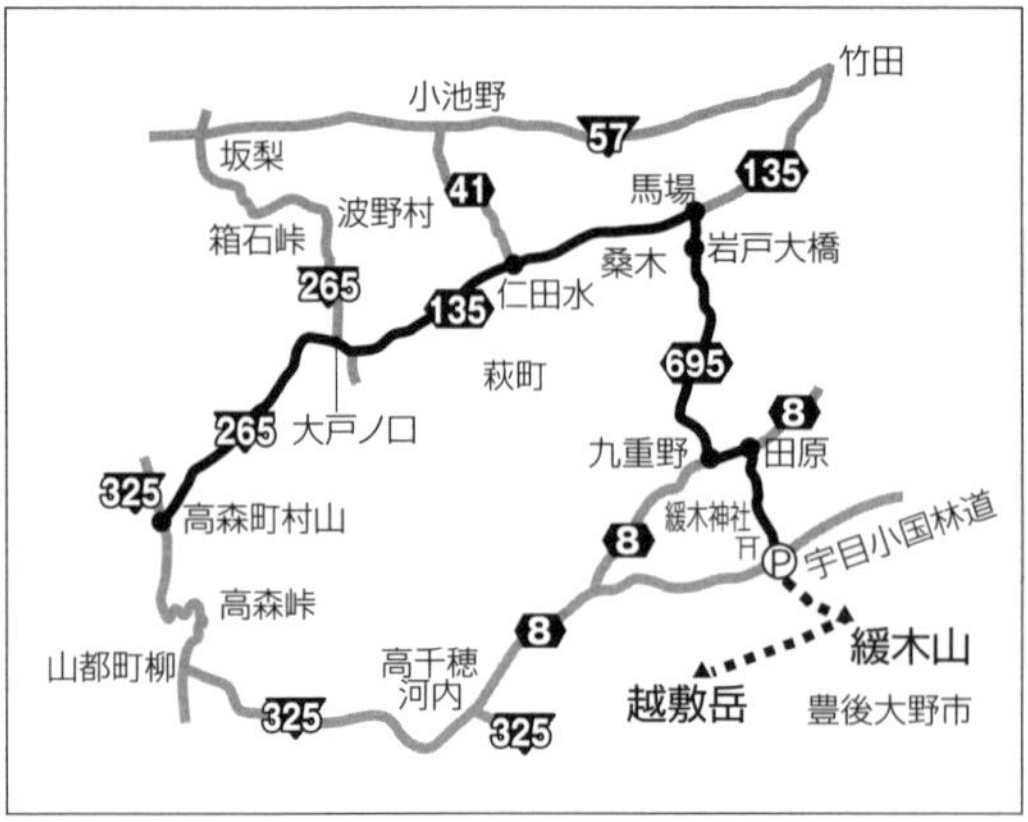

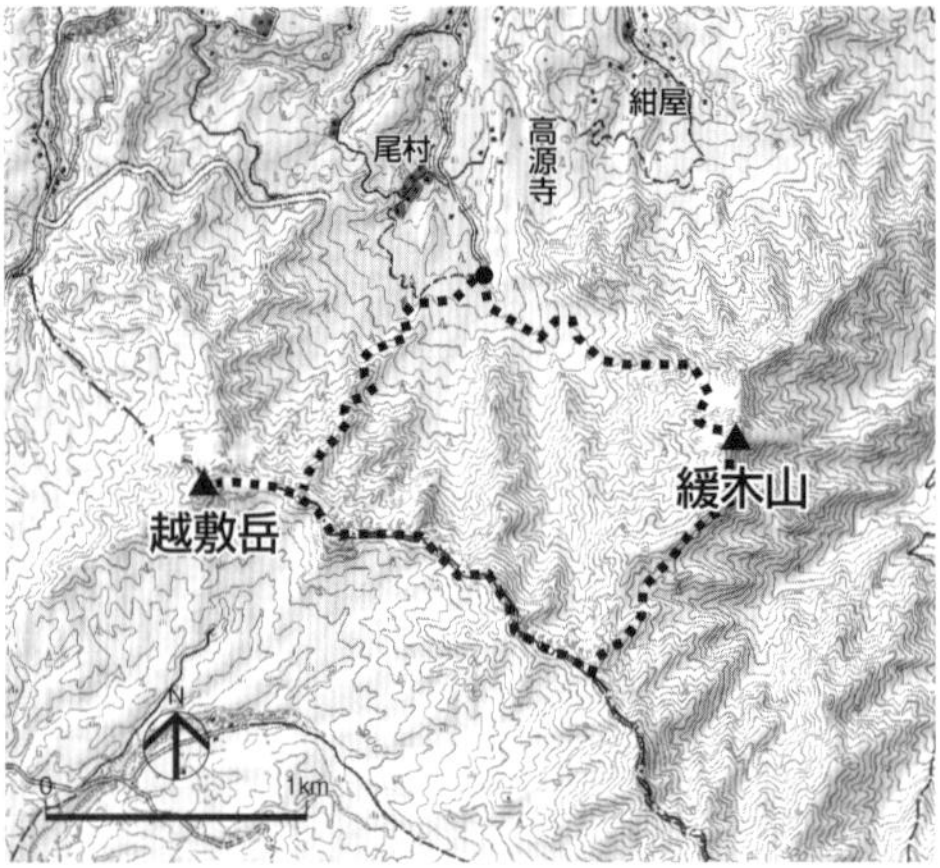

【登山路】 歩行時間5時間15分（往225分 復90分）

緩木山と越敷岳は祖母山から北西にのびる支尾根にあり、山麓には英彦山ゆかりの緩木神社がある。

越敷岳登山の案内板がある所（8：15）からセメント舗装の林道を60ｍほど上り、越敷岳方面の道を右に分け、直進すると緩木山登山口がある（8：30）。駐車3台可。

左へ行くと小さな文字で「九州百

名山緩木山」と書かれたプレートが目に入る（8：50）。右（東）へ上り、杉林を進み、崖の前から右へ回り込んで登る。大岩の基部を積雪を踏みしめ、右へ左へと回るように高度をかせぎ登っていく。石塔を見に右へ寄り道する（9：10）。大船山・三俣山・九重山などが望める。また引き返して左上の**緩木神社奥の院**へ上がる。祠があり、明治43（1910）年10月17日建立の文字が読める。奥の院を下りて山頂へ向かう。大きな岩を三カ所回り込み、稜線にあがり（9：40）、しばらくで**緩木山**山頂（9：55－10：10）である。円頂丘の広場にはカエデやブナ、ミズナラの落葉樹があり、新葉が出揃う前で東南に祖母山、西に阿蘇山、北には九重山系の山並みがみえる。

越敷岳大岩基部

　山頂から南へ下り、祖母山分岐を経て、西北へ延びる尾根を進み越敷岳を目指す。緩やかなアップダウンをくり返しながらの快適な稜線歩きである。特に大きな樅の木がある地点（10：30）から赤松の群落地あたり（10：50）までの稜線はブナやツクシシャクナゲなども多く、阿蘇山系の山々も見える場所があり景観を楽しめる。積雪10ｃｍはあるが寒く感じない。樹木が開けて（11：00）、眼前に祖母山が現れる。

　ここから鞍部に下りてスズタケのなかの急坂を登る。雪が深く表面は氷になって輝いている。県境尾根に上がる（11：20）。**祖母山分岐**を左に分け、右（西北）へのびる尾根を進む。しばらくは天空を歩く感じで心地よい。空は青く、雪もなく遠くの山々が一層綺麗に見える。数回の上り下りをくり返し、ロープカ所を過ぎると越敷岳の巨岩が見えてくる（11：50）。やがて越敷岳登山口からの道と

ブナ・ナラに囲まれた緩木山の頂上

合流し、巨岩の基部を左から回り込んで登ると**越敷岳**山頂（12：30－13：10）に達する。祠が祀られ、祠に寄り添うように小松が立っている。３６０度の展望が広がり、障子岩や由布岳など名の知られた山々が見渡せる（山頂では上益城郡山都町の82歳のおじいちゃんに元気をもらう）。

下山は越敷岳登山口の方へ急坂を下る。御聖洞や挟み岩（13：35）を通り、**展望台**（13：45）から高さ88ｍの明神の滝を見て、昔、仙人が枕にしたという仙人枕に着く（14：10）。杉林から作業道（セメント舗装）に出て登山口に帰る（14：40）。

✿花　ツクシシャクナゲ（５月）
♨温泉　高森温泉館
⊞地図　豊後柏原
☎問い合わせ　竹田市役所＝０９７４（６３）１１１１

50 天主山 １４９４ｍ

熊本県

登山日 ２００７年４月９日（月）晴

【アクセス】 山荘かつらの樹（６：00）⇩グリーンロード（20ｋｍ）⇩吉無田高原⇩北中島信号より左折⇩山都町上寺信号⇩山都町上馬尾信号（43ｋｍ）より右折し、５００ｍ進み「あぐり道路入口」（43・５ｋｍ）⇩内大臣橋分岐（46・２ｋｍ）⇩鮎ノ瀬大橋（48・７ｋｍ）を渡って左折⇩大しめ縄の看板（50・４ｋｍ）があり、天主山登山口と書かれた小さな標識がある。ここから民有林林道大藪線に入る⇩林道を鴨猪川沿いに、狭く荒れた林道を４・６ｋｍ（途中に左右に分岐があるがそれに入らず直進すること）進むと「天主山登山口」に着く（55ｋｍ／８：15）。

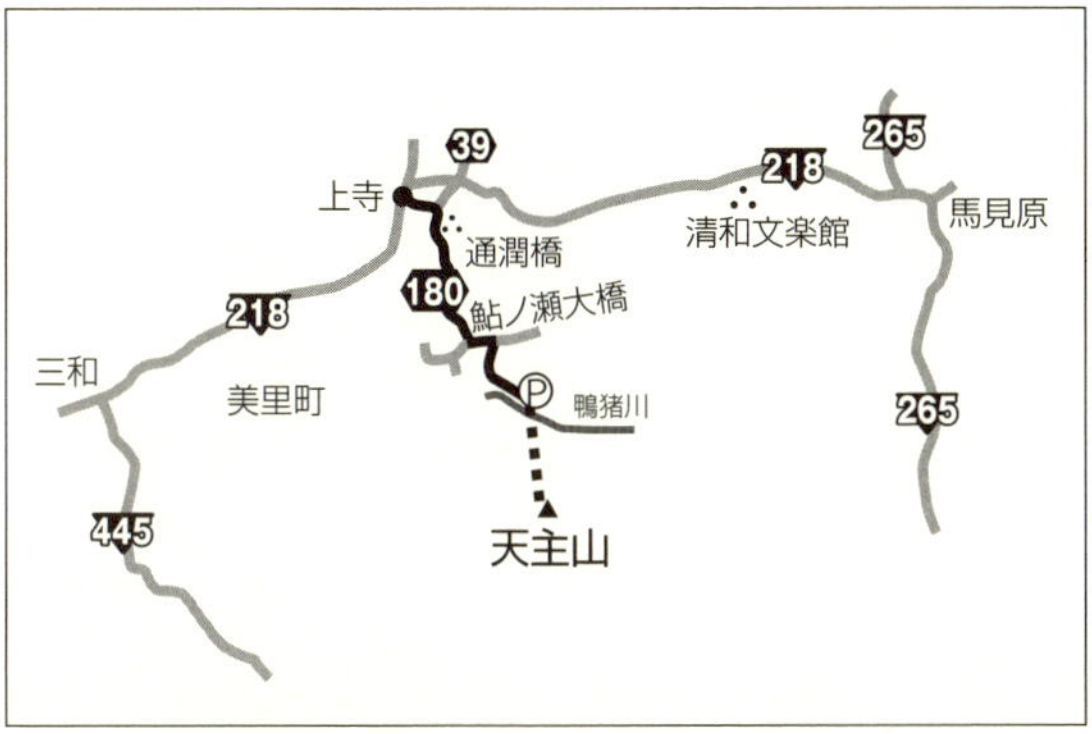

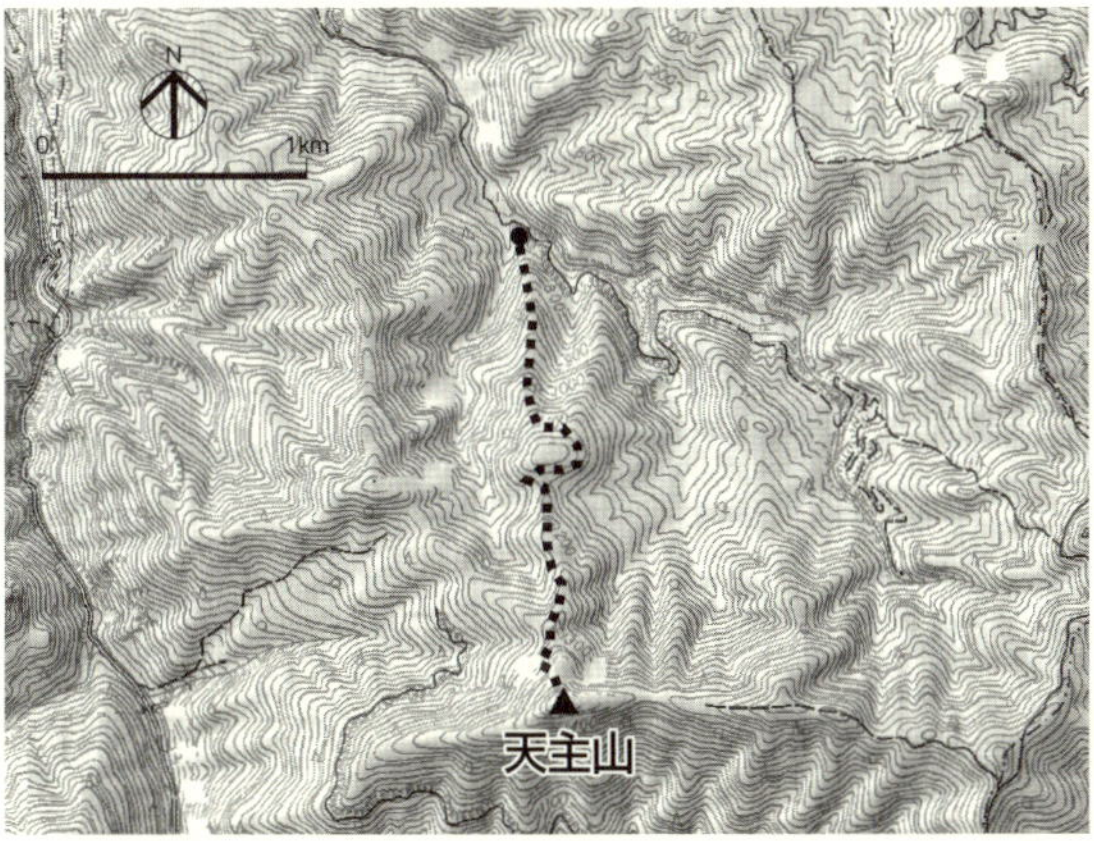

【登山路】 歩行時間４時間15分（往１４５分・復１１０分）

天主山は向霧立山地の北部にあり、緑川の左岸に位置する。緑川を挟んだ対岸にはキリシタン城代の結城弥平次の居城（16世紀）があり、天主山をゼウスの山としてあがめていたと言われる。

天主山登山口から荒れた道を１００ｍなかに入ると尾根への取付き口がある（８：30）。いきなりロープで急斜面を登る。20分くらい登るといくらか緩やかな坂にはなるが、結構急坂が続く。大きな樅の木や椿などの常緑樹のなかをひたすら登る。アカガシの大木帯を過ぎ、ブナやリョウブなどの巨木が多く見られるようになると歩きやすい尾根道になり、間もなく鈍頂の「天主の舞台」１１９４ｍに到着する（9：35）。正面に大きい樅の木が立ち、前方には天主の頂が見える。一息つくのに格好の場所である。

鞍部に下り（9：40）、上り返すと巨木群の道となり、快適だが、またまたロープの急登となる（10：40）。ここを登りきると露出した石灰岩地帯になり、尾根が消え、広い斜面となる。ヤマシャクヤク保存のため張られたロープに沿って木段をジグザグに登ると**天主山**頂（10：55－11：35）に達する。左（東）への道は椎矢峠への道である。樹木に囲まれ展望はあまりよくないが樹間から矢部地区や阿蘇外輪山が望める。

下山は往路を戻る。天主の舞台（12：40）で一休みし、登山口に帰る（13：30）。

天主の舞台

鮎の瀬大橋

✿花　ヤマシャクヤク（5月）・ミツバツツジ（5月）
♨温泉　元湯温泉「雁俣の湯」
⊞地図　緑川
☎問い合わせ　山都町役場＝0967（72）1111

51 大金峰 1396m 小金峰 1377m 熊本県

登山日 2007年4月11日（水）晴

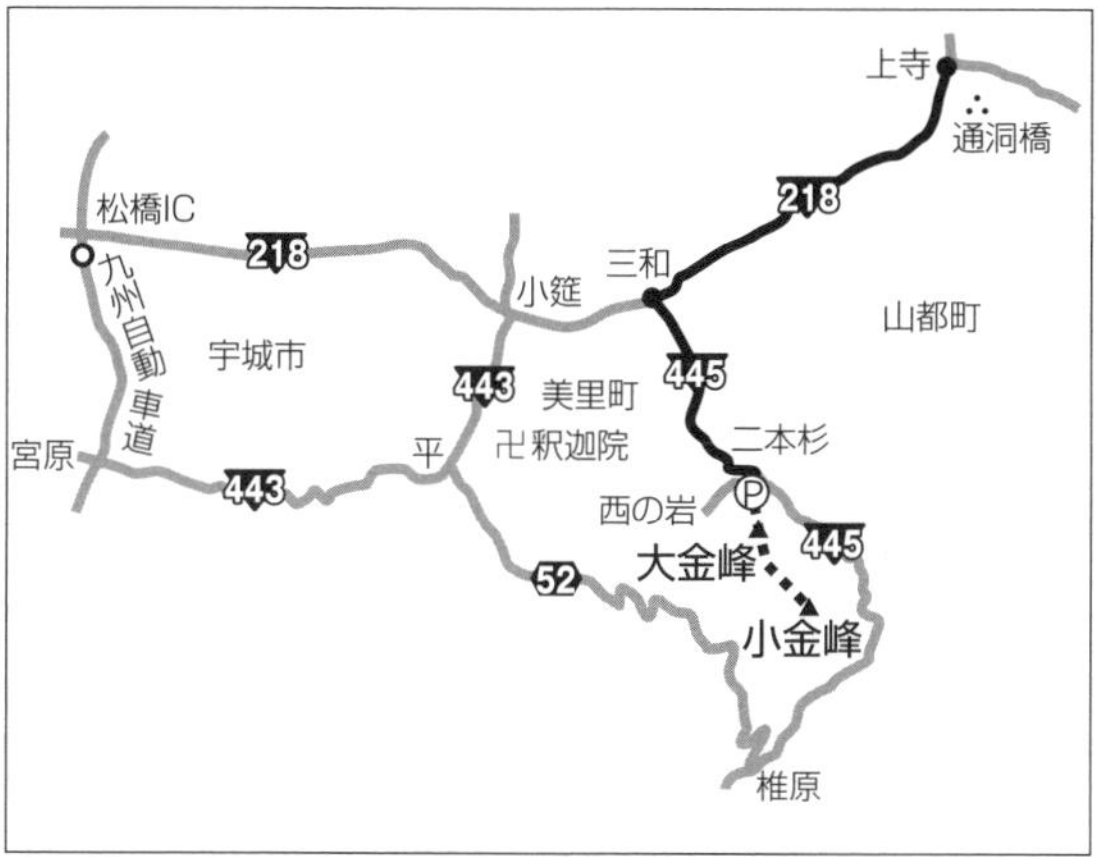

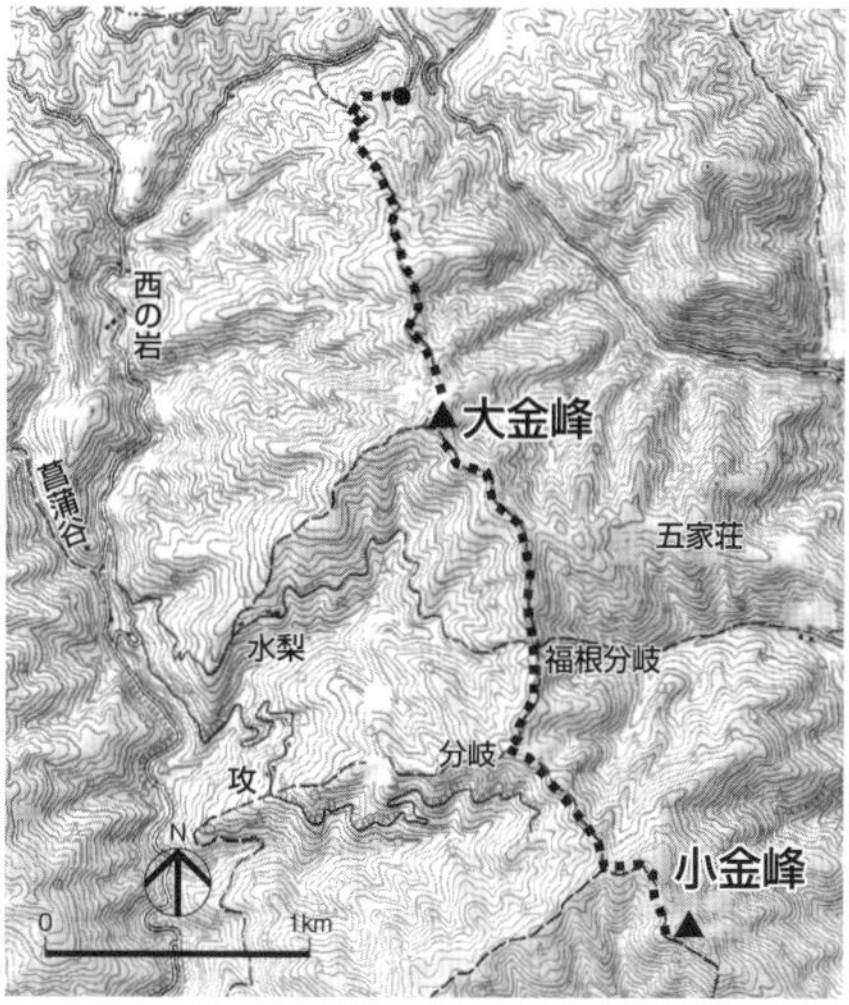

【アクセス】 山荘かつらの樹（7：40）⇩阿蘇グリーンロード⇩吉無田高原⇩県道57号線に出て左折（28km）⇩北中島信号左折（31・5km）⇩山都町上寺信号から国道218号線に出る（39・5km）⇩美里町三和信号（55・2km）左折し、国道445号線に入る⇩二本杉展望所（68・6km）⇩69・7km地点から自然塾方面（西ノ岩方面）へ400m入ると駐車場と登山口がある（駐車10台可／70・1km／9：35）

【登山路】 歩行時間3時間25分（往135分・復70分）

大金峰・小金峰は国見岳からの稜線が二本杉峠付近で南に分岐し延びた位置にある。

駐車場前（9：45）の杉林から赤松の群落地になり、緩い斜面を登ると左にロボット雨量計がある（10：00）。カエデなどの落葉樹を目にしながら丸太段を上ると平坦に近い自然道になり、快適な歩きとなる。西へ回り込むように登り、広場につく。ここが**大金峰分岐**（10：40）で左上（東）へクマザサのなかを登ると**大金峰**山頂（10：45-10：55）である。東は檜植林で展望はない。西は落葉樹林帯でこの季節は樹間から遠くの山々も見える。北へ100mほ

小金峰頂上へ

大金峰登山口

ど下るとブナの巨木が2本ある。大きい木のないこの山で印象に残った。

小金峰へは起伏の少ない林のなかの道をのんびり歩いているといつの間にか「椎原・福根」の標柱が立っている福根分岐に到着（11：10）した。時折はブナの木もある自然歩道を歩く。キジがすぐ近くから飛び去った。その美しさを話しているうちに「攻・せんだん轟」方面と「小金峰・朴の木」方面との分岐に着く（11：30）。下り道の左側にカラマツ林を見つける。こんな高い場所に群生しているのは珍しい。単調な自然歩道をひたすら歩く。石コロ一つない。落ち葉がいっぱいで足に負担がなく疲れない。檜林のなかに突然、大きな岩が現れ、冷水が浸み出している（11：50－11：55）。清水で顔を濡らし、少し上ると**「小金峰分岐」**がある（12：05）。やっと山に登る気分になる。石がある急な坂道で大きなブナ・ナラ・アセビもある。山頂付近にはシャクナゲや朴、松なども見られた。**小金峰山頂**（12：15－12：40）は広くはないが展望がよい。東に九州山地、南に五木・五家荘の山並みが望める。

下山は往路を帰る。攻分岐（13：10）、福根分岐（13：30）、大金峰分岐（13：45－13：55）、登山口（14：30）。

✻花　ツクシシャクナゲ（5月）
♨温泉　元湯温泉「雁俣の湯」
⊞地図　葉木
☎問い合わせ
八代市泉支所＝0965（67）2111

52 高千穂峰

1574m

鹿児島県・宮崎県

登山日 2007年5月8日（火）晴

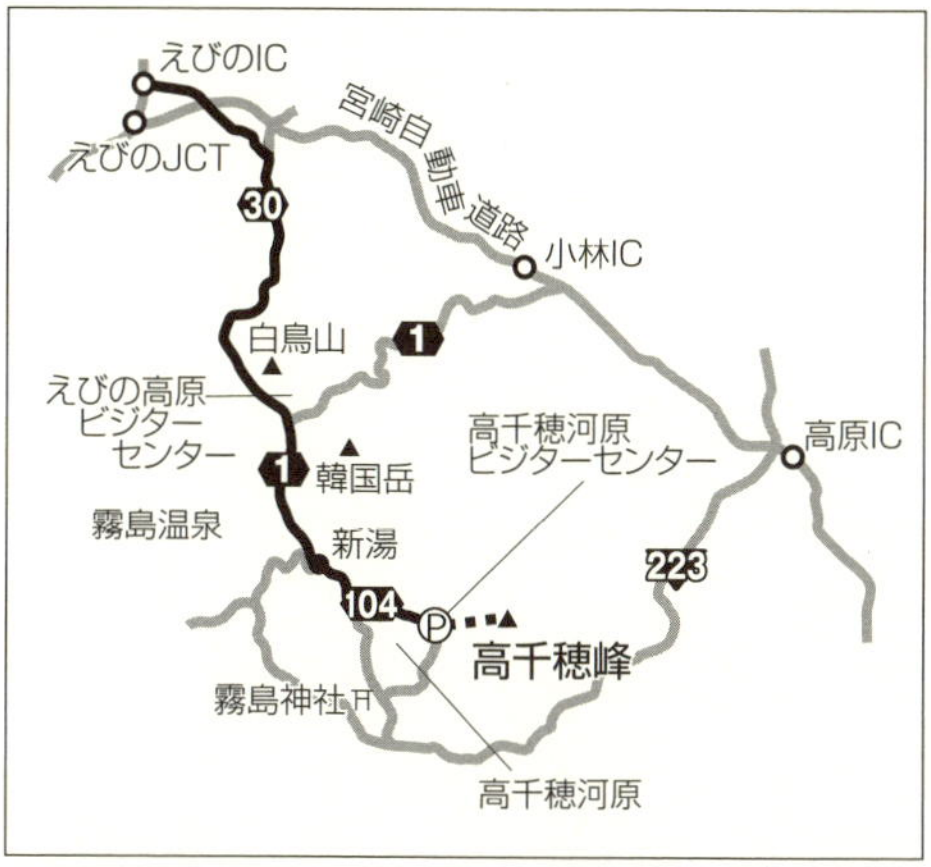

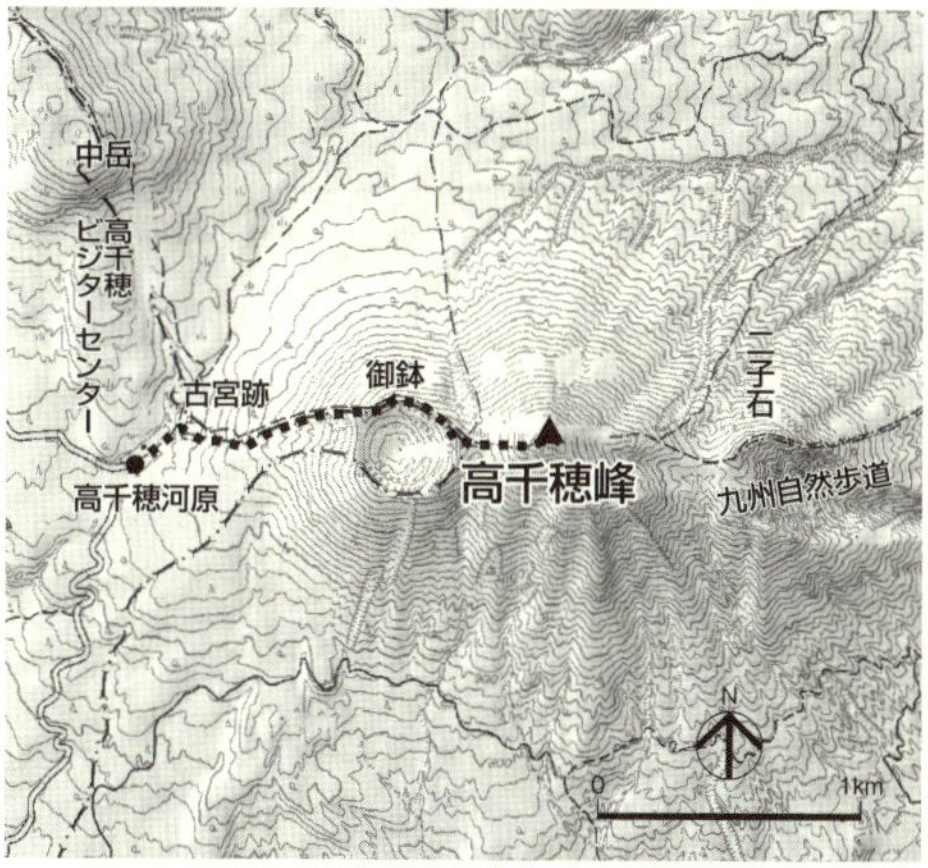

【アクセス】 自宅（5：00）⇩古賀IC⇩えびのIC⇩えびの高原（ビジターセンター前）から13kmで高千穂河原の大駐車場（265km／10：00）

【登山路】 歩行時間2時間45分（往100分・復65分）

高千穂峰は霧島火山群の南東部に位置し、天孫降臨の山と伝えられ登山者に人気がある。山頂の西には大爆発跡の御鉢がある。

高千穂河原（10：10）からすぐ前の鳥居をくぐり、旧霧島神宮、現在は古宮跡と呼ばれている場所までの広い参道を歩く。古宮跡から右へ入り石畳の道を登る。リョウブやウツギの梢がふくらんでいる道は階段でも自然と歩調が軽やかになる。石畳が狭くなる所（10：25）から左折し、しばらく灌木のなかを歩いていくと正面に赤褐色の溶岩山が現れる。

御鉢まで赤茶けた礫岩を足を滑らしながらひたすら登る。「三国名勝図会」に「焼けたる砂礫にして一歩進めば十歩後ろに復るの労あり」と記されている。その感あり。やっと旧火口の**御鉢**に到着する（11：10）。展望が開け、中岳・新燃岳・韓国岳などがハッキリ見える。実に雄大である。

馬ノ背と呼ばれている火口壁（11：15）を左へ巻くように登る。登山道は赤く見える溶岩で馬ノ背格好に似ている。馬ノ背と呼ばれる所以だろう。この斜面にはミヤマキリシマが咲き始めていた。やがて峰下の鞍部にある脊門の丘（小さな鳥居あり）に着く（11：30）。左側から火山礫岩の急坂を登り、**高千穂峰**山頂（11：50－12：25）に達する。

山頂には天孫降臨の神話に出てくる逆鉾がそびえ立ち、日章旗もたなびいていた。韓国岳をはじめ、高隈山や桜島が見え、市房山も遠望できる。ぐるっと展望が広がる。

下山は往路を戻る。脊門の丘（12：40）、御鉢（12：53）からは登りの時より足が滑り悪戦苦闘して下る。高千穂河原駐車場（13：30）。

✽花　ミヤマキリシマ（5月）
♨温泉　からくに荘
田地図　高千穂峰
☎問い合わせ
霧島市役所霧島総合支所＝0995（57）1111

馬ノ背

高千穂峰頂上

53 白鳥山 1363m

宮崎県

登山日 2007年5月8日（火）晴

【アクセス】 高千穂峰に登山後に移動する（137頁参照）。高千穂河原（13：40）⇩宿泊先のえびの高原にある「からくに荘」（13km）に車を預けて白鳥山へ向かう⇩えびの高原レストセンター裏の池めぐりコース出発点（14：20）

【登山路】 歩行時間1時間50分（往40分・復70分）

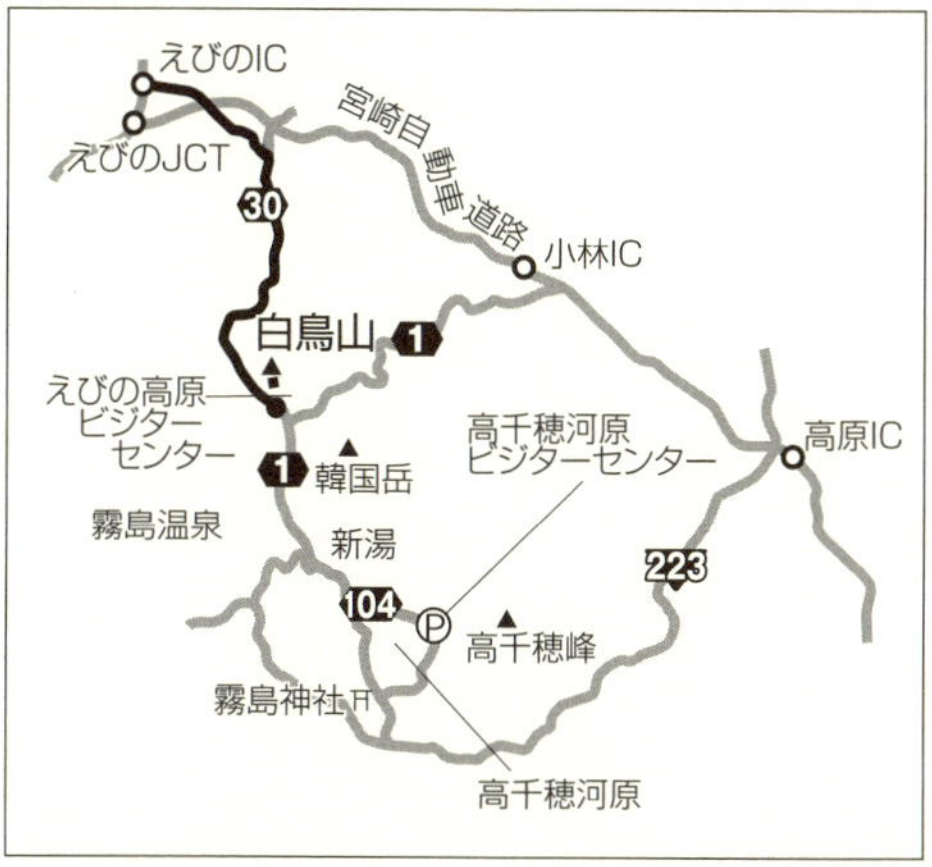

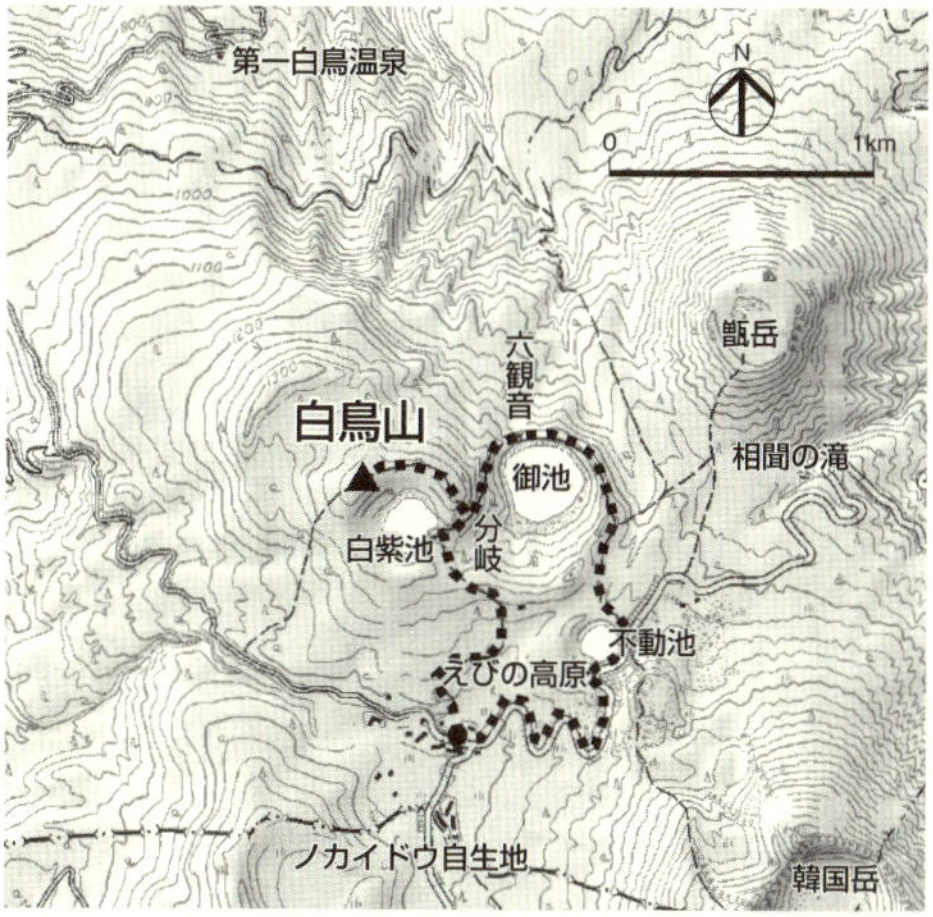

白鳥山は韓国岳の北西、えびの高原にあり、登山というより自然を楽しむハイキングコースと言える。山頂の直下にある白紫池は水深が浅いため冬には凍結する。

えびの高原レストセンター裏の池めぐりコースの出発点から、案内板を見て遊歩道を歩く。アカマツ群のなかの道は歩きやすいし、途中にはカメノキ・ミズナラ・シロモジなどの樹木もみられ、坂道も全然苦にならない。

やがて道が緩やかになってくると**白紫池分岐**（白鳥山南登山口）に達する。左折（直進は池巡りコース）し、しばらく登ると二湖パノラマ展望台（14：40）がある。白紫池・六観音池、台形の姿をした甑岳《こしきだけ》や硫黄山も見え、景観がすごくいい所である。平らに近い山道から緩い坂になり、灌木帯を抜けると無線中継所の鉄塔がある**白鳥山**頂（15：00－15：10）に着く。えびの高原はもちろん、桜島や雲仙なども遠望できる。

下山は往路を戻らずに北東へ白鳥山北展望台（15：20）を経て六観音堂方面へ下る。**六観音堂**（15：40）には供物や線香があげられ、今もお詣りする人が絶えない。この付近は樹齢五百数十年の巨大杉が残っている。堂前の六観音御池（1198m）には若い女性がひとり水辺で湖水を眺めて楽しんでいる風であった。湖畔には下りていける路がある。

ここから不動池（1228m）まで1・5kmの遊歩道はゆるやかな上りで鳥の声を聞きながらのんびり歩ける快適なロードである。不動池付近（16：10）は赤松の群生地で一帯は「赤松千本原」と呼ばれている。池の横を通りエコミュージアムセンター前に帰着する（16：20）。

六観音付近の大杉

✼花　キリシマミズキ（4月）
♨温泉　からくに荘
⊞地図　韓国岳
☎問い合わせ
えびの市役所＝0984（35）1111

白鳥山頂上（後方は韓国岳）

54 韓国岳

1700m

宮崎県・鹿児島県
一等三角点

登山日 2007年5月9日（水）晴

【アクセス】からくに荘（6：30）⇩えびのエコミュージアムセンター前（6：40）から車道を渡って遊歩道に入る⇩硫黄山前から右折して韓国岳登山口（6：55）

【登山路】歩行時間5時間（往85分・復215分）

韓国岳は宮崎県えびの市・小林市と鹿児島県霧島町・牧園町の境に位置し、霧島連山の最高峰で山頂には直径800m、深さ300mの火口跡がある。「遠く韓の国まで見渡せる山」ということでその名がついたと言われている。

えびのエコミュージアムセンター横から遊歩道に入る（6：40）。白煙をあげる硫黄山の傍を横切って1合目へ（6：55）。ミズキ・コハウチワカエデ・ミズナラなどの林を抜けると3合目（7：15）で高木がなくなり展望が広がる。甑岳《こしきだけ》・白鳥山やコバルト色の不動池や六観音御池などが見えてくる。さらに登ると5合目広場で

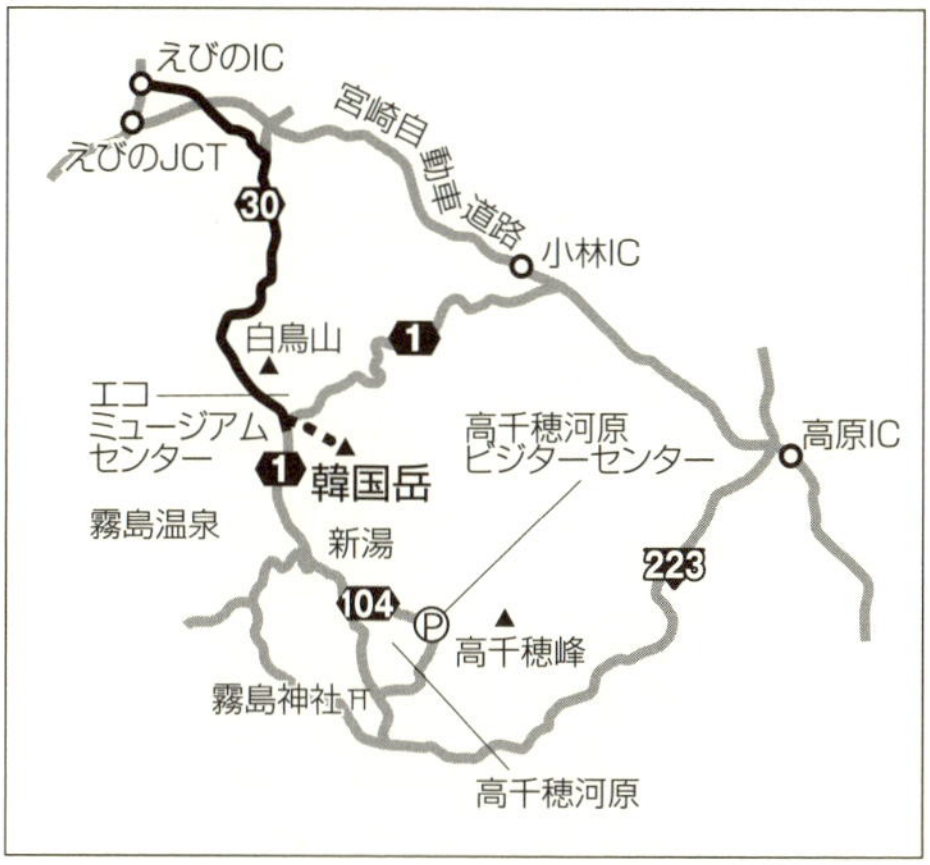

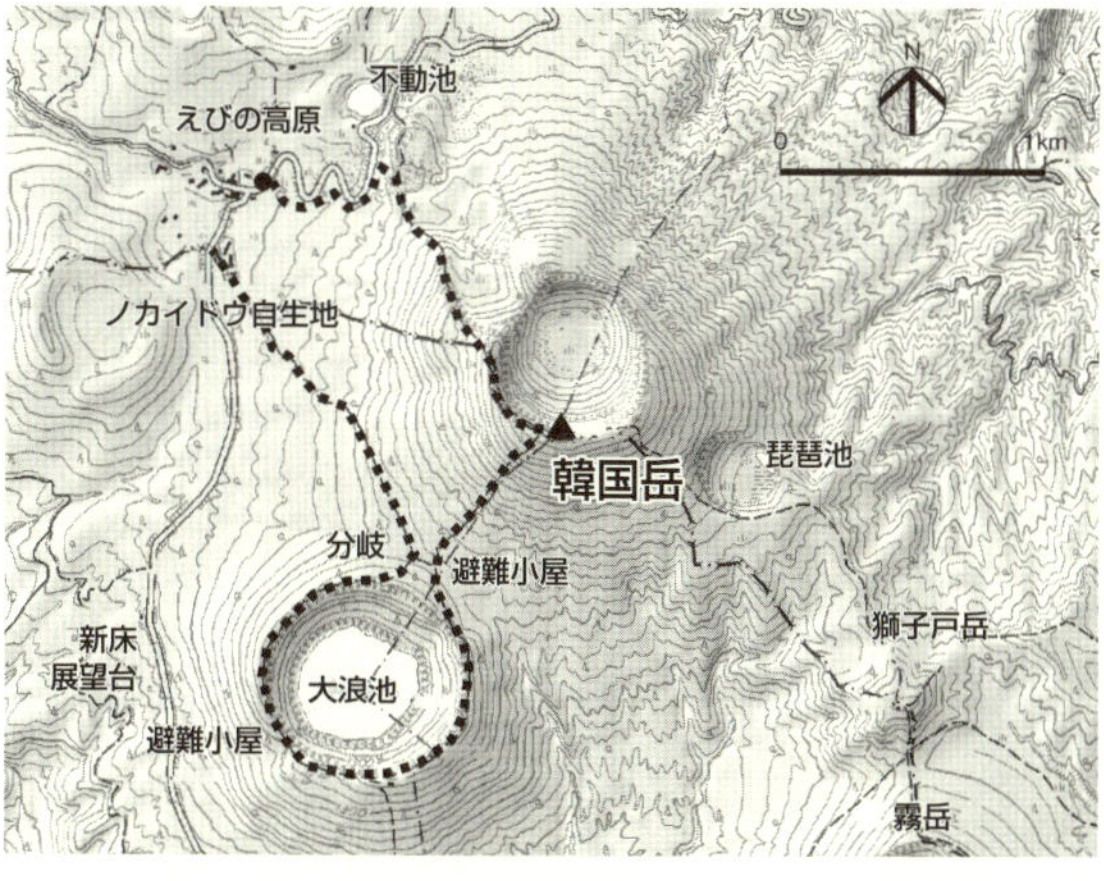

韓国岳山頂

案内図もある。しばし休憩しながら風景を楽しむのにもよい場所である（7：30－7：40）。ここから先はなだらかな坂道となり、自然と歩調も速くなる。8合目に着く（8：00）と火口湖である大浪池が眼下に見え出す。帯状の岩が露出している礫岩道を登ると**韓国岳**山頂（8：15－8：25）である。眼下のえびの高原や新燃岳・高千穂峰、さらには雲仙・祖母山なども望める。

大浪池に下り、東回りに大浪池の火口縁を一周し、韓国岳避難小屋近くからえびの高原へ戻る。

　急な板の階段を下り、**韓国岳避難小屋**がある鞍部に着く（9：05－9：15）。緩やかな上り路で所々には石も敷かれていて歩きやすい。15分ほどで池の縁に上がり（火口縁）、コバルトブルーの大浪池が見え出す。湖水から吹き上げる風が心地よい。このあたりでは3月頃ならマンサクの黄色い花が咲いている所である。時季はずれで残念である。

　火口縁の最高点１４１１ｍ（9：50）付近はベンチが設置され、青々と水をたたえる湖面を静かに見ることができる絶佳場所といえる。

　やがて下り道になり、大きな溶岩石がある**大浪池休憩所**に到着する（10：25－10：30）。休憩後、急坂を登り切るとベンチがあり、池をよく眺められる地点がある（10：50）。このあと道は平坦になり、ミヤマキリシマの群落地を通る。最後の休憩所（11：10）から火口縁を下りると「えびの高原」への分岐点がある（11：15／木道を少し右へ行けば韓国岳避難小屋あり）。

　起伏の小さいアップダウンをくり返し、アカマツ・ブナ・ナラ・モミなどの巨木を見ながら歩く。やがて鹿から護るためネットが掛けられている国の天然記念物**ノカ**

山頂近くから見る大浪池

イドウが現れる。白い花が可愛く綺麗である（できれば蕾のピンク色を見たかった）。赤松林を過ぎるとえびの高原の県道に出る（12：15）。

「えびの自然保護官事務所」を見学して帰る。

✿花　ミヤマキリシマ（5月）、マンサク（3月）、ノカイドウ（4月）

♨温泉　からくに荘

⊞地図　韓国岳・日向小林

☎問い合わせ
えびの市役所＝0984（35）1111

55 大船山 1786m

平治岳 1643m

大分県

登山日 2007年5月20日（日）晴

【アクセス】 山荘かつらの樹（5：30）⇩国道57号線一の宮町宮地駅前左折（27・5km）して県道11号線へ、瀬の本（49km）⇩牧の戸峠（56・7km）⇩長者原（61・7km）⇩吉部入口（65・2km）右折し、林道を1・3kmで吉部登山口（66・5km／6：50）。

【登山路】 歩行時間5時間50分（往170分・復180分）

大船山は久住町北部に位置し、輝石安山岩からなる成層火山で、頂上付近には御池・米窪・段原の三つの火口跡がある。特に国指定天然記念物のミヤマキリシマは、この山頂から北の平治岳にかけて群落地として知られ、初夏には薄紅色の花で埋まる。

長者原から雨ケ池、坊がつる経由で登るのが一般的であるが、吉部登山口から登る。

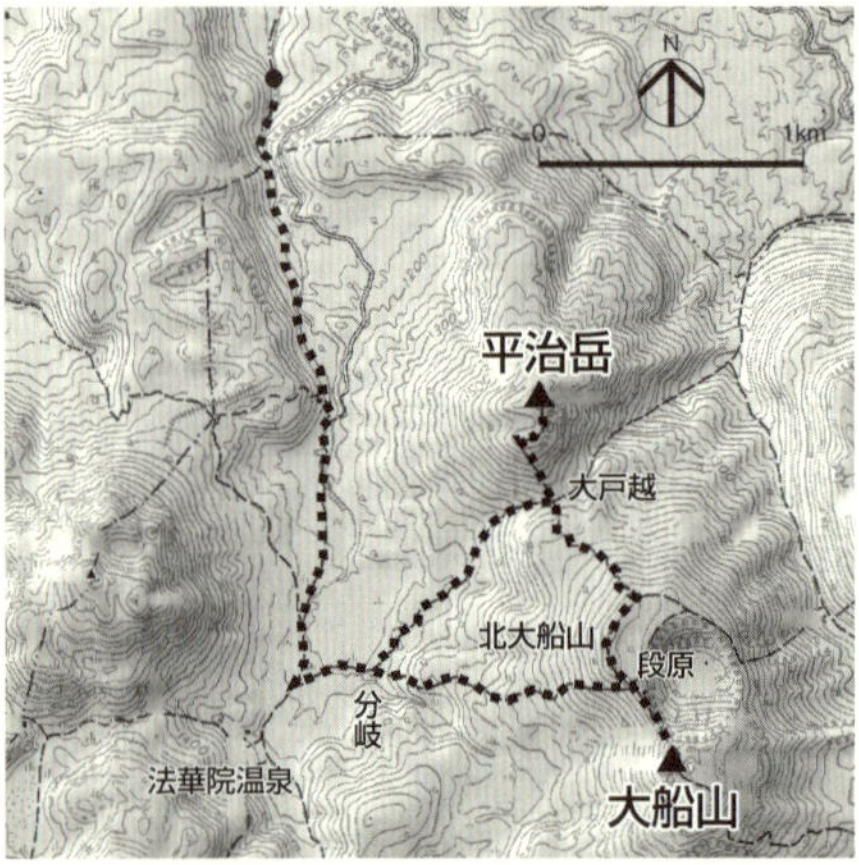

駐車場先の登山口（7：05）から杉林の急坂を登り切る（7：25）と自然林のなかの緩やかな山道歩きとなる。ハリギリやカツラの巨木、ミズナラ・サワグルミなどの新緑が目に染み、心地いい。

瀬音が聞こえてくるとやがて「暮雨ノ滝入口」（左下へ5分）がある（7：45）。アップダウンをくり返しながら歩き、樹間から左上（東）に平

段原火口源

治岳が見え出すと間もなく大船林道に出合う（8：10）。その林道を南へ進むと右に三俣山が現れ、やがて長者原、雨ケ池方面からの道と合流する。法華院温泉を右前方に見ながら左（東）の坊がつるキャンプ場へ向かう。カラフルなテントが点在する前を通過し、管理休憩舎（避難小屋）前の**大船山（右）と平治岳（左）の分岐点**に着く（8：30－8：40）。坊がつるは高層湿原であり、植物の宝庫でもある。歌手芹洋子の「坊ケつる讃歌」がよく知られているが、私も30代の頃、毎年ここでキャンプをして此の歌を唄ったのを思い出す。その頃は放牧の牛がよくテントに近づいて来た。

　避難小屋前から大船山登山道の樹林帯に入り、石コロ道を登る。アセビのトンネルを抜けるとちょうど、今が盛りのイワカガミ群生地につく（9：15）。リョウブ・コミネカエデ・ミズナラなどの自然林のなかを心地よく登る。特に6合目あたりにあるビューポイント（9：25）からは法華院や硫黄山方面の景観がみごとである。ここからひと登りで**段原**（8合目）に達する（9：45－9：50）。満開のミヤマキリシマが目に入ると疲れも吹っ飛ぶ。右（南）に聳えるのが大船山、左に緩い稜線を描き、ピンク一色に染まる山が北大船である。段原から避難小屋前を米窪（直径５００ｍ、深さ２００ｍ）火

大船山頂上

口壁に沿って紅ドウダンツツジや岩鏡の花に視線をやりながら進み、山頂直下の露岩を登ると**大船山**頂である（10：10－10：25）。新緑を湖面に映した火口湖の御池は手の届く所にある。運良く、雲海の上に頭を出している由布岳も見える。九重山から祖母山にかけての山脈など雄大な景色が一望できる。また、山頂から観る段原、北大船、平治岳はミヤマキリシマでピンク一色に埋め尽くされている。まさに絶景である。

下山は往路を段原へ戻り、北大船、大戸越、平治岳へたどる。このルートは薄紅色の花が道いっぱいに拡がり、至福の時を満喫できる。**北大船山**頂１７０６ｍ（10：45－10：50）あたりは大戸越から登って来た人、段原から平治岳へ行く人たちで溢れている。ミヤマキリシマ群落が減ってくると道は急な下りとなる。溶岩のザレ石から黒土の道となり**大戸越**に出る（11：30）。真正面の**平治岳**（大船山の北にある九重連山の一峰で双耳峰の山）は山のほとんどがピンクに染まっている。登山道は山頂まで人の波である。登る時間も普段の2－3倍はかかりそうで眺めるだけにして坊がつるへ戻る。ミズナラやリョウブが繁る樹林を下る。道はぬかるんでいる所もあるが「一石運動」により小石が置かれていて歩きにくいことはなかった。坊がつるの管理休憩舎前（12：10）、清水が流れる鳴子川沿いで休憩し、大船林道から樹林帯に入り、吉部登山口に帰る。

〔注〕平治岳は普通に登れば大戸越から平治岳南峰まで20分、平治岳本峰まで35分で登れる。

✲花　ミヤマキリシマ（6月）
♨温泉　星生ホテル
田地図　大船山
☎問い合わせ　九重町役場＝０９７３（７６）２１１１
竹田市役所久住支所＝０９７４（７６）１１１１

56 京丈山

１４７２ｍ

熊本県

登山日 2007年6月10日（日）晴

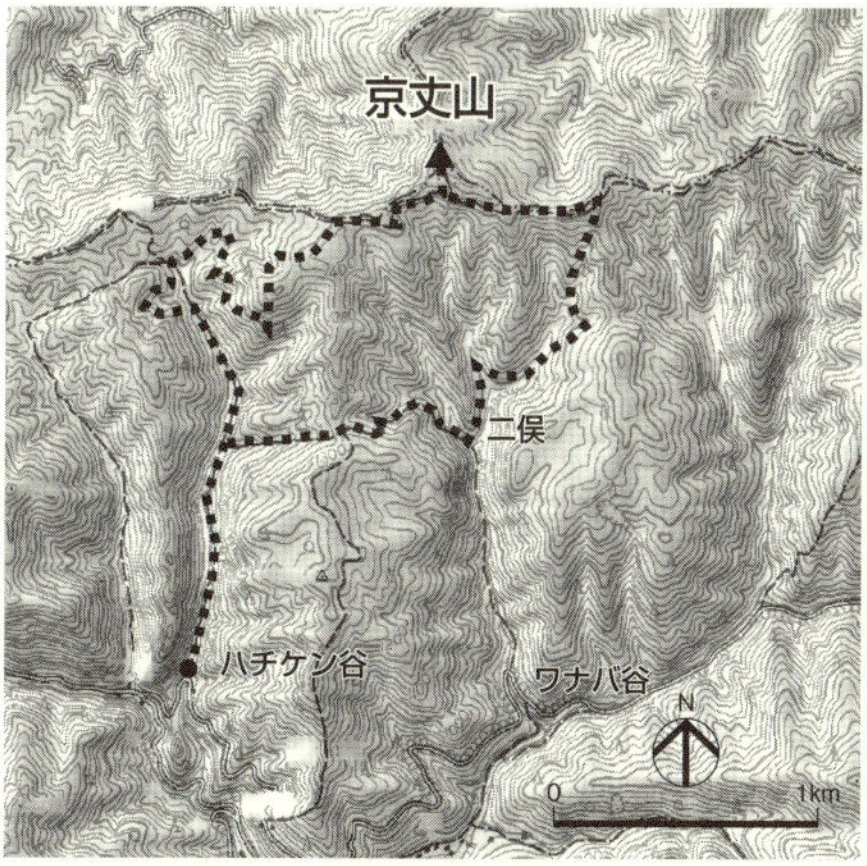

【アクセス】 山荘かつらの樹（5：30）⇩山都町柳信号から国道２６５号線を走り、山都町滝上信号を右折して国道２１８号線へ入る⇩清和文楽館（41ｋｍ）⇩上寺信号（52・５ｋｍ）⇩美里町三和信号（69ｋｍ）から国道４４５号線へ左折⇩二本杉展望所（82・２ｋｍ）⇩二合（86・４ｋｍ）から左上へ。４・６ｋｍ入った場所がハチケン谷登山口（91ｋｍ／７：45）

【登山路】 京丈山は国見岳から西北へ延びる稜線上にあり、熊本平野方面から眺めると山容が美しい山である。春から初夏にかけてはカタクリやヤマシャクヤクの花が咲く。登山道は柏川や二合谷など5カ所あり、そのうちの一つハチケン谷から登る。

〔注〕唯一登山道がわからなくなり迷った山で、往路は参考にならない。忘れないために当時の記録をそのまま載せることにした。

　ハチケン谷登山口には「たいら橋」を挟んで4－5台駐車できるスペースがある。渓谷に沿って杉林のなかを登り始める（7：50）。やがて渓流の右から左へ苔むす木の橋を渡る。ここらあたりから道を間違えたのか、目印がないのでわからないまま、足が滑る急な山道を登る。木やスズタケなどを摑んで滑り落ちないように登る。登っても登っても踏み跡が見つからない。時々それらしいものがあるので上へ上へと登って行く。鹿の足跡や糞、寝場などが何カ所かみられた。どう考えても登山道ではないらしいと思いつつも登る。大岩の所は乗り越えられずに横へ行きながら上へ上へと登る。スズタケが生い茂っているカ所に突き当たった。涸れ谷の上流なのか、水は流れていないが中央が低くなっている。進むべきか迷ったが山の一番上の尾根に出ようとスズタケをかき分けかき分け進むと杉の植林帯に出た。そのうち杉材を運び出す旧林道を見つけた。

　林道と言っても草や苔が生えていて今は人も車も通っていないようだ。その道をなお、上へ登り、標高を調べてみると１４３０ｍ前後の地点である。山頂に近い場所だと思いつつも京丈山がどれなのかわからない。遠くの山と写真を見比べて京丈山らしい山に見当をつけるが大分遠い。行くべきか帰るべきか考える。ふと前方を見ると造成中の林道がある。作業車が通るかもしれないと喜んではみたものの生憎、日曜日で1台の車も通らない。その新しい立派な林道は遠くまで延びている。引き返す時間はまだある。道の一番高い所まで行ってみれば山の全体像もわかるだろうと歩き出す。

　30分は歩いただろう。今度は下りになっている。もう少し歩こう。あのカーブまで行ってみようと下る。引き返す直前に、すぐ前の杉林の中に登山道らしい道が見えた。「まあ、ここまで来たのだから登ってみよう」と歩いていると京丈山への道らしいことが分かった（谷内登山口からの道のようだ）。

　カルスト岩を過ぎ、なんとか山頂へたどり着けた（11：45）。迷ったお陰で4時間も費やした。途中、ヤマシャクヤクやカタクリの花もあったが、じっくり見て楽しむ余裕はなかった。**京丈山**山頂はあまり広くなく北側のみ開けて五家荘方面の山脈が望める程度である。ちょうど、頂上に登ってこられた熊本市のO氏と出会う。「迷って迷って登りました」と話したので「下りは一緒に歩きましょう」とおっしゃって下さり、感謝感謝。

　下山（12：10）は犬のチビちゃんが先導してくれる。ワナバ谷からのルートらしい。国見岳分岐から右へ下り、鞍部に着き、食事中の団体に出会う。ここまではスズタケが多く、新緑の綺麗な木々は見なかったが、ブナやモミ・ヒメシャラなどの巨木が多くなり、自然林の美しさ、爽やかさを感じた地点（13：30）に到着した。間もなく「最後の水場」（13：45）に着いて、一息いれて、二俣から右へ（直進はワナバ谷登山口）どんどん下ると涸れ谷にいきなり飛び出した。

涸れ谷に出てから道はほとんどわからず（踏み跡がなくＯ氏の後を歩く）に谷の岩石の上を歩いたり、その横の谷沿いの道を歩く。道はあるようでなく、ないようである。このコースを熟知した人でないと分からないだろう。

京丈山の頂上

ロープに頼って歩くところを過ぎると、今朝見たピンクのテープや水の流れ、片足の靴底などが目にはいる。どうも朝の登り口らしく思える。登山口（14：30）に帰り着いてほっとする。何はともあれＯ氏に感謝・感謝である。

この日の朝、二本杉広場で雁俣山から京丈山まで縦走すると話していた団体とは会わずじまいだった。

✿花　ヤマシャクヤク（5月）、カタクリ（5月）、トリカブト（10月）

♨温泉　元湯温泉「雁俣の湯」

⊞地図　葉木

☎問い合わせ

八代市役所泉支所＝0965（67）2111

57 紫尾山

１０６７ｍ

鹿児島県

登山日 ２００７年６月12日（日）晴

【アクセス】 山荘かつらの樹（５：00）⇩益城熊本空港ＩＣ⇩八代ＩＣ⇩南九州自動車道路の日奈久ＩＣ（81ｋｍ／６：30）下車して国道３号線へ⇩水俣市役所前⇩出水市今釜のバイパス入口より左折して国道３２８号線へ⇩ふれあいパーク定之段⇩定之段トンネル⇩紫尾峠⇩さつま町登尾（さつま町登尾の道標が道路脇に見えて、間もなく登尾登山道入口の方面へ右折、１５７ｋｍ）⇩８００ｍ先に紫尾登山道入口がある⇩熊八重橋（１５８・７ｋｍ／８：40）の脇に駐車し歩く（紫尾山取り付き口まで林道が延びているが、熊八重橋から一ノ滝までの道路が風水害で悪化していて車は通行禁止になっていた）⇩一ノ滝（９：00）⇩ふれあいの森にある森林体験学習舎（９：15）⇩紫尾山取り付き口（林道終点、９：30）。

【登山路】 歩行時間４時間55分（往１５０分・復１４５分）

紫尾山は出水市とさつま町（旧宮之城町）の境界にあり、山頂付近にはブナやアカガシが多数みられる。秦の徐福が不老不死の薬草を求めに来て、冠の紫の紐を山の神に奉納したことで紫尾山と呼ばれたとの伝説がある。

林道終点が登山口（取り付き口）である。紫尾山の植生、また山ヒル注意の看板も立っている（９：30）。林に入り、丸太段を60段ばかり上ると、**千尋ノ滝**につく（９：40）。

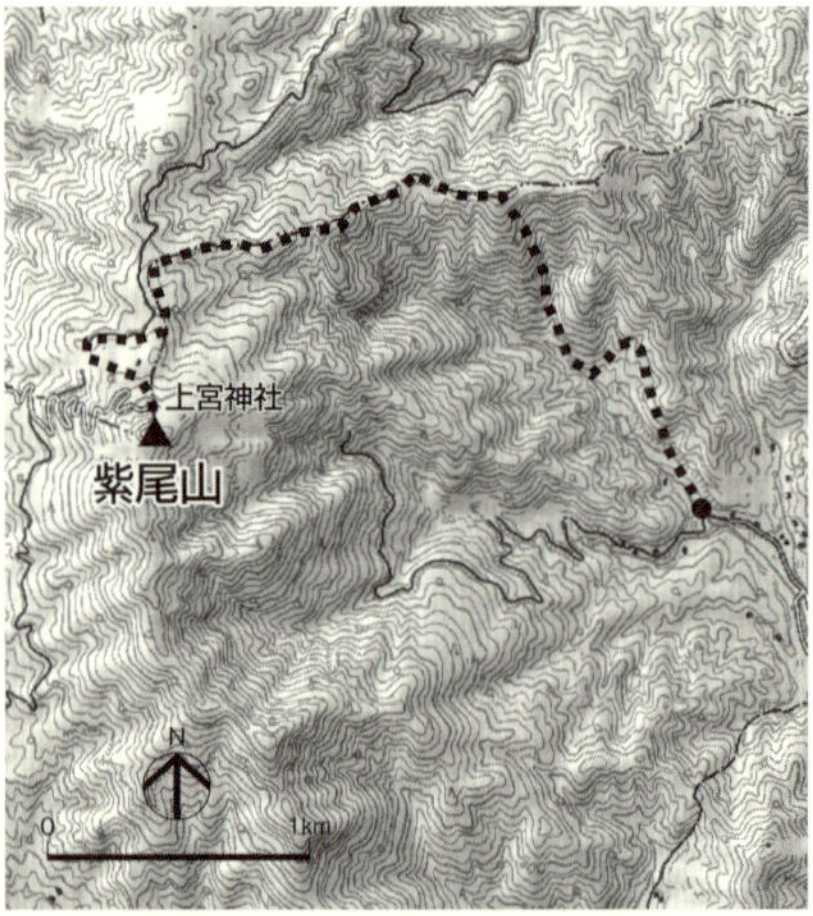

日本百選の巨木アカガシ

千尋の滝

落差76ｍの滝は白い飛沫をあげ霧散し落ちてくる。木造の橋上で、滝に惹かれる。急な階段をジグザグに登ると滝口に着く。観音様が祀られ、野鳥観察小屋もある。下方を見るとふれあいの森キャンプ場の赤い屋根が小さくみえる。

急な階段はさらに続き、１０００段ほど登ると尾根に出て、定之段コースを合わせる。左へ緩やかな上りが続くが階段でないので歩きやすい。間もなく**定之段林道**に出る（10：40）。すぐ右に平岩コースを合わせ、また10ｍ先から左の自然林のなかへ入る。樹齢数百年のブナやアカガシの巨木が林立し、森の豊かさを感じながら歩いていると紫尾神社の上宮に達する（10：50）。その脇を進み、車道を過ぎると**紫尾山**山頂である（11：10－11：30）。

山頂周囲にはＮＨＫ、ＭＢＣなどのアンテナが大小合わせて10本くらい立っている。桜島・開聞岳・霧島連山や出水平野などの展望が得られる。

下山では巨木百選に選ばれているアカガシを見て、広葉樹林の森を楽しみ、往路を戻る。千尋の滝（12：55－13：00）のあたりには三光鳥《さんこうちょう》が住みつき、「月《つき》・日《ひー》・星《ほし》ホイホイ」と鳴くらしい。それらしい鳴き声は聞こえたが、三光鳥の声かどうか分からなかった。登山口着（13：10）。途中、森林体験学習舎を見学し、熊八重橋（駐車）まで歩いて帰る（14：00）。

田地図　湯田・紫尾山
☎問い合わせ
さつま町役場＝０９９６（５３）１１１１

58 矢筈岳

６８７ｍ

熊本県・鹿児島県
一等三角点

登山日 2007年6月12日（火）晴

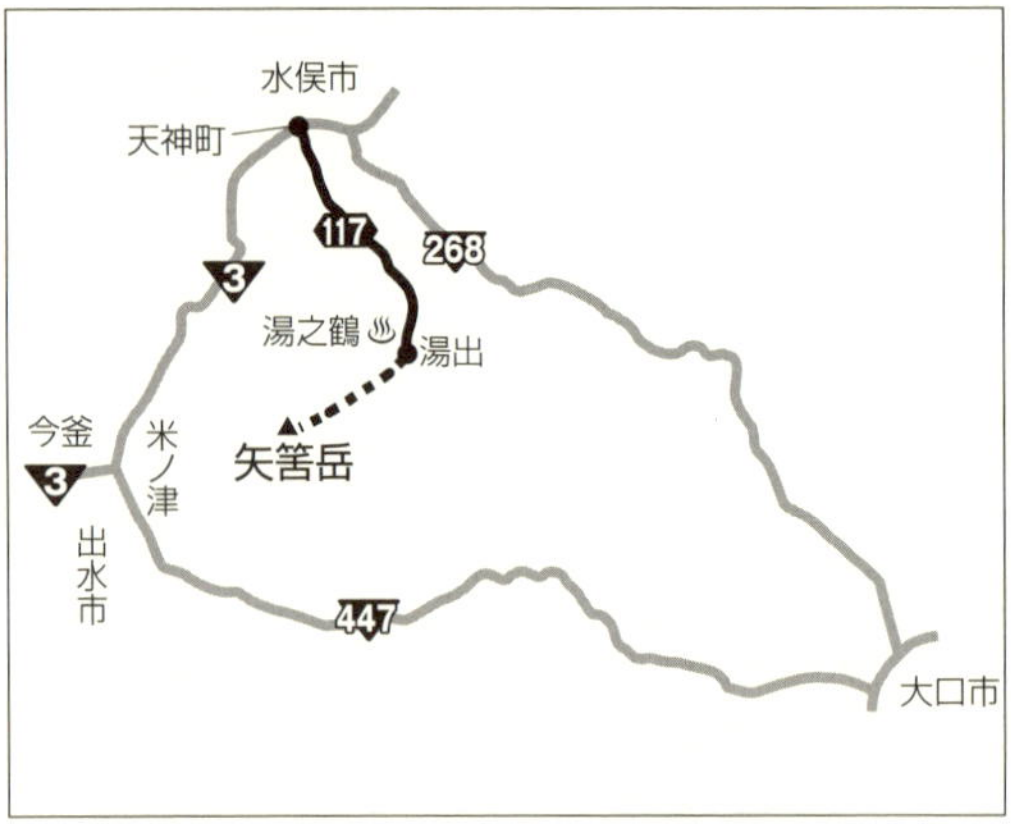

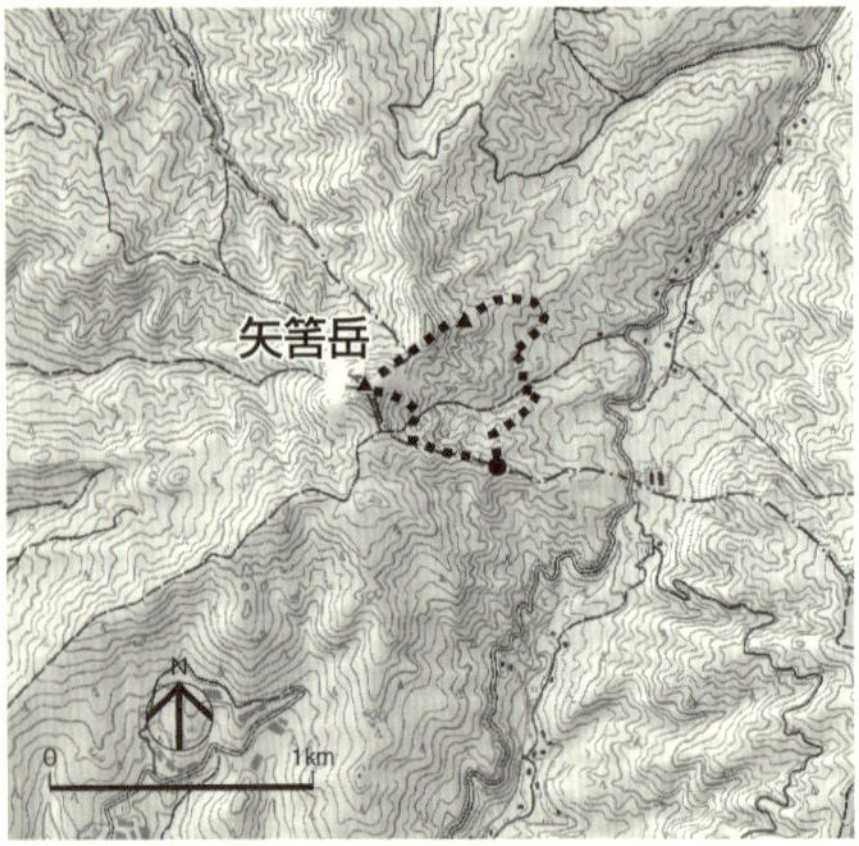

【アクセス】 紫尾山登山の後、矢筈岳へ出発

さつま町の熊八重川橋（紫尾山登山口／14：15）⇩登尾バス停（１・２ｋｍ）⇩紫尾山登山道入口（０・９ｋｍ）⇩国道３２８号線に出る（１・７ｋｍ）⇩紫尾峠トンネル（６ｋｍ）⇩定之段トンネル（９・７ｋｍ）⇩ふれあいパーク定之段（10・６ｋｍ）⇩国道３号線（今釜のバイパス入口／21・５ｋｍ）⇩水俣駅前（36ｋｍ）⇩水俣市街から県道１１７号線に入り、湯の鶴温泉方面へ⇩湯の鶴温泉街を抜け、招川《まんば》内川に沿って矢筈岳登山口近くの林道入口（50ｋｍ／15：45）。

【登山路】 歩行時間1時間30分（往50分・復40分）

矢筈岳は水俣市と出水市の境界にあり、雄（男）岳と雌（女）岳の二峰からなっている。高い方の雄岳に一等三角点がある。

林道入口から1・2ｋｍ入った地点にプレハブ小屋があり、その先20ｍに登山口がある（16：10）。杉から檜の植林帯になり、だんだんと幼木になり展望が開けると鞍部にある女岳分岐に着く（16：25）。雄岳（本峰）は5－6ｍ先から左へ登る。椿・椎・樫などの照葉樹林の急坂を登り、鎖場の岩場を越えると**矢筈岳**山頂に達する（16：40－16：50）。山頂からは遮るものがなく天草諸島、雲仙・霧島方面も望める。山頂にある巨大石には勤皇家の高山彦九郎の歌が刻まれている。「草も木もなびかさんとや梓弓　矢筈が岳に登る楽しさ　寛政四年三月四日」。

下山は鞍部に下りて女岳を目指す。左は灌木林であるが、右側は檜が幼木で開けている。**女岳**山頂615mにはすぐに着いた（17：10）。雑木に囲まれて眺めがないので、左（東）へ3分の展望所へ行く（17：20）。三角錐の形をした雄岳がよく見える。往路を戻らずに縦走路に入る。ブナが繁り歩きやすく、間もなく林道に出た（17：30）。右の方へ1・7km下ると登山口である（17：50）。途中、キジや子ウサギにも遭遇し楽しい歩きだった。

矢筈岳山頂

女岳山頂

✿花　ヤマザクラ（4月）
♨温泉　湯の児温泉
⊞地図　湯出
☎問い合わせ　水俣市役所＝0966（61）1603

59 鶴見岳

1375m

【アクセス】山荘かつらの樹(5：40)⇩阿蘇大橋から国道57号線を走り、宮地駅前左折し、県道11号線やまなみハイウェイを別府方面へ⇩長者原(61・5km／7：10)⇩水分峠⇩志高湖入口近くの鳥居バス停(御嶽権現社の鳥居あり／105・3km)⇩林道1kmで駐車場あり(106・3km／8：10)。

【登山路】歩行時間3時間55分(往85分・復150分)

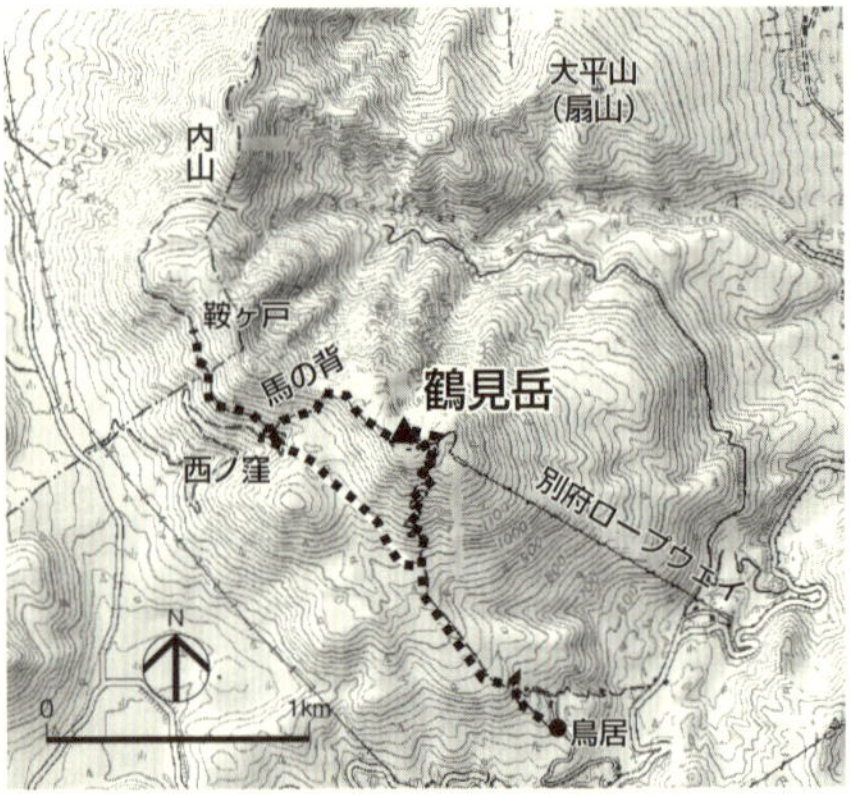

鶴見岳は湯の町別府の後背地に聳える由布鶴見山群の主峰である。トロイデ火山で山頂北西部に噴気孔がある。駐車場から参道を5分ほど歩くと杉の巨木が茂る場所に御嶽権現社(火男火売神社)がある。その左横が取り付き口で、すぐ上に記帳台がある(8：30)。「一気登山地点」と書かれた案内板があり、頂上付近まで一気登山地点の案内板が立てられていてわかりやすい。

猪の瀬林道を横切り、檜の根っ子道を登るとミズナラ・リョウブなどの自然林帯に入る(8：55)。ほどなく**分岐点**(左は西登山口、鞍ヶ戸山、復路はここで合流する地点)に着く。直進し山頂を目指す。このあたりにはアカマツ・ヤマボウシ・ナラ・ブナなどの大木が林立し、新緑とヤマボウシの白い花が美しい。やがて山腹にジグザグとついた急坂を登る。海抜1200m地点(9：30)あたりでは野鳥の声がしきりに聞こえ、歩調も軽やかになる。すぐに鶴見岳分岐(右はロープウェイ駅へ)で左に向かい、恵比寿天広場を通り御嶽権現社奥の院前の**鶴見岳**山頂に到着する（9：55－10：15）。頂上は広く360度の大展望が開ける。高崎山・傾山・八面山などの山々や志高湖・別府湾なども一望できる。特に西斜面はミヤマキリシマの群落地である。

　下山はNHKテレビ塔の左横から西へ急坂を下ると赤池と呼ばれる草原があり、なお下り、**馬ノ瀬分岐**（10：30、左へ下れば西登山口）を前（西北）へ進み、鞍ヶ戸山を目指す。ヤセ尾根のアップダウンをくり返しながら鞍ヶ戸Ⅰ峰（10：50）・Ⅱ峰（10：55）・Ⅲ峰（本峰）に着く（11：00）。**鞍ヶ戸**山頂1344mは芝の広場で眼前の由布岳や九重山群など眺望絶佳である。ヤセ尾根路はミヤマキリシマ・ドウダンツツジ・ミツバツツジの群生地でみごとな花場である。

　抜群の風景と吹き上げる心地よい風にあたりながら美味しく昼食をとり、下山にかかる（11：30）。馬ノ瀬分岐に戻り（12：00）、右下へ簡易階段を下り、コハウチワカエデが多くみられる**西ノ窪**（12：15）で左折し、なだらかな上り下りをくり返しながら下る。このルートにはブナ・リョウブ・ミズナラ・コハウチワカエデなどの大きな樹があり楽しんで歩ける山道である。南平台分岐（12：20）、踊り石（12：30、予知能力のある石で予知すると踊り出すと言い伝えられている）、往路最初の分岐点に合流（12：50）し、権現社に帰着（13：15）する。

鶴見岳山頂

鞍ヶ戸山頂（後方は由布岳）

✿花　ミヤマキリシマ（6月）
♨温泉　湯平温泉
田地図　別府西部
☎問い合わせ　別府市役所＝0977（21）1111

60 俵山 1100ｍ

熊本県

登山日　2007年7月24日（火）晴

【アクセス】 山荘かつらの樹（8：00）⇩県道28号線（熊本高森線）を西原村方面へ走り、揺ケ池登山口（道の駅　萌の里あり）へ（15ｋｍ／8：20）。

【登山路】 歩行時間3時間45分（往125分・復100分）

俵山は阿蘇南外輪山の一角で広い裾野を延ばしていて登りやすい山である。

登山口には鳥瞰図が描かれた案内板がある（8：25）。春先の野焼きの頃は真っ黒く焼けた野原に登山道がハッキリ見えるが今は緑一色で道を覆い被せている。この道が意外と急坂できついがこの日はカワラナデシコやギボウシの花が咲き誇り、楽しませてくれる（季節によってはハバヤマボクチ・マツムシソウ・オミナエシ・リンドウ・ウメバチソウ・シモツケソウ・ヤマラッキョウなど野草の花が見られる）。

緑の草地に露岩が現れると間もなく、登山者が何年も置き重ねていったであろう石積みがある**標高613ｍ地点**に着く（9：00－9：05）。ここから植林地の方へ防火帯を下り、登り返すと右からの林道に出合う（9：20）。左折して檜林のなかの林道を歩く。林道が右へ曲がり、少し上ると標高735ｍ地点で林道と分かれ、南上方の尾根に向かって延びるバリカンロード（防火帯）に出る（9：35）。急登が続くがゼンマイが数多く見られる所でもある。尾根に上がると標高

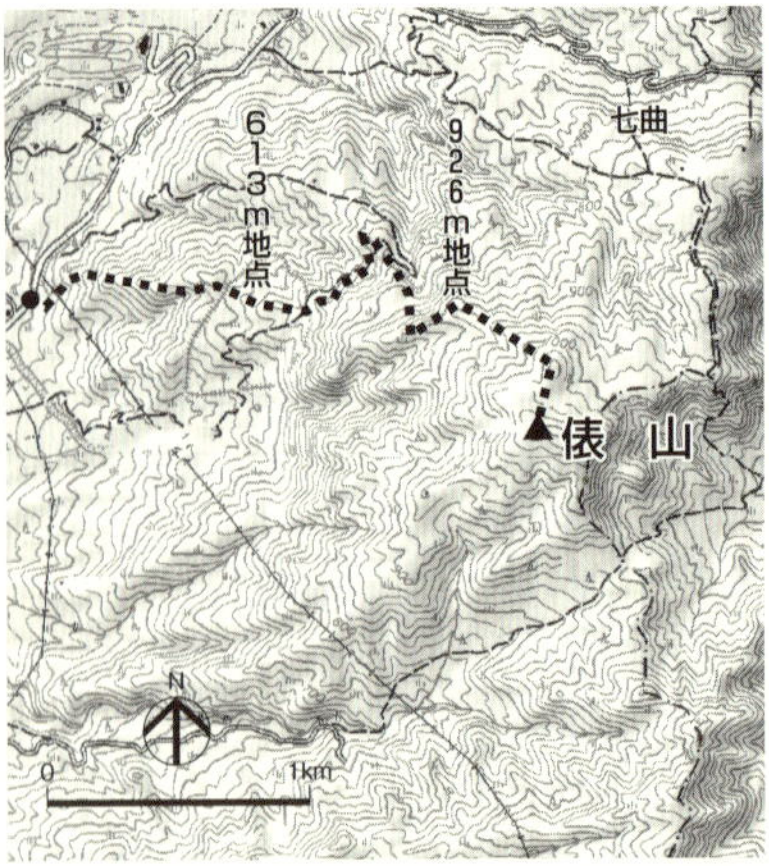

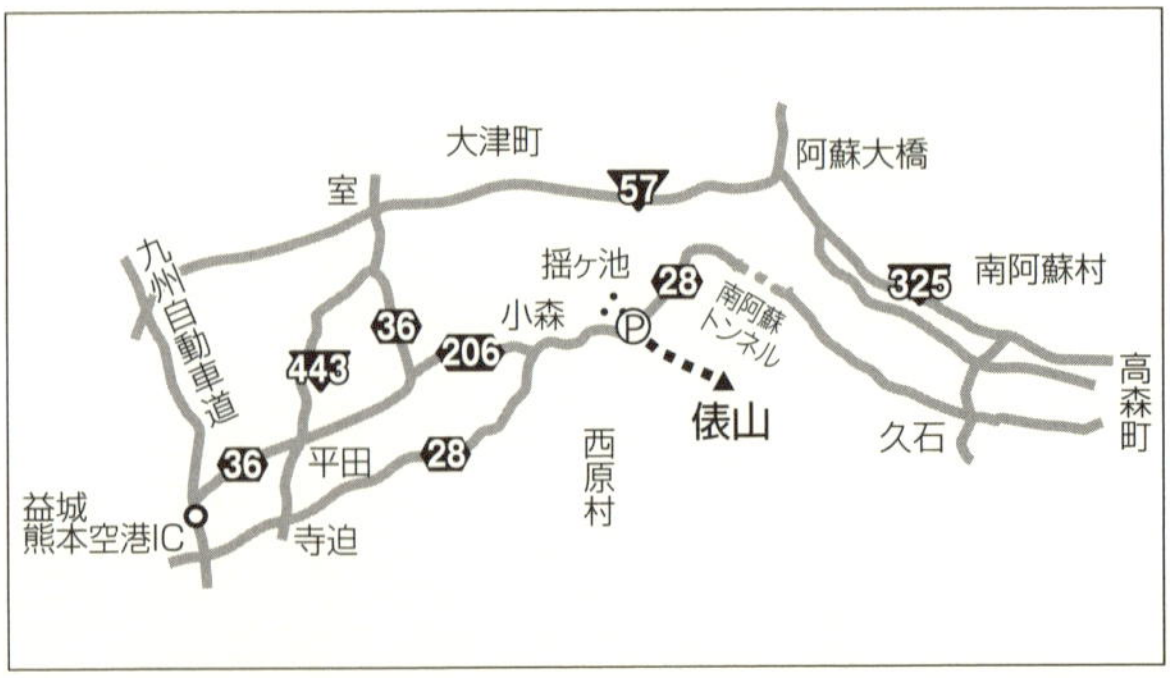

865mのプレートがある（9：50−9：55）。芝生の広場で一息つくのにちょうどよい場所で展望もよく、西に熊本平野、北には鞍岳や立野方面が見える。

左へ狭い尾根道をのぼる。アセビ・ツゲ・マツが繁る道で爽やかな風が吹き上げてきて涼しく快適である。やがて小さなザレ場の標高**926mピーク**に達する（10：10−10：15）。下方には風車が廻り、東に米塚や杵島岳なども望める。尚、尾根道は続くが大きな実をつけた山帰来があったり、ミツバツツジ・ドウダンツツジ・ミヤマキリシマ・ヤマボウシ等もあり、それらを眺めての歩きは疲れない。道が右へ曲がると檜の植林帯に入り、茅野に出ると正面に鈍頂の山頂が見える。ウツギ・アセビ・ツゲなど低木が点在する道を

926メートルピークから見る風車

俵山頂上

登り、笹が地面を覆うようになると、東西に長い**俵山**山頂に到着する（10：45−11：30）。山頂は広く、阿蘇五岳や九重連山、冠ケ岳・一の峰・二の峰などの南外輪の山々など大パノラマがひろがる。

下山は往路を戻る。萌の里着（13：10）。

✲花　ミヤマキリシマ（6月）
♨温泉　南阿蘇村「木の香湯」
田地図　立野・阿蘇山
☎問い合わせ　西原村役場＝096（279）3111

61 稲尾岳 930m

【アクセス】 山荘かつらの樹（5：00）⇩益城熊本空港ＩＣ⇩加治木ＪＣＴ⇩（東九州自動車道）国分ＩＣ下車し、国道10号線へ⇩牧之原から県道504号線へ⇩北田から県道269号線へ⇩栄町から県道448号線へ⇩田代町麓から県道563号線へ⇩花瀬公園方面へ⇩花瀬大橋を渡る⇩照葉樹の森と辺塚との分岐より左折して稲尾ビジターセンターに4km入る（254km／10：30）。

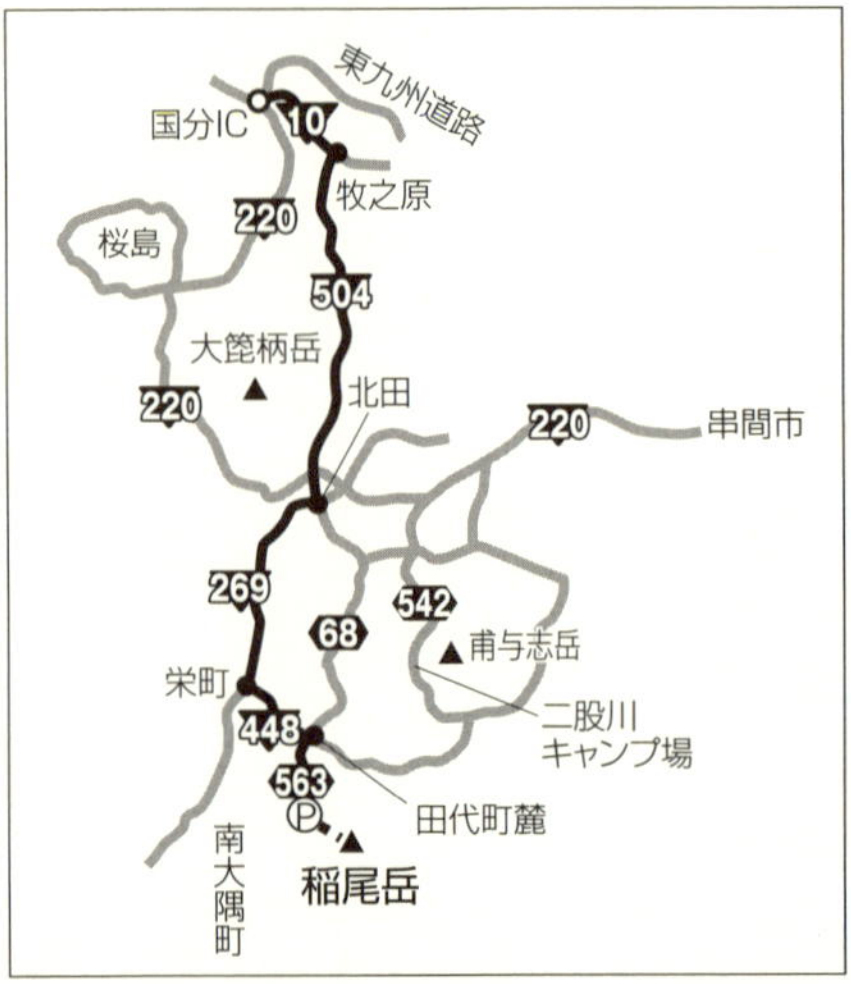

【登山路】 歩行時間3時間10分（往100分・復90分）

稲尾岳は大隅半島の南部にあり、西日本最大級の照葉樹林があり、樹木の種類も多く垂直分布をなしている。林野庁の森林生態系保護地域にも指定されている。

ビジターセンターから6、7分歩くと西口登山口がある（10：55）。登山道には道順を示す番号札がつけられ、特に清流にはオレンジ色の円い番号札が短い間隔でかけられていて迷うことなく歩ける。花崗岩の間からしみ出る水は実にきれいな流れである。番号札48が川の源（11：20）で、ここから水の流れがなくなり、緩やかに登ると花崗岩の**自然石展望台**がある（11：30－11：35）。唯一、眺望がきく場所である。種子島がかすかに見える。

巨大倒木根（70番札、11：40）がある地点を過ぎ、15分で二等三角点が

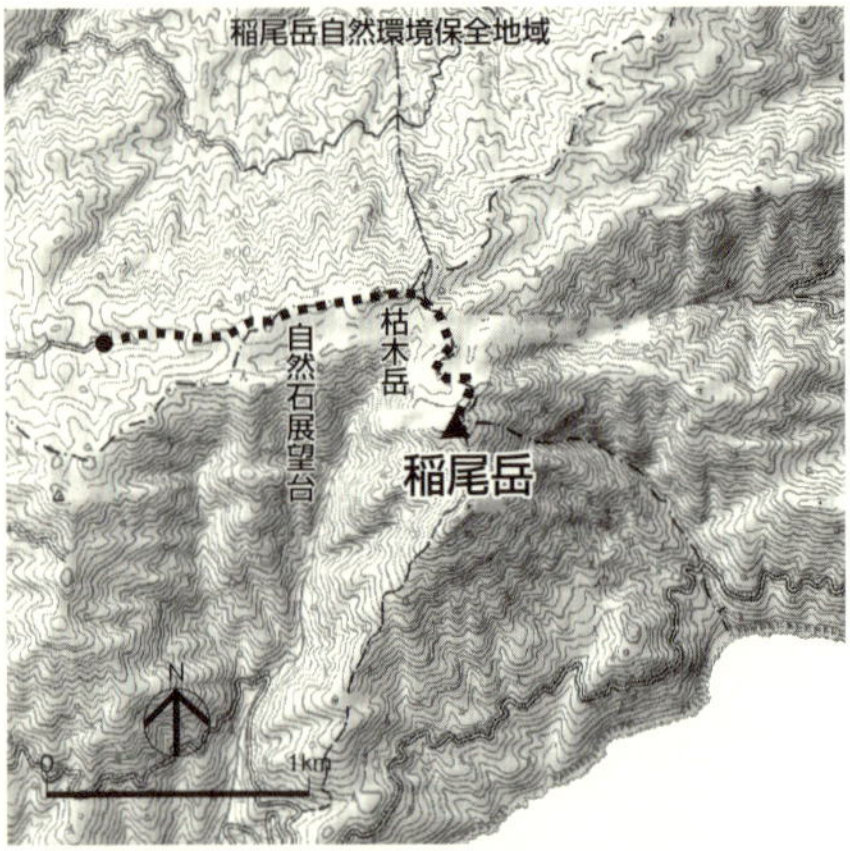

ある**枯木岳**（85番札）に着くがまったく展望がなく、そのまま進んで下ると北口コースから登ってくる道と合流する（１００番札／12：10）。山頂は右へ１・１kmである。途中のアカガシやモミなどの大きい樹を眺めながら歩いているとやがて**稲尾岳**山頂に到着した（12：40－13：10）。周囲をモッコク・ユズリハ・ヒサカキ・ヒメシャラ・ゴンズイなどの樹木に覆われ展望はない。稲尾神社の小さな鳥居と祠がある。

下山は往路を帰る。北口コースとの合流点（13：35）、枯木岳（13：55）、自然石展望台（14：15－14：20）、川の源（14：25）、登山口（14：50）。

♨温泉　湯ノ谷温泉
田地図　稲尾岳
☎問い合わせ
南大隅町役場＝０９９４（２４）３１１１

自然石展望台

稲尾岳頂上

62 甫与志岳

967m

鹿児島県
一等三角点

登山日 2007年8月22日（水）晴

【アクセス】湯ノ谷温泉（5：30）⇩県道542号線を8・8km先の二股トンネルを過ぎて二股川キャンプ場（5：45）。その前（道路の右側）に甫与志岳登山道入口まで3・5kmの案内板がある（甫与志林道）。

【登山路】歩行時間2時間05分（往75分・復50分）

大隅半島の東部にあり、肝属《きもつき》山地の最高峰である。昔から国見山・黒尊《くろそん》岳と共に三岳参りの山として知られている。

甫与志林道を3・5km車で行くつもりであったが、先の大雨で道路崩壊のため1・6km地点に進入禁止のロープが張ってあり歩くしかない。てくてく歩いて登山口に着く（6：45）。

1カ月近く降った大雨のせいか登山口（7：00）からススキや草が伸びきっている。しばらくで勢いよく清水が流れる渓谷に涼しさを感じて渓流沿いに登っていく。小さな沢を渡り、巨岩を過ぎると今度は沢を左へ渡る。

尾根沿いに山腹を登ると小滝があり、このあたりから急坂になる。苔むした石段の急な上りでロープカ所を通り尾根に出ると左手に展望台がある。尾根にはモミやヒメシャラなど大木もあるが樹高の低い木が多くなる。急坂を登ると大きな**岩屋**が現れる。その岩屋に登るとなかに彦火

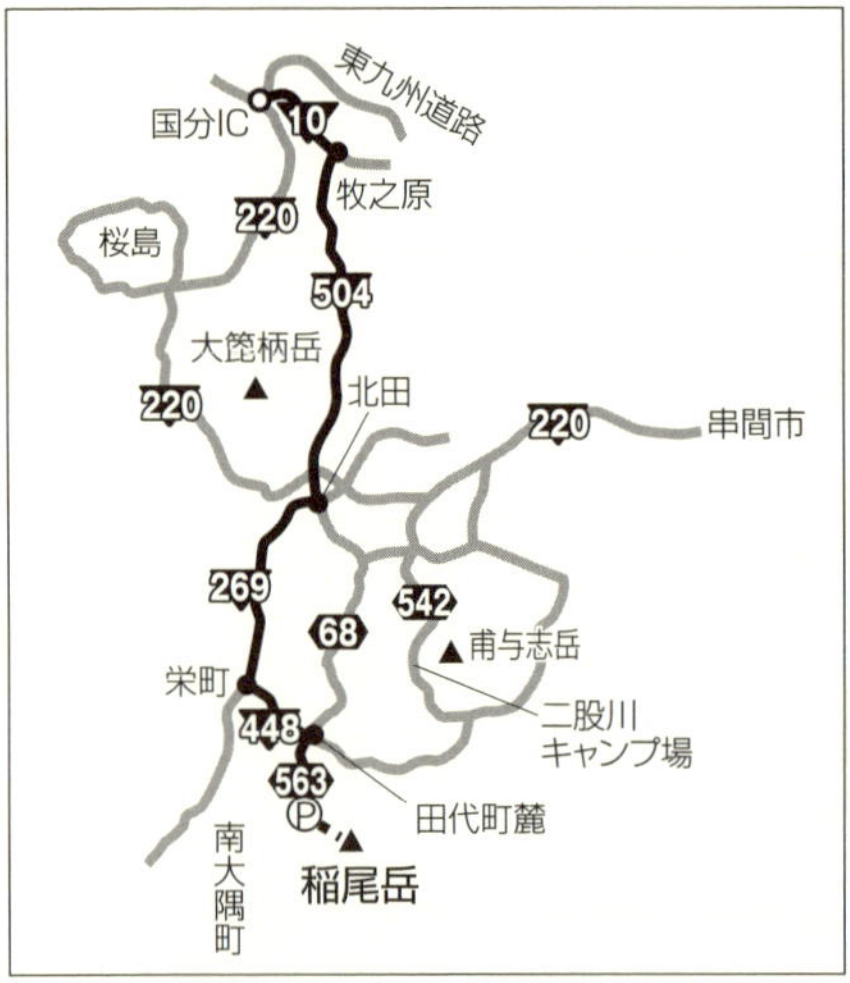

火出見尊（ヒコホホデミノミコト）を祀った祠があった（7：55－8：05）。岩屋を下りて大岩を左から回り込み、一等三角点のある**甫与志岳**山頂に登る（8：10）。山頂は広い露出の岩盤で360度の大展望がひろがる。南に海亀の産卵地で知られる岸良湾や太平洋の海原が見え、北東には黒尊岳から国見山への縦走路も延びている。南西には照葉樹林帯が連なっている。なお、霞んでハッキリは見えなかったが屋久島・種子島も遠望できるとのことである。

下山（9：00）は往路を戻る。登山口着（9：50）。甫与志林道を歩いて帰る途中、片道4分ほどなかに入り「清純の滝」をのぞいていくのもよい。岩が7段になっていて水量も多く滝らしい滝である。駐車場所（10：40）。

✽花　タカクマホトトギス（8月）

♨温泉　湯の谷温泉

田地図　半ケ石・上名

☎問い合わせ

肝付町役場＝0994（65）2511

清純の滝

甫与志岳頂上

63　冠岳

５１６ｍ　鹿児島県

登山日　2007年8月27日（月）晴

【アクセス】　山荘かつらの樹（5：00）⇩益城熊本空港ＩＣ（31ｋｍ）⇩加治木ＩＣ（１４２ｋｍ）で下車し、国道10号線を走り、みろく信号から県道42号線（川内加治木線）へ⇩樋脇町から県道39号線（串木野樋脇線）へ⇩冠岳バス停（9：30）。

【登山路】　歩行時間1時間25分（往60分・復25分）

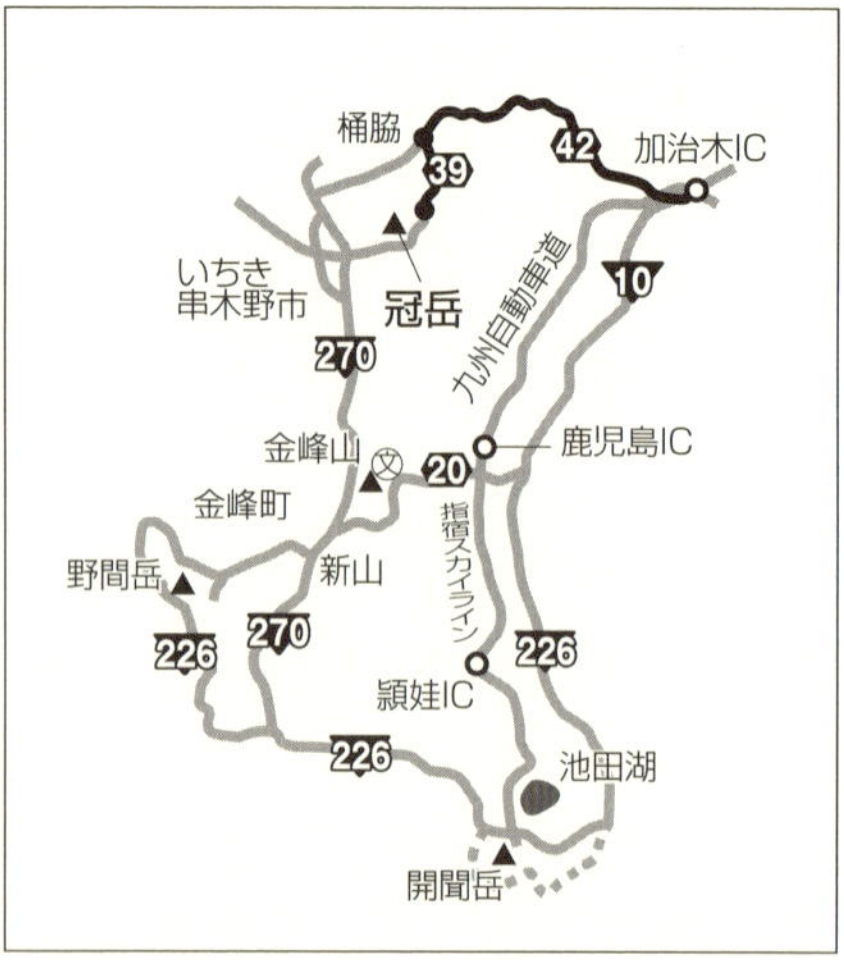

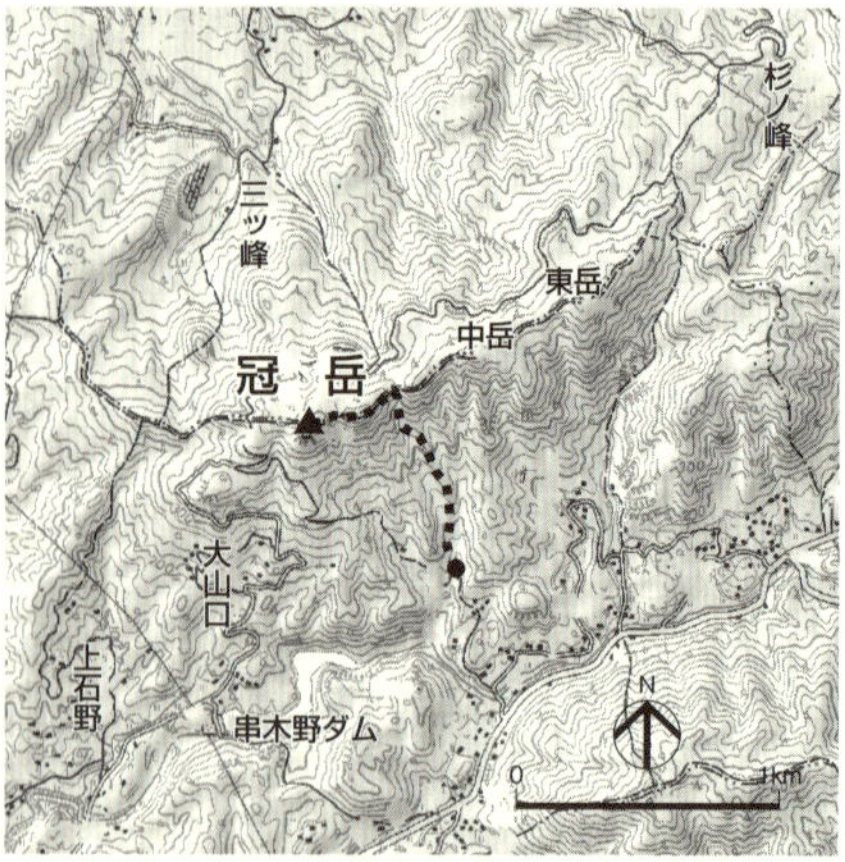

串木野市と薩摩川内市との境にあり、稜線上に東から西へ東岳・中岳・西岳と並んでいる。その最高峰が西岳で、中国の徐福が不老不死の薬草を探しに来て、風景のあまりの美しさに感動して冠を捧げたという伝説から西岳は冠岳と呼ばれている。

　冠岳バス停付近に中国風の美しい庭園がある冠嶽園がある。ここから、ふれあい林道を2・5ｋｍ上ると純白の大きな徐福像が立っている。この像から1ｋｍ戻った地点に「煙草神社入口」と西岳登山口の案内板がある（10：30）。

　高く大きな岩と岩の間の急な階段を上ると「煙草神社と材木岳」の分岐点に着く（10：35）。左へ１００ｍほど樹林の尾根を下ってゴツゴツした岩場を鎖を握って下りると**煙草神社**の説明板がある。その前に洞窟があり、煙草が自生している（現在は煙草耕作組合によって植えられているようだ）。明治初期までは大岩戸権現と言われ、庵と弥陀三尊の堂が建てられていた所らしいが、天然の煙草が自生して有名になり、今では煙草神社と呼ばれているようである。

分岐点に引き返し、林を抜け、平坦に近い道を進み、急な階段を登ると材木岳と経塚の分岐につく（11：00）。右に数分で行者堂がある**材木岳**で眼下に仙人岩など冠神社一帯が見える（11：10－11：15）。分岐に戻り、経塚（11：25）を経て、緩やかな尾根道を登ると**冠岳**山頂である（11：35－12：40）。山頂は芝生広場で拝殿と鳥居がある。眺めもよく、野間岳・桜島・吹上浜などが望める。また、歌人の与謝野鉄幹の歌碑もある。

広場の西側から階段を5分ほど下ると自然の岩が5段に積み重なっている**天狗岩**がある。

下山は往路を戻る。西岳登山口（13：05）。すぐに金峰山へ向かう。

天狗岩

✼花　ヤマツツジ（7月）

⊞地図　川内・串木野

☎問い合わせ
いちき串木野市役所＝0996（32）3111

徐福像

64 金峰山

636m

鹿児島県

登山日　2007年8月27日(月)晴

【アクセス】冠岳西登山口（13：10）から県道39号線を走り、串木野市大原町から国道3号線⇩市来から国道270号線⇩金峰町新山の宮崎信号から左折して県道20号線（鹿児島加世田線）⇩大坂バス停（大坂小学校前より左折（57km）⇩駐車場（61km／15：15）。

【登山路】歩行時間50分（往15分・復35分）

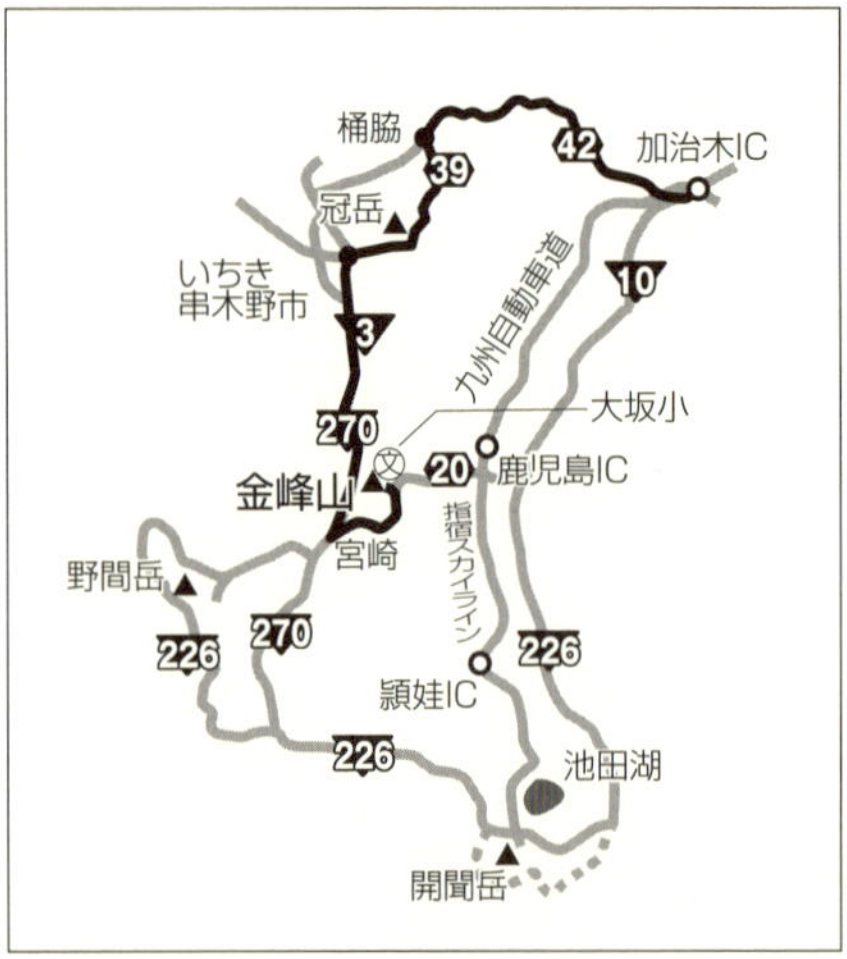

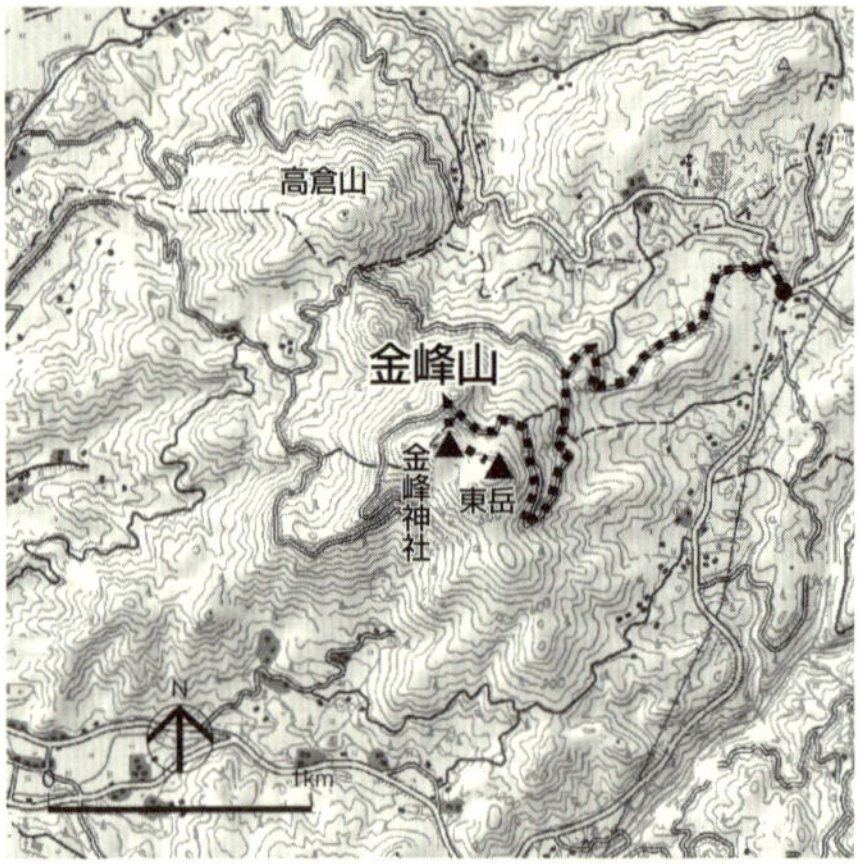

一ノ岳（本岳）・二ノ岳（東岳）・三ノ岳（北岳）の3峰からなる金峰山は古来、山岳信仰の山として人々の崇敬を受けていた霊峰である。現在は「いこいの森」として整備されている。

大坂バス停から金峰2000年橋を渡り、林道を4km上ると大きな駐車場がある。その右に金峰神社への参道があり、鳥居をくぐり神社までのぼる（15：20）。歴史を感じる神社横から木段を登り、照葉樹林のなかを歩いて行くと、間もなく観世音菩薩が祀られている**本岳**山頂である（15：30）。山頂からの展望がいい。東に桜島、西に野間岳、南に開聞岳、北には吹上浜などが見える。

山頂から階段を下りて右裏へ50mほど回り込むと年中、水が滴る岩穴があり「稚児の宮」という祠がある。ここから約４５０ｍ階段を下ってまた、上ると東岳の**東側展望台**がある（15：50－15：55）。高隈山地や錦江湾などの美しい風景が見られる。

下山は往路を引き返す。金峰神社着（16：05）。

金峰神社（16：15）から４ｋｍ下ると大坂バス停である。ここから県道20号線⇩宮崎信号より国道２７０号線へ右折⇩道の駅きんぽう木花館（18・２ｋｍ）⇩農芸高校前信号より左折し、すぐの国民宿舎吹上浜荘に宿泊（48ｋｍ／17：35）。

東側展望台

♨温泉　国民宿舎吹上浜荘

⊞地図　神殿・唐仁原

☎問い合わせ

南さつま市役所金峰支所＝０９９３（７７）１１１１

65 野間岳 591m

鹿児島県 一等三角点

登山日 2007年8月28日（火）晴

【アクセス】国民宿舎吹上浜荘（5：35）⇩農芸高校前信号より国道270号線へ⇩宮崎信号（32km／6：15）先の加世田本町（35km）から右折し、県道226号線に入り笠沙町へ⇩黒瀬入口信号（53km／7：25）を左折し、1km先の椎ノ木バス停より右斜めに上る（野間岳登山口の標識がある）⇩林道5kmで野間神社前の駐車場（59km／7：45）。

【登山路】歩行時間50分（往35分・復15分）

野間岳は薩摩半島の南西端に突き出た野間半島にあり、円錐の形をした印象に残る美しい山である。国道226号線を加世田市役所（現・南さつま市）前から笠沙町へ行く途中、大浦町小湊でマッコウクジラ像（平成14〈2002〉年1月22日未明、小湊干拓の波打ち際に突如14頭のクジラが集団座礁した。11日間にわたる救出活動が全国放送された。その感動を残すため像が作られた）を見て、救出の説明文を読み、感動して笠沙町に入ったときに目にした尖峰の野間岳は強く印象に残った。昨日、登った冠岳、金峰山とともに中世から近世にかけて野間半島での修験道の修行の場であった。

野間神社の大鳥居をくぐり、石段を登ると本殿がある（8：15）。その右横からタブの巨木を見ながら照葉樹林のなかを歩く。第一展望台まではセメ

山頂から野間岬を見る

ント舗装の道である。海からの風が心地よい。展望台（8：25）を過ぎて丸太段を上ると県内各市町村の植樹園（鹿児島県のカイコウズ、金峰町のキンモクセイ、伊集院町のイスノキ等）に出る。その先、登山道は急な道となり鎖の手摺りがつき、露岩も現れ、間もなく第二展望台に着く。さらに岩と岩の間をすり抜けるように急坂を登ると**野間岳**山頂である（8：50－9：30）。一等三角点がある山頂からの展望はない。左上には**梵字磨崖仏**がある。文政13（1830）年庚寅十二月吉日と刻まれた祠もある。修験道修行が偲ばれる。眼下には東シナ海が広がり、風車が回り海に突き出た野間岬方面がハッキリ見える。

下山は往路を戻る。第二展望台（9：33）、第一展望台（9：40）、本殿横登山口（9：45）。

翌日、開聞岳へ登るため、開聞岳山麓ふれあい自然公園に向かう。野間神社前駐車場（10：25）⇩黒瀬入口信号から国道226号線へ右折⇩加世田市役所前信号（24km／11：25）より右折し、国道270号線を枕崎市へ⇩枕崎市町頭信号（44・5km）より左折し、国道226号線を指宿市へ⇩開聞十町信号より右折して開聞岳山麓ふれあい自然公園に着く（74・4km／12：50）。宿泊は船員保険保養所「指宿湯の浜」。

笠沙路から野間岳を遠望

✿花　ノマツツジ（4月）
♨温泉　指宿湯の浜
⊞地図　野間岳
☎問い合わせ
南さつま市役所笠沙支所＝0993（63）1111

66 開聞岳

９２４m

鹿児島県

登山日 2007年8月29日（水）晴

【アクセス】 野間岳（166頁）文末参照。船員保険保養所「指宿湯ノ浜」（4：45）⇩開聞岳山麓ふれあい自然公園駐車場（5：10）。

なお、福岡県から行く場合は九州自動車道鹿児島ＩＣ下車して指宿スカイラインに入り、頴娃《えい》ＩＣから県道17号線、県道28号線を進み、開聞町十町信号を直進して開聞岳山麓ふれあい自然公園へ。

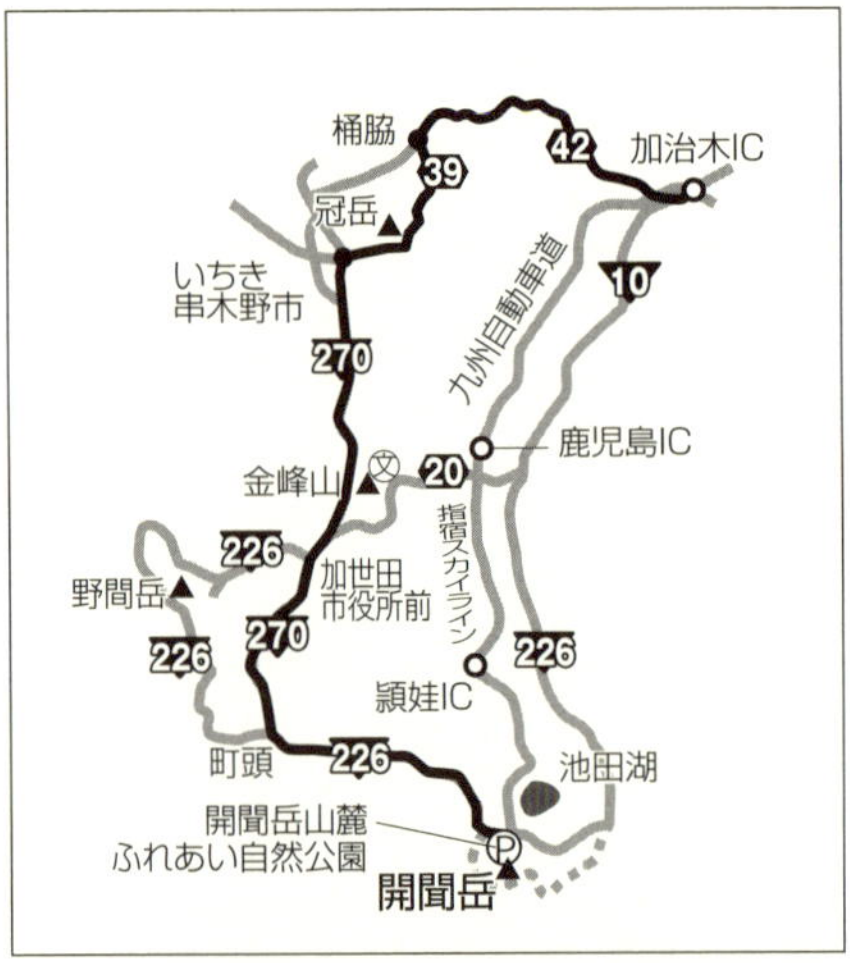

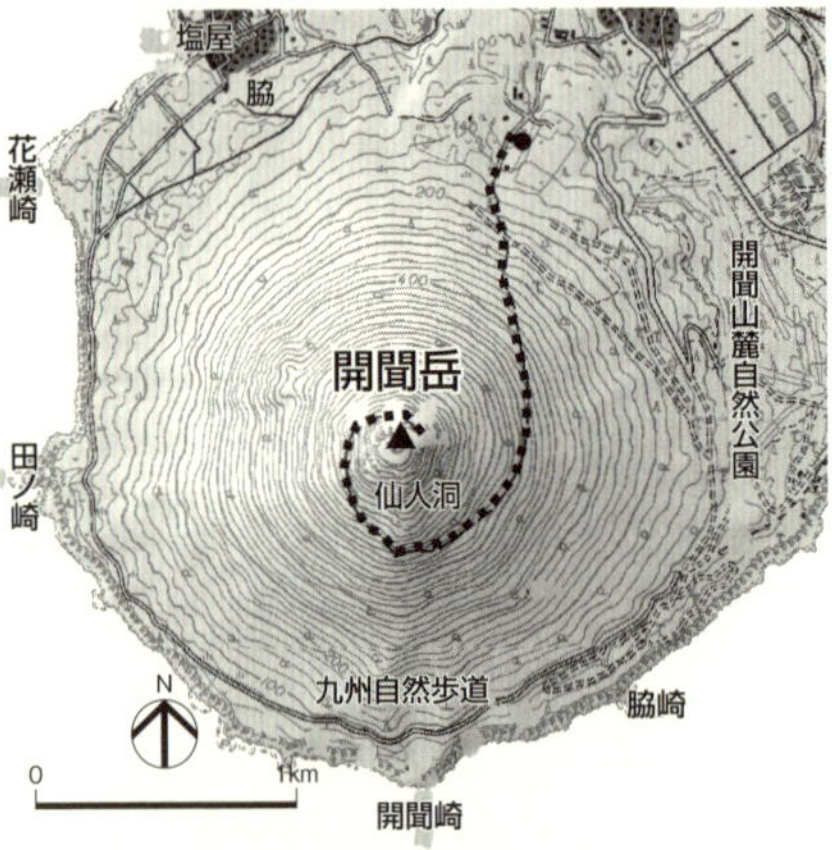

【登山路】 歩行時間3時間55分（往135分・復100分）

開聞岳は薩摩半島の南東端にあり、三角錐の秀麗な山で薩摩富士とも呼ばれ親しまれている。また、船舶の好目標であるところから海への門戸を開いているということで海門岳とも言われている。上部がトロイデ、下部がコニーデ型の二重式火山で、貞観2（860）年・元慶2（878）年・仁和元（885）年に大爆発や大噴火をしており、最近では昭和42（1967）年に地震が群発した。

山麓ふれあい公園から草スキー場に沿って歩いていくと「開聞岳通行関所」と書かれた登山口（2合目）がある（5：45）。松林のなかを登れば2・5合目（5：55）で、ここから火山礫のザラザラ道を登っていく。5合目（6：30－6：40）は北東が開いていて普段は佐多岬方面の風景が見える所であるが、今朝はあいにくガスがかかっていて視界がよくない。

6合目（6：55）あたりから登山道は大きな露岩が多くなり、その上を歩いていくので、転ばないように注意が必要である。

8合目の少し手前に「**仙人洞**」がある（7：30）。山伏たちの修行の場として使われたらしいが、今日は登山の途中で杖を洞に投げ入れて杖に感謝し、登山の安全を祈願する人が多いとのことである。この前後からは樹木も低くなり、海や市街なども見えてくるので眺めながら上へ上へとひたすら歩く。螺旋状に登ってきたことがこの辺でわかる。急坂を登り、御嶽神社の赤鳥居の横を**開聞岳**山頂へ登る（8：10）と、そこは３６０度の大パノラマである。東に錦江湾や佐多岬、西に吹上浜や野間岳、北には桜島や高隈山系が見える。特に南の屋久島・種子島がハッキリと指呼の間に見えたのには感動した。

開聞岳全景

山頂に1時間たっぷりと過ごし（ほかに誰も登っていない）、眺望の素晴らしさを堪能した。山頂直下の御嶽神社（枚聞神社の奥宮）にお詣りし、登頂に感謝して下山開始（9：10）。急な岩場の梯子を慎重に下りる。岩道や火山礫のザラザラする道には足が疲れているので気をつける必要がある。登山口着（10：50）。

開聞岳頂上

✿花　ショウジョウバカマ（4月～6月）

♨温泉　指宿温泉

田地図　開聞岳

☎問い合わせ

指宿市役所開聞支所＝0993（32）3111

67 親父山 1644m 障子岳 1703m

宮崎県・大分県

登山日 2007年9月22日(土)晴

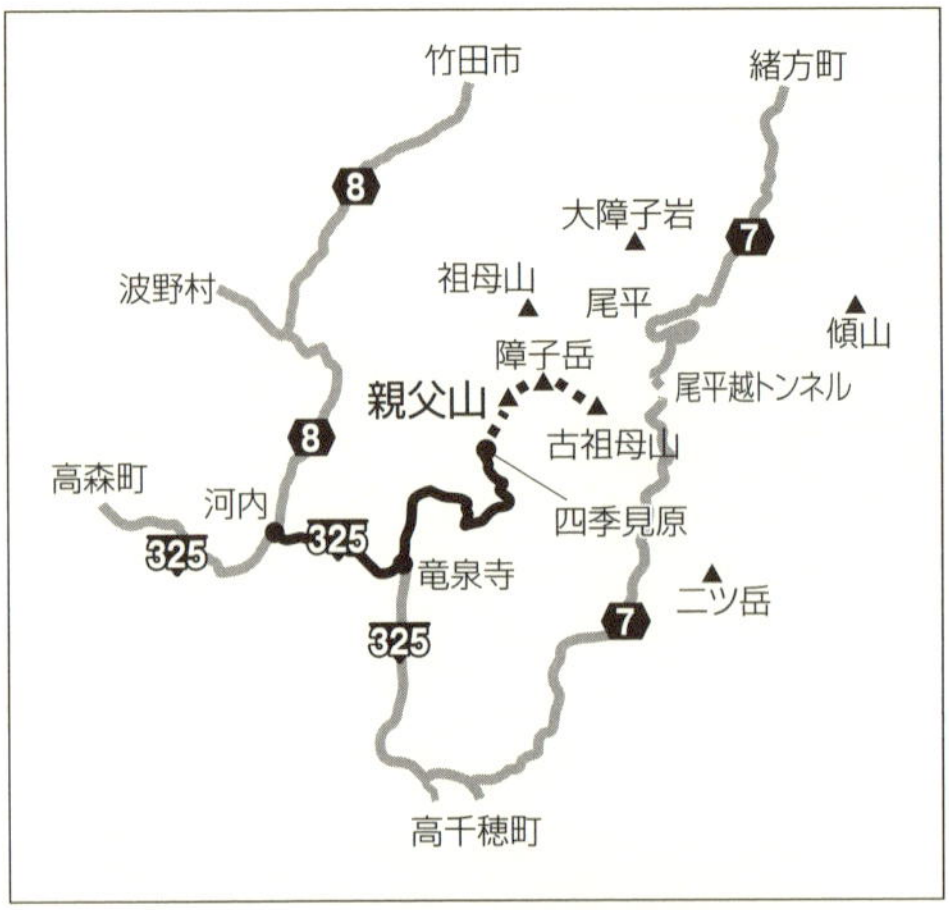

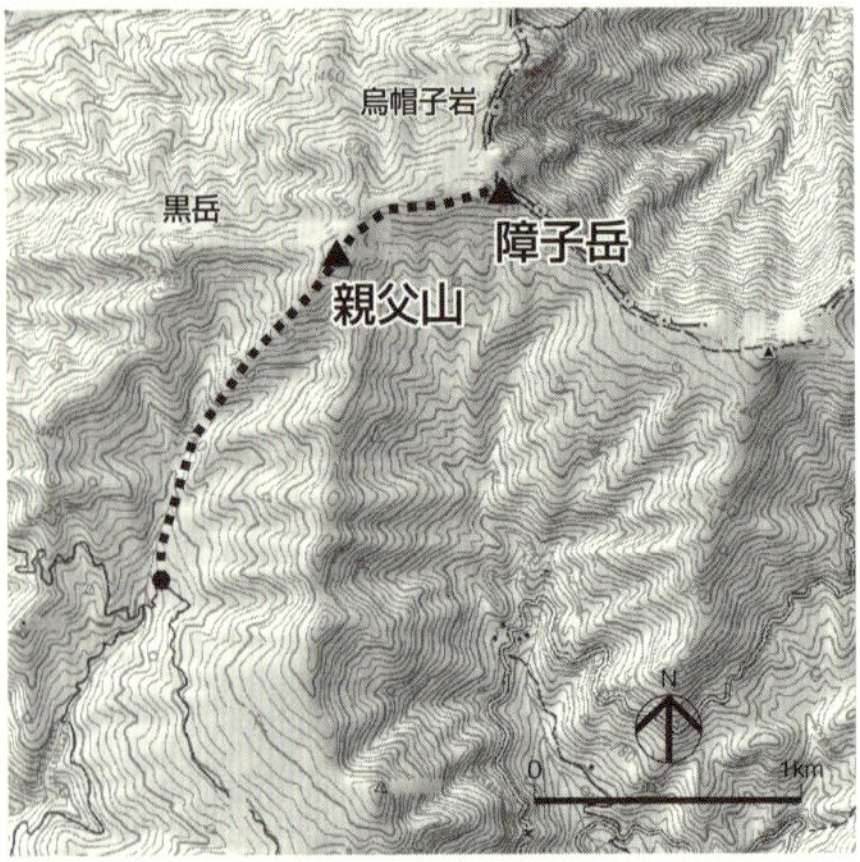

【アクセス】 山荘かつらの樹（5：00）⇩国道325号線高森町村山⇩山都町柳信号左折⇩高千穂町河内信号右折（33km）⇩玄武山トンネルを通り抜け、竜泉寺バス停（38・5km）から左折し、四季見原林道を上野川に沿って四季見原キャンプ場方面へ向かう⇩約7km先に親父山登山口への狭いセメント舗装の林道入口がある（45・5km／6：20）。ここを左折する（四季見原キャンプ場は直進）⇩セメント舗装の林道に入って2・5km地点（6：45）から親父山登山口への幅の狭い林道（距離500m）がある。200m走った所から道路が崩壊していて道脇に駐車して歩く（48・2km／7：00）。

【登山路】 歩行時間 古祖母山（172頁）参照。

祖母山から南に延びる県境（宮崎県高千穂町と大分県緒方町）尾根上のピークである障子岳から古祖母山へ親父山（障子岳から西へ延びる稜線上の山）から登る。

親父山登山口（7：30）からすぐ下の沢（水かさが深く、素足）を渡り、4回ほど徒渉すると急坂のスズタケ道歩きとなる。原生林の緑豊かな美しい森をジグザグに高度を上げながら登る。モミやブナ、ナラの大木が多くなり、ツクシシャクナゲやアケボノツツジも見られる平らな道に出る（8：05）。ほんのしばらくの平坦道だが森が新鮮で心地いい。すぐにまた、スズタケ繁る急坂で相当ハードになる。

やがて坂もいくらか緩やかになり、木々が低木となると左（西）の樹間に黒岳の岩峰も見えてくる。間もなく**親父山**山頂である（8：45－9：00）。山頂は5m四方ほどの広場で東南が開け、障子岳や古祖母山が視界に入り、北には祖母山も見える。

障子岳山頂にある熊ノ社

ひと息ついて障子岳へ向かう。4、5分で鞍部に下りる。そこには星条旗が立ち、終戦直後にB29が墜落したとの説明板がある。ここを過ぎるとほとんど平坦な行程となる。このルートはブナ・ナラ・リョウブなどの大きな樹もあり、古祖母山を望める岩場もあり、季節によってはオオヤマレンゲの白い花も咲く所である。低い木が多くなると間もなく**障子岳**山頂に着く（9：30）。山頂の中央に「熊ノ社」がある。明治十四年と刻まれた石碑である。その頃は熊が多数いたのだろう。その霊を祀っているのが熊ノ社である。眺望もよく、稜線上の山々や岩峰を見渡せる。周りにはミヤマキリシマやリンドウもあり、季節にはピンクや紫色の可憐な花が見られるだろう。

9：50より古祖母山へむかう（古祖母山の項を参照のこと）。

✿花　アケボノツツジ（5月）、ツクシシャクナゲ（5月）、オオヤマレンゲ（6月）

♨温泉　天岩戸温泉

⊞地図　祖母山

☎問い合わせ
高千穂町役場企画観光課＝0982（73）1212

68 古祖母山

１６３３ｍ　宮崎県・大分県

登山日　２００7年9月22日（土）晴

【アクセス】　親父山・障子岳（１７０頁）参照。

【登山路】　歩行時間4時間55分（往１７５分・復１２０分）

古祖母山は宮崎県高千穂町と大分県緒方町の県境にあり、尾平越登山口から登るのが一般的であるが、祖母傾縦走路上にあり、障子岳山頂から向かう（9：50）。いきなりロープが4カ所もある巨石の急な下りであるが、長くはなく20分で土呂久《とろく》分岐に着く。まだ紅葉には早いが幾分紅くなったモミジやナナカマドを見て、やがて訪れる紅葉の季節を思い浮かべながら直進する。途中のヤセ尾根あたりではブナ、ツガ、ナツツバキの大木が見られる。急斜面のカ所もあるが、そこを過ぎればスズタケが生えた長い道である。アケボノツツジ・シャクナゲ・

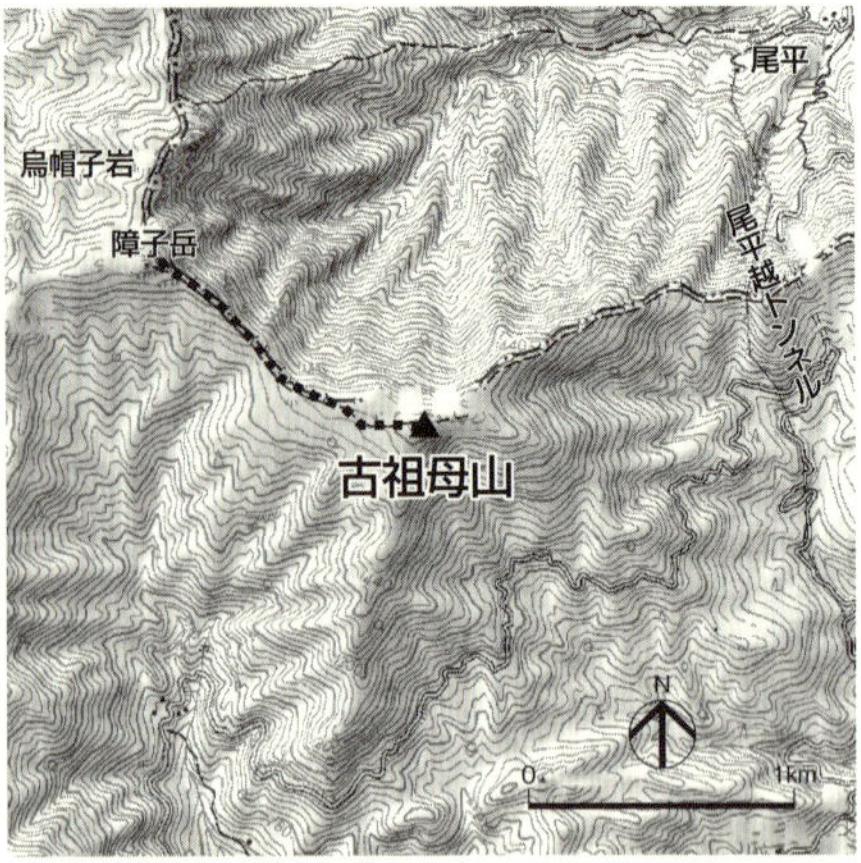

古祖母山頂上

オオヤマレンゲ・アセビ・バイケイソウなども目についた。最後はまた坂道で登り切ると視界が開けた**古祖母山**山頂に飛び出す（11：00－11：30）。頂上はあまり広くはないが、前方（東南西）に二ツ岳や土呂久・高千穂方面の深い森、傾山・五葉岳・大崩山などの雄大な山容を見渡すことができる。素晴らしい景観である。

　下山は往路を引き返す。土呂久分岐（12：00）、障子岳山頂（12：20－12：25）⇩親父山山頂（12：45－12：50）⇩親父山登山口（13：40）。

✲花　アケボノツツジ（5月）、ツクシシャクナゲ（5月）

♨温泉　天岩戸温泉

⊞地図　祖母山

☎問い合わせ

　高千穂町役場企画観光課＝0982（73）1212

69 白髪岳 1417m

【アクセス】山荘かつらの樹（５：00）⇩益城熊本空港ＩＣ⇩人吉ＩＣ（１０４ｋｍ）下車⇩国道２１９号線を錦町一武交差点（１２１ｋｍ）から右折して県道43号線に入る⇩道路脇（右側）に白髪岳登山口の標識（１２６・６ｋｍ）がある。ここから榎田林道へ右折して温迫峠（１３６ｋｍ）へ。峠から左折して１・３ｋｍ進むと猪ノ子伏林道入口に着く。この地点から０・７ｋｍで白髪岳登山口に着く（７台前後駐車可／１３８・９ｋｍ／８：４５）。

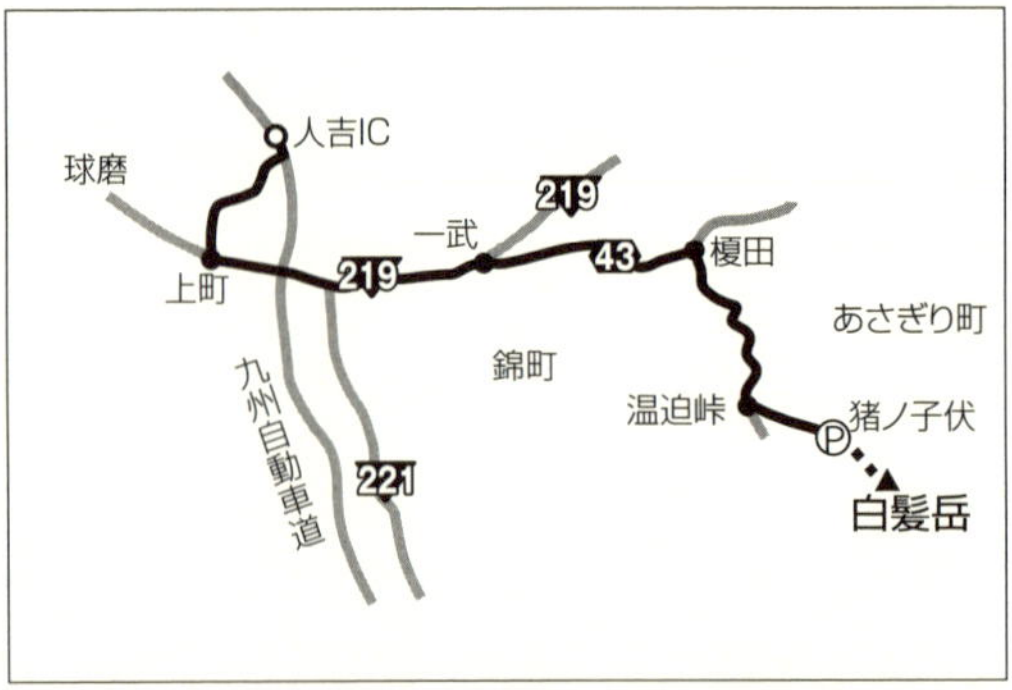

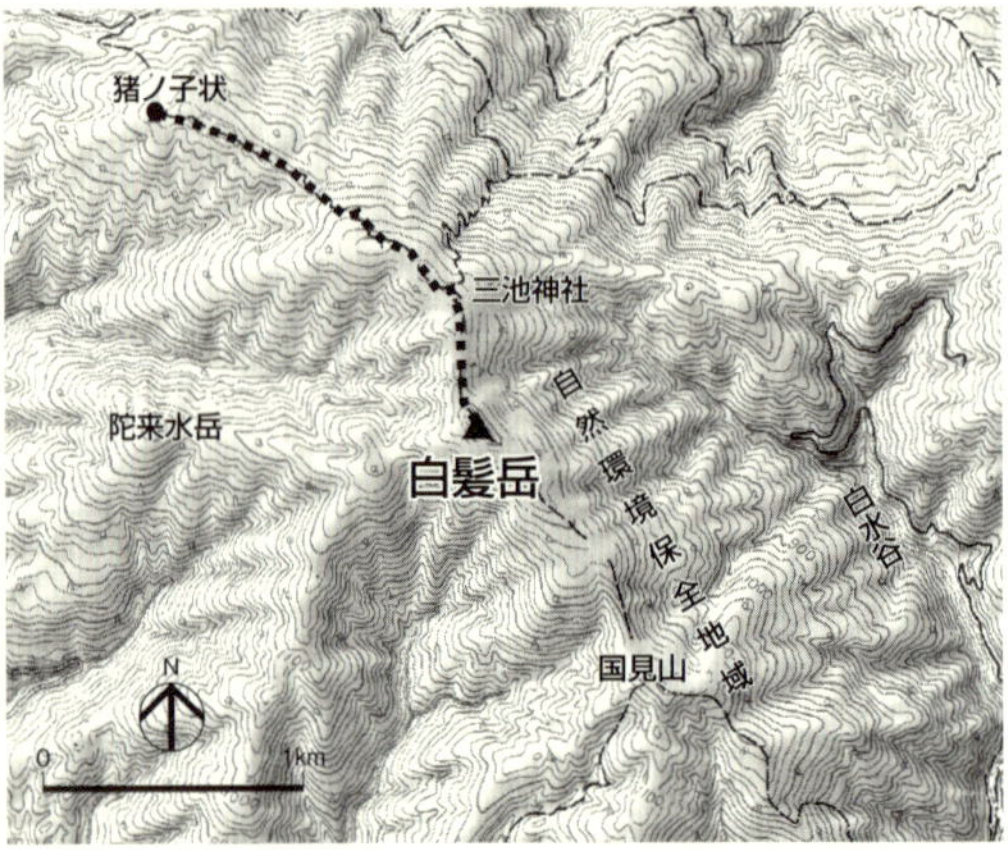

【登山路】歩行時間2時間50分（往90分・復80分）

白髪岳は県南部のあさぎり町に東西に連なる山群の最高峰で一等三角点がある。昭和55（１９８０）年には白髪岳自然環境保全地域に指定され、特にブナやツガ・モミなど自然林の宝庫である。珍しい山名の由来は冬季に雪が降り、山頂付近が雪で覆われると人里から見たとき、白髪のように見えるということからついたらしい（なお、関係はないが佐賀県には黒髪山がある）。

　モミ・ツガの大木の下を登ること20分で猪ノ子伏の平頂に着く（９：20）。真っ赤な実をつけたミヤマシキミがやたらと目につく緩やかな稜線を上がったり下ったりしながら進む。「水の守り神ぶな」の標識（10：00）がある場所にはブナ・ナツツバキ・

イタヤカエデなどの木々やツルアジサイ、バイケイソウなども見られる。

　標高1374mあたりはブナの巨木ばかりのようだ。なだらかな勾配の道なので、豊かな自然林が目につく。やがて枯れたクマザサが道の端に現れ出すとあたりが開け、**三池神社**に達する。この辺はピクニックにでも来たような、のんびり歩ける丘の感じである。

　ホウノキ・エゴノキ・ツルマサキ等も緑濃く輝いている。間もなく、ブナの背丈が低くなってきた尾根を登ると**白髪岳**山頂である（10：30－11：10）。山頂は広く樹木も低いので霧島方面や九州山地の展望がひろがっている。

ブナの大木

　下山は往路を帰る。猪ノ子伏（12：15）まで樹種が多く（下記参照）、さすが自然環境保全地域に指定された山だと感じた。登山口帰着（12：30）。

　樹種を一部列挙する。アオハダ・コシアブラ・ヤマザクラ・ウラジロガシ・ハイノキ・コバノガマズミ・イチイ・ヒメシャラ・モミノキ・ウリハダカエデ・シロモジ・ハリギリ・アカガシ・クマシデ・タンナサワウタギ・イヌガヤ・イタシデ等々

白髪岳山頂

✿花　バイケイソウ（6月）
♨温泉　人吉温泉
⊞地図　白髪岳
☎問い合わせ
あさぎり町役場＝0966（45）1111

70 仰烏帽子山

1302m　熊本県

登山日　2007年10月14日（日）晴

【アクセス】国民宿舎くまがわ荘（6：00）⇩国道445号線を五木村へ。「道の駅五木」の手前に五木温泉夢唄がある。その近くの「こばえばし」（平成17年3月竣工）を渡る（6：40）。約3kmで元井谷橋（橋の前に仰烏帽子山の登山マップの看板あり）。ここからセメント舗装の林道を4・3km上ると登山口がある（6：57）。横の空き地に駐車。

【登山路】歩行時間4時間55分（往150分・復145分）

仰烏帽子《のけえぼし》山は山江・相良・五木の3村にまたがり、石灰岩の地層が走る山でフクジュソウやヤマシャクヤク、カタクリなどが早春から初夏にかけて可憐な花を咲かせる。西南側から見ると烏帽子のようにそそり立って見えることからその名がついたらしい。

林道横の元井谷登山口から登る（7：20）。桂や山桑、房桜、沢胡桃の大木を見ながら涸れ谷沿いにのぼると、やがて眼前に高さ20mくらいの涸れ滝が見えてくる（7：30）。右斜面の急坂をジグザグに登り、その滝の上に出る。小さな木の梯子を下りて大きな石灰岩がゴロゴロむき出ている涸れ沢を歩く。石に塗られた目印の黄点がありがたい。シカ害防止の網沿いに開けた沢をしばらく歩くと**二股**に着く（8：15）。このあたりでは家内の俳句が調子よく出てくる。

涸れ谷の石の苔にも草紅葉

涸れ谷の岩をつかみ

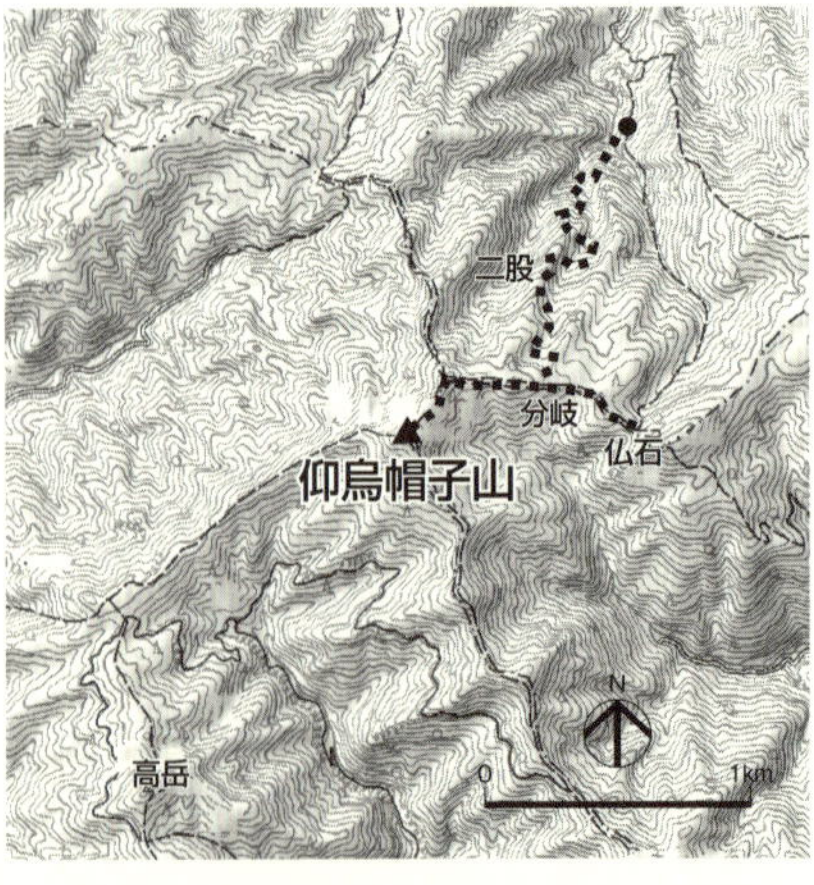

し沢胡桃

二股には山頂方向の標識があり、水場もある。右へ沢のなかを進む。石が小さく歩きやすく、自然がいっぱいの快適な登山道である。五分も歩くと2本の大きな杉の木があり、夫婦杉の名札も立っている。

私も一句。

仰烏帽子山頂上

涸れ谷の寄り添いそびゆ夫婦杉

チドリノキ、ミズメ、サワグルミなどの緑が実に美しい。また、大きな鳥の声も聞こえる。

涸れ谷に鳥の一声こだます

山頂まで60分の案内板がある地点（8：35）付近は水もチョロチョロと流れ、第2の水場である。

谷を離れヒメシャラ・マタタビ等をみながら左上へ急斜面を登ると、間もなく左側は杉の植林帯となり、クマザサが現れ、視界が開け稜線に出るとすぐ**仏石分岐**である（9：00）。仏石は左へ0・5km、山頂は右へ1・5km、元井谷登山口から4・5km登った地点である。

仏石へは帰りに行くことにして山頂へ向かう（9：10）。檜の植林帯を上っていくとカルストの石群が見えてくる。やがて雑木林の平坦な尾根道歩きとなり、途中、道の脇に「熊穴」と書かれた石灰洞もある（9：30）。ここらにも石灰岩が植林のなかに多数見られる。ここを過ぎ、左に巻いて上ると自然林が素晴らしい稜線に出る（9：40）。コナラやクヌギなどの落葉樹林の平坦な道が続く。椎葉谷登山口へ通じる展望台を左に分け（9：45）、アセビなどの灌木林を上がりきると山頂への道で

仏石

ナツツバキ・ホウノキ・ハイノキ・ミズメなど多種の樹木を見ることができる。大きな石灰岩が現れ、その左を巻いて登れば**仰烏帽子山**頂である（10：00－10：45）。露岩に腰掛け眺望できる。市房山・白髪岳や五家荘の山々も一望できる。傍には小さなお地蔵様も2体祀られている。

復路もよほど心地いいのか家内の句がポンポン出てくる。

わくらばに鹿の踏み跡シオジ林
倒木をくぐりし先に秋の花

仏石分岐（11：20）に戻り、仏石へ。鎖やロープで急な岩場を下り、大岩前の広場に着く（11：30）。この辺はフクジュソウの群落地で、早春には黄色い花が多数見られる。

およそ30ｍの高さの石灰岩塔にロープで登る。てっぺんは油断すれば滑落しそうな狭い岩上である。下は深い。南東には仰烏帽子山の頂もみえる。絶景を楽しんだらまた、仏石分岐に戻り（12：10）、往路を下る。二股（12：35）、元井谷登山口（13：10）。

✿花　フクジュソウ（3月）、ヤマシャクヤク（5月）
♨温泉　五木温泉　夢唄
⊞地図　頭地
☎問い合わせ
五木村役場＝0966（37）2211

71 比叡山 918m

【アクセス】 山荘かつらの樹（5：00）⇩国道325号線を高森町村山信号⇩山都町柳信号を左折し、高千穂町河内信号右折（33km）⇩高千穂信号から国道218号線へ⇩北方町槙峰（67km／6：30）より鹿川渓谷へ右折し約1・5km下る⇩県道214号線（上祝子綱の瀬線）へ左折（68・5km／入口に鹿川渓谷・比叡山登山口の標識あり）⇩綱の瀬川沿いに5km上ると道路右側に比叡山登山口がある（道路脇に7－8台駐車可／WCあり／73・5km／6：40）。

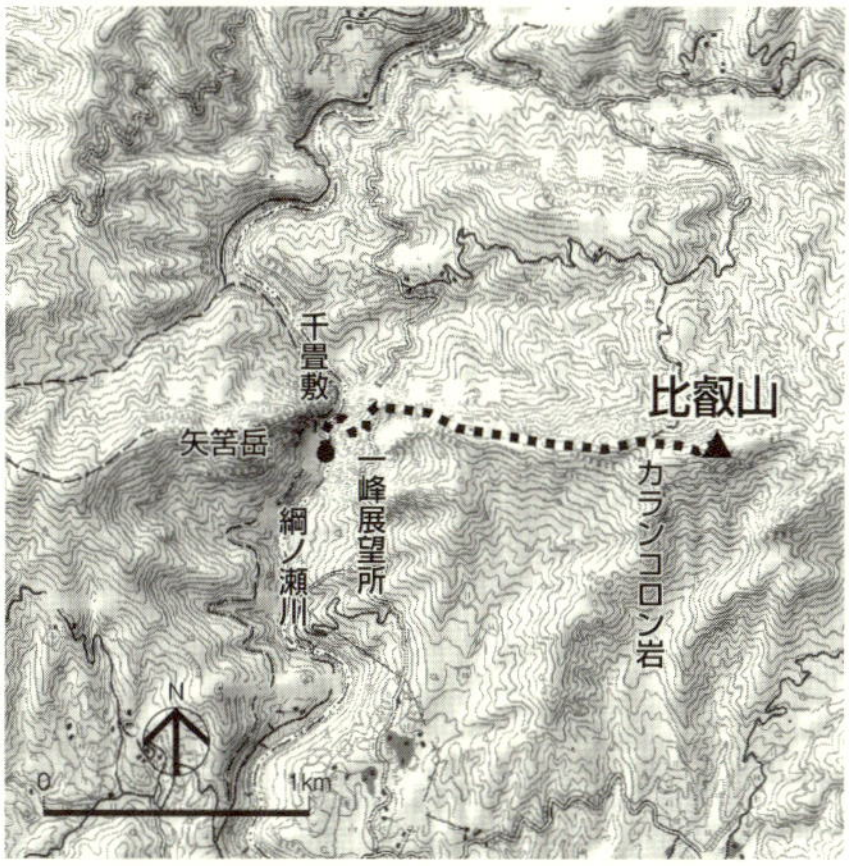

【登山路】 歩行時間4時間40分（往150分・復130分）

比叡山は花崗斑岩からなり、岩壁むき出しの山容で対峙している矢筈岳と綱の瀬川の谷底まで大断崖をなす峡谷を形作っている。昭和14（1939）年には国の特別名勝地にも指定されている。

岩峰を見ただけでその姿に圧倒される。この山は三峰からなり、一峰はロッククライミングのゲレンデとして多くのクライマーが訪れている。WCの先に小さな階段があり、比叡山登山口の案内板がある（7：10）。石段を上がると右上に祠と水場があり、そこから数分先に**千畳敷展望台**がある。石畳の広い場所で目の前に見える対岸の矢筈岳の岩壁にまず驚愕する。広場から5分ほど歩く

一峰展望所

と「一峰展望所まで55分」の案内がある（７：25）。木の葉に覆われ薄暗い樹林帯を登る。自然石の露岩道でなかなかの急登である。木につかまり、石を摑んで一歩一歩登る。視界が開けると「祖母・傾国定公園　比叡山標高７７４ｍ」と刻まれた石柱が立つ**一峰展望所**に上がる（８：00－８：10）。

ここからはマツ・アセビ・ヤブツバキなどが繁る平坦に近い尾根道歩きとなる。緩やかな上り道になると、すぐに東側登山口からの道と出合う（８：20）。２回ほどアップダウンし、檜の植林帯になるとまた、急な登りとなる。檜がなくなり、大きな自然岩を何個も見ながら登り切ると、立ちはだかるように大きくて高い岩石が現れる（８：35）。岩に登り、眺望を楽しんだ後、その岩石の右を巻くように歩き、短い急坂をのぼると赤松群になり、右側が開けている場所がある。

アカマツがなくなりヒカゲツツジやアケボノツツジが見られるようになると、やがて巨岩（８６４ｍ）が立ちはだかる。この岩にはチムニー状の岩の隙間があり、梯子とロープで上る（９：30－９：40）。これが**カランコロン岩**と呼ばれているもので細い割れ目があり、石を落とすと確かにカランコロンと響くようだ。大崩山・鉾岳・祖母山なども見える展望のよい所である。

このカランコロン岩から杉の大木がある小さな鞍部に下りて、また緩やかに上っていくと岩屋がある。それをくぐり抜けると**比叡山**山頂はすぐだった（10：00）。山頂は狭く展望はない。山桜・ツゲ・アセビ・イタヤカエデ・ヒメシャラなどがあり幾分すくわれる。先の方へ少し下ると大きな丸い岩石があり、その上からの見晴らしが良かった。山々を眺めていると東南に花崗岩の岩峰が見えたので、行ってみる気になり杉林を7、8分下り、岩に登り、写真を撮り、また比叡山山頂に戻る（11：00）。

カランコロン岩を登る

下山は往路を引き返す。岩屋（11：07）、カランコロン岩（11：20）、７６０ｍピーク（12：10）、東登山口分岐（12：20）、一峰展望所（12：30－12：45）、千畳敷（13：20）、登山口（13：25）。

✿花　ヒカゲツツジ・アケボノツツジ（４月）

♨温泉　日之影温泉駅

⊞地図　日之影

☎問い合わせ　北方町役場＝０９８２（４７）２００１

72 行縢山 830m 矢筈岳 666m

宮崎県

登山日 2007年10月24日（水）晴

【アクセス】 延岡市内のホテル（5：40）⇩北方延岡道路を6・8km走行し、国道218号線に出て延岡市内方面へ700m戻ると平田町信号がある。そこから左折し、高千穂鉄道のガードをくぐり行縢神社前へ（14km／6：30）。アクセス地図は、179頁を参照。

【登山路】 歩行時間3時間30分（往115分・復95分）

行縢《むかばき》山は延岡市の北西にあり、雄岳と雌岳の二峰からなり、その岩峰が遠望できる。その山容が行縢（武士が着用した皮の脚絆《きゃはん》）に似ていることから、その名が付いたらしい。二峰の間から流れ落ちる「行縢の滝」は77mの高さがあり、日本の滝百選にも選ばれている。

登山口は行縢神社の鳥居をくぐり、二つ目の鳥居前から右の山道へ入る（7：00）。生い茂る照葉樹林のなかをアラガシやイチイ等々を見ながら歩くと、やがて杉の巨木が目を見張らせる。渓流を渡り、ジグザグに登っていくと滝見橋に着く（7：30）。橋上から左上に行縢の滝がみえる。橋を渡って雌岳の基部に近づき、急な自然石の階段を上ると雌岳への分岐地点がある。分岐を右に見送り、左へ丸太の階段を上りきると**山ノ神**の祠がある峠に到着する（8：10）。峠から右下方に下り、ベンチのある場所から左へ下って渓流を横切る。杉林から自然林になり、右に沢を眺めながら一本道を進む。

柄杓も備わっている最後の水場（8：

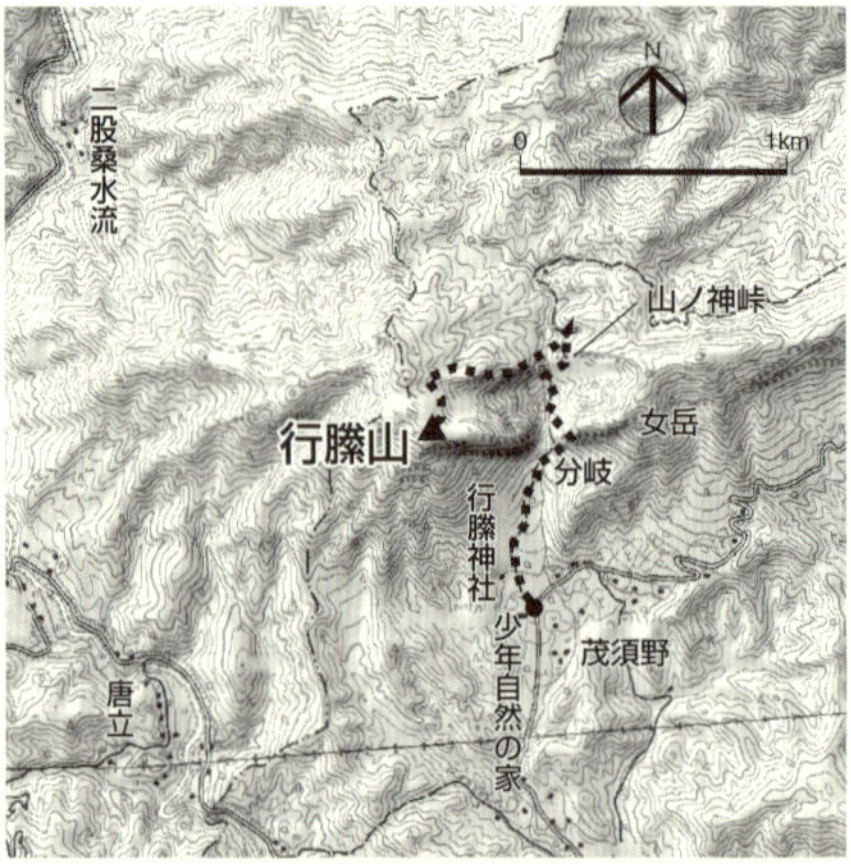

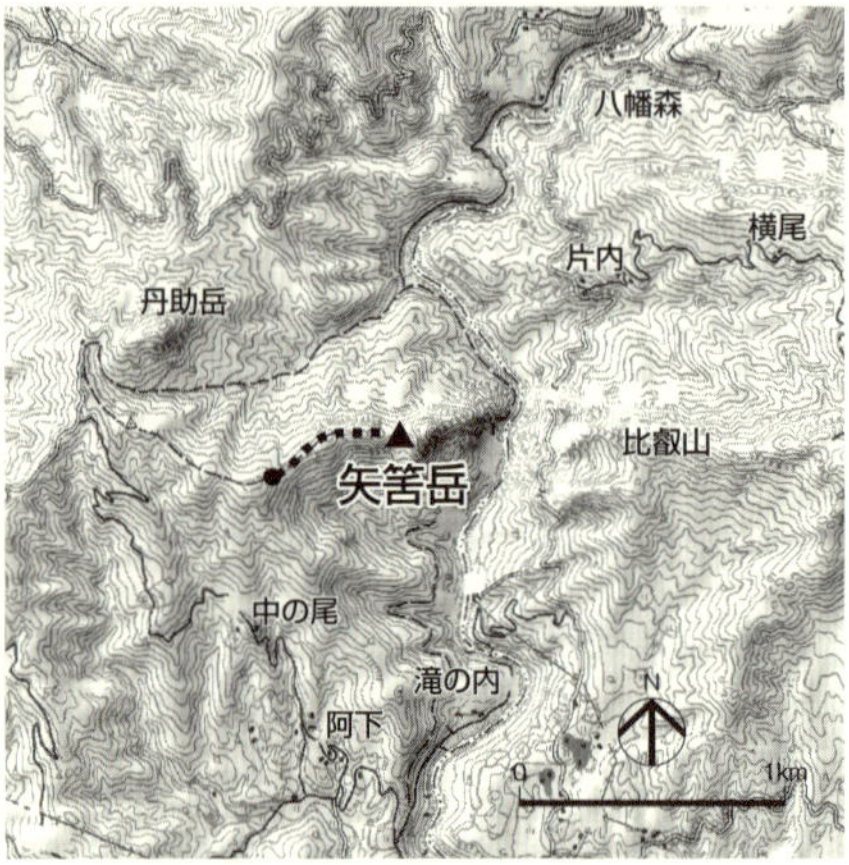

30）からの杉並木は美しく疲れも吹っ飛ぶ。並木が終われば山頂まで500mである。松林を切り開いた広場を通り過ぎ、一気に**雄岳**山頂へ登る（8：55－9：40）。露岩ばかりで木はマツとミツバツツジぐらいしか見当たらないが、展望がすばらしい。東に雌岳・可愛岳、西に延岡市街や日向灘、南には尾鈴山、北に大崩山・桑原山・鬼ノ目山などが望まれる。

下山は往路を引き返す。山ノ神（10：14）、雌岳分岐（10：20）、滝見橋（10：40）、行縢神社（11：15）。

行縢山全景

✿花　ササユリ（5月）

♨温泉　日之影温泉駅

⊞地図　行縢山

☎問い合わせ　延岡市役所＝0982（34）2111

※時間に余裕があったので平田町信号へ出て、国道218号線を北方町の矢筈岳入口に着き、矢筈岳登山口の駐車場へ（38km／13：00）。

前日、比叡山の千畳敷展望台から見た矢筈岳の絶壁を思い出しながら歩き出す（13：25）。標高500mの駐車場から丹助岳を左にみて、坂をどんどん下り、標高385mの大きな岩がある

行縢山頂上

場所に着く（13：40）。ここから自然林のなかを登り、東峰と西峰の鞍部に出た（13：53）。左の東峰（右は西峰）を目指して灌木林の尾根道を歩けば間もなく**矢筈岳**山頂666mに達する（14：05－14：20）。

モッコク・アセビ・アカマツなどがある狭い山頂であったが、眼前に比叡山の峰々が指呼の間で鋭い岩肌に感嘆する。

下山は往路を戻る。鞍部（14：30）、標高385m地点（14：40）、駐車場（14：55）。

73　鉾岳　1277m　鬼の目山　1491m

宮崎県

登山日　2007年10月28日（日）晴

【アクセス】　山荘かつらの樹4：30⇩国道325号線高森町村山信号⇩山都町柳信号を左折（17ｋｍ）⇩高千穂町河内信号（33ｋｍ）より右折⇩高千穂町武道館前信号（45ｋｍ）より国道218号線へ⇩北方町槇峰（66・8ｋｍ）より右折して鹿川渓谷へ下る⇩「鹿川渓谷　比叡山登山口」の道標がある地点から県道214号線（上祝子綱の瀬線）へ左折（68・1ｋｍ／6：05）⇩比叡山登山口（73・5ｋｍ／6：15）⇩下鹿川小学校前（廃校、77ｋｍ）⇩前川橋（81ｋｍ）より右折⇩上鹿川小学校前（84・8ｋｍ）⇩今村橋（駐車場／WCあり／86ｋｍ）より鹿川渓谷へ右折し、鹿川山荘横を通過して鹿川キャンプ場へ（88・1ｋｍ／6：50）。アクセス地図は179頁を参照。

【登山路】　歩行時間7時間20分（往270分・復170分）

　鉾岳は雄岳・雌岳を有する双耳峰で花崗岩の急峻な岩峰の山であり、特に雌岳はクライマーを魅きつけている。また、世界的にも珍しい植物のツチビノキが自生している。

　鹿川キャンプ場の管理棟前（7：00）から林道を暫く進むと、鉾岳登山口の案内板があり、右方へ入っていく。杉林から段々と傾斜が増してくると目の前（右下）に渓流が見えてくる（7：25）。この辺りから木の根が張り出した所が多くなり急登となる。大きな松の木の傍を通り、苔で滑る岩に立てかけられた小さな梯子を上がると栂の巨木があり、その先に「鉾岳スラブ取り付き」への分岐がある（7：45）。大岩に沿うようにスラブ下を通ると滝下の岩河原に出る（7：55）。滝から落ちた水が岩と岩の間を

流れている。張られたロープを握り、右（左岸）へ渡り、斜面を登ると滝見新道分岐がある（8：00）。雌鉾の巨大な花崗岩のスラブを見るためには、登山道を無難に歩くより、滝見新道を選んで登る方がより感動する。ロープや梯子で急斜面を登っていくが左手のスラブを見れば急な登りも苦にならない。花崗岩の見事な量感はここからしか味わえない。

雌鉾

急斜面を登り、赤い肌のヒメシャラが10本ばかり見え出したら、そこからロープで下って滝の上に出て、ナメ床を徒渉する（8：45）。この付近でツチビノキを多数見ることができた。ナメ谷の少し上流（10ｍ）から新道を登り**鬼の目林道**に出る（8：50）。

林道を左へ200ｍほど歩くと鉾岳への案内板がある（8：55）。谷へ下り、流れを渡って（二つ目のナメ谷の徒渉、9：00）、クマササが茂る登山道を笹をくぐるようにして進み、栂やヒメシャラの大木が目に付き出すと**鉾岳（雄鉾）**山頂に達する（9：10－9：25）。山頂は狭いがナツツバキやアケボノツツジ、ツチビノキなどもある。露岩の上から鹿川キャンプ場が眼下に見えるし、大崩山・日隠山・釣鐘山・地蔵岳などが一望できる。紅葉した山々の風景もよい。また、山頂の少し先にある巨岩上からの眺望も良い。

雌鉾へ登るため、徒渉地点まで戻り（9：35）、谷を少々くだって右岸から雄鉾と雌鉾との鞍部へ上り、左の方へ歩き、大きな露岩を2回ほどロープで登ると雌鉾岩峰の基部に着き、丸くて大きな岩の**雌鉾**へは1本のロープに助けられ登頂する（10：05－10：20）。

帰りは徒渉地点（ナメ谷）まで引き返し（10：40）、鬼の目林道に上がり、滝の上（最初のナメ谷）へ降りる所から林道を左(東)へ下り、鬼の目山登山口に着く(11：00)。登山口前の林道は先の災害で完全に崩壊している。鬼の目山への登山道も山林もろとも流れ落ちなくなって、大石がゴロゴロの涸れ沢(横幅約20m、縦幅は上方へ約300m)みたいになっている。そのゴロ石の上を歩いて山頂を目指す。200mほど登ると左側に杉の植林が残っているカ所があり、そこから上方は登山道が残っていた。杉林の支尾根を登り、両脇はクマザサで覆われた道を上へ上へと進む。自然林になると**鬼の目山**山頂だった(12：00–12：10)。山頂は自然林とクマザサに囲まれて展望は得られない。ただ、世界的にも珍しいと言われているツチビノキがあり、じっくり観察した。下山は往路を戻る(登山口着12：55)。

ツチビノキ

　鬼の目山は北川町と北方町の境界にあり、数年前に杉の天然林が発見されたり、世界的にもここらあたりしか自生していないツチビノキがあるなど奥深い山地である。めずらしい山名は、産出される水晶が鬼の目玉のように光っていたことに由来するらしい。

　鬼の目林道を引き返し、鉾岳の滝の上へくだる(13：20)。往きに見送っていた展望所へクマザサの急坂を登る。ちょうど10分で**展望所**に着く(13：30–14：00)。巨大な露岩上から、目の前(北)に雌鉾の広大なスラブ、その後ろには雄鉾山頂の大岩壁が一望できる。一枚岩のスラブ、深い谷等々が眺められる格好の見晴らし台である。周囲には五葉松・シロモジ・ナナカマド・アケボノツツジなども見られ、絶景を楽しむ。

　滝の上のナメ床(徒渉地点)まで戻り(14：10)、往路を帰る。滝見新道を歩かずに旧道を歩いて滝見新道分岐(14：45)を経て、岩河原(14：48)、鉾岳スラブ取り付き分岐(15：05)、登山口(15：30)。

✽花　アケボノツツジ(4月)・ツチビノキ(7月)

♨温泉　日之影温泉駅

田地図　祝子川

☎問い合わせ

北方町役場＝0982(47)2001

74 可愛岳　728m

宮崎県

登山日　2007年10月29日（月）晴

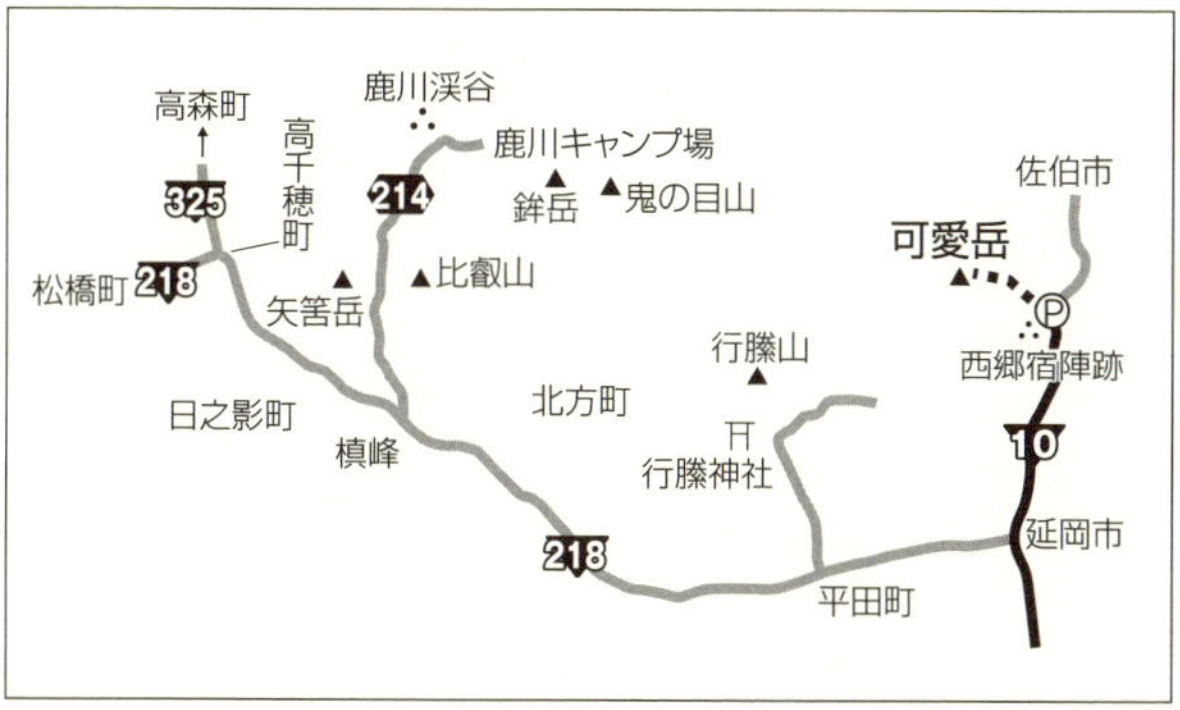

【アクセス】　延岡ホテル（6：00）⇩国道10号線を佐伯市方面へ⇩和田越トンネルを過ぎ、北川町俵野地区にさしかかると西郷隆盛宿陣跡資料館の案内がある。そこから左に下りてすぐにJR日豊本線のガードをくぐると西郷資料館・可愛岳登山口の案内板が見える。その前に広い駐車場がある（10km／6：20）。

【登山路】　歩行時間6時間45分（往155分・復250分）

可愛岳は花崗斑岩からなり、急峻な岩峰の山である。北川町俵野の登山口付近には宮内庁管轄下の御陵がある。また、西郷隆盛宿陣跡もある。西南の役の激戦地（和田越）から退却した薩軍本営が置かれた場所である。北側登山口は資料館の横にあるが、反対側の南尾根ルートを登る。登山口前には中隊長の桐野利秋宿営地もある。明治10（1877）年8月17日夜の「可愛嶽突囲戦薩軍登山口」と書かれている所から登る（7：00）。

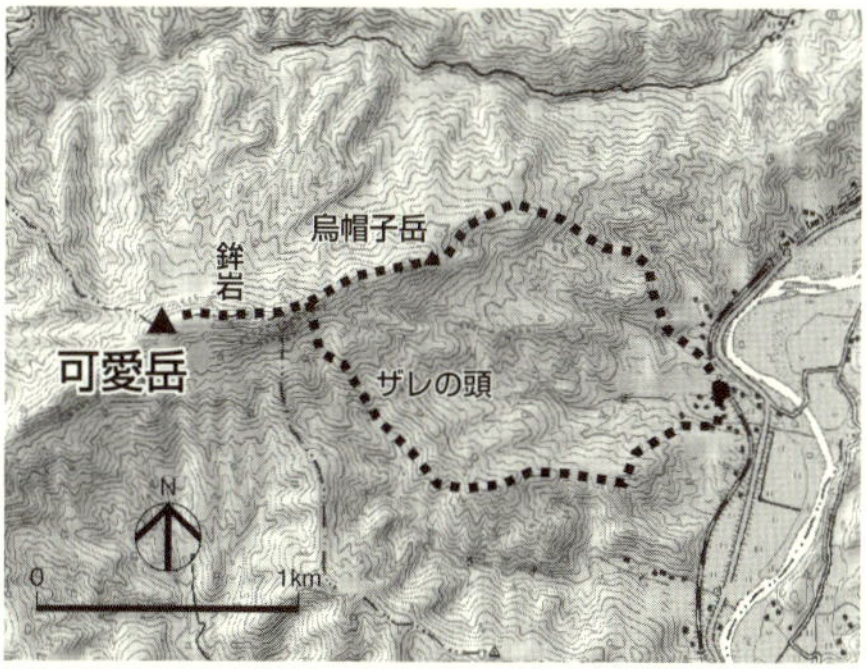

杉林を登っていくと伐採された杉が所狭しと並べられていて通れない。仕方なく回り道してルートに出る。「ばくと岩」の前（7：40）を通り、赤マツが目立つところを抜けると正面が開け、**ザレの頭**に着く（8：00）。前方には千丈覗の岩壁が見える。山腹を上ってい

くと瀬音が聞こえ、すぐに水場である。ここから大きな露岩とザレの歩きにくい急斜面の登りになる。白いサザンカの花がしばし、疲れを忘れさせてくれる。炭焼き窯跡、ザレの平（8：35）を過ぎると樫・椎・椿など照葉樹林のなかの急登をジグザグに登る。やがて烏帽子岳からの道と合流（8：50）し、石垣が残っている前屋敷（8：55）の前を通過し、少し先から左へ歩けば南

可愛岳頂上

側の眺望がよい千丈覗に行ける。

山頂はもう一息である。巨石が点在する稜線を辿る。ドルメン（支石墓）を拝みしばらくで**可愛岳**山頂に達する（9：35－10：30）。山頂からは西に行縢山。北西に大崩山系が見え、展望がすばらしい。ドウダンツツジやミツバツツジなどもある。

下山は前屋敷を経て、直進（南尾根ルートに戻らない）して**烏帽子岳**（588m）へ。途中ほとんど風景は見えないが山頂（11：20－11：30）からは延岡湾に流れ込む北川の蛇行がハッキリ望める。東へ下るとストーンサークル（環状列石、11：35）もあり、さらに檜林のなかの稜線を下って**林道**に出る（11：50）。その林道を突切って落ち葉がいっぱいの灌木林の尾根道をどんどん下ると庚申塔が立っている（12：40）。その石柱には「左ハひやうのみち　右ハやとみち」と刻まれている。日向街道往還道標もある。この先、少し下ると「可愛山稜」があり、野口雨情の「こころして吹け朝風夜風……」の詩をよみながら歩いているといつの間にやら西郷資料館に帰着（14：50）していた。

西郷資料館は休館日で和田越の戦いをよく知る機会に恵まれなかったのは残念であった。後日、元越山登山の

鬼の舟から見る北川の蛇行

帰りに立ち寄り、戦いの説明を詳細に聞くことができた。おまけに当日は可愛岳の日本一遅い山開き（毎年11月3日の文化の日に開催）ということで、キビの団子汁とおにぎりまでご馳走になった。

✲花　ミツバツツジ（3月）
♨温泉　日之影温泉駅
⊞地図　延岡北部
☎問い合わせ　北川町役場＝0982（46）2001

75 元越山　５８２ｍ

大分県
一等三角点

登山日　2007年11月3日（土）晴

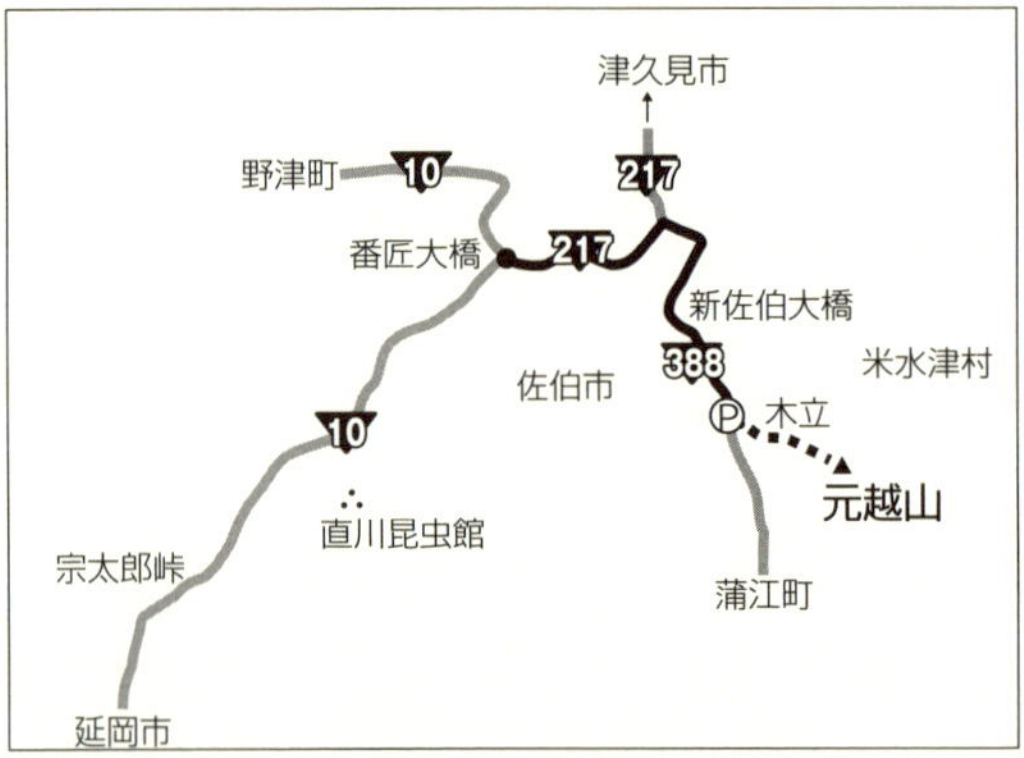

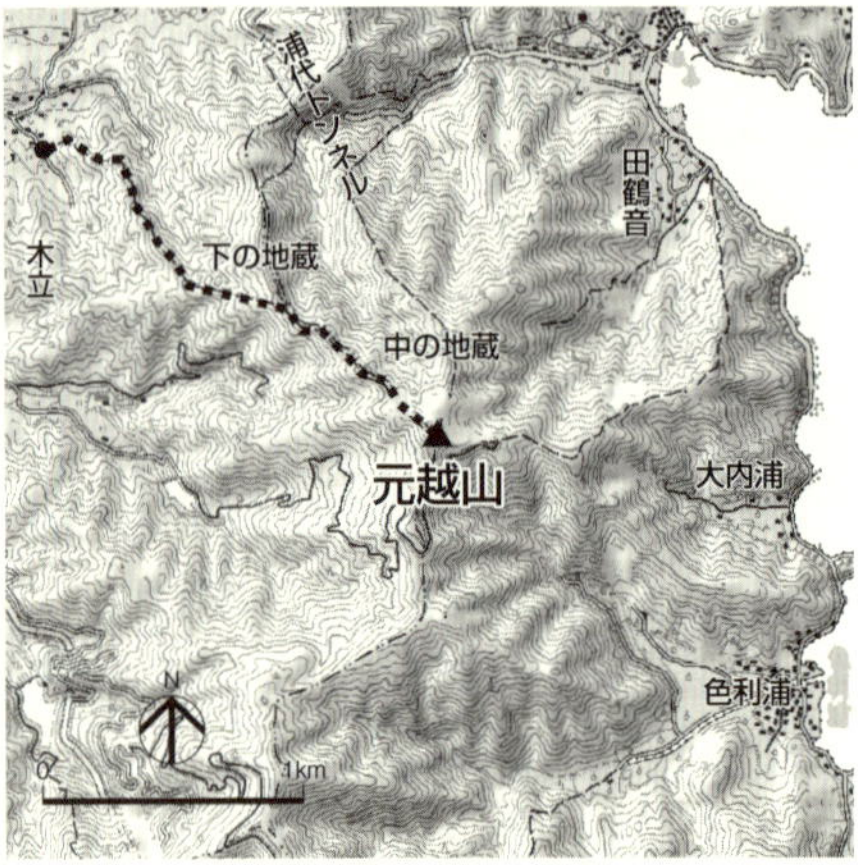

【アクセス】　山荘かつらの樹（５：00）⇩国道３２５号線⇩山都町柳信号左折（17ｋｍ）高千穂町河内信号右折（３３ｋｍ）⇩高千穂町武道館前（45ｋｍ）から国道２１８号線へ⇩北方町槇峰（69・５ｋｍ）⇩延岡市街（94ｋｍ）から国道10号線へ⇩西郷隆盛資料館前（１０４ｋｍ）⇩宗太郎峠⇩直川昆虫館入口（１４２ｋｍ）⇩番匠大橋（１５２ｋｍ）を渡り、右折して県道２１７号線に入り、新佐伯大橋（１５８ｋｍ）を渡り、県道３８８号線に入り、竪田川を渡る⇩亀の甲橋（１６１・５ｋｍ）を渡って、すぐ左折し、約１ｋｍ走ると木立橋（木立小学校近く）がある。ここを渡り、道なりに１・５ｋｍ走ると元越山登山口に着く（１６４ｋｍ／９：00）。

【登山路】　歩行時間2時間20分（往80分・復60分）

佐伯市と米水津村（佐伯市米水津）の境界にある元越山は低山ながら展望のよさは明治時代の文豪国木田独歩も「欺かざるの記」に記している。「山嶺に達したるときは四囲の光景余りに美に、余りに大に、余りに全きがため感激して涙下らんとしぬ……」と山頂の展望図にその一部が刻まれている。

この山に文化の日の今日登ろうとしている。

元越山頂上

鼓動を憶える。登山口には集落の人の提供か？　無料駐車場があり、簡易水洗便所も最近設置されて登山者へのサービスが伺える。登山口横のお地蔵様に手を合わせて出発（9：30）する。竹林から桧林の中のシダの生い茂った道を登る。降水によりデコボコになっている赤土の尾根道を進む。山頂まで２ｋｍの地点（10：00）を過ぎるとヤブツバキ、ネズミモチ等の林になり、やがて左側に**「下の地蔵さん」**と呼ばれている入角地蔵が目にはいる（10：15）。人々の安全幸せを祈ってくれる地蔵さんらしい（頂上まで１・５ｋｍ地点）。桧の植林帯の急坂を登ると林道に出る（10：20）。

林道を右へ50ｍほど歩くと元越山登山道と書かれた案内板がある。林道から左上へ上がり、緩やかな上り道を進む。アセビやカミシバなどが目立つようになると左脇に**「中の地蔵さん」**（10：30）が鎮座されている。旧木立村と旧米水津村との峠道で村の人々から親しまれてきたお地蔵さんとのことである。５～６分先から鞍部に下り、椎の木や松の大木を目にしながら緩く上っていき、最後の１００ｍ程の急坂を登ると**元越山**山頂である（10：50－11：40）。

登り口に置かれていた資料に、山頂は「展望３６０度」「地球が丸く見える山」と書かれていたが、まったくその通りで絶景かな絶景かなである。天気もよく快晴で空の青さと米水津湾、豊後水道の海の青さが素晴らしい。東には遠く微かに四国の山々が見え、西には傾山・大崩山・九重連山など名だたる山がハッキリと見える。南には日向灘、北には彦岳や佐賀関までも見ることができる。気温18度、無風。

下山は往路を引き返す（12：40）。

♨温泉　延岡ホテル
⊞地図　佐伯・畑野浦
☎問い合わせ　佐伯市役所＝０９７２（２２）３１１１

76 大崩山 １６４３ｍ

宮崎県
一等三角点

登山日 2007年11月4日（日）晴

【アクセス】延岡ホテル（５：00）⇩北方町槇峰左折⇩県道２１４号線（上祝子綱ノ瀬線）入口より綱ノ瀬川沿いに上る⇩比叡山登山口前⇩今村橋（鹿川渓谷入口46・７ｋｍ／６：50）⇩直進して比叡山林道に入り５・８ｋｍ進んだ所で駐車（林道崩壊のため）⇩崩壊個所を５回ほど乗り越えて１・２ｋｍほど歩いて宇土内谷登山口に着く（７：50）。

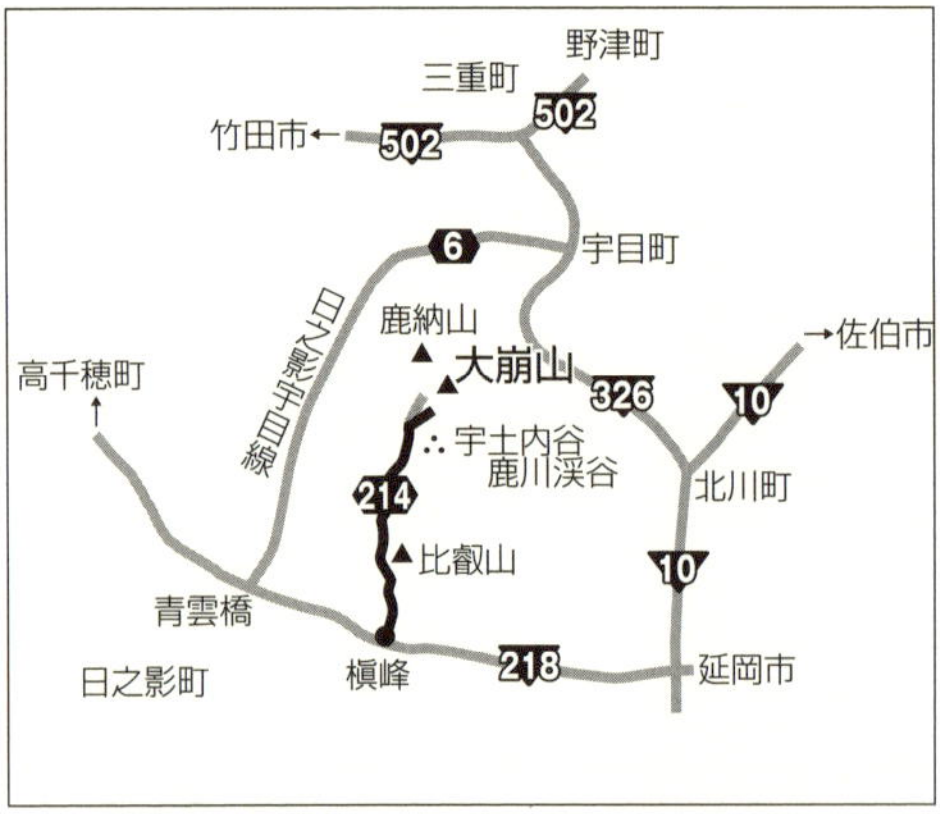

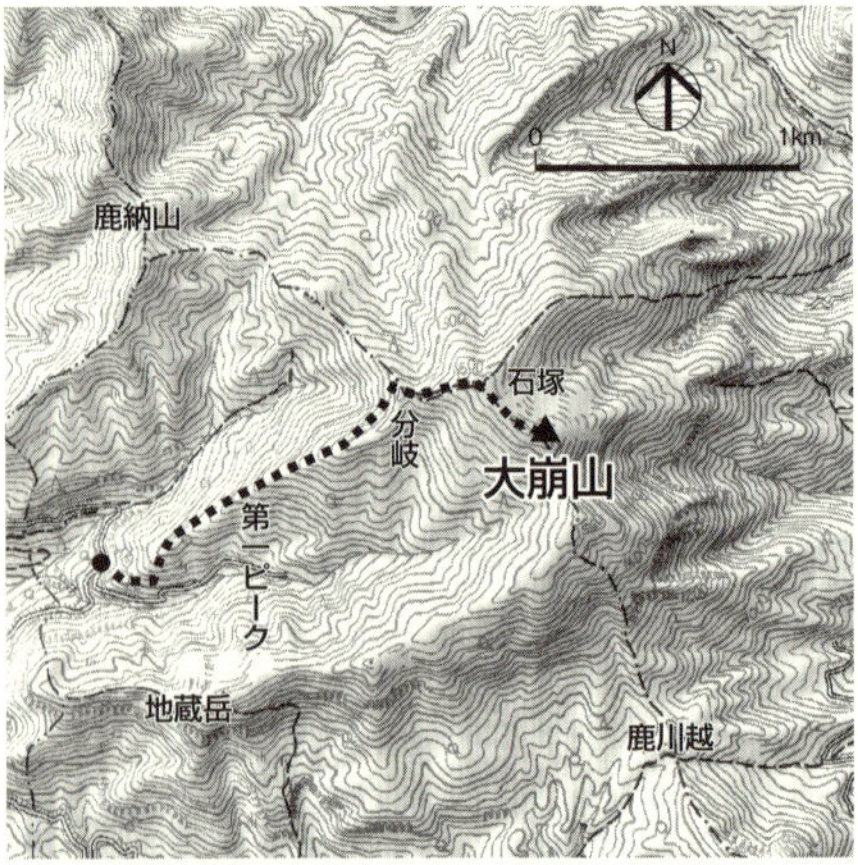

【登山路】歩行時間3時間55分（往１３０分・復１０５分）

大崩山は祖母傾国定公園に属し、森林生態系保護地域に指定された原生林がある。花崗岩の白い岩峰あり、清流ありの魅力たっぷりの山である。特にアケボノツツジやヒカゲツツジ、ヨウラクツツジなどのツツジ類は20数種を数え、花の季節は見事である。

メインルートは上祝子からであるが、短時間で登れ、危険度も少ない宇土内谷コースを行く。

比叡山林道は先の大雨で何カ所も大崩壊をしていた。土石流が林道を潰し、下方まで山をぶっ壊している様は大水害の怖さを目の当たりにするようだ。やっと大崩山登山口まで辿り着いてホッとする。8時10分きっかり出発する。山仕事の作業道であったと思われる林道は廃道化していた。右下からは渓流の瀬音が激しく聞こえる。道は壊れ、石がゴロゴロしていて歩きにくいが登りでないので何ともない。10分ちかく歩くと、道の谷側が半分以上なくなっているカ所があった。そこを通り過ぎて道が左へ曲がってくると杉林に入り、少し上ると再び林道へ出る（8：30）。右

鹿川渓谷入口

方向へ壊れている道を用心しながら歩いていると水が少量チョロチョロと浸み出ている場所がある（8：40）。ここから左の杉林に入る。杉が倒れ、土が流れ、登山道はなくなっているが赤いテープを目印にそこを登り切ると、後は杉林の薄暗い急坂をジグザグに登ることになる。

　スズタケが道の両脇に出てくると空が見え尾根に上がる（9：00）。自然林が多くなり、アケボノツツジの群落地あたりでは、左手の樹間から鹿納山の山容も見える。緩やかな坂から露岩の急登となる所が**第一のピーク**である（9：20）。なお、なだらかな登りを進むとブナやツガなどの大木があり、赤い肌のヒメシャラも目につくようになる。そのなかにイタヤカエデ、アケボノツツジの紅葉がちょうど見頃で気分爽快である。また、登りがきつくなってくると立派なブナ科の巨木が多数見られ、前方には大崩山の頂も視界に入ってくる（9：45）。ここからほんの僅か下り、またスズタケ道を上っていくと鹿納山への**縦走分岐**に着く（9：55）。分岐を左に見送り、3分ほどで中瀬松谷への分岐点もあらわれる。微かな上りをどんどん歩くと左から登ってきた上祝子登山口からの道と合流する（10：10）。右へスズタケばかりの平坦な道を急ぐと最も展望がよい場所と言われる**石塚**に5分ほどで着いた。大岩からの眺望は抜群である。**大崩山**山

大崩山頂上

頂はこの先すぐだった（10：20－10：45）。

山頂周囲はスズタケとベニドウダンツツジと小灌木の低木だけで夏木山・傾山・鹿納山・桑原山などがよく見える。

下山は往路を引き返す。登山口（12：30）。

このコースはワク塚コースや坊主尾根ルートと違い、危険カ所もなく、高齢者の登山には最適に思えた。アケボノツツジやイタヤカエデなどの紅葉と自然林の豊かな色合いを眺め満足している。花の季節にまた来たい。

✲花　アケボノツツジ・ミツバツツジ（4月）
♨温泉　日之影温泉駅
田地図　祝子川・大菅
☎問い合わせ　北方町役場＝0982（47）2001

77 福智山 901m

福岡県 一等三角点

登山日 2007年12月2日（日）晴

【アクセス】 自宅（9：00）⇩直方市内⇩田川バイパスの宮馬場信号左折（27・5km）⇩上野窯の郷を通過して上野茶屋前バス停（30・6km／10：00）、すぐ近くに無料駐車場がある。

【登山路】 歩行時間2時間40分（往85分・復75分）

福智山地の主峰福智山は福智町・直方市・小倉南区の境にあり、上野峡や龍王峡などの渓谷があり、白糸の滝・七重の滝・菅生の滝など滝も多い。かつては英彦山修験道の行場でもあった。

登山口は内ヶ磯・龍王峡・鱒淵ダムとあるが、今日は上野峡から登る。バス停上野茶屋前から「あがのおんせん」を左に見送ると、間もなく上野峡登山口に着く（10：40）。渓流沿いにゴーロ石の道を上ると杉並木になる。「虎尾桜・源平桜」の案内板がある所を過ぎると杉が無くなり、三つ目の砂防に着く。鉄パイプを握り急な階段をのぼるとゴロゴロ石ばかりの涸れ沢になり、やがて林道に出る（11：10）。

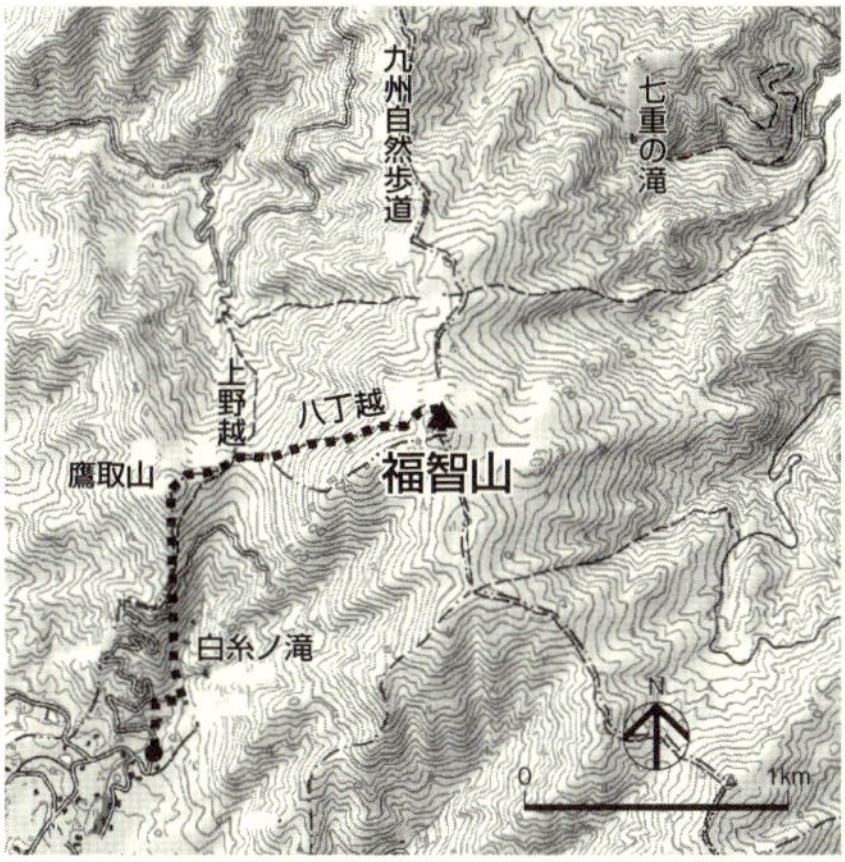

林道を横切って照葉樹林のなかの登山道を登って行くと鷹取山と福智山との鞍部である**上野越**に達する（11：25－11：30）。東へしばらく歩くと落葉樹林帯になり、周囲が明るく開けてくる。いくらか急坂になってくるが道幅が広く歩きやすい。**八丁越**付近（12：00）に上がると草原になり、山頂の巨岩も目に入ってくる。背の低い笹

上野越

とススキのスロープが実に美しい。水場の先は左右に分岐している。左より登る。鳥野神社と福智神社の上宮の石祠のある**福智山**頂へはひと登りである（12：10－12：30）。広々とした360度の大展望である。皿倉山や英彦山など近くの山はもちろんのこと、阿蘇山や九重山系も遠望できる。

下山は右回りに回り込むように水場（八丁越）へ下り、一気に上野越に戻り（12：55）、直進（西）して**鷹取山**（633m）へ。（右へ下れば内ヶ磯、左へ下れば上野峡登山口へ）。この山は民謡「黒田節」で有名な母里太平衛の居城址である。緩やかな登り坂を500mも歩くと城址で石垣が残り、大きな芝生の広場になっている。眺望もよくファミリーで楽しめる場所である（13：05－13：10）。

福智山頂上

上野越に引き返し、往路を帰る。林道（13：25）、上野峡登山口（13：50）。

※龍王峡登山口から登った時の時間経過を記す

龍王峡登山口（9：45）⇩山瀬越（10：50）⇩豊前越（11：20）⇩山小屋（12：05－12：20）⇩福智山頂（12：35）⇩豊前越（13：45）⇩山瀬越（14：05）⇩尺岳平（14：38）⇩尺岳（608m／14：50－15：00）⇩尺岳平（15：10）⇩四方越（15：20）⇩龍王峡登山口（15：50）。

✲花　エドヒガンザクラ・ヤマザクラ（4月）

♨温泉　あがの温泉白糸の湯

⊞地図　徳力・金田

☎問い合わせ　福智町役場＝0947（22）0555

78 涌蓋山 １５００ｍ

熊本県・大分県

登山日 2007年12月10日（月）晴

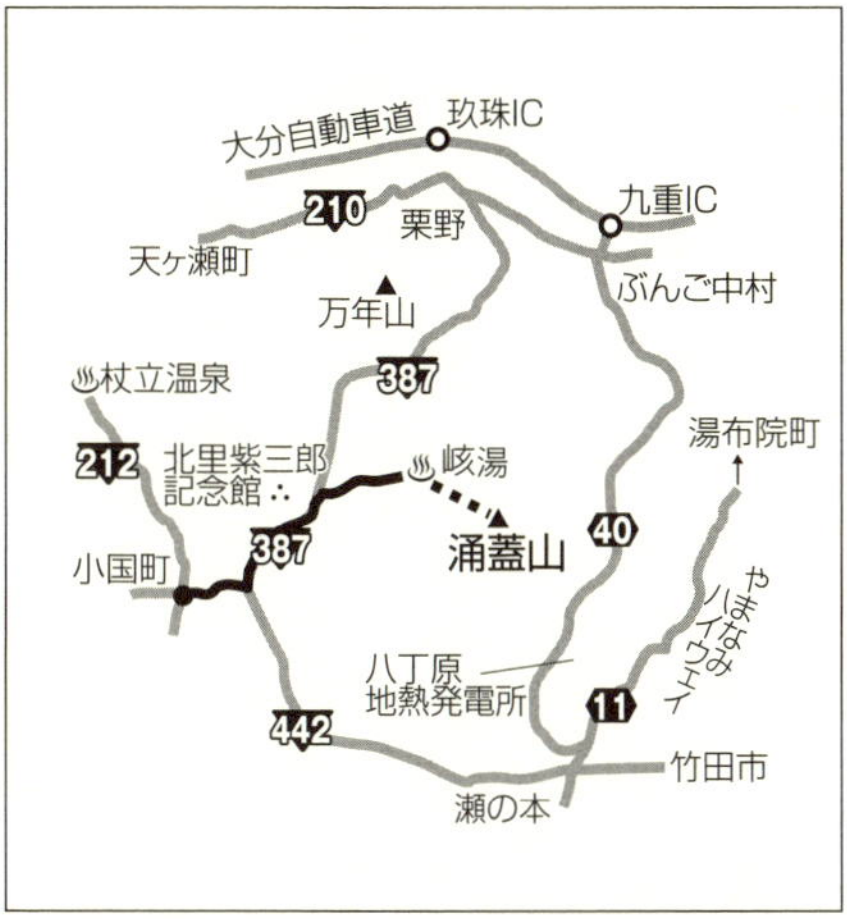

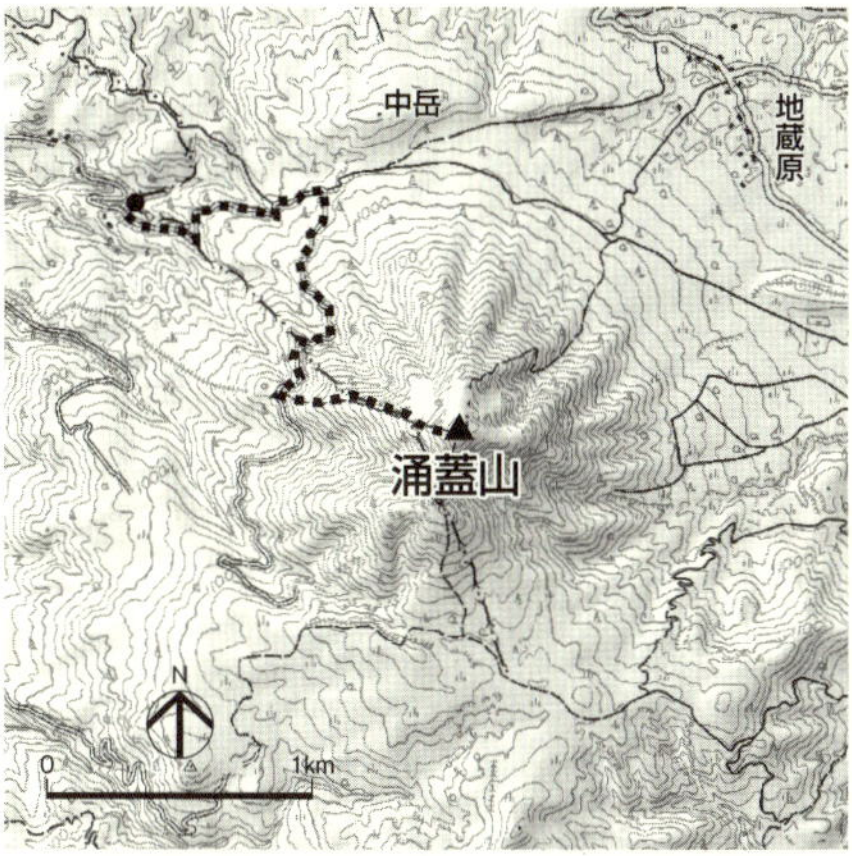

【アクセス】 山荘かつらの樹（9：30）⇩阿蘇大橋⇩内牧温泉入口から国道２１２号線を南小国町へ向かう⇩小国町から国道３８７号線を走り、峐ノ湯温泉へ（11：00／59ｋｍ）。

【登山路】 歩行時間2時間45分（往95分・復70分）

涌蓋山は熊本県小国町と大分県九重町の境に位置し、その美しい山容は「小国富士・玖珠《くす》富士」とも呼ばれている。山麓には地熱発電所や温泉がある。登山口は大分県の疥癬《かいせん》湯や地蔵原もあるが、熊本県側から登る。

湯煙をみながら「峐ノ湯温泉」の最奥から小さな谷を渡り、道なりに上っていき、杉林を過ぎると小橋がある。渡った所に駐車する（11：15）。

セメント舗装の道を右上へ上ると牧柵がある。そこから尾根に上がる（11：30）。松の木に沿って牧草地を登っていくと灌木にクマザサが茂る場所に突き当たる。小さな入口から笹を踏み分けるとすぐに涌蓋越の林道にとび出る。砂防提を見ながらしばらくで**涌蓋山の登山口**に着く（12：00）。

左上へ根元にミヤコザサが繁るカラマツ林を登る。落葉のこの時季には笹のグリーンがより鮮やかに映る。初夏の新緑もいいが、この季節もなかなかいいものである。一本道の急斜面を登る。カラマツ帯からリョウブやクヌギが目につき、アセビの群落になる（12：30）と、より急登となる。やがてウツギなどの低い灌木になり、視界が開け、笹の草原に上がる（12：35）。真正面に山頂が見え、ひたすら尾根を登る。この辺りはミヤマキリシマも点在する。やがて石祠が目に入ってくると広い草原の**涌蓋山**頂に達する（12：50－13：40）。

　真向かい（東）には立ちのぼる火山煙と九重連山が見える。360度の大展望である。四周には根子岳・金峰山・普賢岳・英彦山・万年山・由布岳なども遠望できる。雄大な眺めが素晴らしい。

　下山は往路を戻る。登山口（14：20）、駐車場（14：50）。

涌蓋山頂上

峐ノ湯を遠望

✲花　ミヤマキリシマ（5月）
♨温泉　はげの湯温泉
田地図　湯坪
☎問い合わせ　小国町役場＝0967（46）2111

79 尾鈴山 1405m

【アクセス】山荘かつらの樹（4：30）⇩益城IC⇩小林IC（148km／6：00）⇩清武JCT⇩西都IC（233km／7：00）⇩国道219号線を走り、瀬口信号より右折し、一ツ瀬川に架かる橋（県道18号線）を渡り、すぐの信号より左折して、県道312号線（木城西都線）を木城方へ。木城町役場前信号を直進し、木城温泉館「湯らら」の前を通り、県道40号線を北上し、川南町、都農町方面へ走る。西都ICより約26km走行した地点（山本小学校付近）から県道307号線へ左折して、尾鈴キャンプ場を目指す。9km先にトイレ完備の駐車場がある（8：00）。西都ICから35km。

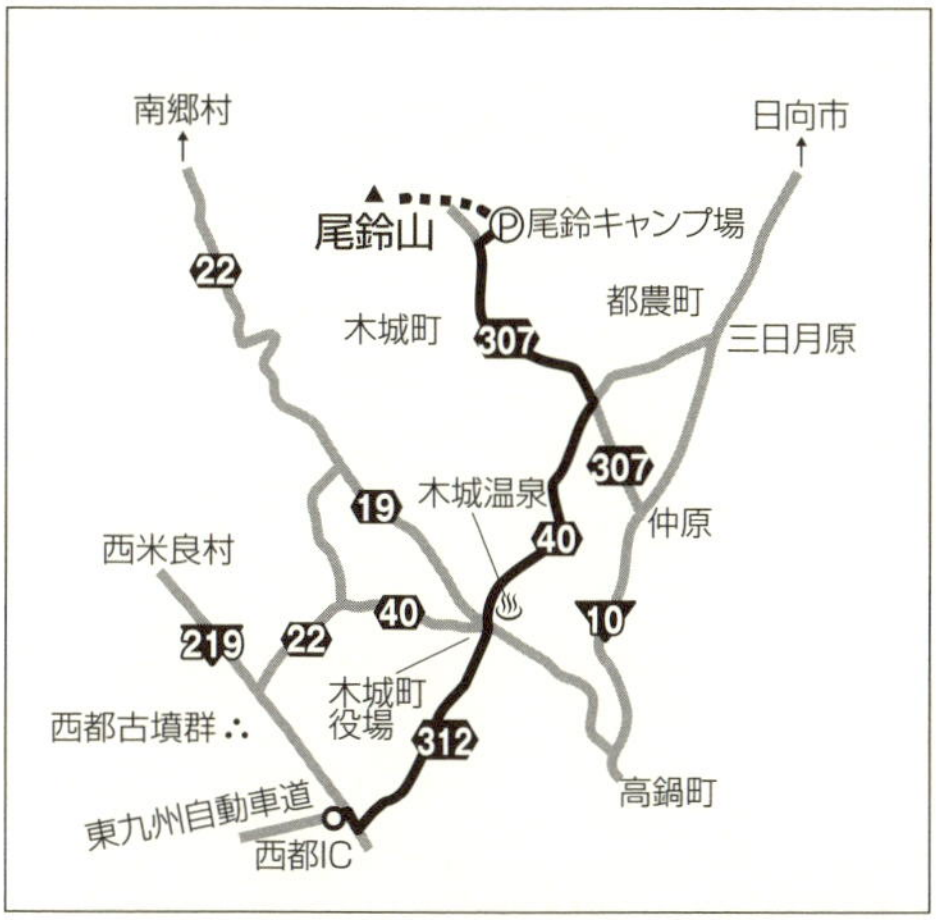

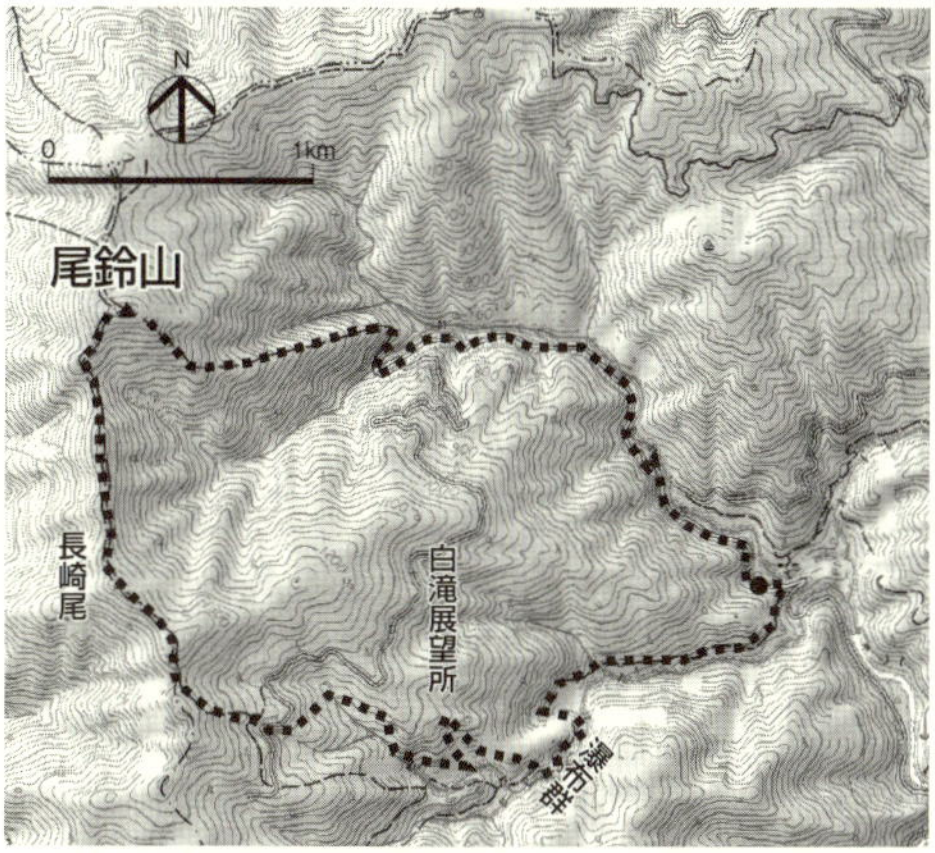

【登山路】歩行時間6時間30分（往155分・復235分）

宮崎県都農町と木城町の境界に位置し、なだらかな南東面と嶮しい北西面の山容をしている山で矢研《やとぎ》の谷や欅谷などに瀑布群が多数あり、国の名勝に指定されている。欅谷横の駐車場先のカーブを一巡りした所に駐車（9：25）して甘茶谷登山口まで林道を歩く。名貫川沿いに数個の滝を観ながらの林道歩きも楽しい。「岩見滝」に始まり、6つ目の「いこいの滝」を過ぎると登山者記帳台が道脇に立っている（10：15－10：30）。名貫川

長崎尾

上流に架かる橋（橋上から甘茶滝が眺められる）を渡り、ゴロ石の林道を5分も歩くと甘茶谷登山口に着く（10：35）。

急な階段を上ると1合目の表示板（10：45）があり、このあたりから展望のない自然林のなかを登る。急坂が続き5合目（11：25）前後から栂や赤松などの巨木が現れ始める。ハイノキやヒメシャラなども見られる。7合目（11：45）を越えると「あと山頂まで500ｍ」の表示があり、元気が出る。9・5合目の展望所を過ぎると緩やかな登りになり、尾鈴神社の木造の鳥居と祠が現れると**尾鈴山**山頂である（12：15）。広い山頂はゆっくりできるが周りは樹林に囲まれ展望はない。

白滝経由で下山するため西へ向かう（13：15）。やがて稜線は南へ緩やかなアップダウンをくり返す。アケボノツツジ、ヒカゲツツジやシャクナゲも見られ、時々は巨岩も現れたりするが歩きやすい道である。九州では珍しいコウヤマキもある。間もなく**長崎尾**に達する（13：55－14：15）。さらに南へ歩き、ピークに上がった所が尾鈴周遊道への分岐点（林道経由で登山口へ戻るコース）である（14：30）。分岐を見送り白滝方面へ直進する。鞍部から登り返すと矢筈岳分岐があった（14：45）。矢筈岳へは登らずに左へ向かいどんどん下る。「白滝キャンプ場へ」の表示を見て（15：05）、さらに山腹を巻くように上り、また下ると林道に飛び出した（15：25）。

林道を横切って杉の植林帯に入る。急坂の長いながーい下り道である。滝の流れる音が微かに聞こえるようになってくると**白滝展望所**は近い（15：55）。しばし、白い飛沫をあげ流れ落ちる滝を眺め、また谷へ下る。ここも急また急である。徒渉（16：10）して谷に沿って軌道跡を下っていく（この軌道は明治42〈1909〉年木軌道14ｋｍが開通したという尾鈴トロッコ道跡である。

昭和33〈1958〉年撤去）。
軌道跡の道なので道幅は同じ広さである。途中、「やすらぎの滝」（16：25）、「さらさの滝」（16：30）、岩を刳り抜いてできているトンネルを抜けると「さぎりの滝」（16：40）が望め、続いて「すだれの滝」（16：45）と滝のオンパレードである。

奥日向瀑布の森の幽《ひそ》けさや

なおも軌道跡をどんどん歩いて、右へ道を分けると尾鈴キャンプ場の上方入口前の林道に出た。歩いて駐車場へ帰る（17：30）。

✲花　アケボノツツジ（4月）・シャクナゲ（5月）
⊞地図　尾鈴山
☎問い合わせ　都農町役場＝0983（25）1021

栂の巨木

80 地蔵岳

1089m

宮崎県

登山日　2008年3月3日（月）晴

【アクセス】 民宿「若あゆ」（6：30）より国道219号線を西米良村方面へ。宮崎交通十五番バス停（14・8km）より右折し「ひむか神話街道」に入る。湯之片川沿いに狭い山道を上る。26・3km地点から「有楽椿の里」方面へ左折して尾八重《おはえ》地区へ。尾八重神社（30km／7：45）前を通過し、尾八重大橋（昭和62年3月竣工）に着く（30・8km／7：51）。その横に3台駐車可。

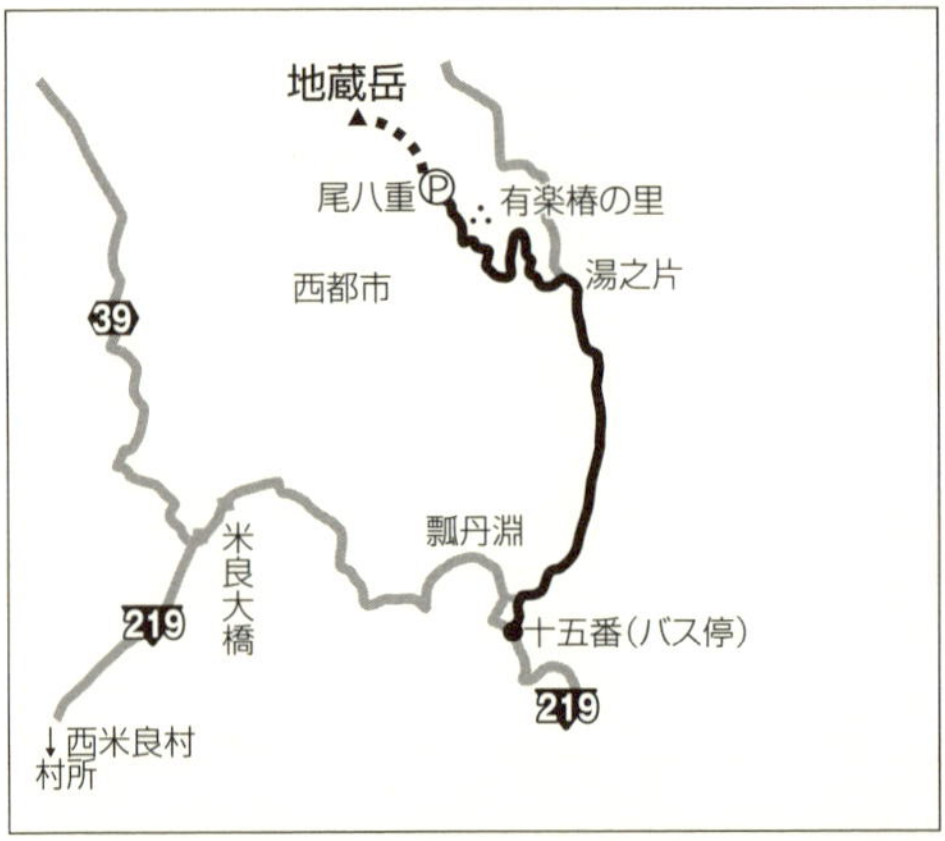

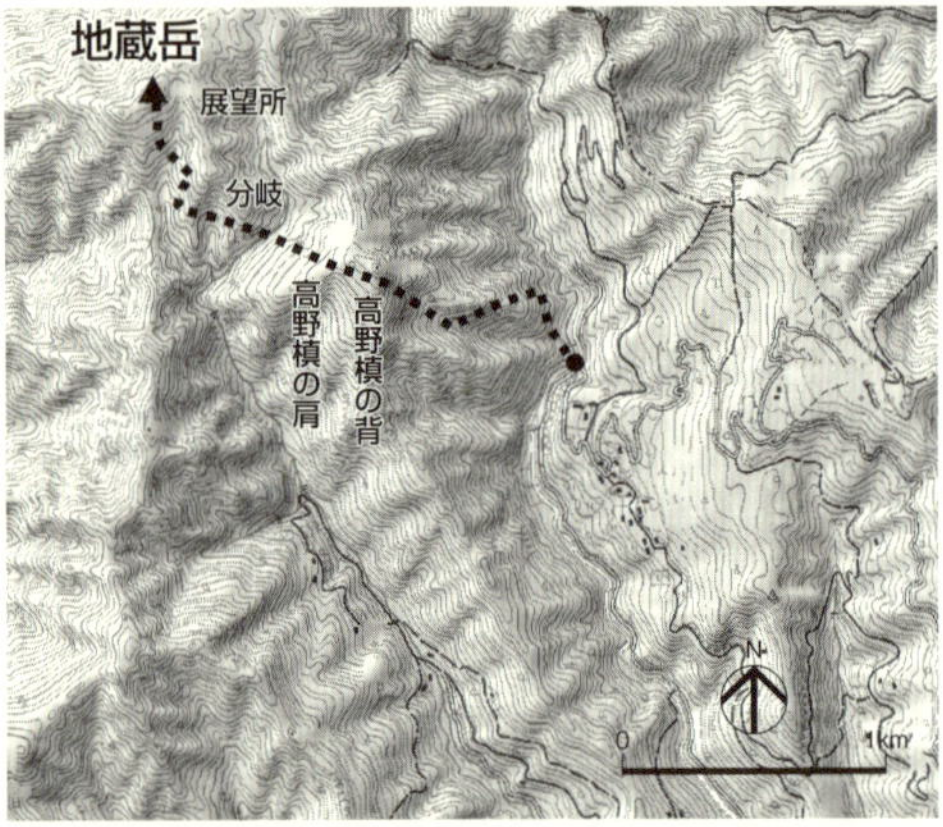

【登山路】 歩行時間3時間25分（往110分・復95分）

西都市の尾八重地区にあってコウヤマキの群生地があり、急な崖の東面となだらかな西面の山容をしている山である。尾八重川に架かる尾八重大橋近くの道路脇に登山口（8：25）がある。道の下の川に下りて徒渉し、杉林に入り、急坂のジグザグ道を登る。支尾根に出て南西方向へ進むと杉林がなくなり伐採地に上がる（8：50）。左下方には尾八重地区の集落が見えちょっとひと休みできる。また杉林になるが、これもすぐになくなり西へ登ると4合目の標識がある（9：10）。ここから木の幹や根っ子を握り、這うようにして急坂を登ると**高野槇の背**に着く（9：20／5合目）。樹齢数十年のコウヤマキの大木が多数あり、しばしその大きさに目を奪われる。槙の落ち葉道は歩きやすくホッとしていると左右が深い谷のヤセ尾根をロープで登る場所に出合う。必死に登り上がるとそこは**高野槙の肩**であった（9：35／6合目）。ここにもコウヤマキの大きな樹がたくさんある。その落ち葉が幾重にも重なりフワフワして心地いいが、そんなに長くはなく、またまた急登となる。岩と根を摑みながらの登りできついが、その傍らに咲くミツバツツジのピンクの花が満開で疲れも忘れる。

高野槙の肩

打越分岐はすぐこの上だった（9：55－10：05）。落葉樹林帯の広い場所である。北へ山腹を緩やかに登ると**地蔵岳**山頂である（10：25－10：40）。

山頂は広いがマキやアセビなどの木々に囲まれ展望はよくない。西側へ1分歩くと展望所があった。晴れた日は石堂山や天包山、霧島山系も見えるらしい。あいにく今日は吹雪いてまったく視界なし。山頂の地蔵さまも寒そうだった。

下山は往路を戻る。打越分岐（10：55）、高野槙の肩（11：13）、高野槙の背（11：30）、伐採地（11：55）、登山口（12：15）。

帰りは尾八重大橋から尾八重・銀鏡林道を通り、4km先の「有楽椿の里」へ行き、有楽椿《うらくつばき》を観賞する。

〔注〕有楽椿　安土桃山時代から江戸時代にかけて将軍家・公家・大名など上流階級の間に広まった茶の湯の席で重宝されていた茶花らしい。一重のピンク色した中輪ラッパ咲きの花である。

有楽椿

有楽椿の里から瓢丹渕へ出て国道２１９号線で西米良村・湯前町方面へ右折⇩カリコボウズ大橋（日本一の木造車道橋／34・６ｋｍ／14：50）⇩温泉館ゆたーと（35・６ｋｍ／15：00‐16：00）⇩カリコボウズ大橋（川の駅百菜屋／16：20）⇩村所39ｋｍ⇩横谷トンネル（宮崎と熊本の県境／50ｋｍ）⇩湯前町⇩人吉ＩＣ（87ｋｍ／17：35）⇩益城ＩＣ⇩山荘かつらの樹。

✲花　ミツバツツジ（４月）
♨温泉　温泉館ゆたーと
田地図　尾八重
☎問い合わせ　西都市役所＝０９８３（４３）１１１１

81 釈迦ヶ岳

８３１ｍ

宮崎県

登山日 ２００８年３月８日（土）晴

【アクセス】 自宅（4：00）⇩古賀ＩＣ⇩宮崎西ＩＣ⇩国道10号線⇩県道24号線⇩県道３５６号線⇩法華嶽公園⇩法華嶽薬師寺（８：40／３５３・２ｋｍ）

【登山路】 歩行時間2時間40分（往85分・復75分）

日本三薬師の一つである法華嶽薬師寺の背後にある霊山で、山そのものを釈迦像として信仰した時代もあったようである。薬師寺近くには遊歩道やキャンプ場などが整備され国富町民の憩いの場となっている。

広場に駐車して公園のなかを歩くと釈迦ケ岳登山口（9：10）の案内がある。付近には天狗塚があり、大山神さまも祀られている。林道を辿り、2合目を過ぎて、右上方へ近道を登り、また林道に出る。間もなく3合目の標識を見て杉林を登っていく途中には山ノ神も祀られている。

「山頂まで２０００ｍ」と書かれている5合目（9：35）からはいくらか急登となるが登りやすい山である。標高５１２ｍと６７２ｍの**展望所**にはベンチがあり、ゆっくりできる。このあたりからは緩やかな山道歩きとなる。

9合目の下に、この山道で唯一の大岩があり、ロープもついている場所（10：15）がある。この岩を越えるとやがて壁のない柱と屋根だけの山小屋（10：30）

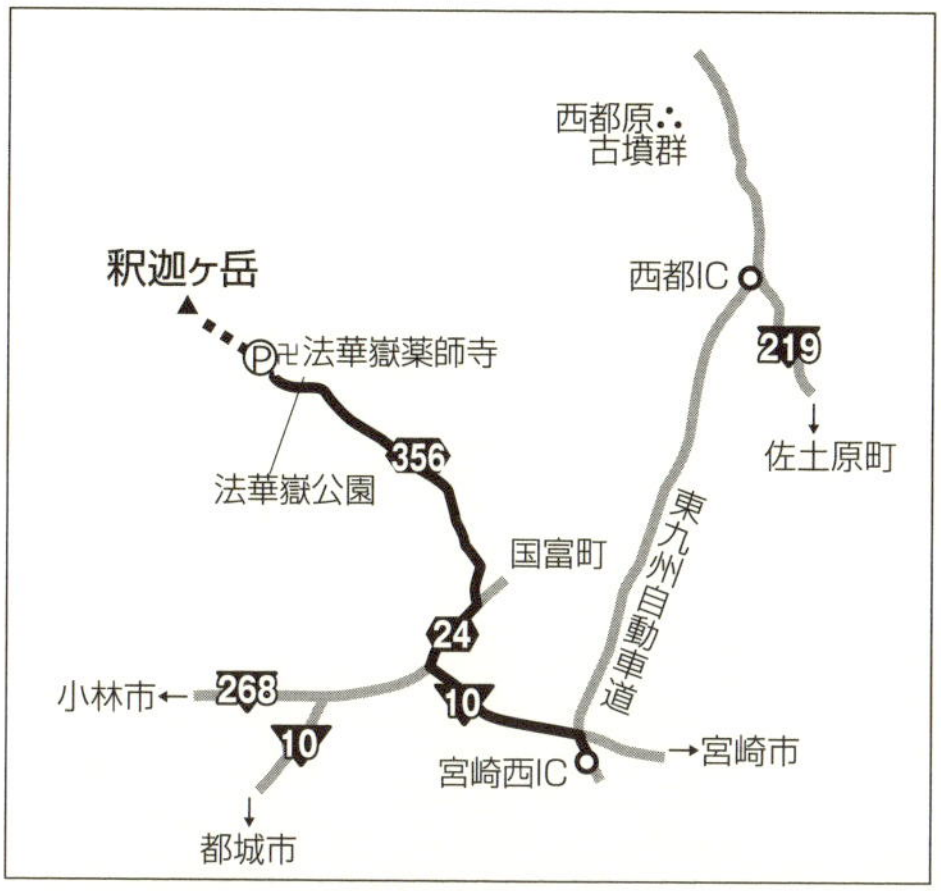

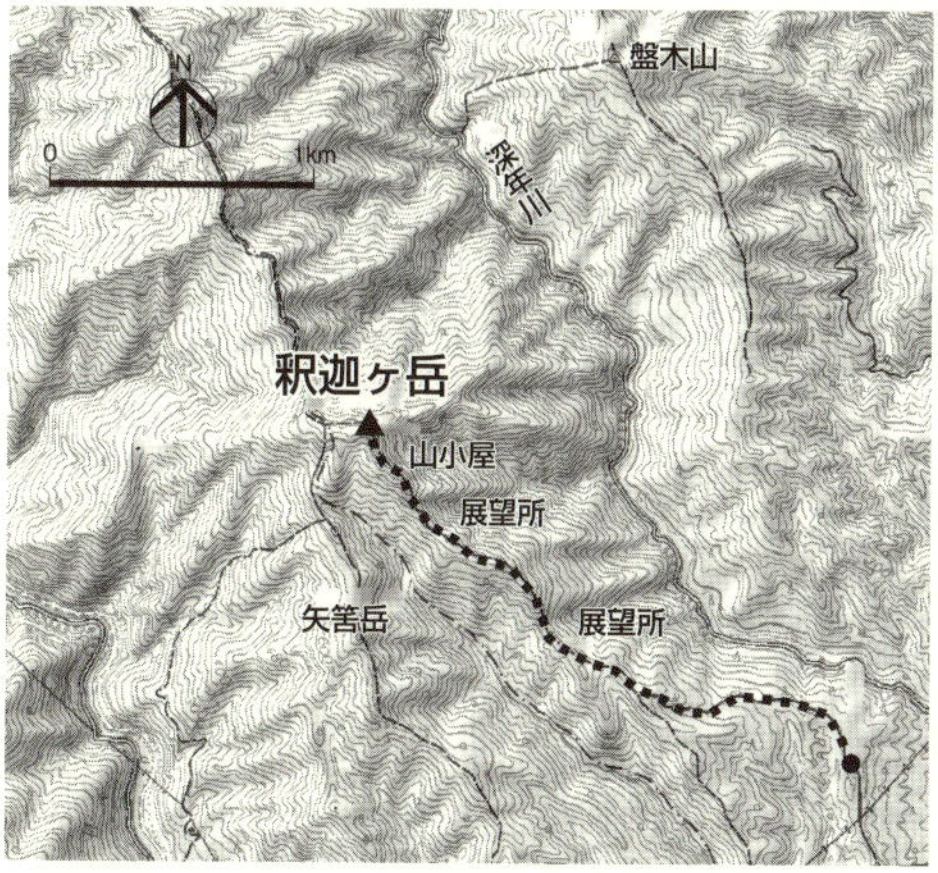

釈迦ヶ岳全景

釈迦ヶ岳頂上

が見えてくる。この先ひと登りで**釈迦ケ岳**山頂である（10：35－11：00）。釈迦堂があり、釈迦如来さまが祀られている。展望もよく北東に尾鈴山、北に掃部岳・式部岳、南西には高隈山系も見える。なお、山頂から5分ほど歩いた先の伐採地からは霧島山系も微かに望める。

下山は往路を引き返す。大岩（11：15）、5合目（11：50）、登山口（12：15）。翌日は双石山と牛ノ峠に登る予定のため、民宿へ向かう。

✲花　ミツバツツジ（4月）
田地図　岩崎・大森岳
☎問い合わせ　国富町役場＝0985（75）3111

82 双石山 509m

【アクセス】 民宿（宮崎市郡司分丙／5：00）⇩県道13号線を走り、清武町新町信号左折し県道27号線を走る。鏡洲小学校前から300m先を右折（左折は青島方面へ）し、宮崎北郷線の椿山公園方面に入る。900mで塩鶴登山口に着く。ここから400m先の小谷登山口に駐車（10台可／6：20）、塩鶴登山口まで徒歩5分。

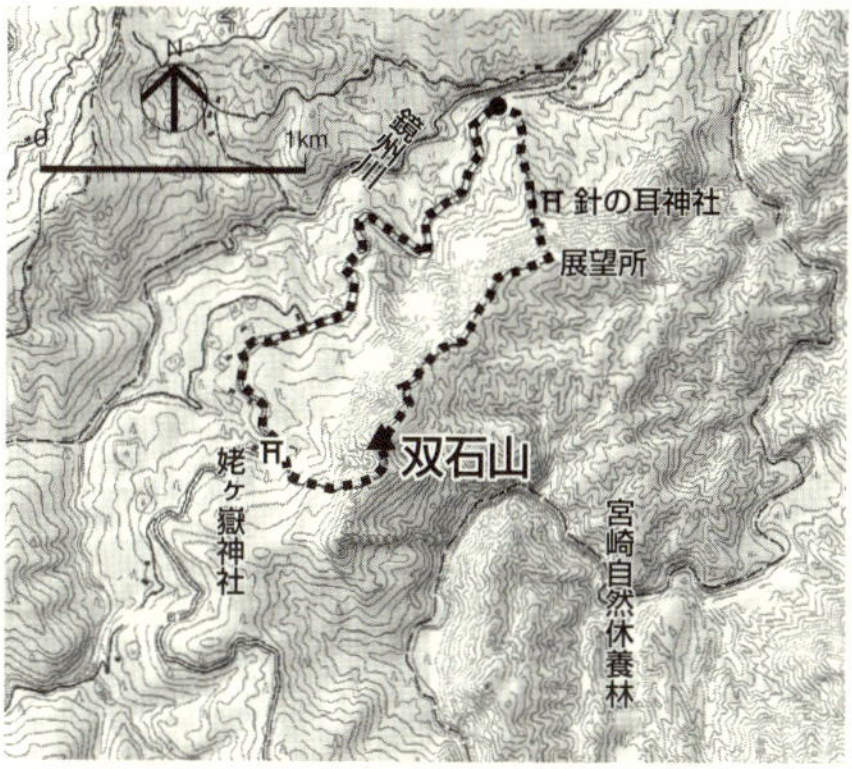

【登山路】 歩行時間3時間（往115分・復65分）

珍しい呼称の双石山《ほろいし》は、山中に二つの相対する砂岩層の岩があり、風化してボロボロに崩落することからボロイシヤマと呼ぶようになったらしい。北東中腹に岩屋神社、南西中腹に姥ケ嶽神社が祀ってある。奇岩があり、岩場がある。稜線には照葉樹林が多く見られる山であり、加江田川一帯は昭和45（1970）年に宮崎自然休養林に指定されている。

塩鶴登山口（6：40）からすぐに杉林になり、緩やかに登っていく。杉林を抜けると齋窟神社がある第一展望所（展望はない）に着く（7：00）。ここから林に入ると正面に高くて大きな奇岩（ボロ石）が現れ、その岩前に**針ノ耳神社**が祀られている。岩穴を抜け、尾根コース（谷コースもある）を選び、「象の岩」と書かれている大岩の前（7：20）を通り、アルミ梯子を上り、急な岩場をロープで登ると大岩展望台に着く（7：30）。岩の上に立つと宮崎

塩鶴登山口

双石山頂上

市街方面（北面）の眺めがよい。またまた木の根っ子が岩にからみついている急峻をロープで登ると北側が開けた**第二展望所**がある（7：45）。

ここから先は緩やかな尾根道を南へ歩く。照葉樹林が続き、歩くのが楽しい。加江田渓谷への分岐（8：00）を過ぎると、間もなく山小屋（8：05）が右手に見えてくる。囲炉裏があり、2階建ての小屋である。小屋前の自然休養林案内図を見るとルートがよく理解できる。尾根歩きはまだまだ続くが照葉樹の巨木が数多くあり、心地いい気分で歩ける。ほどなく**双石山**山頂に到着する（8：35－8：55）。山頂にはアカマツ、ミツバツツジなどがあり、高く素直に伸びた赤松を真ん中に左（南西）と右（北東）の展望がよい。左には鰐塚山、右には宮崎市方面が見える。

帰路は南方向へ向かう。2、3度アップダウンをくり返すとアカマツの群生地があり、左（東南）には花切山も間近に見えるようになる。道は右（西）へ向きを変える（九平登山口の表示板あり／9：10）。急な坂道をジグザグに下る。青色の土俵が並べてあり滑らず歩きやすい。急坂が終わると「九平の権現水」の場所に着く（9：20／その20m左上に**姥ケ嶽神社**がある）。檜林になり、鳥居が見えてきたら九平登山口である（9：30）。県道27号線を2・9km歩いて小谷登山口に帰り着く（10：00）。この道は椿山公園へ続く道で道端には椿が植えられていて、ちょうど満開の花が美しく疲れも感じず歩けた。

✿花　ミツバツツジ（4月）
田地図　日向青島
☎問い合わせ　宮崎市役所＝0985（25）2111

83 牛ノ峠 918m

宮崎県
一等三角点

登山日 2008年3月9日（日）雨

【アクセス】双石山の小谷登山口（10：35）から県道27号線を下る。1・3km先から学園都市方面（清武方面）へ左折し、鏡洲小学校前を通過⇩清武町永田信号（4・8km）から県道338号線に入る⇩清武IC（9km／10：53）⇩都城IC（39km／11：35）下車⇩国道10号線⇩沖水橋を渡り、都城市街へ⇩線路をくぐり、中町信号を左折（47km）し、県道222号線へ、すぐ近くの東町信号を右折⇩木工団地入口信号を左折（左角にジャスコあり）して、なのみ並木を直進する⇩宮村入口信号（51・3km）を直進⇩三股町宮村信号（53・5km／宮村小学校前）を左折し、400m先の「安藤ストア」（道路の左側にはゼネラルGSあり）から右折して、高畑川沿いの林道を6km進むと作業小屋（60km／12：30）がある。ここから300m前方の治山砂防提前に駐車して、雨に濡れた未舗装の道路を1・1kmほど歩いて上り（20分）、牛ノ峠登山口に着く。

〔注〕資料には「作業小屋の先にゲートがあり、右カーブの所で沢を横切り、林道を歩く」とあったが、そのゲートが見当たらない。多分、道路工事でなくなっているのだろう。

【登山路】歩行時間1時間05分（往35分復30分）

牛ノ峠は都城市と三股町の境にあるピークで、山と言えるか疑問に思うが、一等三

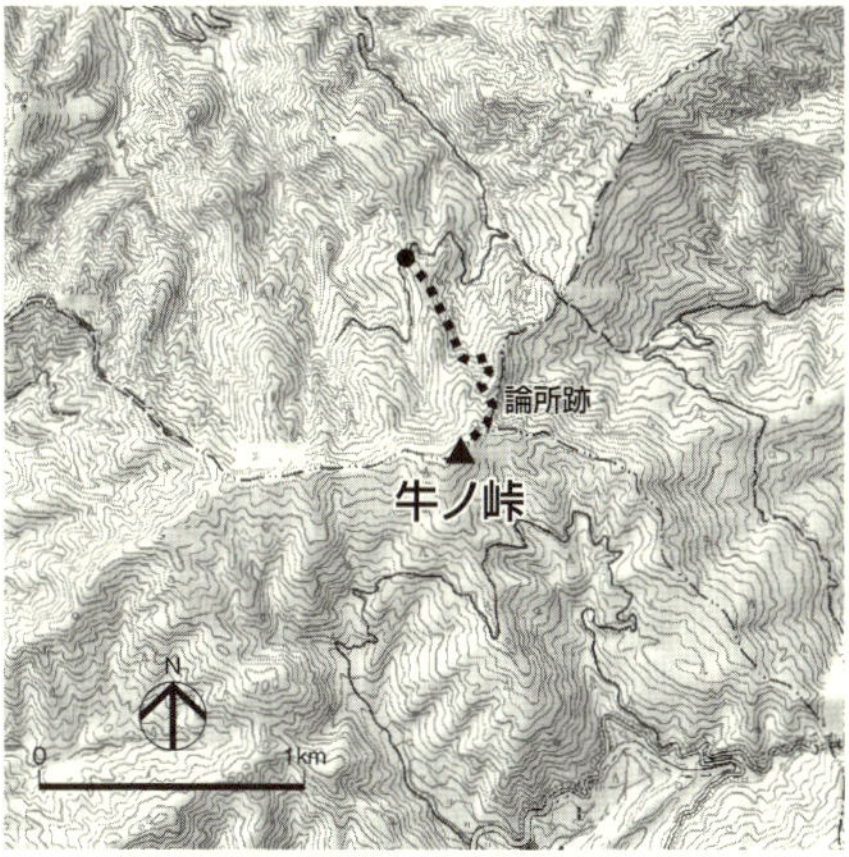

牛ノ峠山頂

角点もありれっきとした山である。都城《みやこのじょう》と飫肥《おび》を結ぶ峠道で薩摩藩と飫肥藩の境界争いが長く（1627－1675年）続き、論所跡には石柱が建っている。

小雨はいっこうに降り止まずカッパを着用して登山口出発（13：20）。照葉樹林の中の尾根道は雨足が強くなり、霧も出て暗く感じる。江戸時代は峠道を往来する人も多かったのだろう等と思いを馳せながら上っていると、右（西）側が伐採地になり（13：35）、霞んだ雨のなかに都城方面が幽《かす》かに見える。常緑樹帯に入るとイチイやカシなどを多くみかけるし、ブナの巨木もある。低木が増えると間もなく主稜線に達し、**「牛ノ峠論所跡」**に着く（13：50－13：55）。「従是東飫肥領」と刻まれた石柱も建っている。南面が開いているが雨と霧でまったく見えない。

右へ主稜線を辿るとすぐに**牛ノ峠**山頂（14：00－14：15）である。樹木に囲まれ展望はない。山頂広場の中心に一等三角点の標石があり、その隣には「天測点」と書かれた古びた八角形のコンクリート柱（直径約60cm、高さ120cmくらい）が建っている。これは星を観測して天文測量に使用（昭和26－33年）するため全国に設置された48点のうちの1つだそうである。また広場には季節柄「ふきのとう」がいくつも芽を出していた。

牛ノ峠論所跡

帰りは往路を下る。樹齢数十年以上の大木も霞むほどの霧の中、「深山幽谷」という言葉が何度も思い浮かんだ。登山口着（14：45）、駐車場（15：00）。

⊞地図　尾平野・山王原

☎問い合わせ　三股町役場＝0986（52）1111

84　扇山　1661m

宮崎県

登山日　2008年3月11日（火）晴

【アクセス】　山荘かつらの樹（6：15）⇩国道325号線高森町村山信号⇩山都町柳信号直進（国道265号線）⇩そよ風パーク（6：50／27ｋｍ）⇩山都町滝上信号左折（34ｋｍ）⇩国道218号線を1ｋｍ進み、馬見原信号右折（35ｋｍ）して国道265号線へ⇩本屋敷（五ヶ瀬ハイランドスキー場入口／46ｋｍ）⇩国見トンネル（52ｋｍ）⇩仲塔小学校前（54ｋｍ）⇩鹿野遊トンネルに入らずに右折して、鹿野遊小学校の方へ川を渡る（8：15／59ｋｍ）⇩内の八重川沿いに林道を上る⇩篠目平橋⇩扇山橋⇩第2扇山橋⇩扇山登山口（70・7ｋｍ／12：30着）。

〔注〕落石、雪、道迷い等で随分と時間を要した。

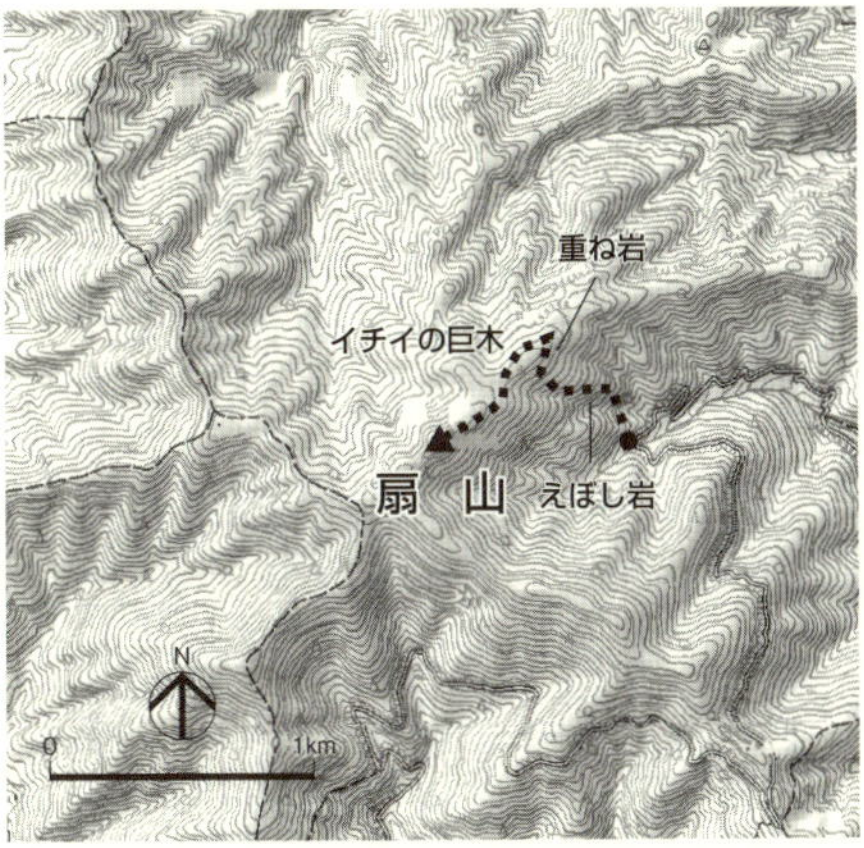

【登山路】　歩行時間3時間10分（往120分・復70分）

扇山は五ヶ瀬町波帰から椎葉村への霧立越の南端に聳える山である。内ノ八重から登る。落石が多く、半崩壊状態の林道を走る。石を片づけながら、ゆっくりゆっくり走ると昨年に完成した新しい扇山橋に着く。この先では残雪があり、道が塞がれ車は進めない。雪を踏みしめ歩くと第2扇山橋があり、ここから20分ほどで内ノ八重登山口にやっと到着した。

登山道はばまれ歩く名残雪

登山口には「扇山登山道入口」と刻まれた石碑が建立されていた（12：40）。その

イチイの古木

横から渓谷沿いに雪の露岩を踏み越えながら山腹を登る。

渓谷に苔むす岩の指標あり

落葉樹が多い。所々にイチイやホウノキも見かける。ほどなく**「えぼし岩」**と呼ばれる大岩の基部に達する（13：00）。マツやイチイなどが生えているが岩上にも登れる。ここからすぐに檜林になるが、道には雪が残り、滑り歩きにくい。ヒメシャラ・ブナ林から杉林になり、抜け出ると水場がある（13：35）。

水場を過ぎると露岩を根で挟み込むように、しっかりとたくましく生きている樹木が多く目につく。また、この付近には岩石が積み重なったような**「重ね岩」**もある（13：40）。やがて左に白っぽい岩が現れるとすぐに尾根に上がる（13：55）。

ここからは緩やかな稜線歩きとなる。スズタケのなかに立つ大きい古木を観ながら歩いていると大地にどっしり構えた大きい岩が現れ、それに根づいて生きている木に逞しさを教えられる。やがて縄文時代から生きているのかもしれないと案内されている**「イチイの古木」**の前にやっと来た（14：15）。外見は枯木で、なかは空洞になっている。見上げると緑の葉っぱがいっぱいで生きている。周りは3人が手をつないでやっとぐらいの大きさである。

ここから頂上まで雪がなければ難なく歩けるだろうに雪が深く時間がかかる。シャクナゲの大群落のなかを進む。道は雪で覆い隠されわからない。露岩が現れると扇山山頂だった（14：40－15：20）。四方展望が開け、素晴らしい眺めである。露岩のまわりにはドウダンツツジ・シャクナゲ・ホウノキ等がある。白い枯木があり、白雪がある。日本庭園を思わせる。絶景である。（扇山山小屋は南西へ６００ｍの距離にある）。

下山は往路を引き返す。イチイの古木（15：40）、水場（15：50）、えぼし岩（16：10）、登山口（16：30）。往復とも雪のため時間がかかった。

✲花　シャクナゲ（５月）
♨温泉　五ヶ瀬温泉「木地屋」
田地図　胡摩山
☎問い合わせ　椎葉村役場＝０９８２（６７）３１１１

雪の扇山頂上

85 大篦柄岳 1237m 小篦柄岳 1150m

鹿児島県

登山日 2008年3月25日（火）晴

【アクセス】 山荘かつらの樹（4：00）⇩益城熊本空港IC（31km）⇩えびのIC（129km／6：20）⇩国分IC184km／7：00）⇩国道10号線を550mほど走り、国分敷根信号から国道220号線に入り、27km先の戸柱鼻から左折⇩垂水市役所前信号から県道71号線（垂水南之郷線）へ。垂水市役所前信号から9・2kmで垂桜集落入口の田地明バス停（高隈登山道の標識あり）から右下へ下りて行き、1・9km先が大野原林道基点である。ここから林道を4kmで大篦柄岳登山口につく（8：50）。

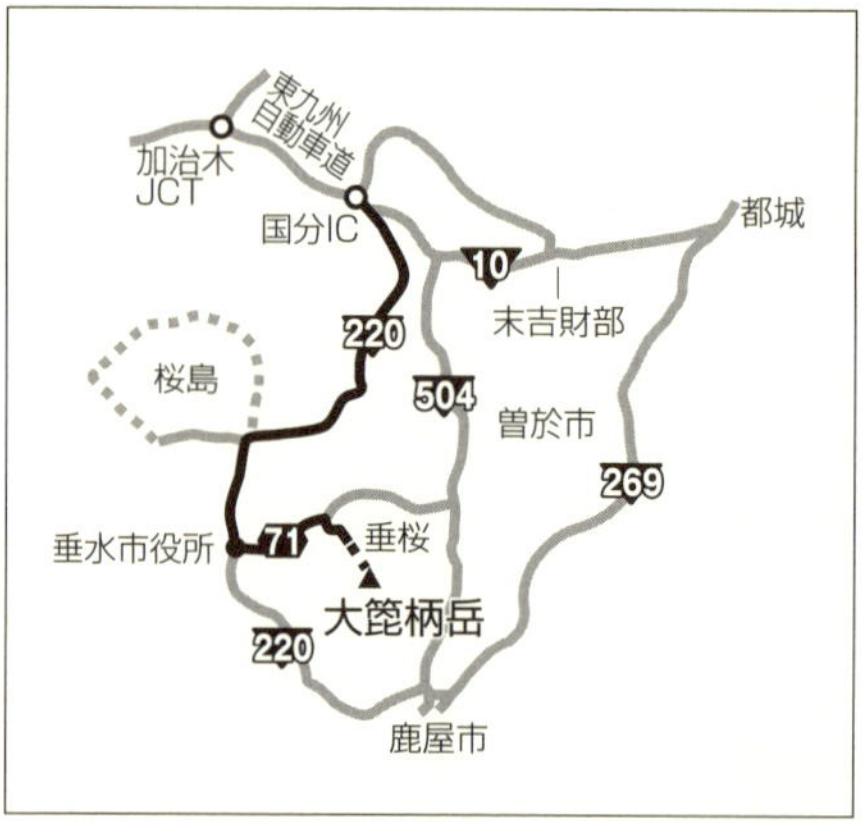

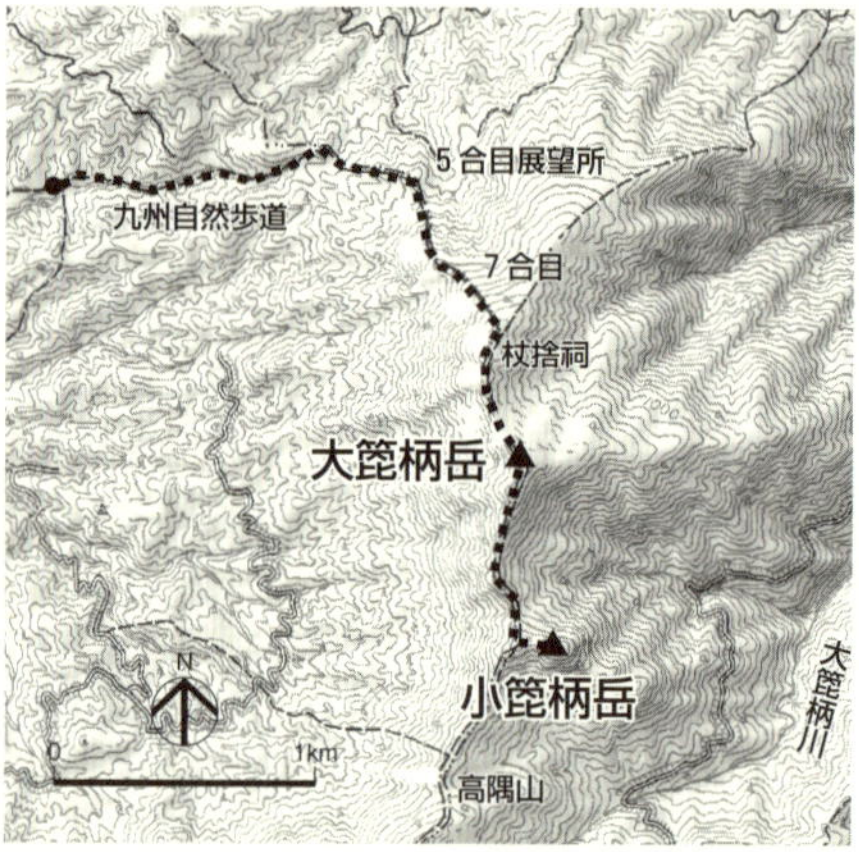

【登山路】 歩行時間4時間35分（往110分・復165分）

高隈山系の主峰である大篦柄《おおのがら》岳は鹿屋市と垂水市の境にあり、山頂一帯には我が国南限のブナ原生林がある。また、古来より修験道の山として祠や石像も残っている。

昨年8月に登る予定で猿ヶ城と垂桜へ行くも林道崩壊で登山口まで着けずに諦めたが、今日やっと登ることができた。

登山口（9：10）から照葉樹林の緩やかな落ち葉道を歩いていくと七岳分岐（9：30）があり、そのすぐ先には水場もある（左へ400m）。3

合目を過ぎると急登になりロープもつけられている。林がなくなると大きな露岩のある**5合目展望所**に上がる（10：00）。薩摩半島の眺めがいい。

展望所を通り、標高1050mを越えると平坦に近い道となるがすぐに急坂になり、白い枯木のある所が7合目（10：30）である。これから先はなだらかな坂になり主稜線に出る。左側に杖が何本も立てられている**杖捨祠**がある（10：40）。文字のとおり、ここからは登りが楽で杖も要らないということだろう。祠の前のアセビの白い花が満開でしばし見とれる。

杖捨祠

満開の馬酔木に思わず足を止め

このあたりからブナ・ナラ・モミなどが数多く見られるようになり、スズタケが目につき出すと間もなく**大篦柄岳**山頂である（11：00－11：20）。

山頂は岩の上部にあり、高隈山系の照葉樹の森が美しく見える。眼前には御岳・妻岳・平岳・横岳などの山容が素晴らしい。噴煙をあげる桜島や錦江湾が見え、抜群の展望である。本日は霞んで見えないが、晴れた日には開聞岳も望めるらしい。

みごとな眺望をたっぷりと味わって小篦柄岳へ。南の方へブナの大木を観ながら稜線を進む。3、4回巻くようにスズタケの道をアップダウンすると小篦柄岳分岐に着く（11：55）。スマン峠へ20分の地点である。身の丈くらいのスズタケで覆われた急坂をかき分けかき分け登り**小篦柄岳**山頂に達した（12：05－12：35）。2m四方ほどの広さの頂に小さな祠があった。アケボノツツジもあり、春にはピンクの花を咲かせるだろう。高隈山系の山々がより近くにハッキリ見えて実にいい。

大篦柄岳頂上

下山は往路を戻る。小篦柄岳分岐（12：45）、大篦柄岳山頂（13：20－13：30）、杖捨祠（13：45）、7合目（13：50）、5合目（14：05）、3合目（14：20）、七岳分岐（14：30）、登山口（14：45）。

〔注〕高隈山系七座　御岳・妻岳・横岳・白山・七岳・大篦柄岳・小篦柄岳。

帰りは登山口から垂桜に出て、垂水市役所前信号（15ｋｍ）から右折して国道２２０号線へ⇩戸柱鼻から左折し、国道２２４号線を桜島へ⇩袴腰（36ｋｍ／16：40）、国民宿舎レインボー桜島（泊）。

翌日、篤姫展示館・西郷洞窟・磯庭園を見物し、加治木ＩＣから帰る。

✲花　アケボノツツジ（4月）
♨温泉　国民宿舎レインボー桜島
⊞地図　上祓川
☎問い合わせ　垂水市役所＝０９９４（３２）１１１１

86 七ツ岳 432m

長崎県

登山日 2008年4月1日（火）晴

【アクセス】 自宅（5：30）⇩JR赤間駅⇩JR博多駅⇩福岡空港（7：00）。
福岡空港（ANA7：50）⇩鹿児島空港⇩五島福江空港8：30⇩ニッポンレンタカー五島福江営業所

レンタカーを借りて国道384号線の馬責馬場信号から左折し、県道27号線へ⇩荒川温泉街（五島バス荒川バス停／20・7km）⇩荒川温泉センター前広場に駐車（10：05）⇩タクシーがなく登山口まで歩く。荒川バス停から500mほどバックして荒川橋を渡り、国道384号線を三井楽方面へ。矢の口橋（10：20）を渡って右折し、七嶽神社の方へ川に沿って歩く。道路脇には桜が咲き歩きもきつくない。七つの峰が鋸歯状に連なっているのが見える。1里ほど歩くと七嶽神社本殿に着いた（10：50）。本殿裏の舗装林道を歩き、林道が無くなった場所が七ツ岳登山口（11：00）である。

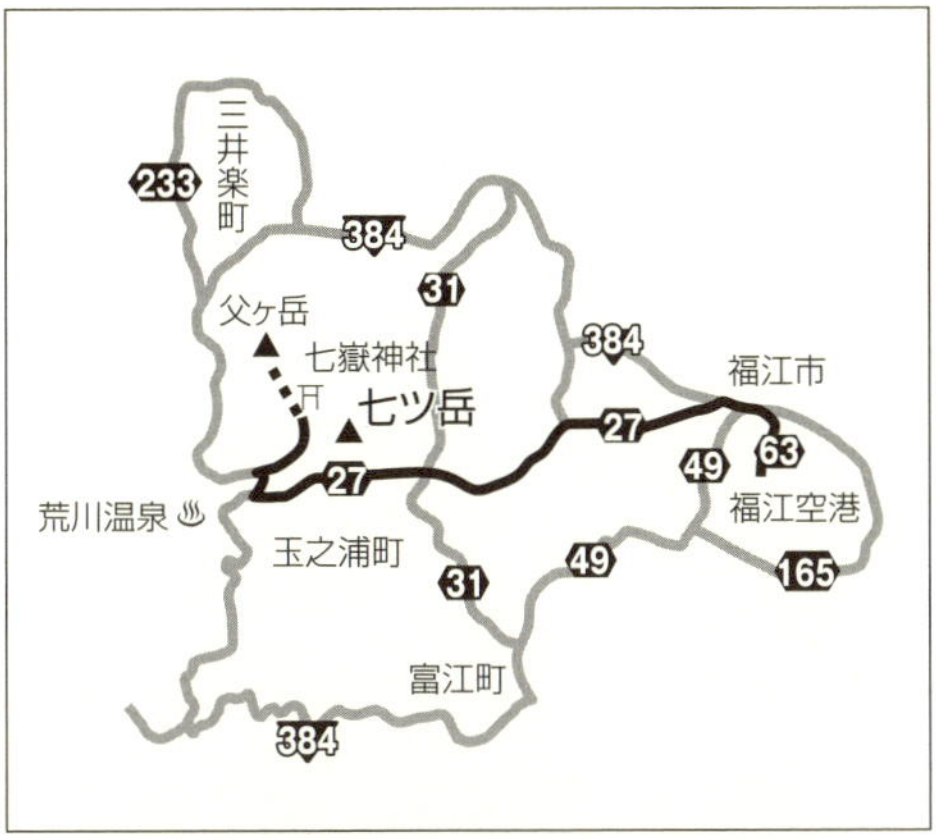

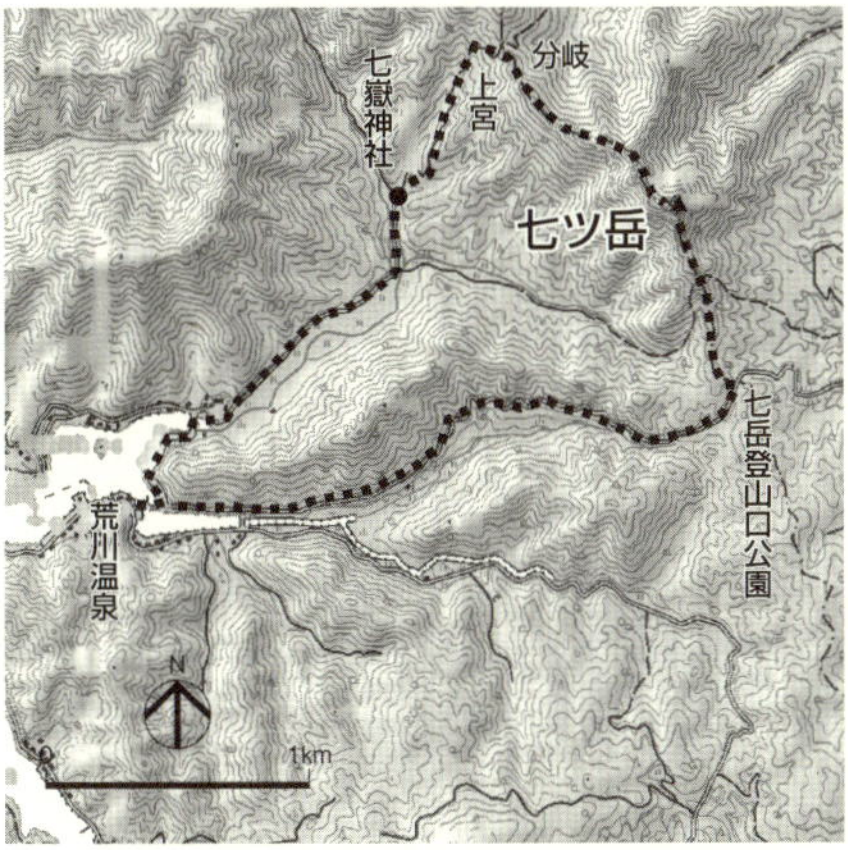

【登山路】 歩行時間4時間（往155分・復85分）

七ツ岳は五島列島の福江島西部にあり、花崗斑岩の七つの岩峰が連なる山である。その北西には五島最高峰の父ケ岳が聳え、共に西海国立公園に入っている。登山口の鳥居をくぐり（11：10）、参道の石畳と長い石段を登りきると**七嶽神社上宮**がある。その前から健脚コースと巨木コースに分かれる。大木があ

七ッ岳全景

り楽しそうな巨木コースを選ぶ。カシ・イスノキ・バリバリノキ・スタジイ等がある森林を登る。やがて健脚コースと合流し、**寺脇分岐**に着く（11：25）。この辺から露岩が現れ、岩や木の根を掴んで上るようなきつい登りもある。七つの峰の一つひとつに手前から登っていく。それぞれの峰でホルンフェルスがわかり、海や半島もよく見え展望が開ける。標高３４０ｍ地点ではミツバツツジのピンクの花も咲いていた。後方（北）には三角形の姿をした父ケ岳も見える（11：35）。

　ヤセ尾根を用心深く登ると標高３８０ｍの見晴らしのよい所に上がる（12：25－12：30）。前方（南）には残りの峰が見え、あと三つだと数えて、アップダウンをくり返して標高３８５ｍ（12：35）、標高３９０ｍ（12：45）ピークを越え、最後の大きな岩を登ると**七ツ岳**山頂だった（12：50－13：25）。高度感があり、西に荒川温泉街・玉之浦湾、南に富江方面の山々や海、北西には三井楽や東シナ海などが眼下に広がり大パノラマが楽しめる。

　下山は前（南）へくだる。初めから急な岩場下りで腰を低く用心して下りる。急なガレ場付近にはコバノミツバツツジが咲き誇り、急俊も忘れさせてくれる。急坂が終わると照葉樹林のなかを気楽に歩いて下れる。檜の植林帯になり（13：45）、「七ッ岳登山口公園」の標識（13：55）が目にかかると左（東）へ曲がり、自然林を下る。七嶽登山杖小屋（14：00）に着くと1分足らずで**登山口公園**に飛び出す。ここには水があり、ＷＣがあり、駐車場もある。その前を福江港と荒川温泉を結ぶ県道27号線が通り、バスもある。バスの時間まで2時間半以上もあったので荒川温泉までその道路を歩いて帰る

七ッ岳頂上

（14：10－15：00／約4ｋｍ）。

荒川温泉で入浴。県道27号線の二本楠から県道31号線に入り、富江町へ出て香珠子海水浴場などを見ながら空港横を通過して宿泊先の東浜町にある五島バスターミナルホテルに帰る。

✲花　コバノミツバツツジ（4月）

［温泉］荒川温泉

田地図　三井楽・玉之浦

☎問い合わせ　五島市役所＝0959（72）6111

87 二ツ岳 1257m

宮崎県

登山日 2008年4月8日（火）晴

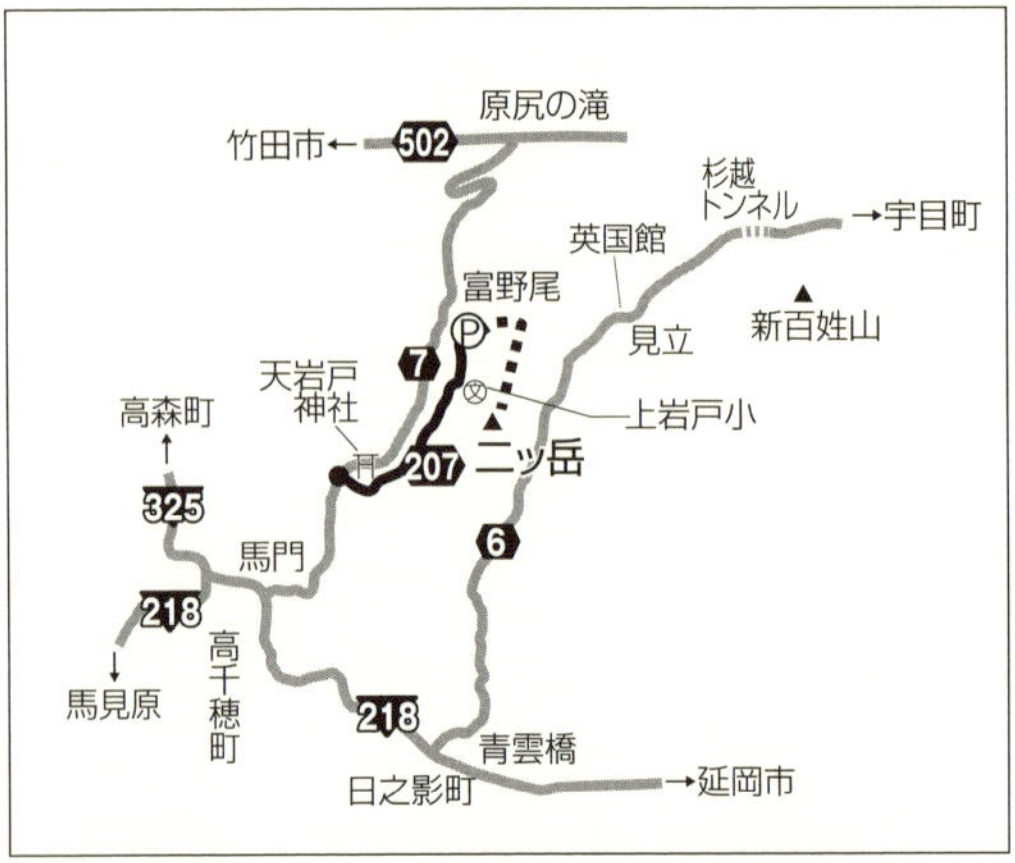

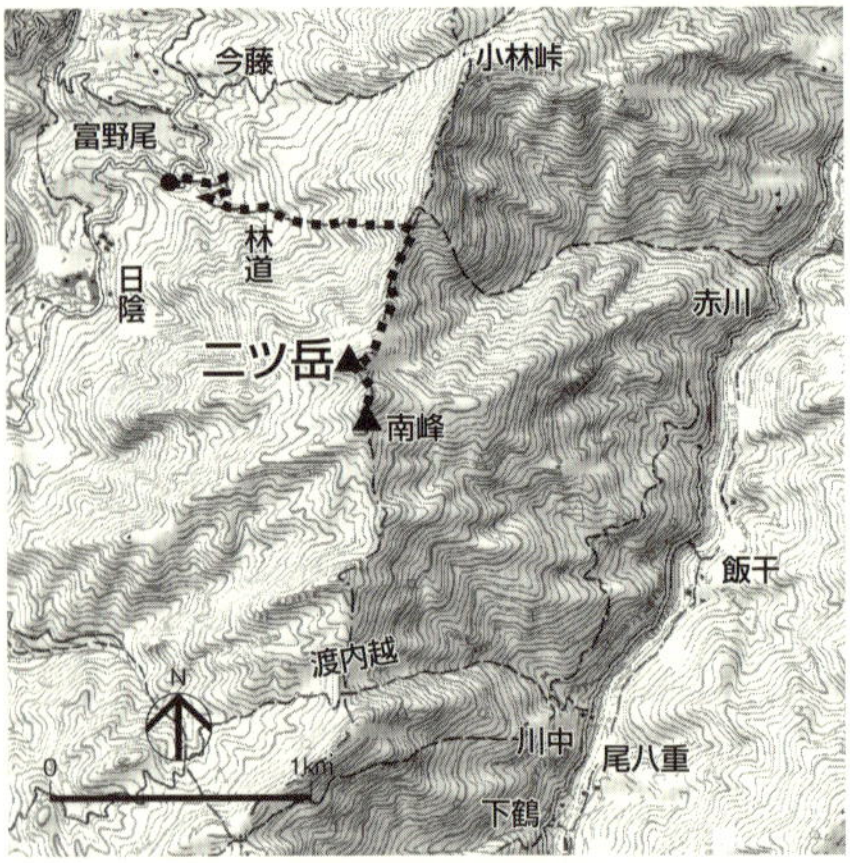

【アクセス】 山荘かつらの樹（5：15）⇩国道325号線高森町村山信号⇩山都町柳信号左折（17ｋｍ）⇩高千穂町河内信号右折（33ｋｍ）⇩馬門信号（47ｋｍ）より県道7号線へ⇩天岩戸神社（52ｋｍ）より右折し、県道207号線へ⇩上岩戸小学校前（62ｋｍ）⇩二ツ岳林道入口（富野尾バス停の500ｍ手前、63ｋｍ）。林道入口から1ｋｍ上った林道終点が登山口である（駐車7台可／7：30）。

【登山路】 歩行時間3時間10分（往110分・復80分）

二ツ岳は日之影町と高千穂町の境にあり、本峰と南峰からなり、東の鹿納山や西の天岩戸神社方面から眺めると双耳峰がよくわかる。

高千穂町富野尾から登る（7：40）。林道終点からいきなり杉林に入り、クヌギ林を抜け、緩やかな坂道を登っていくと視界が開け、集落や長い大橋がよく見える地点に着く（8：10）。道の両端に笹が生え、ツツジも見られるようになると、やがて右が深い谷で左にはロープが張ってある所がある。そこを登ると**林道**に出合う（8：25）。林道脇の大杉の基に観音様が鎮座されている。そこから200ｍ先にセメントで塗り固められた13段の小さな登り口がある。

稜線を南へ上り、ロープのある山腹を東

へ登ると間もなく二ツ岳八幡宮がある（8：50）。いったん下り、また上りになるがヒメシャラ・ブナ・トガなども所々にありマイナスイオンを感じ心地よく歩ける。やがて左（東）に五葉岳・夏木山などが望める展望所（岩場）に着く（9：05）。眺望を楽しんだ後、歩き出しヒカゲツツジやヨウラクツツジが目につくようになるとすぐ本峰分岐に達し、右へ少しで**二ツ岳**山頂（本峰）である（9：15）。広くはないがヒカゲツツジやツゲ、マツなどがあり、大崩山系や祖母山系がよく見え展望がよい。

天岩戸温泉から見る二ッ岳

分岐にもどり（9：30）、右の鞍部に下り、ツツジが群生した急坂を登り切ると**南峰**1260m（9：40－10：15）である。山頂にはヒカゲツツジに加えアケボノツツジもあったし、アセビも白い花を咲かせていた。落葉樹が多く、四方が見えたが葉っぱが出揃うと展望は良くないだろう。

二ツ岳頂上

下山は往路を引き返す。本峰分岐（10：25）、展望所（10：35）、観音様（11：00）、登山口（11：40）。

✲花　ヒカゲツツジ（5月）・アケボノツツジ（4月）
♨温泉　天岩戸温泉
田地図　見立・大菅
☎問い合わせ
高千穂町役場企画観光課＝0982（73）1212

88 夏木山 1386m

大分県・宮崎県

登山日 2008年4月22日（火）晴

【アクセス】 延岡ホテル（4：20）⇩曽立信号（15・8km）から国道326号線へ⇩桑の原トンネル前（30km、藤河内渓谷入口）から左折して藤河内林道に入る⇩湯ーとぴあ入口（36km）⇩キャンプ場E棟入口（38・3km／駐車場・WCあり）⇩観音滝遊歩道入口前（39・2km／この先は未舗装になる）⇩夏木新道登山口（43・6km／5：50）。

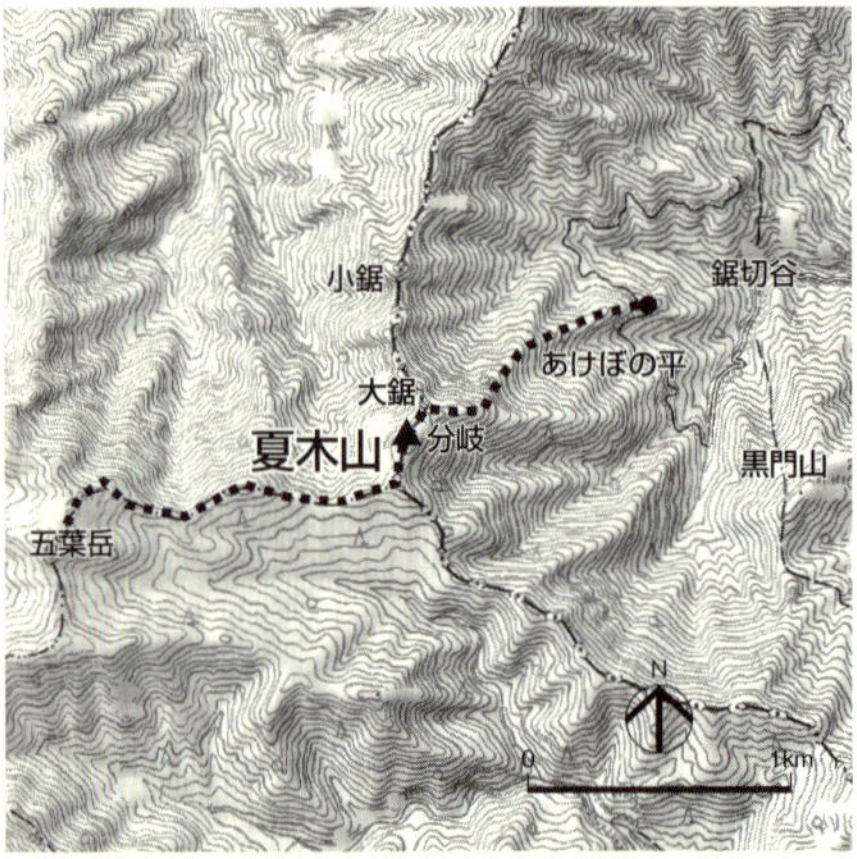

【登山路】 歩行時間6時間55分（往230分・復185分）

夏木山は大分県宇目町（佐伯市）と宮崎県日之影町の境界に位置し、藤河内渓谷や見立渓谷があり、鋸歯状の岩稜がある。大ノコ、小ノコやナイフブリッジのある犬流れ越登山口でなく、アケボノツツジの群落地がある夏木新道登山口から登る。

いきなりの急登で木に手をかけ、這うようにして登る。10分ほどでシャクナゲやアセビ、アケボノツツジの花が目につく平らに近い尾根道に上がる（6：30）。すぐにまた急傾斜になるが木の根がはみ出た道は歩きやすい。「あけぼの平」（7：20）付近になるとピンク色のアケボノツツジが咲き誇っている。満開の花に感動する。五弁の大きな紅白色の花、実に美しい。新緑とピンク色のコントラストが心に響く。

露岩と木の根っ子の急な登りは続く。三

点確保で這い登ると左手に大崩山の岩峰が見えてくる（8：00）。

船の形をした船石（8：05）を過ぎ、スズタケの道を抜けると**大鋸・小鋸分岐**（8：10）で、ここから左方（南）へ最後の急登を上がり切ると**夏木山**山頂である（8：25－8：45）。

山頂は広い。アケボノツツジはまだ蕾であったがリョウブ、ヒメシャラ、ゴヨウマツなど木々の若葉が芽吹き、その樹間から見える山並み（鹿納山・大崩山・五葉岳など）は圧巻である。

咲き始めのアケボノツツジ

展望を楽しんだ後、五葉岳へ向かう。五葉松を眺めながら歩いていると要山に10分足らずで着く。「五葉岳へ1時間10分」と案内板がある。緩やかな上り下りを繰返しながら尾根道を歩く。色彩鮮やかなヒメシャラが林立している所（9：15）やブナ・ミズナラなど広葉樹の大木が次々と見られる自然林いっぱいの千間平（9：30）、ここを通り過ぎスズタケの道をかき分けかき分け上るとアセビ群生の丘に上がる（10：15／左上方には五葉岳の頂上が見える）。この丘を前方へ少し下ると兜《と》巾《きん》岳への分岐がある。左折して山腹を巻くようにブナ、リョウブなどの巨木もあるスズタケ道を登り、大吹鉱山跡登山口分岐を右へ見送り、大きな石灰岩の山である**五葉岳**山頂に達する（10：30－11：20）。頂きは巨岩が原生林の上に突き出ている感じで３６０度の展望が広がる。鹿納坊主や傾山、祖母山など素晴らしい眺めである。アケボノツツジやヒカゲツツジもあるが見晴らしがご馳走である。
山を堪能して下山にかかる。往路を夏木山へ戻り、夏木新道登山口へ帰る。アセビ群生の丘（11：35）、ヒメシャラ林立（12：20）、要山（12：45）、夏木山山頂（12：55－13：10）、大鋸分岐（13：20－13：30）、船石（13：33）、あけぼの平（14：08）、新道登山口

夏木山頂上

（14：50）。

✿花　アケボノツツジ（4月）・ツクシシャクナゲ（5月）

♨温泉　湯ーとぴあ

⊞地図　木浦鉱山

☎問い合わせ
佐伯市役所宇目振興局＝0972（52）1111

89 五葉岳 1570m

宮崎県

登山日 2008年4月22日（火）晴

五葉岳山頂の岩

【アクセス】 夏木山（222頁）参照。

【登山路】 夏木山参照のこと。

五葉岳は宮崎県日之影町と北川町の境界にあり、見立鉱山跡や大吹鉱山跡があることからもわかるように、かつては鉱石を産出していた山である。石灰岩質の山なのでヤマシャクヤク・トリカブト・アケボノソウなど野草の種類も多い。

登山状況は夏木山を参照のこと。なお、五葉岳のみ登る場合は県道6号線にある仲村橋から日隠林道に入り、お化粧山登山口からお化粧山を経由して登るか、大吹鉱山登山口から登るのがよい。

（日之影町の青雲橋より県道6号線を仲村橋まで約15km）

✽花 アケボノツツジ（5月）・ヤマシャクヤク（5月）・タンナトリカブト（9月）

♨温泉 湯ーとぴあ

⊞地図 見立

☎問い合わせ
日之影町役場＝0982（87）3900

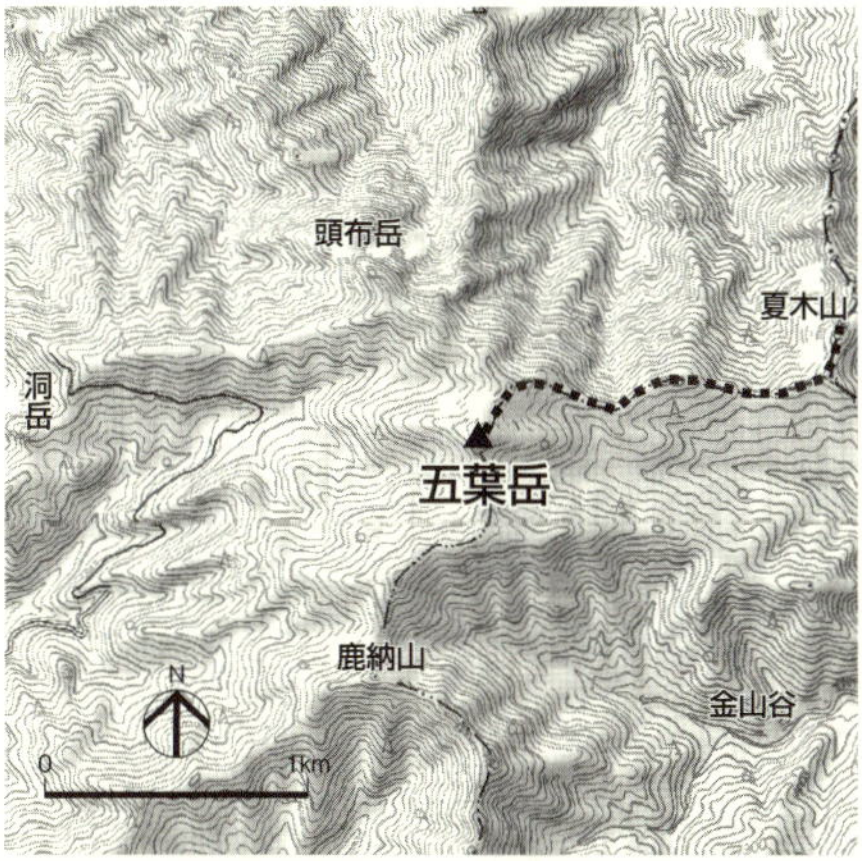

90 国見岳 １７３９ｍ

熊本県・宮崎県
一等三角点

登山日 ２００８年４月27日（日）晴

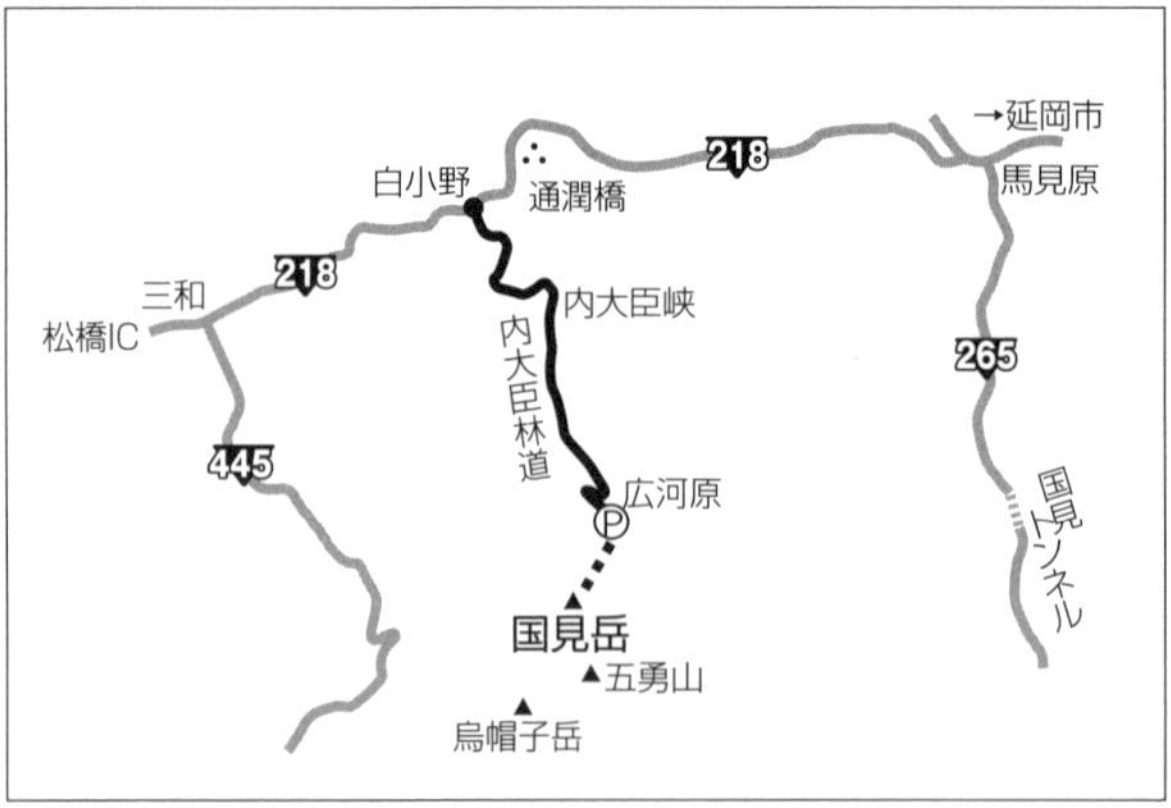

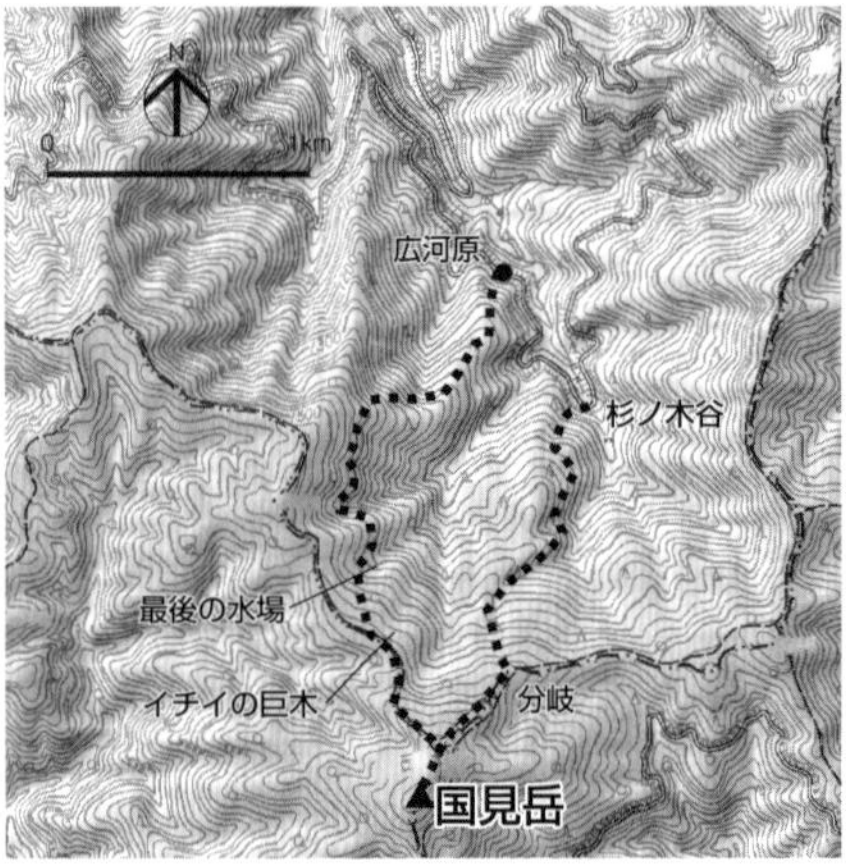

【アクセス】 山荘かつらの樹（４：00）⇩西原村小森信号左折（15・３ｋｍ）⇩ミルク牧場四差路（22・４ｋｍ）直進⇩吉無田高原を下り県道27号線に出て左折（30・９ｋｍ）⇩国道２１８号線上寺信号右折（42・５ｋｍ）⇩白小野信号⇩下矢部東部小学校の先から左折（内大臣峡への案内板あり）⇩鶴越バス停（50・８ｋｍ）⇩内大臣入口バス停（山田商店の前／52・１ｋｍ）⇩内大臣橋（53・３ｋｍ）⇩角上橋（58・４ｋｍ）⇩チッソ水力発電所前の第２角上橋を渡る（59ｋｍ）⇩二本杉橋（62・３ｋｍ）⇩内大臣風景林の看板（62・９ｋｍ）⇩ブフィエの森（63・５ｋｍ）⇩天主橋（63・９ｋｍ）⇩広河原清流（65・４ｋｍ）⇩目丸内大臣林道分岐から左折（66・５ｋｍ）⇩広河原登山口（68ｋｍ／９：00）。

内大臣橋への入口が道路工事のため通行禁止になっていて回り道をしたり、内大臣林道でも分岐を間違えたりして随分と時間を要した。おかげで国特別天然記念物のニホンカモシカ親子を見ることはできたが……。

【登山路】 歩行時間５時間40分（往１９５分・復１４５分）

国見岳は熊本と宮崎の県境をなす九州中央山地の最高峰で広大な自然林が残っている。

花木も多く春から夏にかけてはマンサク・シャクナゲ・オオヤマレンゲなどの花が美しい。また、天然記念物のベッコウサンショウウオやニホンカモシカも棲息している。

広河原登山口出発（9：15）。いきなりの急登である。杉林をジグザグに登っていく。左側が伐採地でちょっと開けるが、また桧の植林になる。スズタケが現れ、ヒメシャラ・ホウノキなどが目につくようになり、「山頂へ３ｋｍ」の標識辺りになるとモミやブナなどの大木が増えてくる。クロモジの黄色い新芽をマンサクの花ではと思ったりしながら山腹を南の方へ登り、小谷に下ると最初の水場がある（10：20）。ここから小谷と尾根が次々とあらわれ、斜面を上がったり、下ったりのくり返しになる。特に第2の水場近くは山腹がザラザラで谷へ滑り落ちそうで注意しながら進んだ（10：35）。

第三の水場付近の桂の巨木

第3の水場には、山には珍しいカツラの巨木があり、眺めながらしばし休憩する（10：50－10：55）。石コロや木根の尾根をなお歩き、倒木も朽ちて苔むし散らばっている道を下ると4つ目の水場に出合う。勢いよく伸びたバイケイソウの緑色の葉っぱが、落ち葉で茶色っぽい林床に鮮やかに目立って見える。このあたりが水筒水場で**最後の水場**である（11：25）。

「渓谷《たに》を抱き威風堂々国見岳」と家内の句が聞こえる。

水場から尾根を上り、稜線へ続く道沿いはモミの巨木群に圧倒される。やがて国見岳から北へ延びる**稜線**に出る（11：45）。右（北）は平家山、京丈山へとつづく道。左（南）へ国見岳山頂を目指す。この分岐点からは背丈ほどのクマザサ帯の一本道（稜線）を緩やかに登る。やがて「いちい科いちい」と名札の付いた**イチイの巨木**がそびえ立っている（12：05）。いつの間にかクマザサもなくなり、道筋はブナ、ブナ、ブナの森である。林床にはバイケイソウが今を盛りに新芽を出している。コハウチワカエデ等も見かけられる。石灰岩の大岩（12：15）

国見岳頂上

があり、ツクシシャクナゲの大群落が現れる。右上へ緩やかに登るとオオカメノキやマンサクも見られる。道幅が狭くなりシャクナゲの中を通り抜けると**国見岳**山頂である（12：35）。

低い灌木に囲まれ、露岩の多い山頂広場には祠があり、一等三角点がある。展望は雄大で祖母山・大崩山・市房山・九重山・阿蘇山など名だたる山々が一望できる。

下山は杉ノ木谷登山口へ（13：05）。頂上から直ぐの所を急ぐと道を間違えそうである。「力水」と記されている水場までは往路との風景が実によく似ていて迷ってしまう。赤いテープを気をつけて探していくことが肝要だ。長谷分岐や**雷坂道分岐**を過ぎて稜線を離れ、左へ向かうとサワグルミ・エゴノキなど自然林が新芽を出して景色がよく、空気も美味い。

狭い道を渡って杉の植林帯に入り、左に崩落地をみながら下ると荒れ果てた林道に出る（14：30）。林道も途中で完全に道が崩壊してなくなっている。右手の山の中を歩いて、また林道に出る。今度は自然林のなかの急坂のザレ場をジグザグに下り、途中からは杉林の急な坂下りが続く。滑り落ちそうな急坂である。ただ、ヤマシャクヤクの群生で花にすくわれた。水の瀬音が聞こえてくると**杉ノ木谷登山口**はすぐだった（15：10）。ここから広河原登山口まで渓流沿いに林道を歩いて帰る（15：30）。

✿花　シャクナゲ（5月）・オオヤマレンゲ（6月）・ヤマシャクヤク（5月）
♨温泉　雁俣の湯
⊞地図　国見岳
☎問い合わせ　山都町役場＝0967（72）1111

91 烏帽子岳 １６９２ｍ

宮崎県・熊本県

登山日 ２００8年4月29日（祝）晴

【アクセス】 山荘かつらの樹（4：30）⇩高森町村山信号⇩山都町柳信号（１７・６ｋｍ）を直進し、国道２６５号線を走る⇩山都町滝上信号（34・５ｋｍ）左折⇩馬見原信号（35ｋｍ）右折⇩仲塔小学校前（54・３ｋｍ）⇩鹿野遊トンネル（59・３ｋｍ）⇩音ケ瀬大橋を渡り、音ケ瀬トンネル（63ｋｍ）⇩中椎葉トンネル（65ｋｍ）⇩六弥太バス停（上椎葉分岐、67ｋｍ）から県道１４２号線に入る（７：15）⇩日向椎葉湖（69ｋｍ）⇩松木林道入口（75ｋｍ）⇩上福良橋（78ｋｍ）⇩不土野橋（79・４ｋｍ／７：45）を渡って右折（尾前方面へ）⇩赤鳥居をくぐる⇩水無バス停前（82・２ｋｍ）から左折して峰越村道（椎葉五家荘線）に入り、水無川沿いに上る（８：05）⇩日光入口バス停（84・３ｋｍ）⇩倉の迫分岐（85・５ｋｍ）⇩尾手納バス停（86・４ｋｍ）⇩尾手納橋（86・８ｋｍ）⇩尾手納公民館御大師堂前（86・９ｋｍ）⇩萱野集落の林道終点が登山口（88・２ｋｍ／８：30）

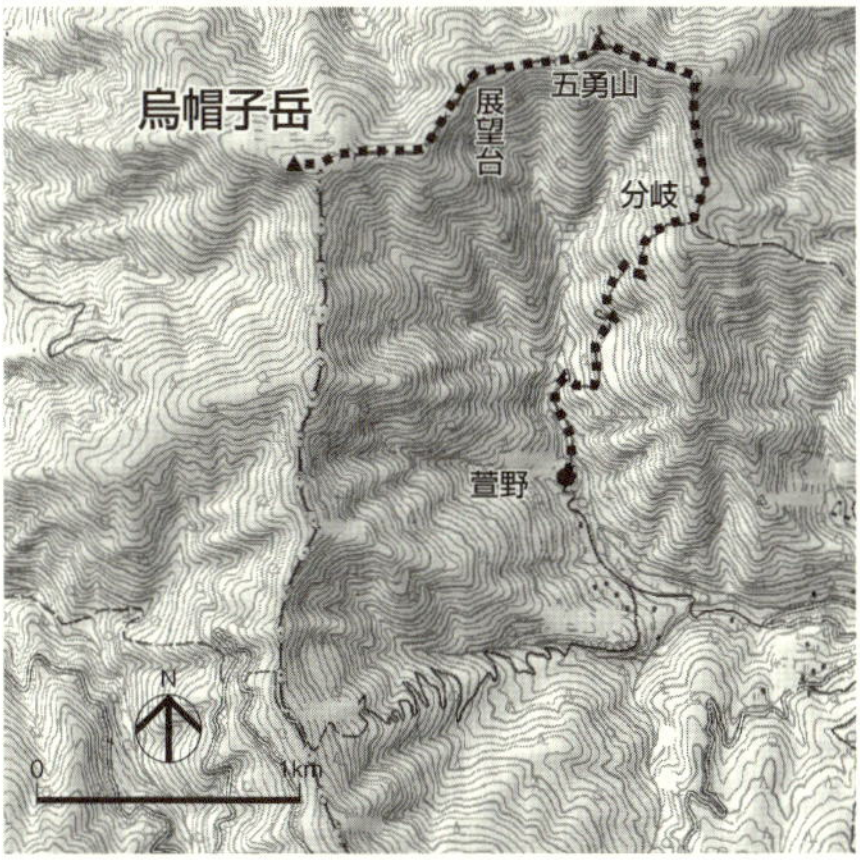

【登山路】 歩行時間6時間05分（往２20分・復１４５分）

烏帽子岳は熊本県泉村（八代市）と宮崎県椎葉村の境界に位置し、向霧立

烏帽子岳頂上

山系の山で九州山地のほぼ中央にある。稜線にはブナやツガ・カエデなどの自然林が残り、ツクシシャクナゲの大群落がある。

竹林（8：45）を下り、渓流を徒渉するとすぐに檜と杉の植林帯になりジグザグに急坂を登る。林の中に石灰岩がむき出している所を過ぎるとクマザサが繁り、やがてアカマツ群になる（9：30）。急登が続き水がチョロチョロと流れている沢を渡ると視界が開け、山々が上方に見えだし、クヌギ・ブナ・ミズナラ等の落葉樹林帯に変わる。道の両側はクマザサいっぱいだが落ち葉でフワフワの道を進む。自然林が芽吹きかけて緑が映える。

ジグザグ、ジグザグと高度を上げながら急坂を登り切ると**石堂屋分岐**（10：25／標高１４３５ｍ）がある。ここから先は緩やかな尾根歩きで、アセビのトンネルをくぐり抜けシャクナゲやブナの大木が目につくようになると**五勇山**（標高１６２２ｍ）に達する（11：05）。５ｍ四方ほどの広さでクマザサが生い茂るなかにあり、三角点もない場所で単なる通過点と言えそうである。横（南）の岩の上にあがれば烏帽子岳や白鳥山などが見える眺望場所だともいえる。

五勇山から10ｍほど先に烏帽子岳（左）と国見岳（右）への**分岐**がある。烏帽子岳へ向かう（11：30）。背丈以上のクマザサが繁茂する稜線だが、左右には広葉樹林の大きな木々が多く見られ心地よく歩ける。シャクナゲが現れ始め、石灰岩の巨岩（11：40）を越えると間もなく「こっちからの眺めも最高ばい」と書かれている展望台（標高１６５４ｍ）に着く（12：00／12：10）。下方には登山口の萱野集落もみえる。

絶景を眺めた後、ゆるやかな上り下りをくり返すとシャクナゲの大群落帯が現れる。「峰越峠110分」の標識からはひと足で**烏帽子岳**山頂である（12：35）。マンサクの黄色の花が満開だった。低い灌木で展望もよい。

下山は往路を戻る（13：10）。展望岩（13：30）、五勇山（14：00）、石堂屋分岐（14：25）、アカマツ群（14：50）、石灰岩（15：05）、徒渉（15：30）、登山口（15：35）。

✿花　ツクシシャクナゲ（5月）

五勇山

♨温泉　そよ風パーク

⊞地図　国見岳・不土野

☎問い合わせ

八代市役所泉支所＝0965（67）2111

椎葉村役場＝0982（67）3111

92 白鳥山 １６３９ｍ

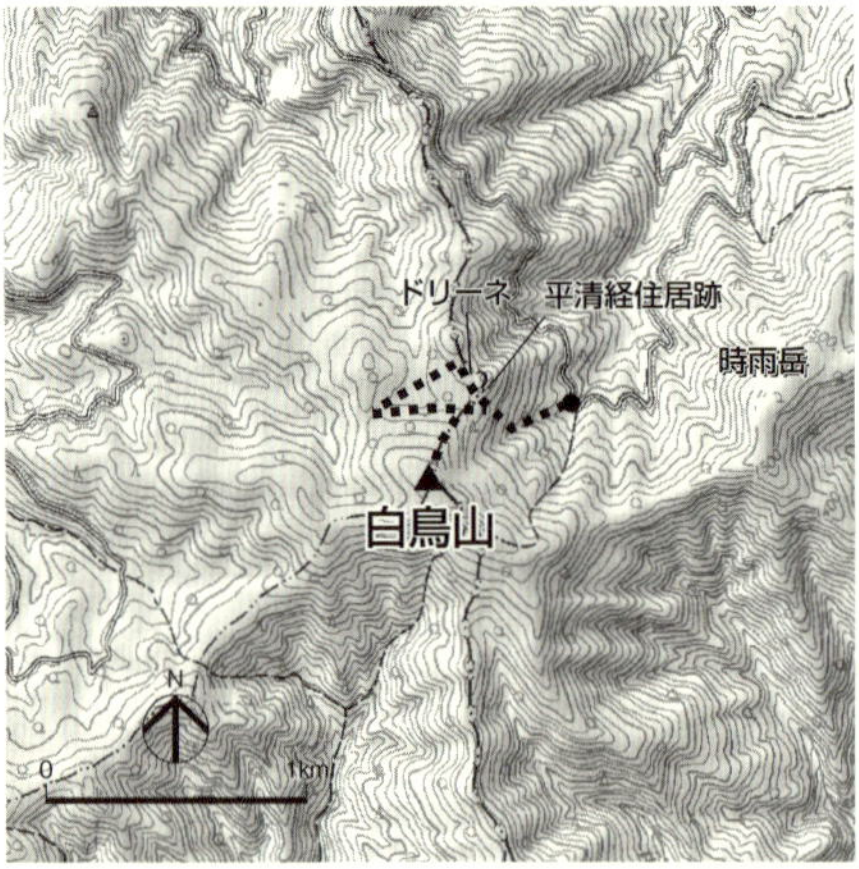

【アクセス】 山荘かつらの樹（5：30）⇩高森町村山信号（国道２６５号線に入る）⇩山都町柳信号直進⇩馬見原信号右折⇩祇園町⇩仲塔小学校前⇩鹿野遊トンネル⇩中椎葉トンネル⇩六弥太バス停（66ｋｍ／6：50）より県道１４２号線へ入る⇩不土野橋（78ｋｍ／7：50）⇩水無バス停前から左折し、峰越村道（椎葉五家荘線）へ（80・6ｋｍ／8：05）⇩白水の滝（81・7ｋｍ）⇩県境峠（椎葉越）、日添方面へ左折（84・7ｋｍ）⇩民家あり（85・7ｋｍ）⇩浄土真宗「弥専坊」、「焼畑継承の地」の三角錐あり（86ｋｍ）⇩御池登山口（前に崩壊している休息広場がある、94・2ｋｍ／8：45）アクセス地図は烏帽子岳（２２９頁）参照。

【登山路】 歩行時間2時間40分（往１２０分・復40分）

白鳥山は九州脊梁山地の1つで自然林が残り、山頂下には湿地帯やドリーネもあり、石灰岩も点在している。また、平家落人の伝説が残っているロマンの山でもある。平清経の住居跡がある。

登山口には御池登山道入口の案内板がある（9：10）。涸れ谷沿いの登山道を登っていくと谷が崩れて先へ進めない。踏み跡を探して左上へ上がり草原に出た。右の杉林の方へ回り込むと登山道に出合った（帰途でわかったことだが、草原に上らずに、右の杉林の方へ上ればすぐに水場があり、登山道につながった）。水場（9：55）から大杉の間を抜けてジグザグに登ると「白鳥山」の案内板があり、その右奥に**「平家残党　左中将平清経住居跡」**の白い標柱も見える。広大な平原（鈍頂）にブナ・ミズナラ・ツガ・イチイなどの巨木が数限りないほどある。悲しい平家物語を想う。歴史の流れとは言え，栄華を誇った平家（壇ノ浦の戦い・1185年）のことを考えずにはおれなかった。自然林のなかの道は新芽時でわかりやすく迷うことなく歩ける。北に下るとすり鉢状の窪地とその上に点在する苔むした石灰岩に目を見張る。**ドリーネ**と呼ばれている所である（10：20）。左回りに少し歩くと御池一ノ池、二ノ池、三ノ池と湿原が続く（10：25）。ぬかるみ、苔が生え、バイケイソウなども生えているが大木のなかにあり幻想的である。ほんの僅かの水溜まりにはオタマジャクシが泳いでいた。今は木の葉も出揃ってなく、陽も当たるが新葉が出揃う頃になると湿原は水量も増え、もっともっといろんな表情をみせることだろう。この鈍頂は巨大な原生林の宝庫である。湿原を回り、緩やかな道を登ると一周したかたちで平清経住居跡に戻れた（11：00）。山頂はすぐ上である。二等三角点のある**山頂**（11：10）は樹木に囲まれ展望はない。南の方へ5分ほど歩くと白く輝く石灰岩がいっぱいの眺望のよい場所がある。銚子笠や市房山などが望める。花にはまだ早かったがヤマシャクヤクやバイケイソウも多数見ることができた。

苔むした古木

落人を見てきし大樹の楠若葉
湿原の古木に烏主のごと

石灰岩のある展望所

下山（12：30）は往路を下る。平清経住居跡（12：40）、水場（12：48）、登山口（13：10）。

登山口前から県境峠（椎葉越ともいう。熊本県泉村と宮崎県椎葉村との県境で開通の石碑がある。峰越連絡林道椎葉五家荘線）まで2・8kmである。行ってみることにする。

1981－1986年の6年をかけて完成した1196mの道である。道路脇には広い駐車場があり、簡易トイレもある。烏帽子岳と白鳥山の縦走口もある。

✿花　ヤマシャクヤク（5月）
♨温泉　佐俣の湯
⊞地図　不土野
☎問い合わせ
八代市役所泉支所＝0965（67）2111
椎葉村役場＝0982（67）3111

93 白嶽 518m

長崎県

登山日　2008年5月14日（水）晴

【アクセス】 福岡空港（7：50）⇩対馬空港（8：25）⇩トヨタレンタカー事務所⇩国道382号線を厳原方面へ下り、雞知交差点から右折し、県道24号線へ⇩雞知トンネルを抜けるとすぐに洲藻バス停がある。ここから左折して洲藻林道へ、3・2km先の林道終点が登山口である（駐車5－6台可／9：10）。

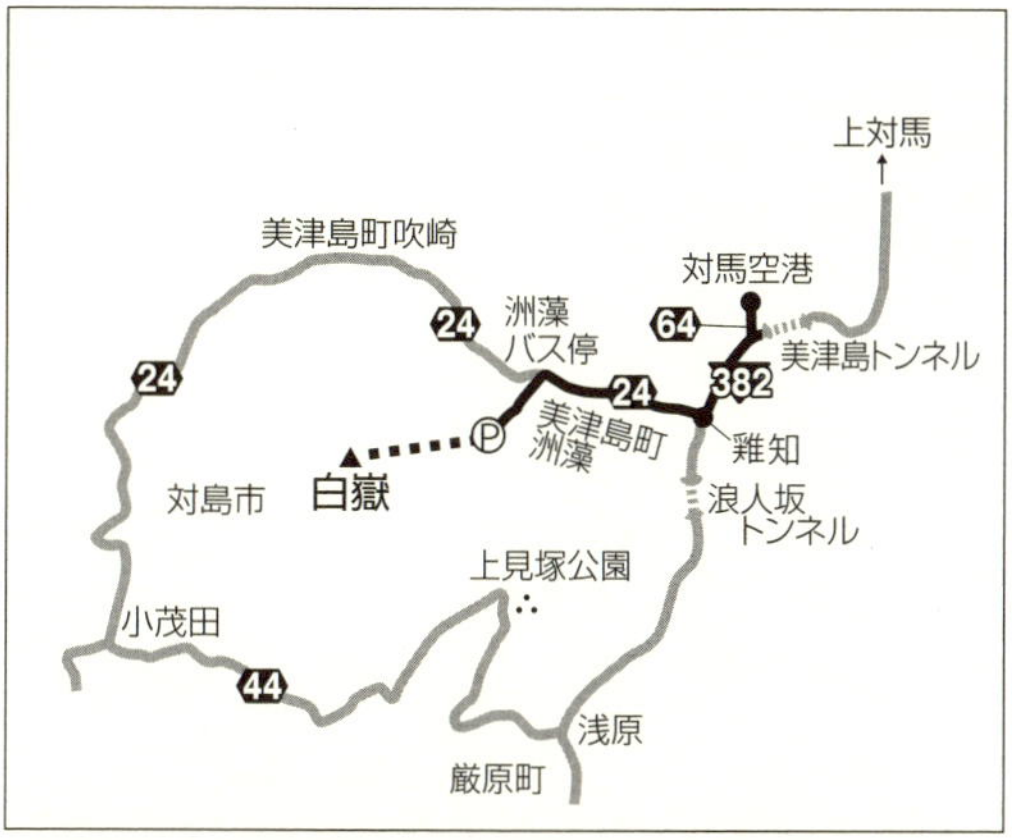

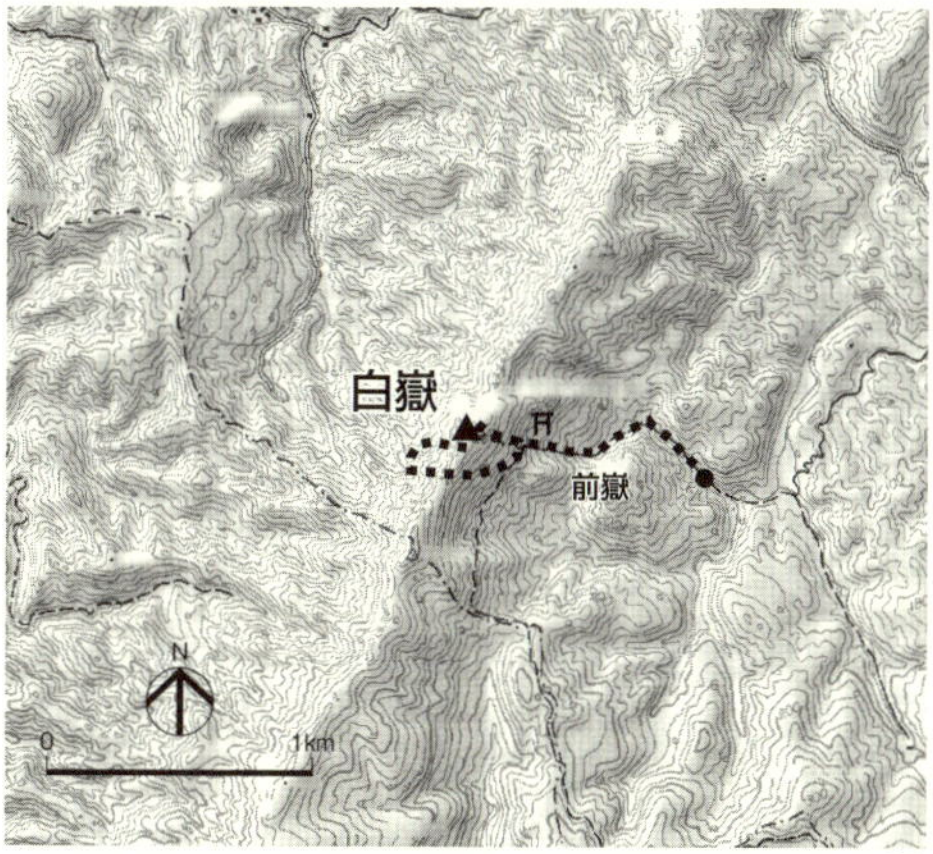

【登山路】 歩行時間3時間20分（往95分・復105分）

国境の島、対馬の洲《す》藻《も》白《しら》嶽は白い石英斑岩の岩峰が突き出た双耳峰である。チョウセンヤマツツジ、ゲンカイツツジなど大陸系植物が数多く自生し、国の天然記念物に指定されている。

登山口には「古くから霊山として信仰を集めた山で、現在は国定公園特別保護区に指定」との案内板がある（9：25）。滝を巻くように坂を登ると、沢沿いの緩やかな道となり、杉林を歩く。五つ目の丸太橋を渡る（9：45）と杉林がなくなり大岩が多数姿を現し始める。岩は苔むし、シダ類が岩に巻きつくように伸びている。このあたりからは自然林が多くなり、大杉が2本ある場所には炭焼き小屋の跡らしいものもある（10：00）。すぐに**白嶽神社の鳥居**がある。ここは上見坂分岐で直進すれば120分で上見坂へ。白嶽山頂は右上へ40分の地点である。

落ち葉の歩きやすい道はしばらくで、後は木の根っ子がいっぱいの急登が続く。山頂の岩峰が見え始めるころから一層急坂になり木や岩に掴まりロープを握り登ることになる。大岩の下にある3つ目の祠（10：35）の前からは、より大きなロープのある石道を這い登る。ケルンがあり、灯籠もある小広場に着く（10：45）。頭上に岩壁が姿を現す。その大きさに圧倒されそうである。東峰と西峰の狭間めざしてロープをしっかり握り、登り上がるとその狭間の向こう側には石祠が3つ鎮座されている（10：50）。見上げるとあらためて東西の岩峰の太さ、

山頂直下

高さに驚愕する。西峰にゆっくりと慎重に登る。**洲藻白嶽**山頂到着（11：00）。

木や草が1本もない白い岩の頂きは高度感があり、緊張はするが雄大な眺めを楽しめる。３６０度の大展望が開けている。眼下（東北）には浅茅湾、対馬空港も見える。南には矢立山や有明山なども見ることができる。

下山（11：15）、石英斑岩の岩峰を下りると岩と岩の間にチョウセンヤマツツジが赤い花を咲かせていた。狭間から何度も見上げると東峰も西峰も凄い迫力で迫ってくる。小広場まで下りて東峰の方へ歩くと広い岩テラスがあった（11：30）。ここからの眺望もすばらしい。高い岩峰と深い谷、何度もシャッターを切る。このテラスから東岩峰への道がありそうで途中まで登ってみたが、道がハッキリせずに引き返した。灯籠のある広場まで戻り（11：40）、往路を下る。石の鳥居（12：05）、ヒトリシズカの群生地（花はまだ蕾、12：30）、杉並木（12：35）、沢沿いを歩く（12：50）、登山口（13：00）。

✻花　チョウセンヤマツツジ（5月）・ゲンカイツツジ（5月）
田地図　阿連
☎問い合わせ

対馬市役所美津島支所＝０９２０（５４）２２７１
※対馬に飛んできて、一泊するので名所を観光する。
1 万松院……対馬藩主宗家の墓所
2 万関橋……明治33年旧日本海軍が掘削した人工の瀬戸に架かる橋で下対馬と上対馬を結んでいる。

洲藻林道入口から見る白嶽

3 和多都美神社……海の守護神
4 烏帽子岳展望所……日本有数のリアス式海岸の浅茅湾の展望ができる（上対馬の上対馬荘17：50着、宿泊）
5 鰐浦地区の韓国展望所……慶長12（１６１７）年に第1回目の朝鮮通信使の寄港地、文化8年（１８１１）まで12回来日。韓国釜山まで49・５ｋｍと近く、韓国からの観光客が多い。また、この鰐浦湾はヒトツバタゴ（海照らし、なんじゃもんじゃ、ナタオロシ）の自生地で山が白い花で覆われていた。
6 千俵蒔山リーダ風力機が2基あり、展望公園
7 対馬野生生物保護センター（ツシマヤマネコ）
8 海神神社（国幣中社）と藻小屋
9 空港前の石屋根、
10 有名な硯の若田石硯は購入
5／15（木）上対馬荘（8：30）⇩対馬空港発（16：50）⇩福岡空港（17：25）

94 三方岳 1479m

【アクセス】 山荘かつらの樹（5：00）⇩馬見原信号（国道265号線／35km／6：38）⇩五ヶ瀬ハイランドスキー場入口（46・4km）⇩仲塔小学校前（54km）⇩鹿野遊トンネル（59km／6：00）⇩音ケ瀬トンネル（62・5km）⇩中椎葉トンネル64km⇩上椎葉分岐65・7km⇩椎葉村上椎葉信号（鶴富屋敷下の観光客専用駐車場／67km／6：13－6：20）⇩針金橋トンネル（68km）⇩桑の木原・大河内林道口（69km）⇩山どり尾峠（79・3km）⇩国道388号線に出て左折（81・9km／7：00）⇩大河内越（登山口、86・3km／7：20）。

【登山路】 歩行時間4時間30分（往150分・復120分）

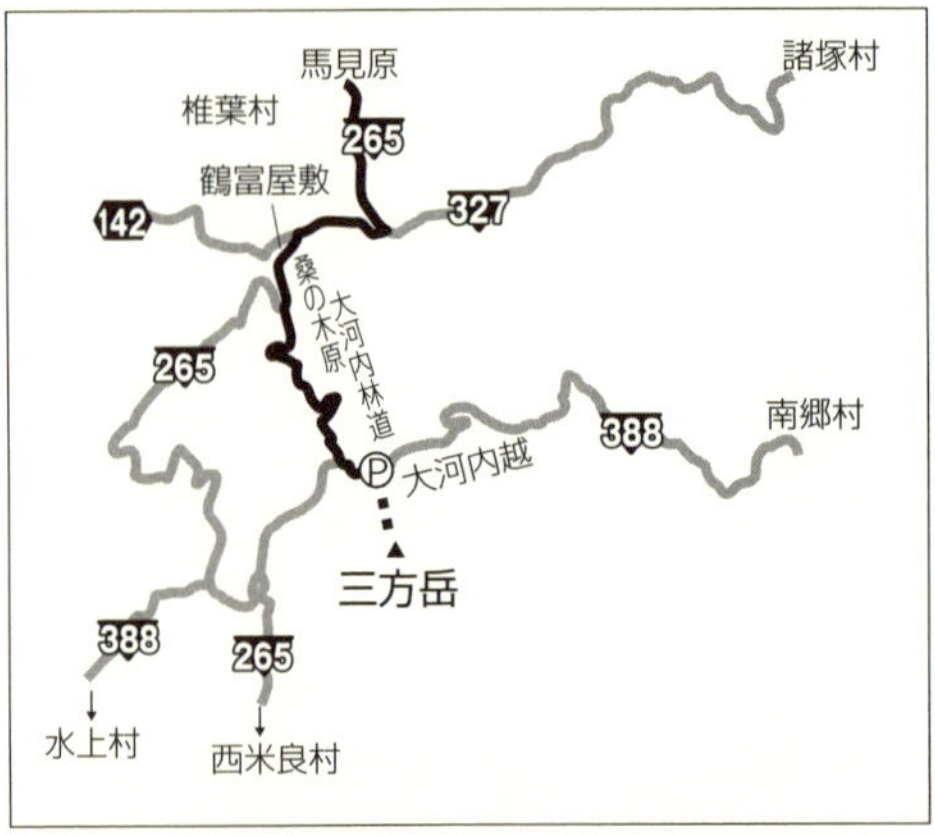

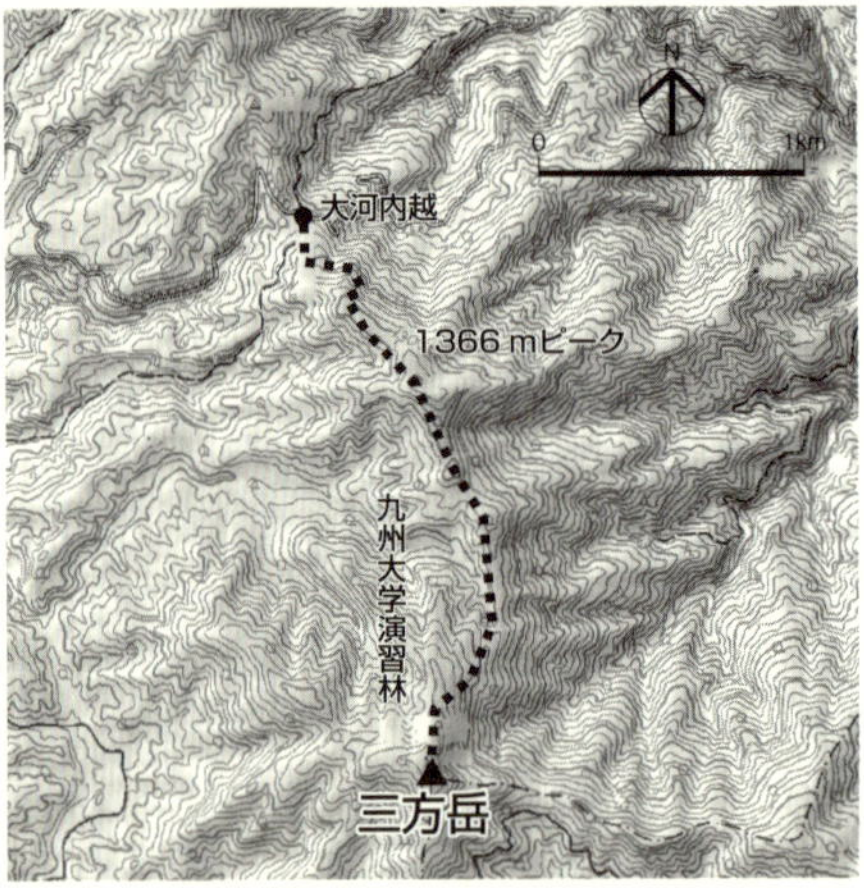

三方岳は椎葉村と美郷町の境界にあり、山腹に広がる原生林には樹齢300年を超える巨木があり、自然林保護区として、また九州大学の演習林として管理されている。

大河内越登山口（7：45）から二本の杉の間を通り、演習林の境界に沿って尾根を登る。左側の檜林がなくなり、短いヤセ尾根を過ぎると急坂になりジグザグに登る。右から

三方岳尾根の巨木

の道と出合い、左へ登るとブナやナラが目につきだす。やがて1305mピークに達する（8：20）。ここから少し下り、3回ほどアップダウンをくり返すと赤の境界石柱と三等三角点がある**1366mピーク**に着く（8：45）。尾根道は新芽を出した低いアセビが続き歩きやすい。所々では展望も開け、豊かな自然林が広がっている。瀬音が聞こえてくるとブナ・ミズナラ・トガ・モミ・ヒメシャラのほか、コウヤマキも見られる。尾根道は広葉樹で覆われ薄暗い感じがする。

右下に渓流が見え出す頃（9：35）から段々と急登となり、木の根が道いっぱいにはみ出している所もある。ここを登り切ると主稜線（赤い石柱あり）に出る（10：00）。山頂へ続くなだらかな坂をホウノキや紅ドウダンの花を楽しみながら登っていくと**三方岳**山頂である（10：15）。南側の展望がよく石堂山や市房山などが眺められる。西側は原生林で巨木が多く、自然林の魅力たっぷりの山である。

下山は往路をたどる（11：30）。途中にはミツバツツジ、アケボノツツジがあり、ヤマツツジはちょうど盛りで真っ赤な花を咲かせていた。大河内越登山口（13：30）。

三方岳登山口

✿花　アケボノツツジ（4月）・ミツバツツジ（4月）・ヤマツツジ（5月）

♨温泉　そよ風パーク

田地図　日向大河内

☎問い合わせ　椎葉村役場＝0982（67）3111

95 石堂山

1547m

【アクセス】山荘かつらの樹（4：00）⇩益城熊本IC（31km）⇩人吉IC（107km）⇩国道219号線村所信号（159km）左折して、国道265号線へ⇩竹原トンネル（162km）の手前から小川地区へ右折（すぐに井戸内谷川に架かる児佐江橋を渡る）⇩井戸内養鶏場（163・5km）⇩井戸内峠方面への案内板（165・2km）⇩石堂山・天包山分岐（169・8km）⇩井戸内峠（172・4km）、ここから左折して「森林管理道長藪線」に入る⇩砂利道を2・3km走ると石堂山登山口（駐車20台可／174・7km／7：15）。

なお、上米良バス停近くから登る場合は竹原トンネルをくぐり抜け、約3km先に登山口がある。

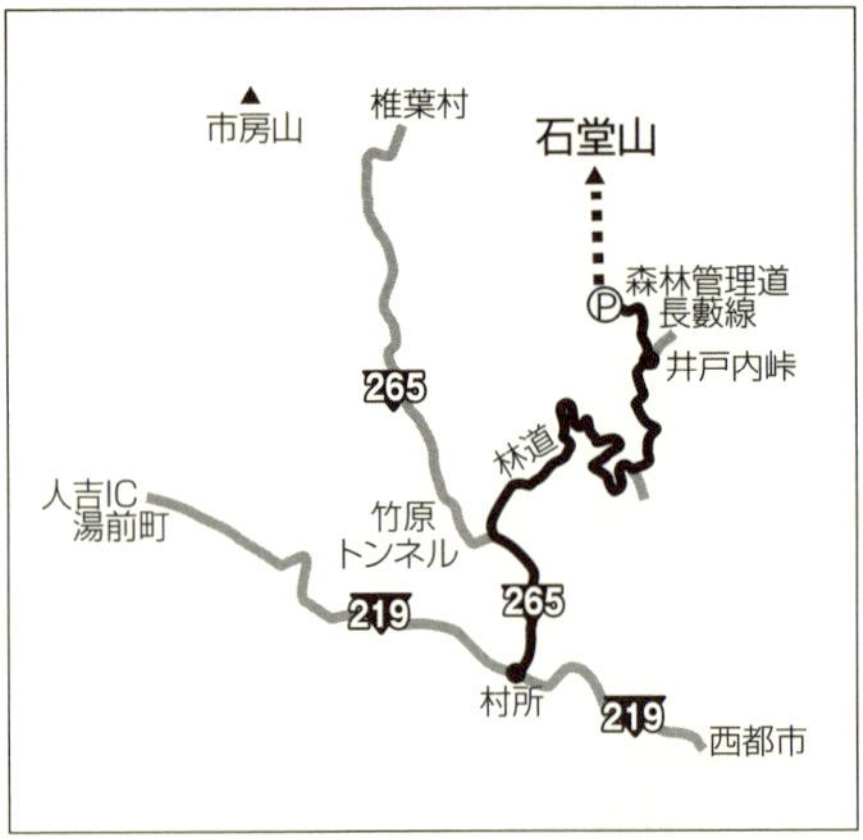

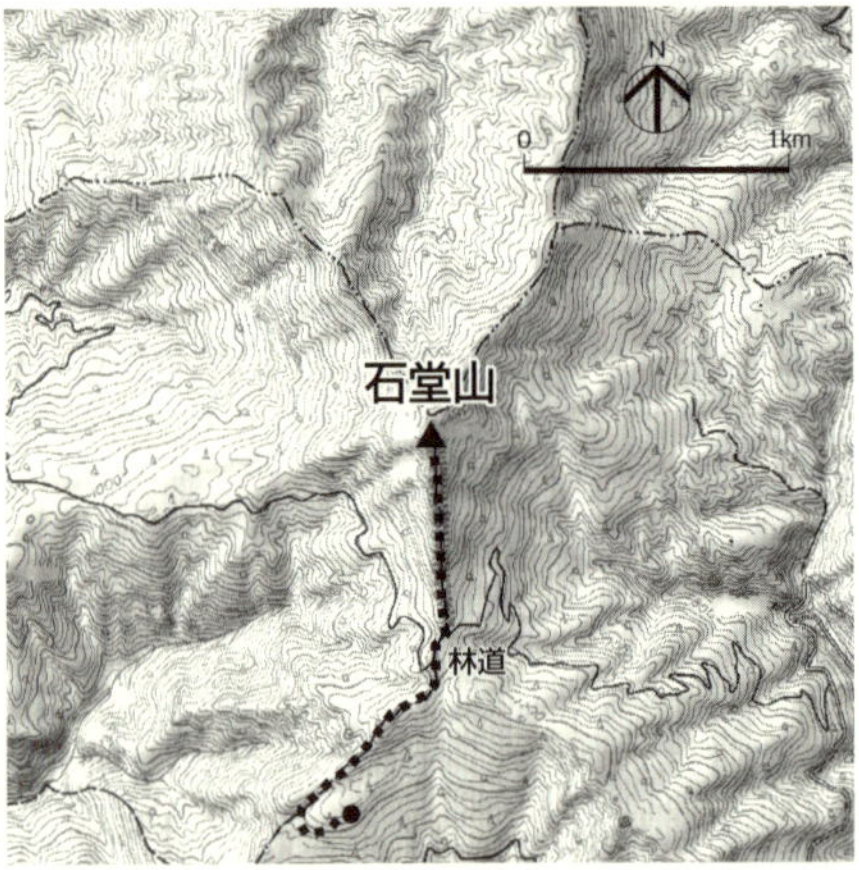

【登山路】歩行時間4時間05分（往135分・復110分）

石堂山は一ツ瀬川を挟んで市房山に相対している。三方岳山頂から眺めると並んでいる山容がよくわかる。その市房山と天包山と合わせて「米良三山」と呼ばれ、登山者に親しまれている山である。井戸内峠から登山口まで1時間ぐらいは歩く覚悟で行ったら、長らく崩壊して通行不可だった林道が修復され本年5月初め

八合目付近の鎖場

から開通し、車で行ける状況になっていた。ラッキーだった。

登山口には記帳箱があり、「石堂山登山道」と書かれた黄色い卵形の標識が立てられている（7：45）。いきなり杉林のなかの急登である。緩やかになると上米良からの登山道と出合う稜線（6合目）に着く（7：55－8：05）。しばらく歩いていると伐採地になり左前方に大きな市房山が見える。急坂を上り切ると岩々（自然石）の道となり、ブナ・トガ・マツなどの大きい樹木が数多く見られるようになる。道もゆるやかになりカッコー・ウグイス・フクロウなど鳥の声が聞こえ楽しい山歩きとなる。クマザサが繁り出すと急坂になり、やがて7合目（8：40）を過ぎ、灌木林を上ると、道が平坦になり、周囲は巨木群で覆われる。青空が見えだしたあたりで道を北にとり、ヤマツツジやミツバツツジを目にしながら歩く。短いが急な登りを上がりきると道幅の広い**林道**に出る（9：00－9：10）。林道を右へ100mほど歩くと左の稜線に「登山道⇩」と書かれた黄色の案内板がある。ここからが、より登山の喜びが増す。

8合目（9：20）を過ぎるとロープがあったり、クサリがあったりのピーク登りが次々に出てきてついが楽しい登りとなる。数えて8個目のヤセ尾根ピークを上がると、今度はしっかりと鎖が取りつけられている岩稜登りピークが待っていた（9：55）。ここから見えるピーク（10個目）が山頂だと思いきや、もう一つ先にピークがあり、最後の急坂を登ると霧島六社権現の石祠のある**石堂山**山頂だった（10：20）。山頂からはどっしりと構えた名峰市房山や霧島連山も望める。また、山頂は北へ長い尾根が延びていてブナ・ナラ・サワグルミ・イタヤカエデなど自然林も多い。その方向へ足を運ぶと三方岳も見える。

アップダウンが10回を超え、きつい登りではあったが

林道から左の稜線へ

尾根道には自然林が残り、道端にはヤマツツジの鮮やかな赤い花が咲き誇っていて快適そのものだった（アケボノツツジとミツバツツジは花の時季を過ぎていた）。あれが山頂だろうと何度もだまされた「だましの山」でもあった。

下山は往路を戻る（11：10）。林道（12：00－12：20）⇩7合目（12：35）⇩6合目（13：10）⇩登山口（13：20）。

✲花　アケボノツツジ（4月）・ヤマツツジ（5月）
♨温泉　西米良温泉ゆたーと
⊞地図　石堂山
☎問い合わせ
西米良村役場＝0983（36）1111

96 宝満山 829m 三郡山 936m 福岡県

登山日 2008年6月14日(土) 晴

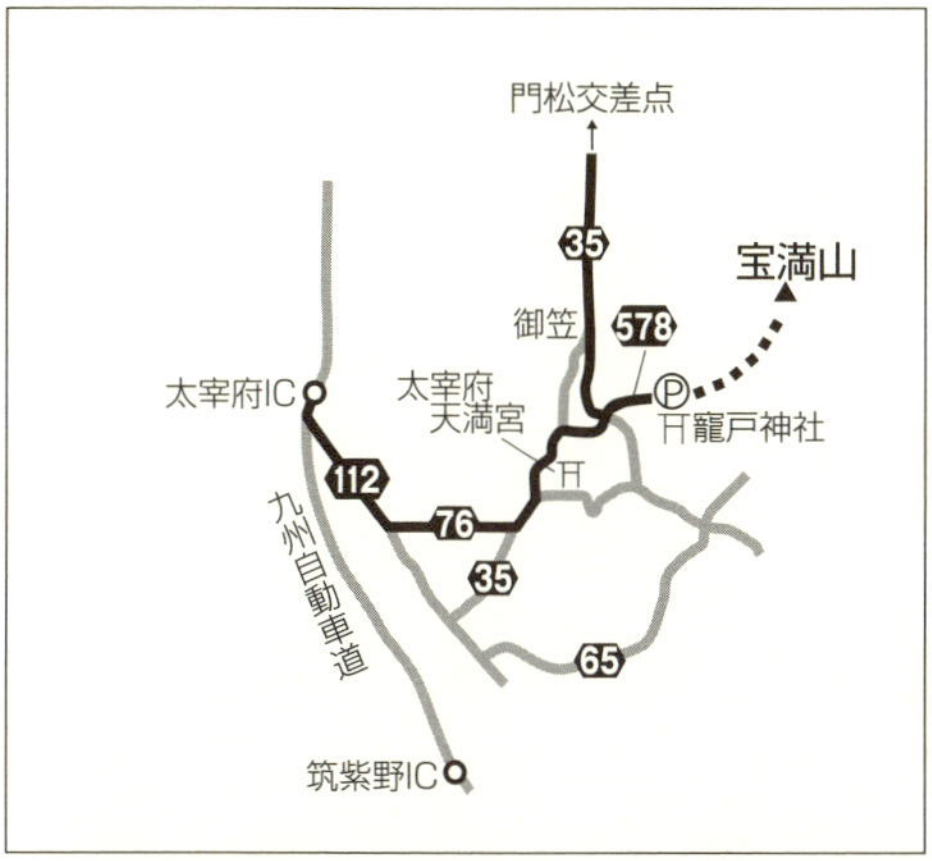

【アクセス】 自宅（5：00）⇩国道3号線流交差点から左折して県道35号線（筑紫野古賀線）へ入る⇩門松交差点⇩太宰府市の御笠分岐を直進し、赤い橋を通過して県道578号線へ左折⇩竈門神社駐車場（45km／5：50）。

　または太宰府天満宮社殿裏から県道578号線へ右折して約2kmで竈門神社駐車場。

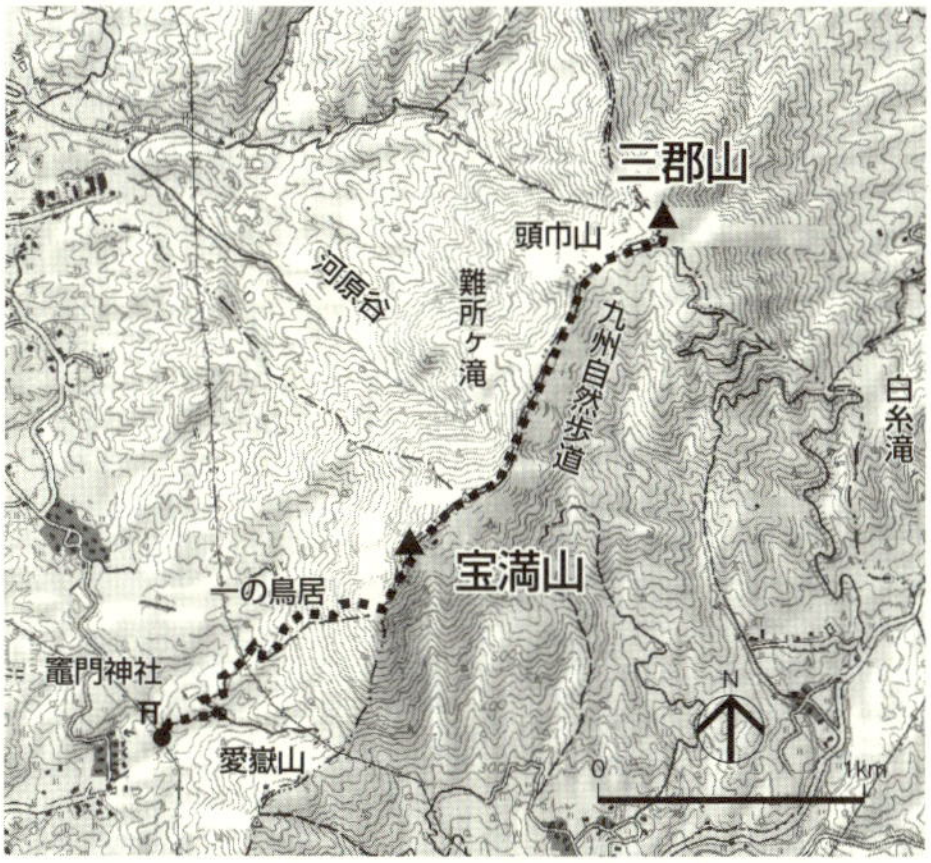

【登山路】 歩行時間5時間05分（往175分・復130分）

　宝満山は古くから修験の山として栄え、霊峰として崇められていた山で、最盛期には300有余の僧坊もあったと伝えられ山岳信仰のメッカであった。竈門神社社殿前を抜け、左の車道に出て、少し上ると鳥居のある登山口（1合目）がある。溝状の道を進むとやがて鉄塔があり、その右横を通り、林から出ると大きくて高い**一の鳥居**（2合目）に着く（6：30）。

　照葉樹林が生い茂り薄暗いなかの苔むし古びた石段を登ると「徳弘の井」と書かれた水場（3合目）がある（6：45－6：50）。このあたりから急坂が続き、杉の巨木が目につく坂をのぼると殺生禁断碑のある5合目で、登山者泣かせの長くて急な「百段がんぎ」と呼ばれる石段を上り切る

竈門神社上宮のある宝満山頂上

と西院谷広場（7合目）に到着する（7：20－7：25）。九坊の坊跡や霊泉の「閼伽《あか》の井」がある所である。ここから石段を上るとすぐに**中宮跡**（十一面観音をまつる大講堂や神楽堂、鐘楼、九重塔などが建ち並び山伏の修法の中心地であった）に出る（7：30）。ブナやアカガシが繁るなかを、袖すり岩と呼ばれる大岩に挟まれた狭い石段を上り、右に馬蹄石を見て、その先の急な階段を上

三郡山頂上のドーム前にて

がると竈門神社の上宮がある**宝満山**頂上である（7：50－8：10）。山頂は大きな花崗岩があり、展望が良く東に英彦山・古処山、西に四王寺山や福岡空港・博多港、南に基山・九千部山、北には仏頂山（心蓮上人が草庵を結んで修行した場所）や砥石山などが眺められる。

　北東へ４００ｍ先の仏頂山の向こうには三郡山がある。三郡山は旧嘉穂郡・糟屋郡・筑紫郡の三郡を境界としている山である。宝満山頂から垂直に近い岩を鎖で下って、キャンプ小屋前の広場から森で覆われた仏頂山へ坂を登る。祠のある山頂（８６９ｍ／８：20）を通り抜け、九州自然歩道を行く。やがて宇美方面へ下る河原谷分岐（8：50）を左にみながら、緩やかな坂を上ると頭巾山の案内があり、１００ｍほど左へ入って

みると小高い山頂に古びた板に頭巾山の文字があった（9：10）。

　自然歩道に戻り三郡山を目指す。ブナ・コナラやシロモジなどの自然林が多く見られる。若葉が繁る歩道は心地いい。三郡名所「天の泉」と書かれた水場（15m下方／9：15）を過ぎ、木段を上ると丸いドーム（航空監視レーダー）が見え、その横から頂上へ。**三郡山**山頂は広く展望抜群である（9：30－10：10）。

　また宝満山へ引き返し、下山する。河原谷分岐（10：35）、宝満山山頂（11：00－11：40）、中宮跡（12：00）、徳弘の井（12：20）、一の鳥居（12：35）、竈門神社駐車場（13：00）。

✲花　シャクナゲ（5月）・ミツバツツジ（5月）
♨温泉　ラドン温泉都久志の湯
田地図　太宰府
☎問い合わせ
　太宰府市役所＝092（921）2121

97 宮之浦岳 1936m

鹿児島県
一等三角点

登山日 2008年7月7日(土) 快晴

【アクセス】前日、自宅（5：20）⇩JR赤間駅（5：36）⇩JR博多駅（6：14）⇩地下鉄福岡空港駅ー福岡空港発（8：35）⇩屋久島空港着（9：05）⇩安房（民宿華のや宿泊）。

当日、県道77号線安房警察署前信号（3：00）から500m先の安房大橋を渡り、盛久神社前信号から右折し、県道592号線安房公園線に入る（1・5km）⇩あさひ食堂（弁当屋、2・3km）⇩荒川三叉路（14・7km）⇩ヤクスギランド（16・8km／3：30）、ここから安房林道に入る⇩紀元杉（22・4km）⇩川上杉⇩淀川登山口（24km／3：50）。

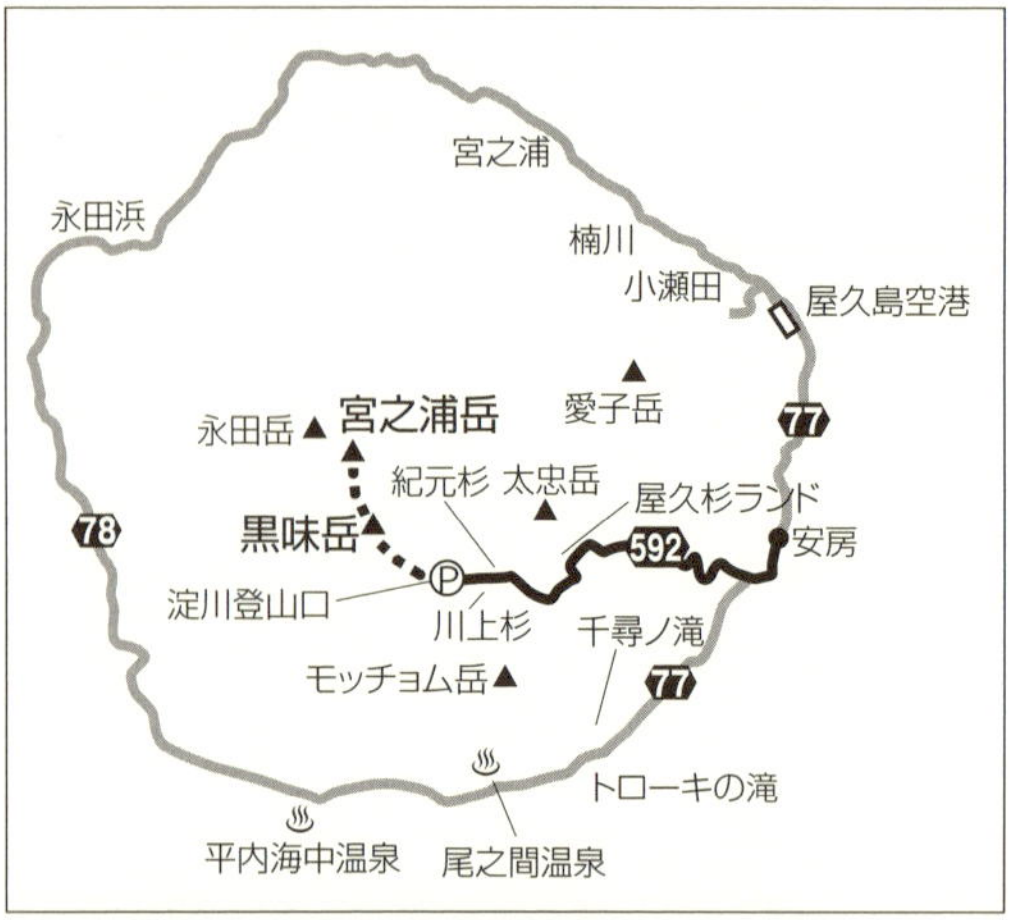

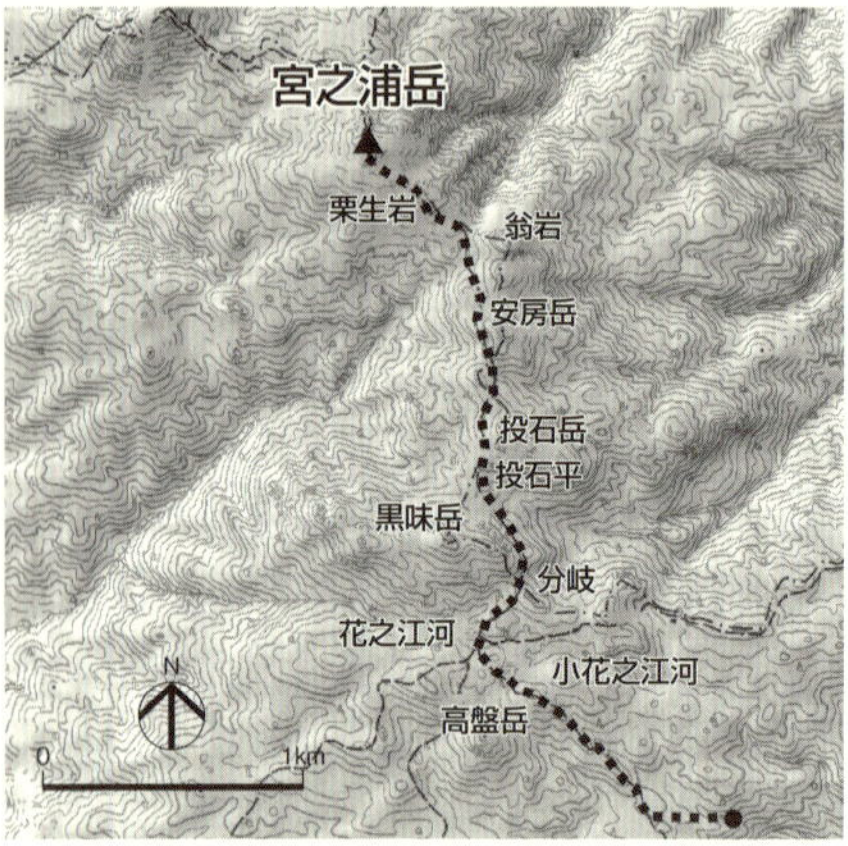

【登山路】歩行時間9時間15分（往300分・復255分）

九州最南端の佐多岬から70kmに浮かぶ世界遺産に指定されている屋久島の宮之浦岳（九州最高峰）に登る。降雨量が多く、作家の林芙美子は「1カ月35日は降る」とも言っている。天気予報は快晴というが雨用具だけはリュックの底にばっちり準備して行った。

淀川登山口からヘッドランプをつけて出発（4：20）。下見で見たモミ・ツガ・スギ・ヒメシャラ・ヤマグルマなどの大木が頭上を覆っていることぐらいし

白骨樹のある小花之江河

か暗くて見えないが、木道がよく整備されているので**淀川小屋**に予定時間通りに着く（5：10）。小屋宿泊の人と会話して歩き出す（5：25）。淀川に架かる緑色の鉄の橋を渡る。清流が澄んでいることが微かにわかるほど夜が明けてきた。かなり急登が続くがスギ・ツガ・モミなどの巨木が多く、「満ち溢れた生命の島」を思わせる。登路は木の根がはみ出している所もあるが、やがて緩やかな登りとなる。広い尾根道を巨木の多さに驚きながら、ゆっくりゆっくり歩き、写真を撮ったり、樹木の凄さを語り合いながら登っていくと左上方に高盤岳1711mが見えてきた。朝日を浴びた高盤岳山頂の豆腐岩がハッキリ見える。高盤岳展望所（6：40－6：45）からは枯存木が白く輝き、山頂の巨岩もまぶしく光る。

ここを通り過ぎると大木に代わってシキミ・ユズリハ・シャクナゲ・サクラツツジなどの低い灌木に変化してくる。特にヤマボウシは花の盛りであった。標高1700mを超えると下りになり**小花之江河**に到着した（7：00－7：10）。淀川登山口から3・8km、宮之浦岳までおよそ半分来たことになる。小花之江河は標高1630mという高い位置にある高層湿原で、2700年前頃にできたらしい。ヤクシマホシクサやコケスミレ・イグサなど珍しい植物もある。ミズゴケのなかを通る木板上から周囲を見渡せば杉の緑に加え、白骨樹が多数あり、左後ろには高盤岳も見え、まるで日本庭園のようである。幅の広い木段を上り、尾根を越えるとやがて霧島国立公園と書かれた環境省の標識が立つ泥炭層の湿原である**花之江河**に達した（7：20）。

標高1640m地点にある花之江河は小花之江河より広く（50m×100m位の広さ?）、黒味岳を借景にした名庭園である。ミズゴケも緑濃く、その魅力に圧倒されそうだ。湿原の中央には山岳信仰の名残の祠もある。澄んだ水中にはオタマジャクシも泳いでいた。こんな高原にあることに感動する。木板を左へ行けば栗生登山口、右へ行けば石塚小屋と宮之浦岳の分岐（湿原の右端）が

ヤク笹の茂る宮之浦岳頂上

ある。石塚小屋は右へ40分、宮之浦岳は左へ３・８ｋｍである（７：30）。

　黒味岳の東斜面を登っていくと宮之浦岳へ３・５ｋｍの案内があり、その先２００ｍで**黒味岳分岐**（７：50）があった。黒味岳は帰りに登ることにして先を急ぐ。斜面を巻くようになお歩く。ロープがあり狭い道の岩上りをして投石湿原を通過すると間もなく岩のテーブル（露岩広場）の**投石平**に着いた（８：20－８：25）。ここは左の黒味岳と右の投石岳の鞍部のようだ。投石岩屋を道脇にみて、高度をあげて振り返ると大きい岩のテーブルが小さく見える。投石岳の西斜面を進む。このあたりが森林限界でアセビ・シャクナゲ・ビャクシンなど背の低い灌木になり視界が広がる。目指す宮之浦岳がハッキリと目に入る（８：45）。

　宮之浦岳へ２ｋｍ、花之江河から１・８ｋｍ地点（８：50）を過ぎると山と山の谷間の木道が長く続く。ヒメウマノアシガタ・ヒメイワカガミなど高山植物があり清水が流れる岩沢を下ると高層湿原（９：10）がまたあり、緑色した苔が陽に輝いてより新鮮に感じる。

　右に翁岳１８６０ｍの双耳型の巨岩、左に栗生岳１８６７ｍ、その鞍部に最後の水場がある。宮之浦岳山頂まであと１ｋｍの標識もあり、まずは栗生岳をめざして急坂を登る。奇岩の仏岩が見え、種子島も海に浮いているように見える。大岩の上に円盤状の岩が乗っている栗生岳に着く（９：35－９：45）。「くりお岳」と書かれた名板の裏の岩の隙間には権現様を祀る祠があった。いったん下りヤクシマザサが繁る道を登ると念願の**宮之浦岳**山頂に立つことができた（10：00）。

　山頂は10ｍ四方ほどの広さで低い屋久笹に囲まれた岩

山頂から見る永田岳

の広場である。３６０度の大展望がひろがる。西北西に永田岳１８８６ｍ、北に噴煙上げる硫黄島、遠く開聞岳や桜島、また屋久島の見事な森林帯が見える。北下方には焼野三叉路（０・５ｋｍほど、約25分下ると永田岳へ50分）がある。

頂上には三重・大阪・神奈川・千葉県からの人もあり、賑やかだった。また立派な角のヤクシカが笹を食べに登ってきて間近に見ることができた。

下山（10：40）、最後の水場（11：10）、高層湿原（11：20）、山頂まで2ｋｍ地点（11：43）、２・５ｋｍ地点（12：00）、投石平（12：05）、黒味岳分岐（12：45）、黒味岳山頂（13：30－13：40）、黒味岳分岐（14：15）、花之江河（14：30）、小花之江河（14：40）、淀川小屋（15：40－15：50）、淀川登山口（16：35）。

✿花　ヤクシマシャクナゲ（6月）
♨温泉　尾之間温泉
田地図　宮之浦岳
☎問い合わせ　屋久町役場＝０９９７（４７）２１１１
上屋久町役場＝０９９７（４２）０１００

98 黒味岳 1831m

【アクセス】 宮之浦岳（２４６頁）参照。

【登山路】 歩行時間6時間（往１９５分・復１６５分）

黒味岳は宮之浦岳・永田岳とともに屋久島三岳の一つである。花崗岩からなる山頂は岩が大きく高く、洋上のアルプスを眺めるに最もよい展望所であろう。ヤクシマシャクナゲ・サクラツツジ・ミヤマビャクシンなど貴重な植物も多い。また、南には高層湿原の花之江河を抱いている。

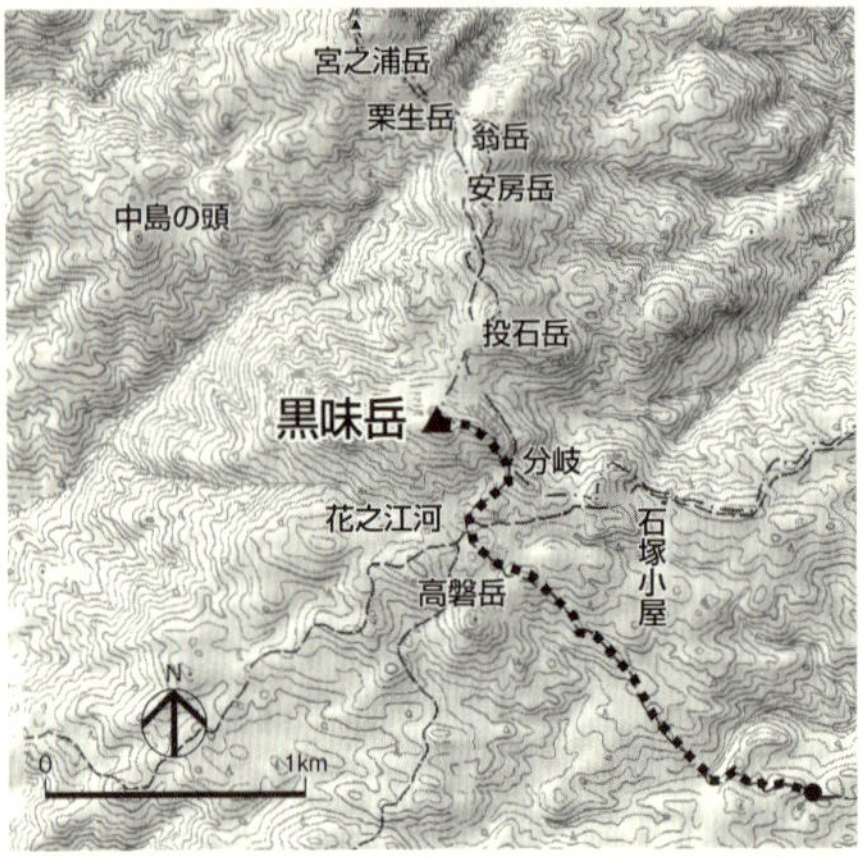

宮之浦岳登山の帰りに寄り道して**黒味岳分岐**（12：50）から登る。（黒味岳のみに登山する場合も淀川登山口から黒味岳分岐までは宮之浦岳登山のときと同様である）。

分岐を右折して灌木のなかをのぼる。太いロープで登る岩場が4カ所もある急登であるが、そこを登り切ると背の低い樹木（ヒメサカキやミツバツツジなど）になり、視界が開けて巨岩がいくつも見えてくる。左下方には花之江河が小さく見える。右上の大岩を仰ぎ、稜線を南から西に回り込むようにして、ロープで登ると露岩、奇岩の**黒味岳**山頂に達する（13：30）。

高度感のある山頂からは宮之浦岳・永田岳、遠くには愛子岳も望める。まさに３６０度の大パノラマである。投石平の大きなテーブル岩も小さく見える。

下山（13：40）は黒味岳分岐に引き返し（14：15）、往路を戻る。花之江河（14：

40）、淀川小屋（15：40－15：50）、淀川登山口（16：35）。

✿花　サクラツツジ（5月）・ヤクシマシャクナゲ（6月）

♨温泉　尾之間温泉

宮之浦岳・栗生

☎問い合わせ

屋久町役場＝0997（47）2111

上屋久町役場＝0997（42）0100

屋久島観光協会＝0997（49）4010

黒味岳頂上から宮之浦岳・永田岳を見る

黒味岳山頂岩に立つ

９９　愛子岳　１２３５ｍ

鹿児島県

登山日　２００８年７月９日（水）晴

【アクセス】　安房・民宿華のや（６：25）⇩県道77号線を宮之浦方面へ、屋久島空港前⇩小瀬田地区の国道77号線脇に愛子岳登山道入口の案内板がある（10ｋｍ）。ここから左折して畑のなかの車道を直進し、小瀬田林道に入る⇩杉の植林地の中をシダやクワズイモの大きな葉を見ながら２・３ｋｍ走ると愛子岳登山口に着く（駐車10台可／12・３ｋｍ／６：45）。

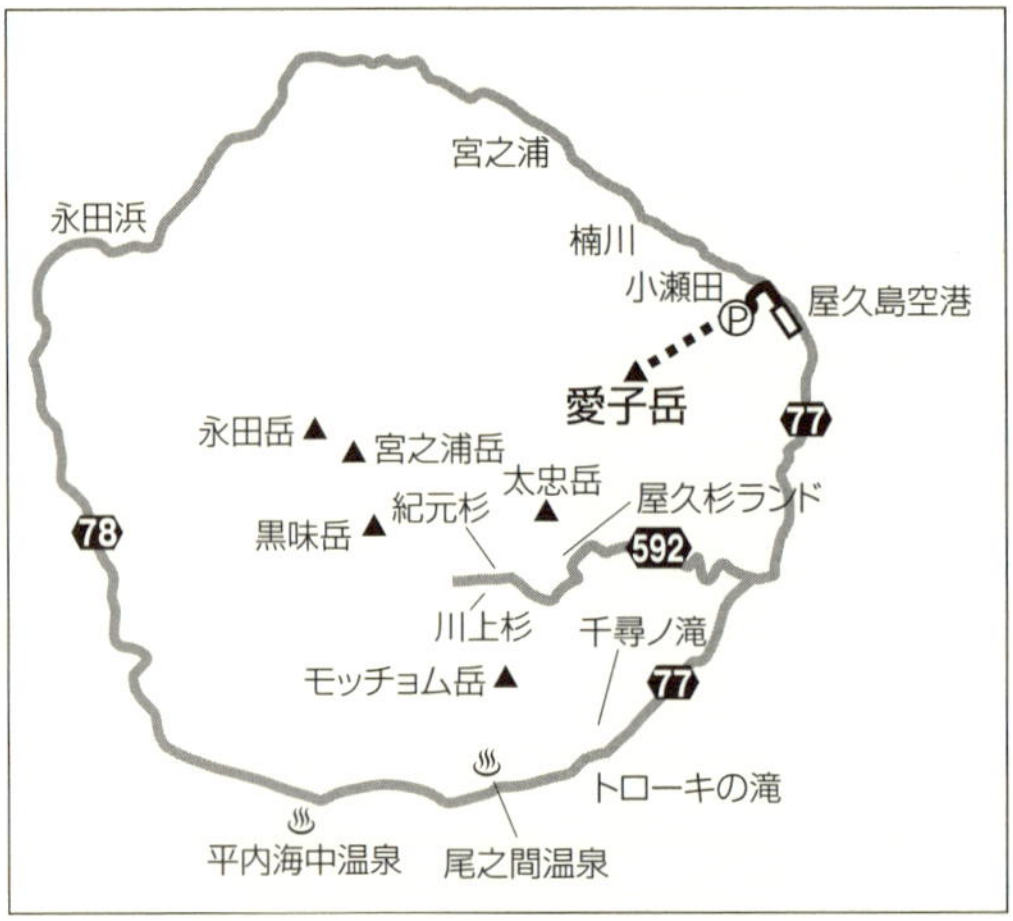

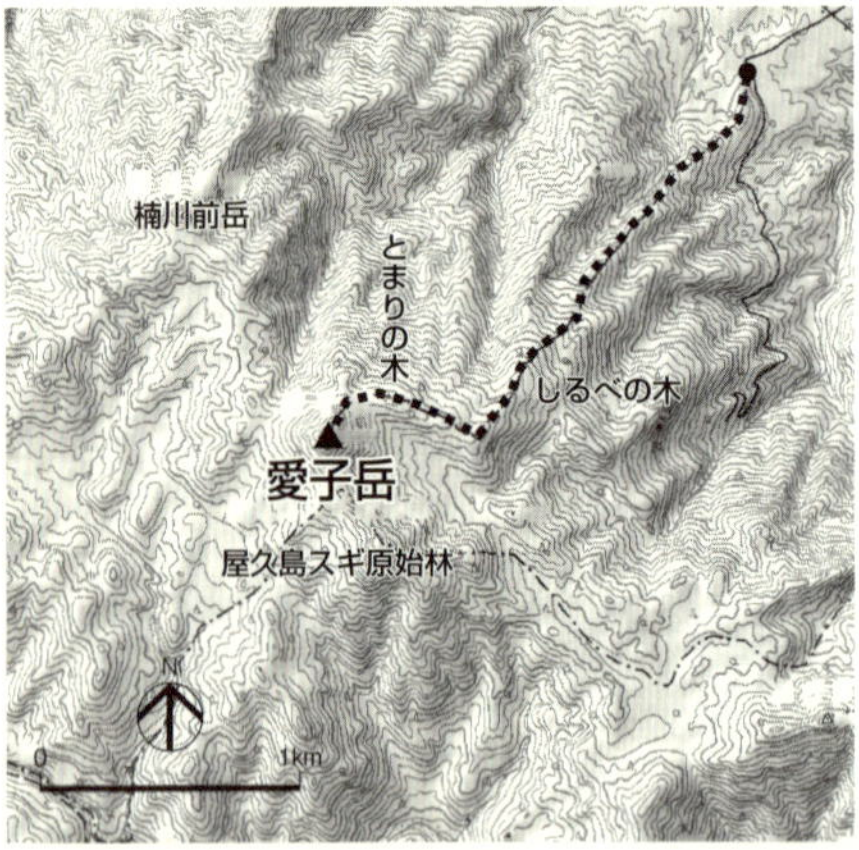

【登山路】　歩行時間５時間25分（往１９５分・復１３０分）

愛子岳は屋久島の北東部にあり、三角錐の秀麗な山容をなし、山頂は花崗岩のドームである。照葉樹林帯は特別保護区に指定されている。また、２００ｍごとに階層別植生図表が設置され、屋久島（愛子岳）の植生を知ることもできる。

杉林の林道脇に案内板が立っている。その右から尾根に取りつき（７：00／標高１７７ｍ）、樹林の中を進むとすぐに標高２００ｍの標識があり、山頂まで１００ｍ間隔で立てられているので迷うことなく登ることができる。

小瀬林道入口から見る愛子岳

標高９００ｍ付近まで照葉樹林のなかを淡々と登るだけである。標高差７００ｍほどの急登が続く。スタジイやヒメシャラなどの大きい木が目につくようになると、やがて**「しるべの木」**と記された大きな古い切り株のある所に着く（９：00－９：05）。ここを通り過ぎるとサクラツツジの群落がみられる。尾根道は右に曲がり、緩やかな上りになり、右斜面を進むと水場（右下40ｍ）の案内がある（９：20－９：25）。

標高１０００ｍ地点（９：35）を過ぎると明るく開けた樹林平に上がる。**「とまりの木」**と書かれた木がある（９：45－９：50）。ここから陽光に輝く花崗岩の白い山頂が見え、気持ちも高揚する。シャッターを切る最適な場所でもある。

なだらかな稜線を南へ歩き、西へ方角が変わると１本の赤い色したヒメシャラの巨木のある頂上の基部に到着する（９：55）。苔むす岩場の急登が始まる。標高１１００ｍを越えると太いロープが2カ所あり、そのロープや木を掴んで這い登る。この急坂の樹林を抜け出す（10：10）と視界がパッと開け、奥深い屋久島の森が広がる。白くて丸く大きな岩が山頂まで続くので転ばぬように慎重に登る。間もなく岳参りの神の山である**愛子岳**に登頂する（10：30）。山頂からは自然遺産の屋久島、

愛子岳頂上は360度の大展望

洋上に浮かぶ屋久島のすべてが視界に入る感じである。天柱石の太忠岳や翁岳、九州最高峰の宮之浦岳などもハッキリ目にすることができる。眼下には荒川ダム、屋久島空港、宮之浦港なども見える。島の周りの碧い海が一層美しく映る。360度の大展望である。

広くゆっくりできる山頂では時間の経つのも忘れ、眺望を楽しんだ。岩に張りつくヤクシマツツジにも一輪だけ花が咲いていた。祠（愛子観音を祀る）に掌を合わせ往路を下る。本土方面の空気が澄んでいれば開聞岳も見えるはずだがなあと想像しながら下山にかかった（11：30）。基部（12：00）、とまり木（12：05－12：10）、水場（12：20－12：25）、しるべの木（12：30）、標高900m（12：35）、標高400m（13：20）、登山口（13：50）。

※　階層別植生の一部を記す

標高400m（ヒメユズリハ・イスノキ・ヤブツバキ等）

標高600m（スタジイ・マテバシイ・カクレミノ等）

標高800m（バリバリノキ・ヤクシマアジサイ・ヒメシャラ等）

標高1000m（ヤマボウシ・ヤマグルマ・ハイノキなど）

✿花　サクラツツジ（4月）

♨温泉　楠川温泉

地図　宮之浦岳・安房・屋久宮之浦

☎問い合わせ

上屋久町役場＝0997（42）0100

屋久町役場＝0997（47）2111

屋久島観光協会＝0997（49）4010

100 大障子岩 1451m

大分県

登山日 2008年9月9日（火）晴

【アクセス】 山荘かつらの樹（3：30）⇩阿蘇大橋から国道57号線へ⇩宮地駅前信号（28・3ｋｍ）⇩坂梨信号（30・5ｋｍ）⇩竹田市の天神信号（57・7ｋｍ／4：20）から右折して国道５０２号線へ⇩竹田城址入口（59・6ｋｍ）⇩原尻の滝入口（65・5ｋｍ／4：35）から右折して県道7号線へ⇩傾山登山口バス停（81・2ｋｍ）⇩尾平登山口（89・7ｋｍ／5：25）。

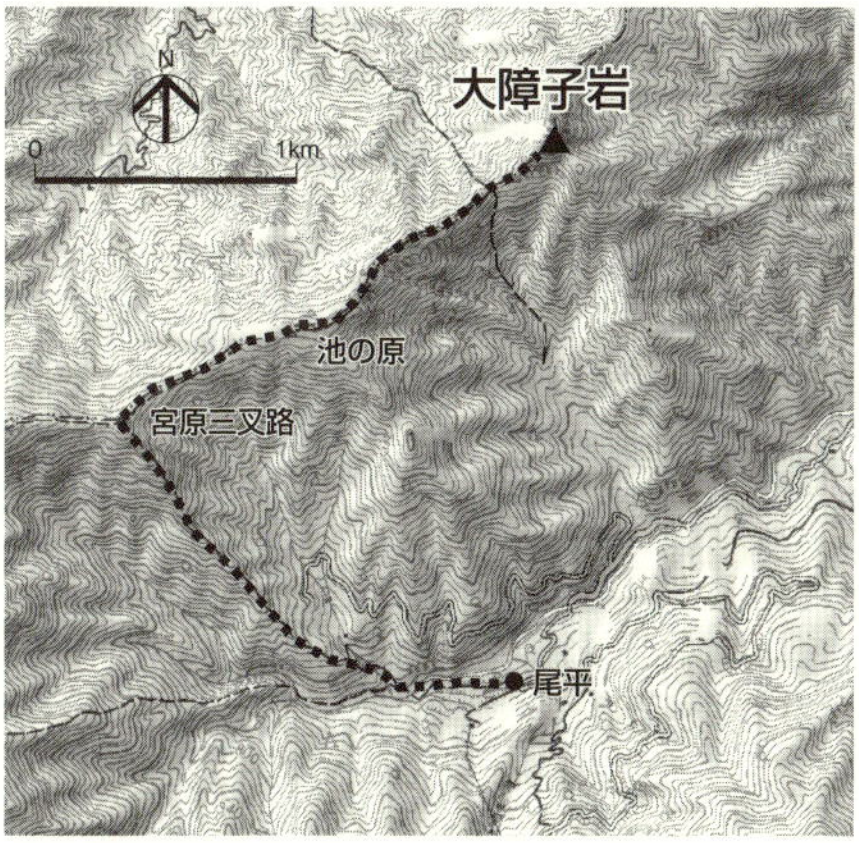

【登山路】 歩行時間10時間05分（往３３５分・復２７０分）

大障子岩は竹田市と豊後大野市（旧緒方町）の境界にあり、祖母山から北東に連なる稜線にある岩峰（障子岩尾根のピーク）である。

尾平駐車場は夜明け前でまだ薄暗い（5：40）。奥岳川に架かる吊橋を渡り、杉林に入るとすぐに道は左（尾根経由）と右（林道経由）に分岐する（6：00）。どちらを通っても2合目で合流する。左の尾根を登る。自然林の急坂を登ると長い大岩の上を歩く所がある（6：25）。ここを通り、標高９００ｍ（6：50）の先で木の根が張りついている岩を越えると間もなく２合目に到着した（7：00－7：05）。

このあたりからトガの巨木が多

くなり、葉で覆われた道は暗く感じる。木の根っ子も地面に張り出している。標高１０００ｍの標識がある３合目（７：15）を過ぎ、赤松の大木が増えてくると標高１１００ｍ地点で松葉の隙間から障子岳や古祖母山が見えてくる。ここから少し下りの道となるが、道の両端にスズタケが茂り始めるとまたまた急な登りになり延々と続く。

　やっと**宮原三叉路**（６合目で標高１４００ｍ地点）に上がる（８：25－８：40）。標高差８００ｍ登ってきたことになる。祖母山は左へ、大障子岩は右への分岐点である。

断崖上の斜石（鹿ノ背）

　スズタケの尾根道はブナ・モミ・イヌシデなどの巨木も見られ、心地いい歩きとなる。緩やかに下り、また上ると「メンノツラ沢は左へ」の案内標識（９：05）を眺めながら池の原展望所へと歩む。展望所（９：10－９：15）は右側が開け、深い谷と祖母山や障子岳・古祖母山が近くに見える。まさに絶景である。まだまだ先は長い。岩稜を這うようにして登り（９：35）、切り立つ断崖上の狭い斜石（鹿ノ背）を恐る恐る渡る（10：05）。鶏尾ランが多数みられる巨岩の左下を巻いて急坂を下るとアケボノツツジ・ドウダンツツジやシャクナゲなども見掛けられる。リョウブ・ブナの林を通り抜けて八丁越に着く（10：55）。左下へ下れば白水から神原へのルートである。大障子岩は右上へ。

　クーチ谷を経由し尾平への下り口を見送り、上へ進むと岩・岩・岩の岩峰が現れ、岩や木の根に掴まりよじ登り、尾根道から右へそれた場所（前は絶壁）に立つ（11：25）と真向かいに息を呑み驚愕の岩峰がそそり立ち、前面は深い深い谷である。これが大障子岩か。あの岩壁をどうして登るか一瞬思案する。

　岩壁の前にいったん下って、右側に回り込み、急坂を登ると**大障子岩**山頂だった（11：40）。南西側（下は断崖絶壁）に出ると目を見張る絶景がある。祖母山系はもとより、阿蘇山も遠望できる。
　下山（12：10）は往路を引き返す。八丁越（12：45）、斜石（13：20）、岩尾根下る（13：40）、池の原展望所（14：00）、宮原三叉路（14：35）、標高１２００ｍ（15：05）、２合目（15：45）、標高９００ｍ（15：50）、長い大岩の道（16：10）、吊り橋（16：30）、標高６００ｍ（16：35）、尾平登山口駐車場（16：40）。

✲花　アケボノツツジ（5月）・ケイビラン（7月）
♨温泉　もみ志や旅館
⊞地図　祖母山・見立

大障子岩の頂上

☎問い合わせ
豊後大野市役所緒方支所＝０９７４（４２）２１１１

101 市房山 1721m

熊本県・宮崎県
一等三角点

登山日 2008年9月22日（月）晴

【アクセス】山荘かつらの樹（3：15）より県道28号線高遊原信号（21km）左折⇩県道36号線を益城熊本空港IC（31km／3：50）⇩人吉IC（107km）下車し県道33号線（人吉水上線）⇩ゆのまえ（五木湯前線分岐）から県道388号線を湯山温泉郷へ（142km）⇩市房林道に入り、2kmで市房キャンプ場⇩0・4kmで市房神社鳥居前の祓川橋を渡る⇩1・6kmで市房神社駐車場（146km／6：10）。

【登山路】歩行時間5時間05分（往160分・復145分）

熊本と宮崎の県境にそびえる市房山は樹齢700－800年の巨大杉のほか、モミ・ツガ・ブナなども多い。県指定天然記念物のツクシアケボノツツジやミツバツツジ・マンサクなど花木もあり、植物の種類が豊富である。山麓には人吉藩主の信仰が厚

六合目の馬ノ背

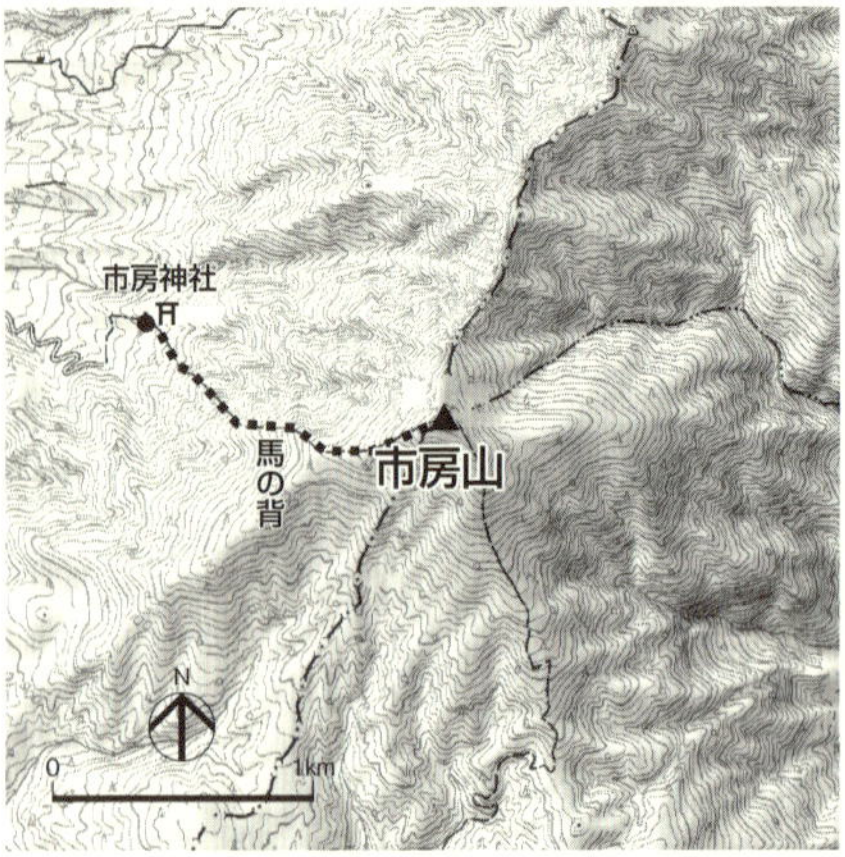

かった市房神社があり、古来、地域の人々の御岳参りも盛んであったようだ。

　祓川橋前の大鳥居の所が登山口（1合目）であるが、マイカーなので市房林道終点まで登り、神社の駐車場に停めさせてもらう。

　登山者記録箱に記入（6：45）し、渓流に架かる丸太橋を渡り、5分ほどで登山口からの道と合流し、右へ参道を歩く。幹周りが8ｍほどの大きな杉を仰ぎながら歩いていると八丁坂（3合目）に着く。御鎮座1200年の記念植樹（小杉）もみられる。幅広い自然石段を上り、露出している杉の根っ子を踏みながら登ると朱色の**市房神社**（4合目）がある（7：10）。広場の横には水場もある。

　神社の裏手から取りつき急坂を登る。広葉樹林帯のなかを歩いていると左上に背の高い仏岩が現れ、そのすぐ先に5合目の標識がある（7：30）。

　天然記念物ゴイシツバメシジミが生息し、ツクシアケボノツツジも咲くなどと説明板がたてられ、ベンチもある展望所（7：40）からは湯山温泉郷や遠くの山並みも一望できる。

　丸木段やロープがある急坂を登ると**馬の背**（6合目）に上がる（8：00－8：15）。馬の背に似たような大石があり、その後ろの老木の間から見える登山口方面は朝日に照らされて白く輝いている。石の前からは瀬音が聞こえ、市房山の山頂も見ることができる。手の届く所

参道の巨大杉を仰ぐ

にアケボノツツジやミツバツツジもあり、初夏には花をみながらの休憩ができる場所だろう。

このあたりから自然林も多くなり、心地よく歩けるが急登は続く。赤い肌のヒメシャラが多く見かけられるようになると7合目である（8：40）。ここからしばらくは丸木の梯子段があったりしてきつい登りであるが、やがて坂も緩み、ブナの大木が見られるようになり、道端にはクマザサも生えてくる。左上方には頂上もハッキリ望める。道もなだらかで木々もまばらになり、青空も見えてくる。やがて登山道も東に向きを変える（8合目／9：10）。

心見の橋と呼ばれるチョックストーン

緩やかな稜線を辿ると9合目の標識があり、低い灌木帯となる。時季を過ぎた茶褐色のバイケイソウが目につきだすと山頂は近い。**市房山**頂（9：40）は東西に長く展望雄大な広場である。東に石堂山、西側には展望岩が二つあり、高度感があり、抜群の眺望が得られ白髪岳も見える。南に霧島連山、北には国見岳、白鳥山なども目にはいる。

なお、山頂の北には「心見の橋」と呼ばれるチョックストーンがあり、5分で行ける。二ツ岩までの鋸尾根の縦走は熊本南部森林管理署長名で「この先の登山道は崩壊し、危険のため立入禁止とします」の縦走禁止板が立てられ、ロープが張られていた。

下山（11：10）は往路を引き返す。7合目（12：00）、馬の背（12：25－12：40）、市房神社（4合目／13：30）、合流点（13：45）、登山口（13：50）。

✽花　ツクシアケボノツツジ（4月）・ミツバツツジ（4月）

♨温泉　湯山温泉水上荘

田地図　市房山

☎問い合わせ　水上村役場＝0966（44）0311

102 高祖山
420m

【アクセス】自宅(8：35)⇩国道3号線⇩香椎東(福岡都市高速道)⇩福重JCT(西九州自動車道)⇩今宿IC下車し国道202号線へ今宿信号左折(9：25／44・4km)⇩周船寺西信号から左折して県道56号線へ⇩高祖バス停より左折し、高祖神社へ(52km／10：00)。高祖神社駐車場(数十台可)。

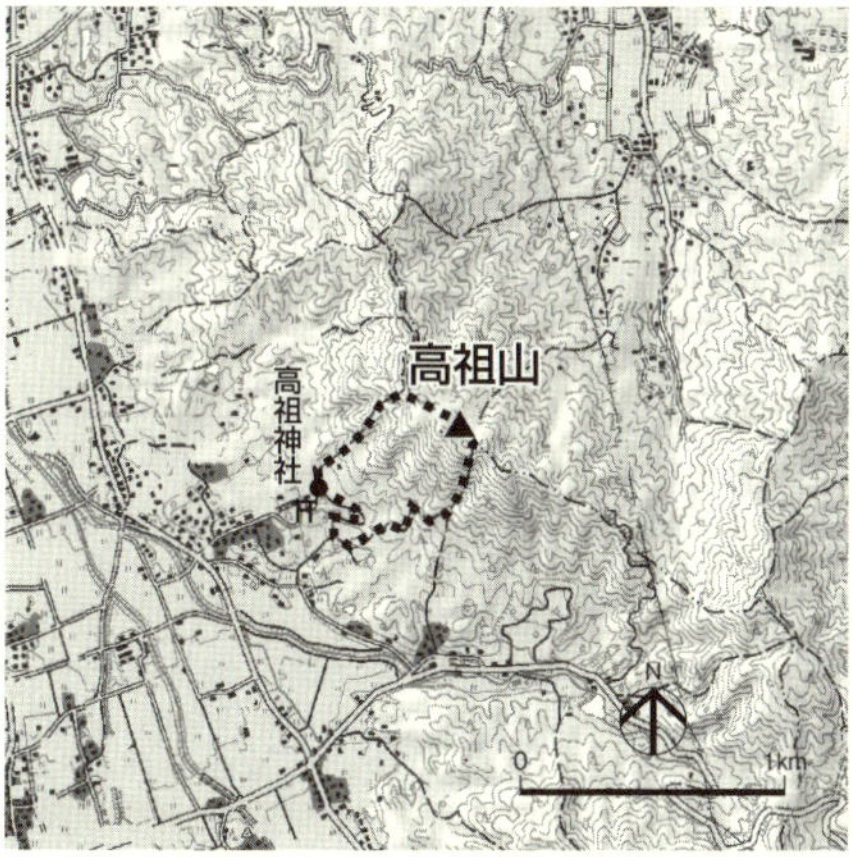

【登山路】歩行時間2時間45分(往45分・復120分)

福岡市西区と前原市の境界にそびえる高祖山の西斜面には8世紀に吉備真備《きびのまきび》が築いた山城である怡土《いと》城跡があり、支尾根には望楼の礎石も残っている。なお、山頂の本城は13世紀に糸島地域を統治していた原田種継の居城跡である。

高祖神社本殿の右横の道を数分歩くと高祖山登山歩道案内がある(10：30)。草が生え、落ち葉が多く少々荒れた感じの道であるが幅の広い木段で歩きやすい。ほとんどまっすぐの上りから右へ曲がり込むように少し上がった場所に「一の坂礎石群」がある。奈良時代の山城怡土城の建物の基礎石が残っている(10：35－10：40)。登山道もここからいくらか急坂となり、汗も滲んでくる。猪の子うり坊に似た色のカゴノキやスタジイなど大きい樹もある。集落から神楽舞の練習の太鼓の音が聞こえてきた。高祖神楽は福岡県無形民俗文化財に指定され、春秋の2回、神社境内の神楽殿で行われるそうである。

山頂から見る糸島富士

広々とした高祖山頂上

間もなく「下の城址跡」に着く（11：10）。落葉の絨毯道を右へ200ｍほど歩くと左下方に能古の島が見える。博多湾に浮かんでいる感じの島である。文豪壇一雄を思い出しながら、ロープのある坂を上ると**高祖山**山頂だった（11：20）。広場の樹間から「糸島富士」と呼ばれている可也《かや》山がよく見える。東には井原山・雷山、東南には脊振《せふり》山・金山など展望も得られる。山頂は城址跡で広く椎ノ木などの巨木も多い。

　ロープ地点から叶岳・飯盛山へ4ｋｍの縦走路になっている。博多湾の全貌をみるため2ｋｍほど歩いてみたが林が生い茂り見えないので引き返す。下ノ城址（12：20）から高祖東谷へ灌木林の緩やかな尾根道を1・8ｋｍ下る。**東谷分岐**着（13：00－13：30）。

　東谷分岐から右へ約50ｍで第二望楼跡がある。また東谷に戻り（13：40）、高来寺バス停の方へ緩やかな下り道を500ｍほど歩く。途中には海が見える眺めのよい所もある。少し上り返すと第三望楼跡（13：50－14：00）もあるが、現在は林で覆われまったく何も見えない。

　また東谷分岐へ引き返し（14：15）、急な木の階段（約150段）を下ると沢があり、檜林になる。セメントで塗り固められた道を歩き高祖如意（14：30）に出て、民家の間を通り、高祖神社正面近くに帰り着く（14：50）。

✼花　ヤマツツジ（6月）
♨温泉　夢ここちふくの湯
田地図　福岡西南部
☎問い合わせ
福岡市役所観光振興課＝092（711）4331

103 新百姓山 1273m 檜山 1297m

宮崎県・大分県

登山日　2008年10月8日（水）晴

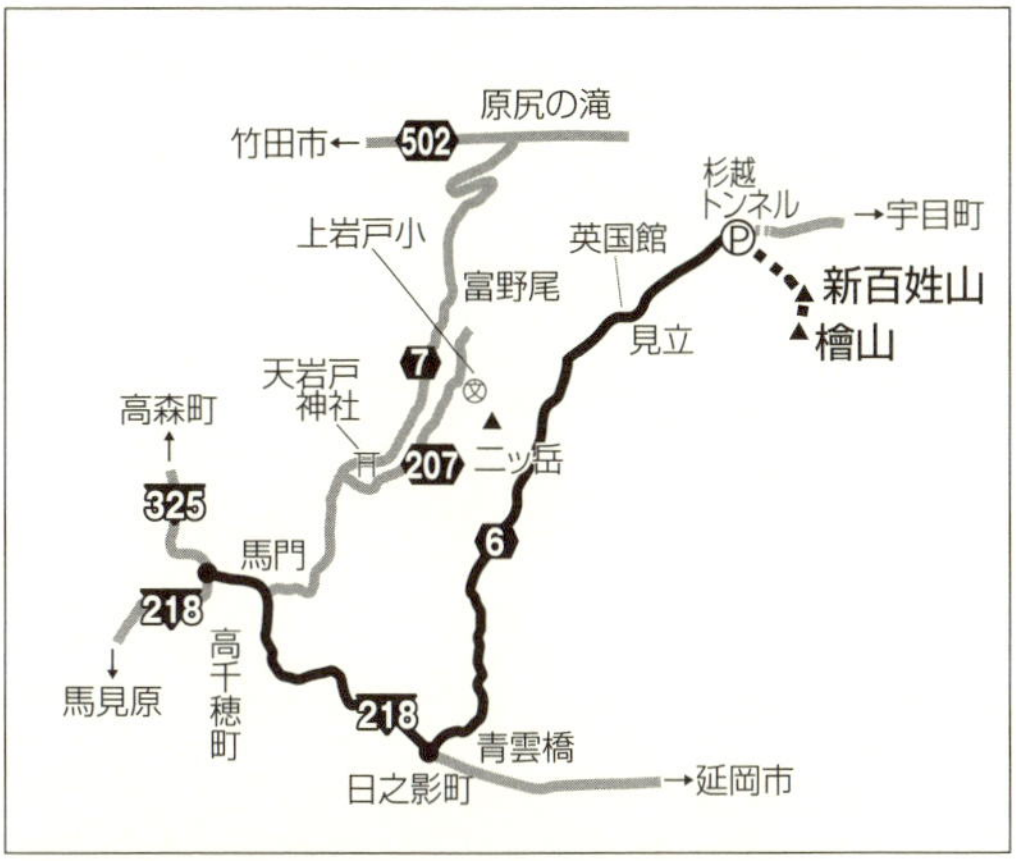

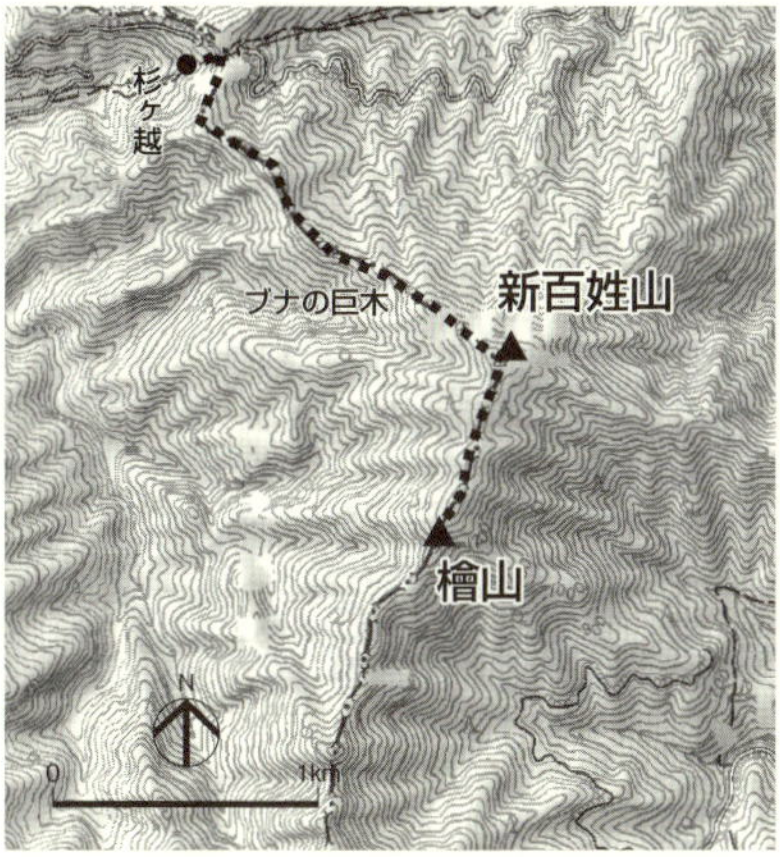

【アクセス】　山荘かつらの樹（5：20）⇩国道218号線高千穂信号（武道館前、45km／6：15）⇩馬門信号（46・8km）⇩青雲橋（59・5km／6：40）より下り、県道6号線に入る⇩石垣茶屋（66・7km／6：55）⇩民宿白滝温泉前（73・3km／7：10）⇩見立渓谷（日隠林道ー五葉岳・兜巾岳入口あり）⇩仲村橋（75・7km／7：15）⇩二つ岳登山口（75・8km）⇩河鹿荘前⇩英国館前（80・4km／7：56）⇩見立あけぼの苑（84km／8：20、傾山登山口あり）⇩杉ケ越トンネル（89・2km／8：30）。

【登山路】　歩行時間4時間20分（往150分・復110分）

新百姓山は傾山から南東の夏木山・大崩山へと連なる稜線上にある。山名の由来は平家落人が村に入り、新しく百姓を始めたことによるとされる。

ブナ・トガ・ミズナラやヒメシャラ・ツツジなど自然林が多く、屹立する岩峰もなく登りやすい山である。

杉ヶ越登山口は宮崎県日之影町と大分県（佐伯市宇目町）とを結ぶ杉ヶ越トンネルの宮崎県側出口の傍にある。青雲橋下から県道6号線を走り、途中、見立鉱山技師たちのために建てられた建物（現在、英国館と命名されている）などを見学しながら登山口に到着した。宮崎県の見立鉱山や大吹鉱山と大分県の木浦鉱山で働く人々の往来の峠が、このトンネルの上にある「**大明神越**」であった。現在、ここを通り、傾山や新百姓山へ登る登山者の出発点となっている。

登山口（9：00）から杉林の中をジグザグに登ると

登山道にあるブナの巨木

杉園大明神の社殿に着く（9：05－9：10）。傾山は左へ、新百姓山は右（南）へ。樹林帯の急坂を登り切るとブナやトガの大木が現れ始め、自然林の美しさに感嘆しながら歩く。木の根が張り出した緩やかな上り下りが続く。やがて赤松2本、檜1本の大きな樹がある地点に達する（9：55－10：05）。ここからも根っ子道の登りはつづくが、しばらくすると緑色の苔が張りつき、樹齢を重ねた**ブナの巨木**が道の真ん中に現れる（10：35）。

斜面をさらに進むと赤褐色の肌をしたヒメシャラの群生が広がってくると急斜面をひと登りで**新百姓山**の頂上である（11：05－11：25）。林のなかで展望は得られない。

しばらく休憩した後、南にある檜山へ向かう。ブナやヒメシャラの美林道である。アップダウンをくり返し進むとシャクナゲやアケボノツツジなども点在している。山頂直下の岩稜を登ると**檜山**山頂に達する（12：00）。樹間から夏木山や五葉岳方面が微かに眺められるが、樹の葉で覆われ展望はない。（縦走路は犬流越方面へ続い

ヒメシャラの美林

ている）。

下山（12：30）は往路を戻る。新百姓山（13：00－13：10）、ブナの巨木（13：25）、杉園大明神（14：25）、杉ヶ越登山口（14：30）。

✲花　アケボノツツジ（5月）・シャクナゲ（5月）

♨温泉　日之影温泉駅

⊞地図　木浦鉱山・見立

☎問い合わせ

日之影町役場＝0982（87）3900

佐伯市役所宇目振興局＝0972（52）1111

104
岩宇土山　1347m　上福根山　1645m

熊本県　登山日　2008年10月12日（日）晴

【アクセス】民宿いつき苑（道の駅子守唄の里五木から6・5km先の国道445号線沿い／5：20）⇩美里・久連子分岐（7・5km）から右折して県道247号線へ⇩久連子登山口（12・6km／5：50）。

【登山路】歩行時間7時間20分（往285分・復155分）

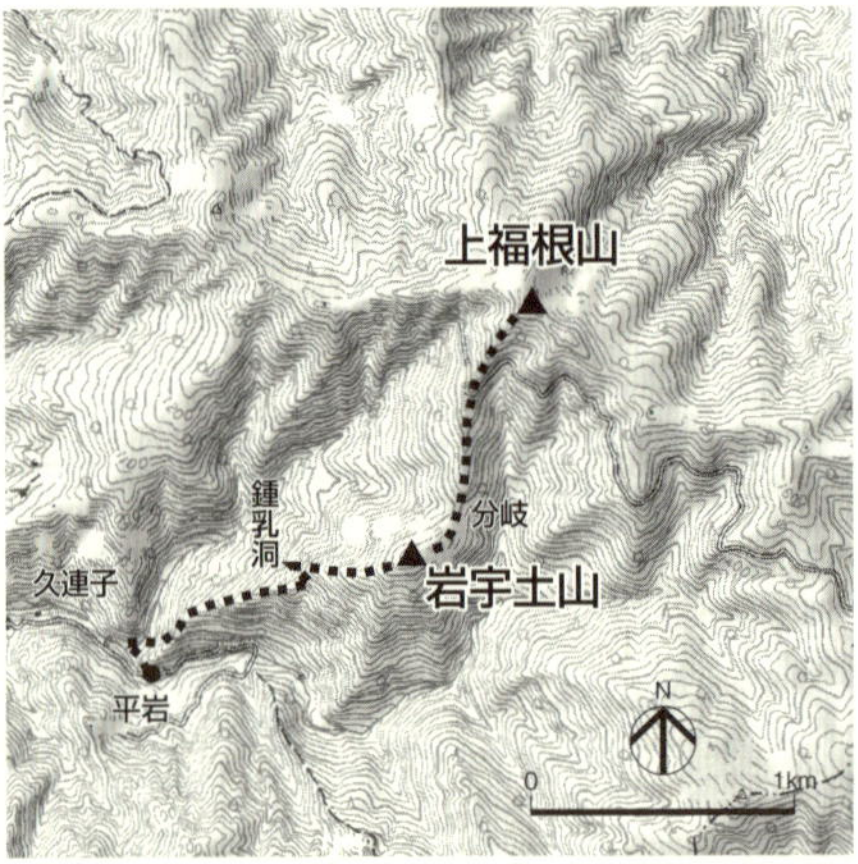

岩宇土山と上福根山は八代市（旧泉村）の五家荘《ごかのしょう》にあり、九州山地の奥深い山で山頂部にブナ・ナラ・リョウブなどの自然林が残り、ツクシシャクナゲの群生地もある。また、途中には鍾乳洞や石灰岩峰があり、山麓にはフクジュソウも多く見られる。

五家荘の集落の一つである久連子《くれこ》から登る。朝早くてまだ暗い。ゆっくりと朝食をとり、夜明けを待つ。登山口は民宿久連子荘の先にあり、少し明るくなって登り始める（7：00）。登り口に迷い、道を探し、クマザサと灌木の急斜面を這い上がると登山道に飛び出した（7：15）。ヤセ尾根の急坂を登ると大岩があり（7：35）、その左下を回り込むように進む。このあたりが西南の役で敗走する薩摩軍の砦跡ではないかと思いをめぐらしながら歩いていると石灰岩が露出した急登となり、やがてアカマツ群（8：20）が現れると緩やかな道となる。クマザサが生え、灌木の中を登る。樹木に覆われ薄暗い道の脇に地蔵菩薩が一体、鎮座されている。明治30（1897）年2月16日建立との刻印がある（8：35）。

　ここを過ぎ、斜面をズルズルと滑りそうになりながら上っていく。斜面にはトリカブトの紫の花が今を盛りと咲いている。斜面を左に曲がり、目に入ってくる白い石灰岩峰を目指してさらに上るとその岩峰直下に鍾乳洞があった（9：20－9：25）。道が不明瞭なので少し右側を上れば洞は見過ごしていただろう。洞の上の石灰岩峰（小さな丘）から上福根山や茶臼山が見える。小丘の前には赤く熟した実をつけたヤマボウシの大木も見かけた。「希少野生動植物を守ろう、残そう」の標識がたっている場所（9：35）を過ぎると眼前に白く輝く石灰岩のガレ場が目に映る。長くて広くて綺麗である。タテ、ヨコ約100mはあろう。滑る足下に注意しながら登り切ると、間もなく鹿害防止ネットが施してある所に着き、その左横を上り、クマザサの尾根道を進むと**岩宇土山**のプレートがあった（10：10－10：15）。山頂と言っても尾根の一番高い地点のようだ。

　熊笹の緩やかな坂を下ると左の杉林に下りる分岐がある。ここが**オコバ谷分岐**である（10：20）。分岐を過ぎ、ススキのなかを上ると歩きやすい平坦道となり、道の脇には日陰の群落もあった。「上福根山頂まで80分」の案内板を見る（10：50）。灌木林を下り、少し上ると広い縦木林道（現在、崩壊で通行不可）に出る（11：05－11：10）。

　林道から尾根へ上り、ブナやリョウブなど大木の自然

上福根山頂上

白く輝く石灰岩のガレ場

林を眺め、クマザサの登山道を登ると正面に石灰岩が立ちはだかる（11：25）。その右下から露岩を縫って笹や木に摑まりながら尾根上に上がると一面シャクナゲの群落地帯である。そこを潜るように進むと石灰岩が露出している**上福根山**頂である（12：00－12：35）。周りは樹木に覆われ展望はあまりない。南東に山犬切峠、北に樅木・横平へのルートがある。

下山は往路を引き返す。樅木林道（13：00－13：10）、オコバ谷分岐（13：30）、岩宇土山頂（13：35－13：40）、石灰岩ガレ場（13：50）、鍾乳洞（14：05）、地蔵菩薩（14：30）、久連子登山口（15：25）。

※帰りはオコバ谷分岐から西のオコバ谷を通って登山口に出るつもりであったが、平成17（２００５）年秋の台風14号による豪雨で道も谷も崩壊しているらしい。八代市氷川警察署により「登山される方へ」との注意の看板がたてられていた。「登山道は崩壊し、危険カ所や迷いやすいカ所があるので、このルートの通行は控えてください」とある。諦めて往路を戻る。

✿花　ツクシシャクナゲ（５月）、フクジュソウ（３月）
♨温泉　五木温泉
⊞地図　椎原
☎問い合わせ　五木村役場＝０９６６（３７）２２１１
八代市泉支所＝０９６５（６７）２１１１

105 酒呑童子山 1181m 兵古山 1051m

大分県

登山日 2008年10月19日（日）晴

【アクセス】 山荘かつらの樹（8：30）⇩国道３２５号線大津町室信号⇩菊池市立町信号から県道１３３号線に入り、穴川峠へ⇩スーパー林道へ入りカシノキズル越登山口（30ｋｍ／9：50）

（復路）カシノキズル越の登山口からスーパー林道を下り、国道３８７号線にある兵戸トンネル（6・2ｋｍ）⇩立門（13ｋｍ）⇩菊池市立町信号（23ｋｍ）

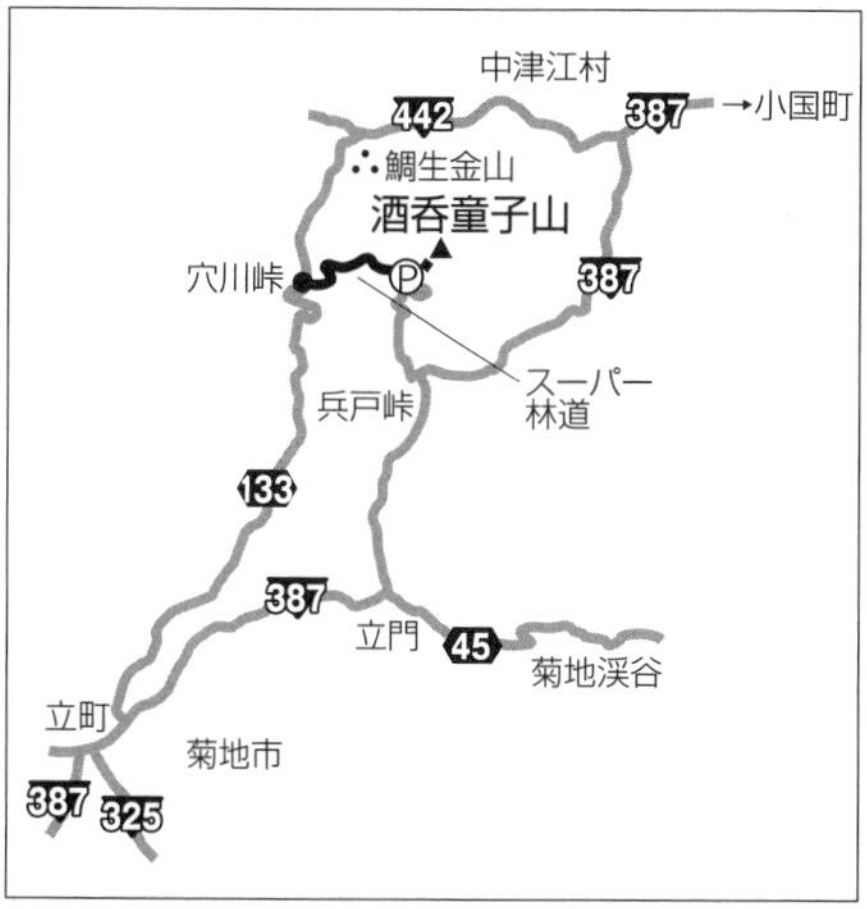

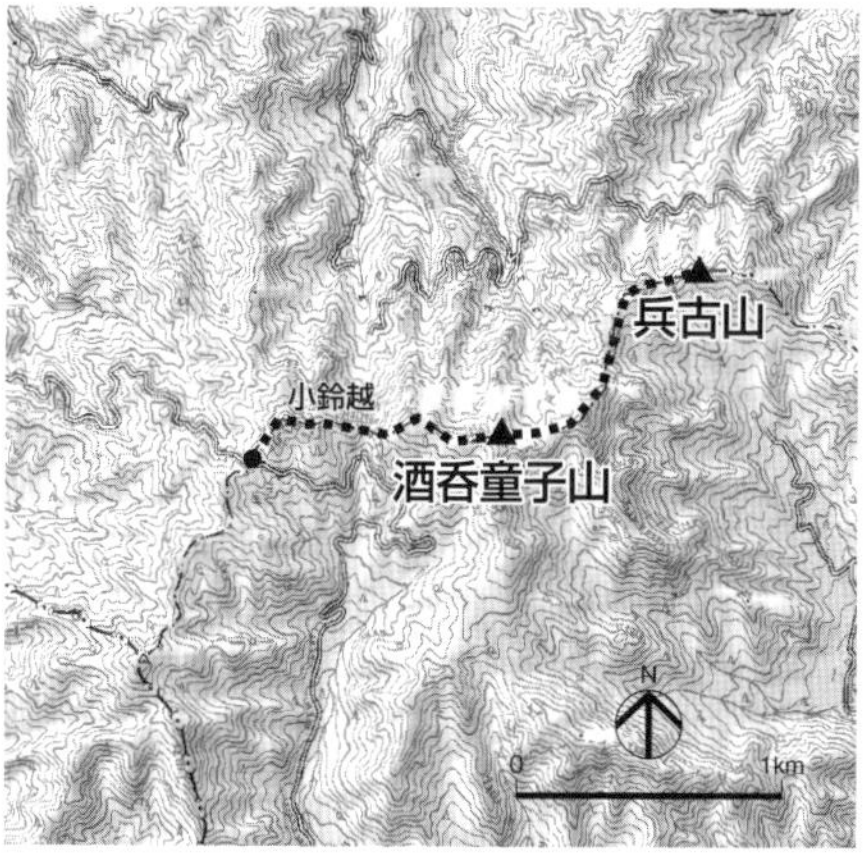

【登山路】 歩行時間3時間50分（往１４０分・復90分）

酒呑童子山は日田杉で名高い津江山地にあり、ミズナラ・リョウブ・モミ・マツなどの自然林が残り、ツクシシャクナゲの群落地もある。珍しい山名は大江山や伊吹山の伝説と同じように、この山にもかつて、恐い酒呑童子が棲んでいたという言い伝えから名づけられたようである。また、僧寒厳が平安時代に山麓に天童寺を開山したことからとの説もある。

カシノキズル越の広い駐車場の南隅が登山口である（10：10）。杉林のなかを上り、杉がなくなると左（東）へ曲がり、クマザサが繁る急な階段を上ると小鈴山（１１４２ｍ）の頂上に達する（10：25）。前方へ東斜面のツクシシャクナゲや紅葉したモミジを見なが

基本測量標柱のある兵古山頂上

ら下り、鎖のある岩の右脇を通り抜け、階段を一段一段下りていくと鞍部の**小鈴峠**（地蔵峠）に着く（10：45－10：50）。石の地蔵が祀られている。昔は、村の人の生活道路だったのだろう（現在、右へ下れば奥日田グリーンラインの道路に出る）。

　斜面に取りつき、階段を登るとモミ・ナラ・マツなどが繁る緩やかな尾根道歩きがしばらく続く。酒呑童子山が眼前に現れ、左の樹間からは釈迦ケ岳が望める。ここからほんの少し下り、また上ると鎖場があり、30ｍほど岩を登ると**酒呑童子山**頂である（11：15）。東に涌蓋山・大観望・九重山群、西に三国山、南に鞍岳、北に渡神岳などが見渡せ、３６０度の大展望である。二等三角点のある山頂の周りにはシャクナゲ・ドウダンツツジ・アセビ・ツゲ・シロモジなど多数の木々が繁茂している。

　目の前（北東）に山全体が紅葉した美しい山がある。あれは兵古山では。登ってみる気になり歩き出す（11：40）。山頂から東へくだり、一つ山を越すと、もう一つ山が前に現れた。これが兵古山と思うが山名はわからない。生い茂る笹を分け、倒木を乗り越し、トゲのある植物を避けて、道なき道を進む。以前は登る人もいたのだろう。登山道らしい形跡は残っているがクマザサと雑木などでまったく道がわからない。そこに山が見えるから進む感じである。笹の上に乗り、道を開きながら木の枝や薄などにテープを付けて登る。汗びっしょりで何とか山頂らしい場所に到達した（13：00）。

　周囲はクマザサ。その内側に5ｍ四方ほどの広場らしい所があり、「基本測量・節点、昭和57年6月」と書かれた標柱がたてられていた。ここが**兵古山**の頂だろう？夏椿6本、ヤマボウシ、モジノキ、モミジ等々が周りを覆っていた。また、一つの株から7本前後の幹がたつ樫ノ木も見られた。多分、炭焼き用として根から切られて育ったのだろう。西の方角が小さく開いているだけで展望はない。

下山（13：10）は往路を引き返す。笹に閉ざされた道だが所々にブナ・リョウブなどの大木があり、またアケボノツツジも見かけた。酒呑童子山頂帰着（13：55－14：00）。小鈴峠（14：15）、小鈴山頂（14：30）、登山口（14：45）。

✲花　ツクシシャクナゲ（5月）

四方の山々を遠望できる酒呑童子山頂

♨温泉　菊地温泉

田地図　鯛生

☎問い合わせ

日田市役所中津江村振興局　＝0973（54）3111

106 太忠岳 1497m

鹿児島県

登山日 2008年10月26日（日）晴

【アクセス】屋久島空港着（8：35）⇩空港前のトヨタレンタカー借用（9：10）⇩ヤクスギランド（10：10）

【登山路】歩行時間4時間30分（往150分・復120分）

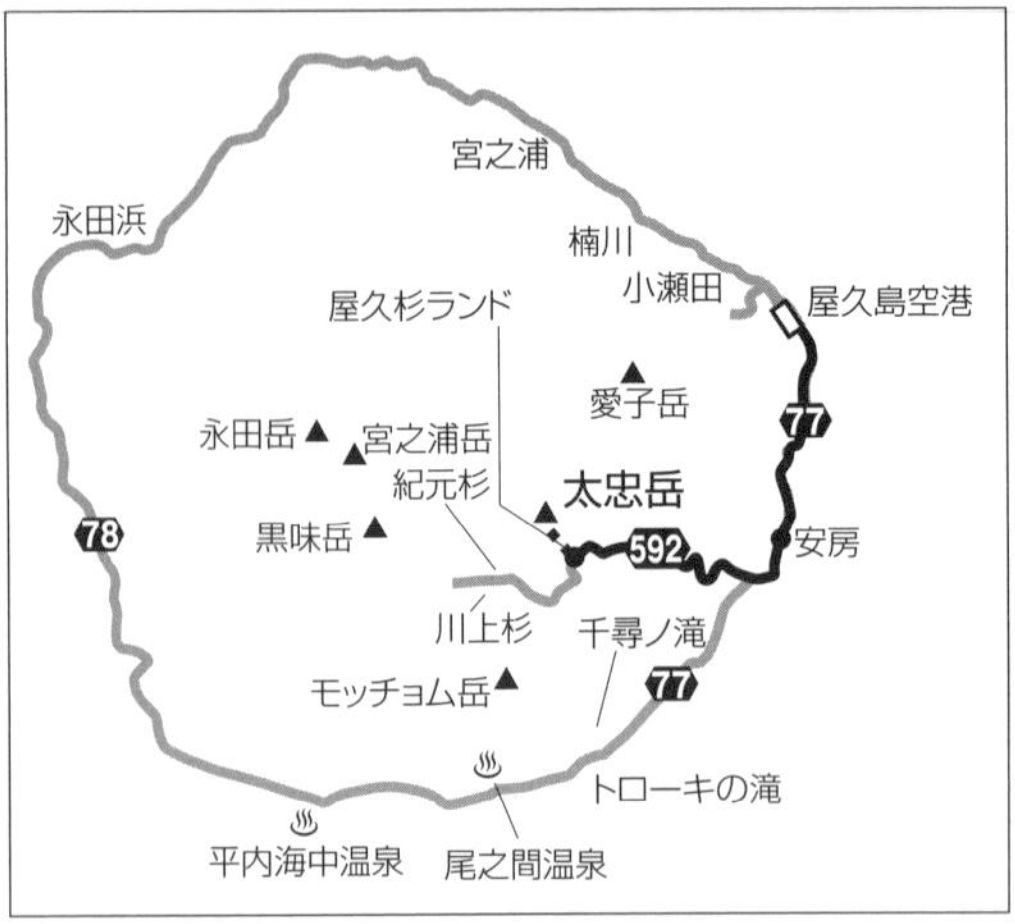

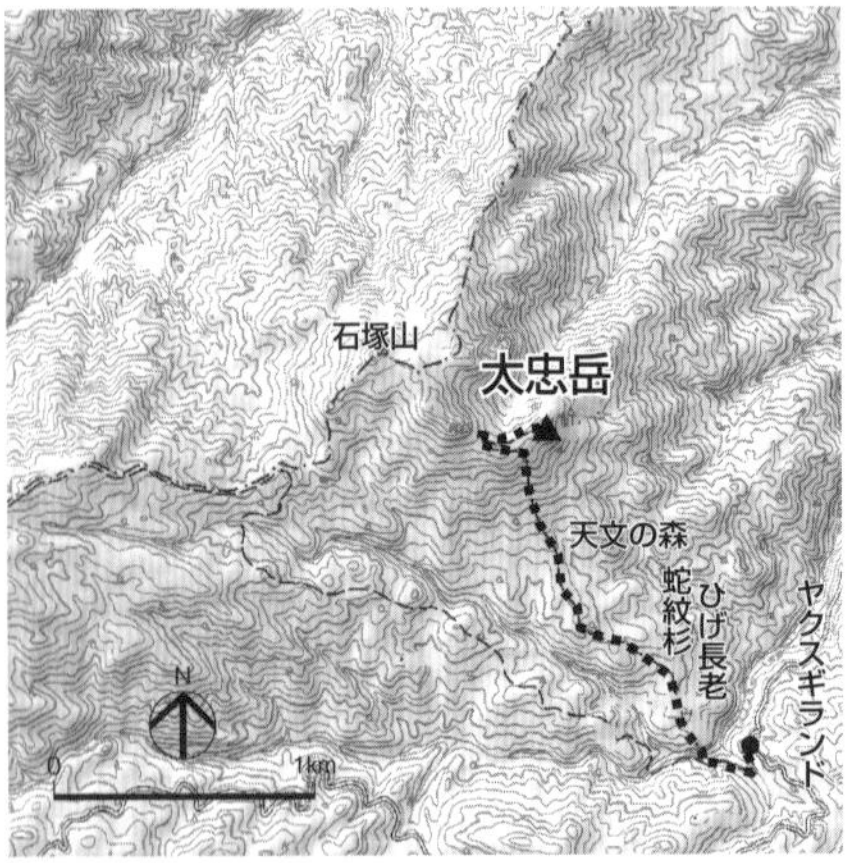

屋久島中央部にそびえる巨大な天柱石に魅され、一路、ヤクスギランドへ向かう。登山はヤクスギランドの遊歩道からである（10：30）。胸ときめき、心を躍らせながら清涼橋を渡る。瀬音や風の音を聞き、ヤクスギ・モミ・トガなどの大木やヘゴ・シダなどの亜熱帯植物を見て楽しみながら歩く。千年杉を経て、荒川に架かる長い吊り橋（荒川橋）を渡る（10：50）。大きな古株は空洞になり、その上には新木が成長している更新樹木も多数みかける。やがて**「ひげ長老」**と名づけられた根元は空洞化し、苔むしている巨木が現れる（11：15）。木の根が張り出して道を覆っている地点を登ると**「蛇紋杉」**に到着する（11：20－11：40）。平成9（1997）年の台風で倒れて根っ子をむき出しにしたまま横たわっている。前には東屋があり、一休みできる。

　ここから遊歩道を離れ、本格的な登山道に入る。急な登りから更新した小杉や苔むす倒木など山の営みを見ながら小花

倒木の蛇紋杉

山の緩やかな尾根を下り、沢をわたり、また登ると「天文の森」に着く（12：00）。ここは天文年間に伐採され、再生した杉や栂などの森とのことである。巨大なスギや切り株、倒木更新などがみられる森である。

世界自然遺産登録地域（平成5年登録）の説明板を見る（12：20）と、この美しい自然を大切にしなければという思いがつのる。左から瀬音が聞こえる。近づくと丸くて大きな岩の間を清流が流れている。最後の水場である（12：25）。

急な坂を登り、稜線に出て、木の根や岩が多い道を進み、10段のアルミ梯子を上ると広い鞍部（石塚分かれ）

太忠岳天柱石基部にある祠

太忠岳から愛子岳が見える

がある。稜線を下り、黒いロープで岩場を越えるとシャクナゲやアセビ等が茂る**天柱石**の基部に達する（13：20）。天柱石は高さ50ｍもある花崗岩で登ることはできないが周囲を歩くことはできる。基部を右から下り、岩場を乗り越えながら半周すると愛子岳が見える展望のよい岩場がある。もう少しまわると巨石の下に祠もある。群生したヤクシマシャクナゲの下を潜りながら登り、元の基部位置に戻る（13：40）。

　下山（13：45）は往路を引き返す。くぐり杉（15：40）、登山口（15：45）。

✼花　ヤクシマシャクナゲ（5月）
♨温泉　尾之間温泉
田地図　尾之間・宮之浦岳
☎問い合わせ　屋久町役場＝０９９７（４７）２１１１
　上屋久町役場＝０９９７（４２）０１００

107 モッチョム岳（本富岳）

940m 鹿児島県

登山日 2008年10月27日（月）晴

【アクセス】 民宿華のや（6：30）⇩麦生⇩千尋滝（7：30）。

【登山路】 歩行時間7時間（往225分・復195分）

モッチョム岳は屋久島南部の尾之間にあり、海に向けてそそり立つ大岩壁が威容を誇っている。照葉樹林が多い山であるが、樹齢数千年の巨大杉も残っている。

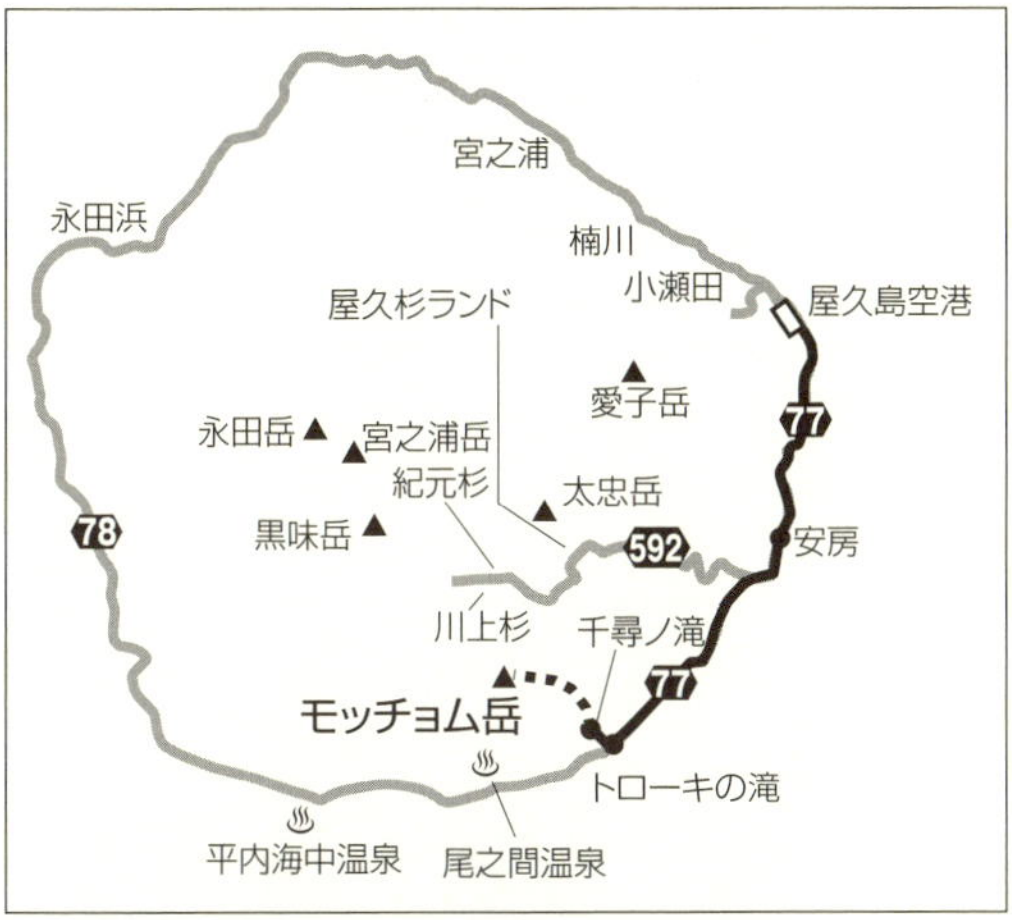

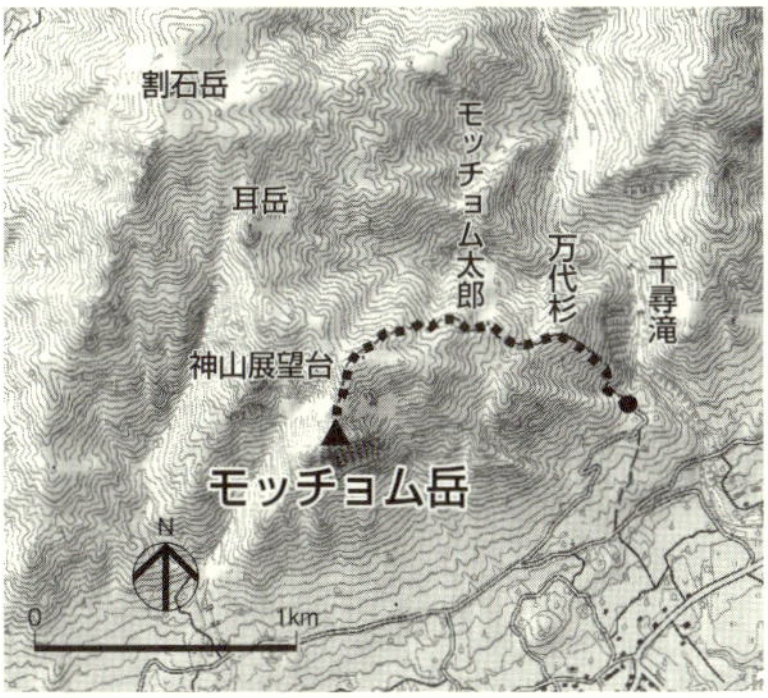

安房から尾之間へ向かい、麦生を通過し、鯛ノ川の水がそのまま海に落ちる「トローキの滝」の近くから道標に従い、千尋滝をめざす。千尋滝展望台の駐車場先に登山口がある（8：00）。滝の音を聞き、山腹を横切り沢を渡る。左上へ急な登りが続き汗が吹き出す。瀬音が微かに聞こえてくると道も緩やかになり一息つける（9：00）。突然、サルが一匹目の前に現れびっくりしたが、サルも驚いたのか一瞬、歯をむき出したように思えたが何事もなかったように静かに去っていった。赤い肌のヒメシャラがあり、その脇を流れる清水を渡り、高度を稼ぐと「**万代杉**」に到着する（9：35－9：50）。樹高110m、胴囲17・2mの巨木である。根が張り出し、空洞にもなっているが葉が茂り、偉容を誇っている。樹齢3000年とも言われ感動しきりである。

万代杉の右を回り込み、何度かアップダウン

大きく根を張る万代杉

を繰り返し（その途中には見事な杉の枯存木もある）、沢に下りる（10：25）。沢を横切り、少し登ると右下に**「モッチョム太郎」**と呼ばれる樹高30m、胴周り13・5mの巨大杉がある（10：30－10：35）。

ここからの尾根道は照葉樹林が覆い薄暗く苔むし緑色した岩、コケがつき緑々の樹木が多く見られる。登りは続くがやがて最高地点の**「神山展望台」**に上がる（11：20－11：35）。北に耳岳が微かに望め、右前方（南）には目指すモッチョム岳の岩峰が見える。

山頂へは吊り尾根を急降下し、また登るようだ。空洞の大木があり、栂の巨木もある。右後方には大きなスラブも眺められ楽しく歩ける。また、ヤセ尾根ではワクド（ガマガエル）が一匹、ゆっくりゆっくり20mほど道案内してくれ、疲れも忘れさせてくれた。巨大岩の基部が鞍部だろう（11：55）。左上へロープで岩場を上り、木や根をつかみ尾根を登る。最後は太くて頑丈な固定ロープで**モッチョム岳**山頂の巨石の上に立つ（12：20）。高度感があり、360度の雄大な眺めが得られる。南（南東）には尾之間の原集落（岳参りの基点）や種子島海峡の紺碧の海が見える。北西には割石岳も望める。頂きから海側に下りると海を向いて祠がある。岳参りの祠であろう。

下山（13：10）は往路を戻る。神山展望台まで6つのロープカ所があり、ヤセ尾根もあるので気を抜けない。神山展望台（13：50）、モッチョム太郎（14：40）、万代杉（15：10）、登山口（16：25）。千尋滝見学（16：33－17：00）。

♨温泉　尾之間温泉
⊞地図　尾之間
☎問い合わせ　屋久町役場＝0997（47）2111

108 古処山 860m 屏山 927m 福岡県

登山日 2008年11月4日(火) 晴

【アクセス】 自宅(9：00)⇩嘉麻市大隈信号(34・5km)より国道322号線⇩八丁峠⇩古処林道入口(50km/10：35)左折⇩古処林道終点(駐車20台可/51・5km/10：45)。なお朝倉市甘木のだんご庵前⇩九州自然歩道駐車場は古処林道入口から約4km下った地点にある。

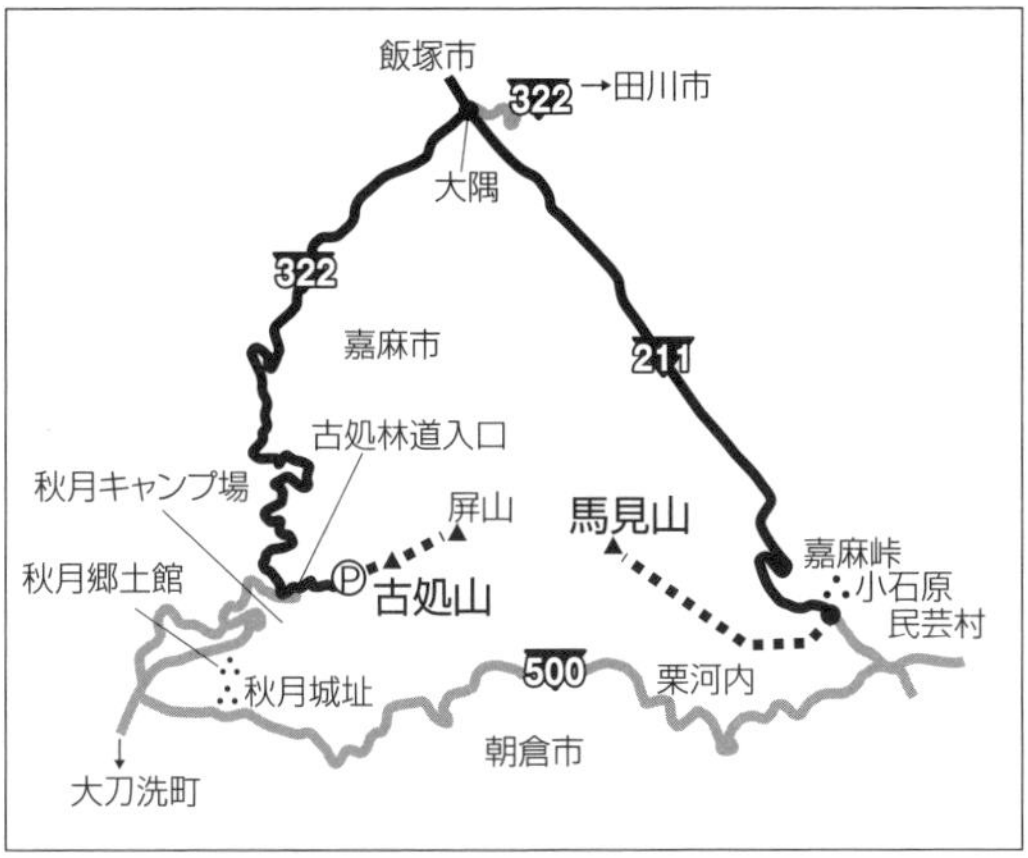

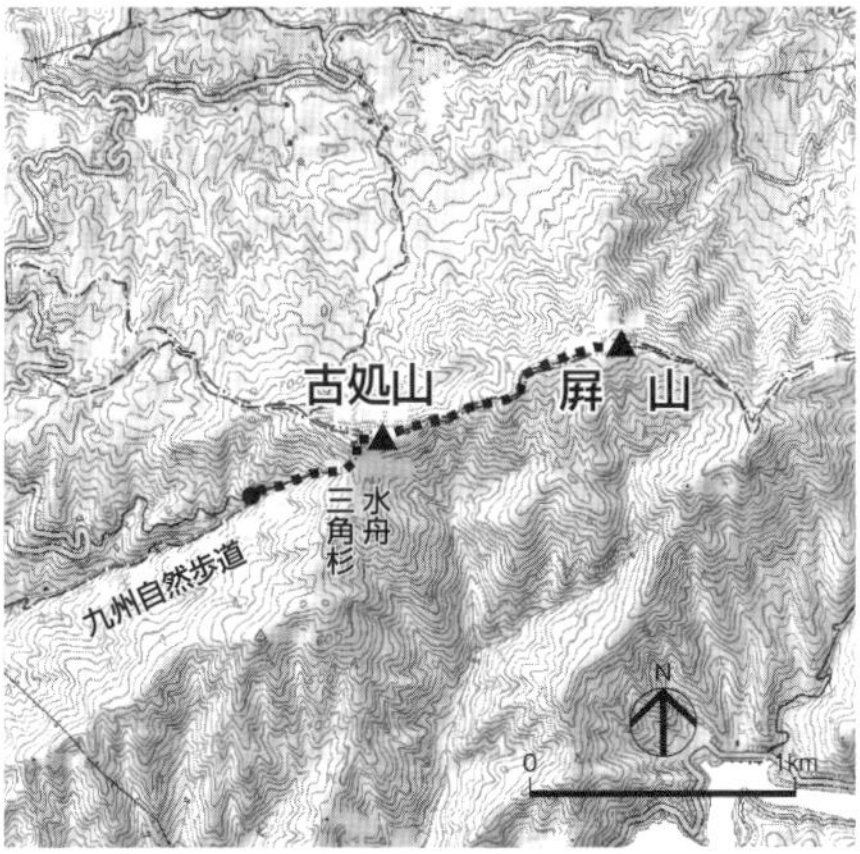

【登山路】 歩行時間2時間55分(往95分・復80分)

9世紀頃から修験道の霊場が開かれた古処山は西の八丁越から東の嘉麻峠へと連なる古処・馬見山地の西端にある。山頂一帯は国特別天然記念物に指定されているオオヒメツゲやマルバツゲなどのツゲの原生林が繁り、水場など中世に築かれた山城の名残もある。

古処林道終点の5合目登山口(秋月キャンプ場からは渓流沿いに登り40分ほどで着く)から登る(11：00)。沢に沿って石畳を上ると6合目の紅葉谷分岐があり、牛巌という大岩の上に地蔵菩薩が鎮座されている岩もある。

ヤッホーの声返しけり紅葉谷

急坂をのぼると、やがて7合目の**三角杉**がある(11：15)。樹齢80年を超えるこの一帯の杉林は秋月の街から、その区域が三角形に見えたた

ツゲの原生林のある古処山の頂上

め三角杉と呼ばれているそうである。ここから白い石灰岩の道を登り、右へ曲がり、沢と分かれ杉林に入ると8合目である。ここを登り切ると山城の水場だった**水舟**に着く（11：25－11：30）。

水場を過ぎると杉から自然林となり石コロのない落ち葉道で歩きやすい。イロハカエデの巨木2本を左にみて、緩やかな巻き道を上ると屏山・馬見山への分岐がある（その先で紅葉谷からの道と合流）。左へ苔で緑色した石灰岩群のなかをのぼると**古処山**山頂に達する（11：45）。白山神社の祠の北にある大岩に上がると展望が開け、嘉麻市方面が見える。

屏山へ向かう（12：00）。岩石の間を下る。チドリノキ・ネコノチチ・アカガシなども見かけるがツゲの大木・小木がいっぱいである。石灰岩は苔むし、岩に根付き林立するツゲにも苔がこびりつき全てが緑色をしている。変化に富んだ緑の岩がなかなか綺麗である。10分ほど歩くと「奥ノ院、大将隠しは左」の案内板がある。大将隠しはすぐに見つけたが、急降下の鎖付き岩下りで奥ノ院を見過ごし、千手方面へ下りてしまい、往復70分もロスしてしまった。

元の地点に上がり、屏山へ（13：25）。ケヤキやマユミなどの自然林が多く、光が届かず暗いような急坂を下る。左はカルスト台地である。ここをおりるとツバキのトンネルが続く。椿ロードから檜林になり、緩やかに上ると間もなく宇土浦越・馬見山分岐が見えてくる。分岐から左へ、コハウチワカエデ・ブナ・エゴノキやアブラチャンをみながら１００ｍほど進むと**屏山**山頂（14：00）であった。広くゆったりできるが北側の嘉麻市の田園や英彦山が望めるぐらいで展望はあまり良くない。ただ、マユミの実が赤く染まりちょうど見頃であった。秋の澄み切った青空と心地いい風がいい。

下山は往路を引き返す（14：25）、奥ノ院分岐（14：55）、古処山頂（15：10－15：25）、水舟（15：45）、牛巌（15：55）、5合目登山口（16：00）。

大将隠しの巨岩の穴居

✿花　オオキツネノカミソリ
♨温泉　卑弥呼の湯（朝倉市健康福祉館）
地図　甘木
☎問い合わせ　朝倉市役所＝０９４６（２２）１１１１

109 馬見山 978m

福岡県
一等三角点

登山日 2008年11月5日（水）晴

【アクセス】 自宅（6：30）⇩県道30号線を飯塚市へ⇩国道211号線を嘉麻峠へ（47km／7：30）。小石原民芸村前の九州自然歩道の標識がある所が馬見山登山口である。アクセス地図は古処山（277頁）参照。

【登山路】 歩行時間4時間30分（往150分・復120分）

馬見山は古処・馬見山系の最高峰で嘉麻市嘉穂と朝倉市甘木の境界にある。大友宗麟の山城があった山である（現在、山城址は見当たらない）。登山口（7：50）から桧や杉が植林された急坂を登ると稜線に出る。灌木林からヤブツバキのトンネルを進み、アカガシ・アオダモ・リョウブなどを目にしながらアップダウンをくり返すと林道に出る（8：30）。出口近くにはハマクサギという珍しい木もある。イヌシデ・エゴノキ・カクレミノなどを見ながら登っていくとまた、林道に出た（8：45－8：50）。

山頂まで4kmの標識を過ぎ、急な木段を登るとやがて左側が伐採され開けた場所になる（9：05）。ここから緩やかな上りになり、山頂まで3・4kmの地点に着く。右（北）へ直角に曲がり、アカガシの巨木やツバキ・エゴノキなどの林で覆われ暗い感じの道を急降下すると山頂まで3kmの標識がある（9：20）。ちょうど半分歩いてきたようだ。右（東）は杉・桧の植林帯である。またまた林道に出て、灌木林の中を通り、ススキ原に出て100mほど歩き、すべての杉ノ木が斜めに立っている所をくぐる。吹き上げる強風で斜めに育ったのだろう。ここを下ったところに**内浦林道**が左右に横断している。30m先には一体の地蔵さまが鎮座されている（9：40）。そのすぐ

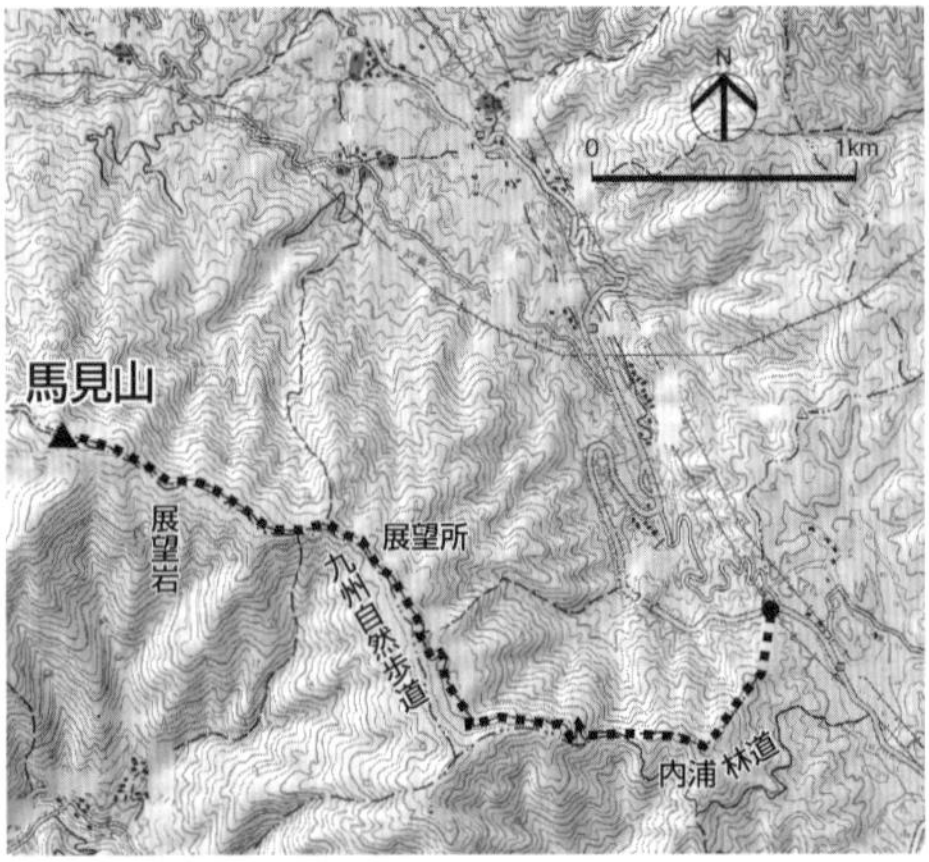

向こうに山頂まで2kmの案内があり、前方に杉が植林された山が見え出す。この山の頂きの左側に岩があり、東南西が全開の**展望所**があり、絶景を楽しむ（10：00－10：15）。

展望所の先はアブラチャンの大群落である。一本の根元から数本の小幹が伸びているクスノキ科の木である。群落地を過ぎると右側がみごとな杉の美林で見惚れる。山頂まで1km地点である（10：25）。栗河内への道を左に分け、急な木段を登るとブナ・イタヤカエデの大木やカナクギノキなど自然林が残っている。ゆるやかな道をひと登りで**馬見山**山頂に達する（10：40）。北は灌木だが東から西まで200度の大展望が得られる。快晴で遠くの山々まで見える八重垣である。左（東）から英彦山・九重山・阿蘇山・耳納連山・脊振山系が一望できる。近くには江川ダム・筑紫平野が眺められる。

一等三角点は50mほど奥にあり、山頂では見ることができなかった北の嘉麻市（旧嘉穂町）や福智山・皿倉山・平尾台なども視界にはいる。なお、ここから宇土浦越や屏山への縦走路も開いている。

下山12：00、岩の展望所（12：20）、地蔵さま（12：30）、直角に曲がる地点（山頂へ3・4km／12：55）、山頂へ4km地点（13：15）、檜林（13：40）、登山口（14：00）。

♨温泉　英彦山温泉しゃくなげ荘（登山口から13・5km）

⊞地図　小石原・甘木

☎問い合わせ

東峰村役場小石原庁舎＝0946（74）2311

朝倉市役所＝0946（22）1111

一等三角点のある馬見山頂

展望所の先にアブラチャンの大群落

110 由布岳 1583m

大分県 一等三角点

登山日 2008年11月12日（水）晴

【アクセス】山荘かつらの樹（6：30）⇩阿蘇大橋⇩国道57号線宮地駅前（27・5km）左折し、県道11号線（一の宮別府線）へ⇩瀬の本（49km）⇩牧ノ戸峠（56・7km）⇩長者原（61・7km）⇩吉部入口（64・2km）⇩飯田高原（男池入口、66・6km）⇩水分峠（86・5km）⇩湯布院入口（90km）⇩由布岳駐車場（99・5km／8：45）

【登山路】歩行時間4時間30分（往170分・復100分）

由布岳は豊後富士ともいわれ、湯布院温泉のシンボル的な山で、山頂は西ノ岳、東ノ岳に分かれた双耳峰である。

県道11号線脇の駐車場前（9：00）から牧草地を進み、自然休養林に入る。ミズナラ・リョウブ・イロハカエデなど林のなかの黒い溶岩道を登って行き、標高

一等三角点のある由布岳の西峰

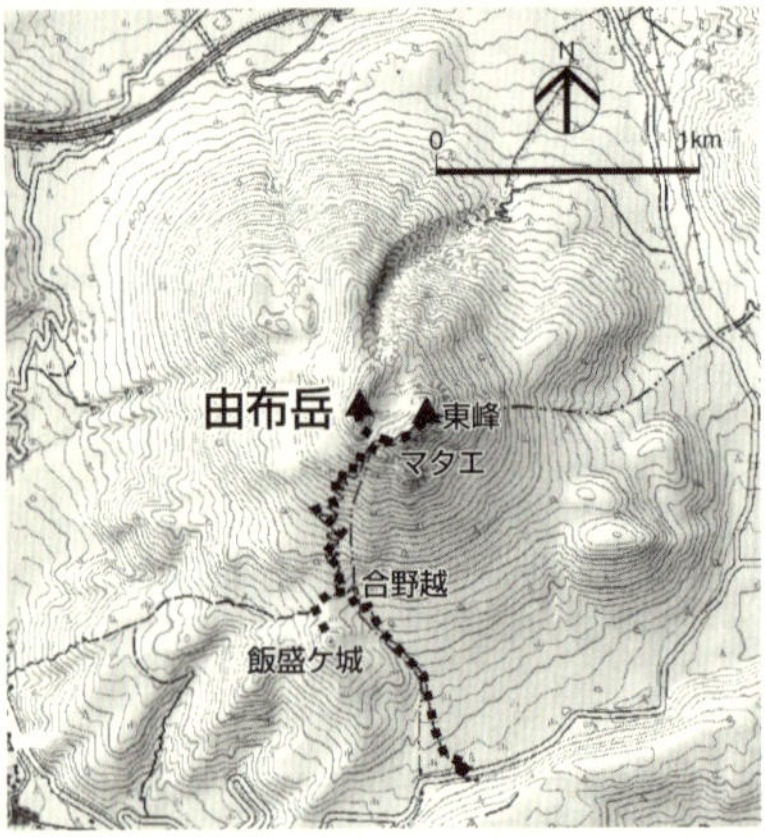

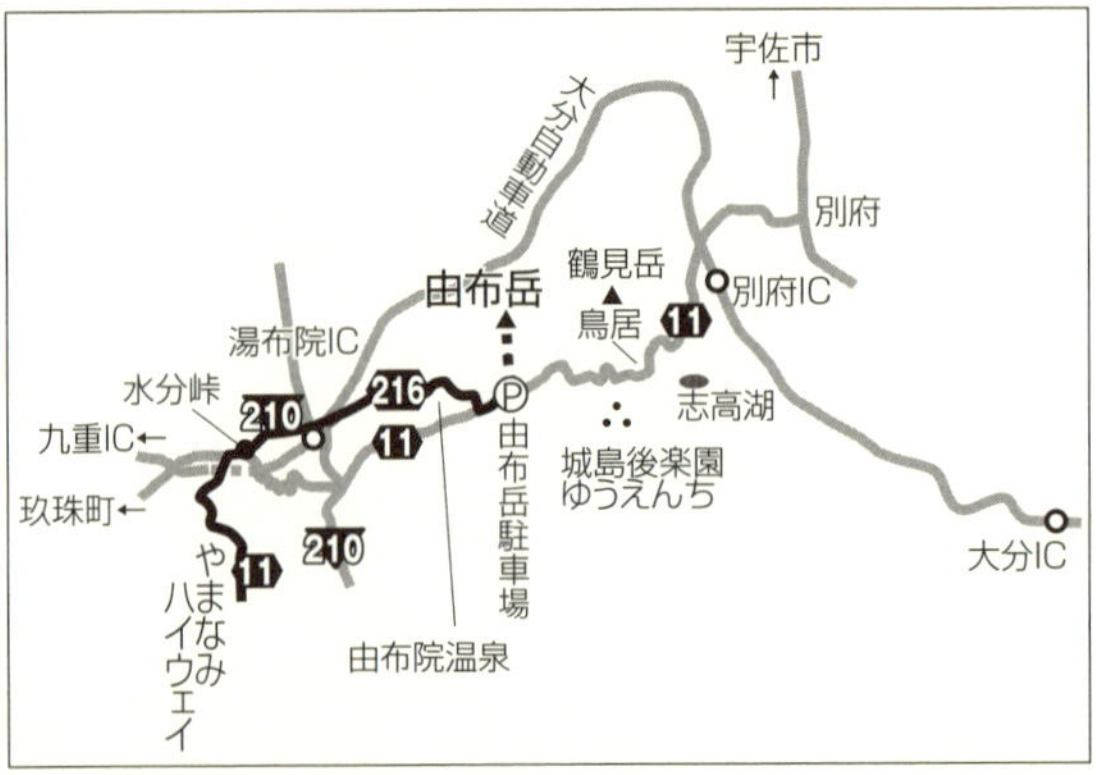

飯森ヶ城から見る由布岳

がおよそ１ｋｍの**合野越**に着く（9：40）。道もゆるやかになり、紅葉がちょうど見頃の落葉樹林帯を登っていく。

標高１・１ｋｍを過ぎると松林がなくなり低木が多くなってくる。やがて稚児笹とススキだけになり、右（南）が開け、湯布院盆地の眺めがよくなる。

灌木が現れると急坂になり、ひと登りで東峰と西峰の鞍部である**マタエ**（１４９４ｍ）に達する（11：00－11：10）。一休みして、右の東峰へ。岩ゴロゴロの急坂を登ると鶴見岳や別府湾も近くに望める**東峰**山頂に上がる（11：25－11：50）。抜群の眺望である。

マタエに引き返し、西峰を目指す（12：10）。障子戸と呼ばれる急崖を登る。いきなり鎖で上り、また長い鎖場を登る。最後は絶壁を鎖を伝って横に歩いて登る。細心の注意が必要だが15分ほどで三角点のある**西峰**山頂に着く（12：25）。英彦山や涌蓋山など山々が一望できる。３６０度見渡せる。地元の人の話では、こんなに快晴でよく見える日は年間に５０日程だけだとのことである。

なお、西峰から北へ進み、火口壁を下って、急な斜面を登り、剣ノ峰を通過して東峰へ行くお鉢巡りもできる。

下山（13：00）はマタエに戻り、下る。合野越（14：00－14：10）からは往路を帰らず、寄生火山の**飯盛ケ城**（１０６７ｍ）に登って帰る。西登山口の方向へ歩いて、草の斜面を一気に登ると飯盛ケ城の山頂標識がたっていた（14：25－14：30）。黄金色に輝く頂きから下方の由布岳登山口あたりまで黄緑一色ですばらしい草原の展望が得られる。後ろを見上げると由布岳の紅葉と山頂の岩盤がすぐ近くに見える。小笹の道を正面登山口めざして下る。駐車場着（14：55）。

✲花　ミヤマキリシマ（5月）・タンナトリカブト（9月）

♨温泉　ホテル七色の風（駐車場から4ｋｍ）

田地図　別府西部

☎問い合わせ

由布市役所湯布院庁舎＝0977（84）3111

111 立花山 ３６７ｍ

福岡県

登山日 2008年11月23日（日）晴

【アクセス】 自宅（10：45）⇩国道３号線の新宮町須川信号から県道５４０号線（山田新宮線）へ左折（17ｋｍ）⇩六所宮前の駐車場（駐車８台可／11：15／19・８ｋｍ）。

【登山路】 歩行時間１時間50分（往50分　復60分）

山頂にあった立花城は大友貞載の築城で２５０年間存在し、小早川隆景が名島城を築いて廃城となった。当時の古井戸も山頂近くに残っている。また、樹齢３００年を超える大楠の原生林があり、国の特別天然記念物に指定されている。

立花山の案内標識にしたがい、集落のなかの舗装された道を上ると「ようこそ立花山へ」と書かれた登山口に到着する（11：35）。修験坊の滝道を左に見送り、渓流沿いに照葉樹林のなかを進むと「ナギの大樹」が一本右にみえてくる。左に曲がり木段の急坂を上って行けばイロハカエデ・スタジイ・タブノキ等があり、特にクスノキが数多く見られ出すと間もなく山頂（右）と楠の原生林（左）との分岐点になっている**屏風岩**前に着く（11：55）。まずは左へ。すぐに「森の巨人たち１００選」と書かれ

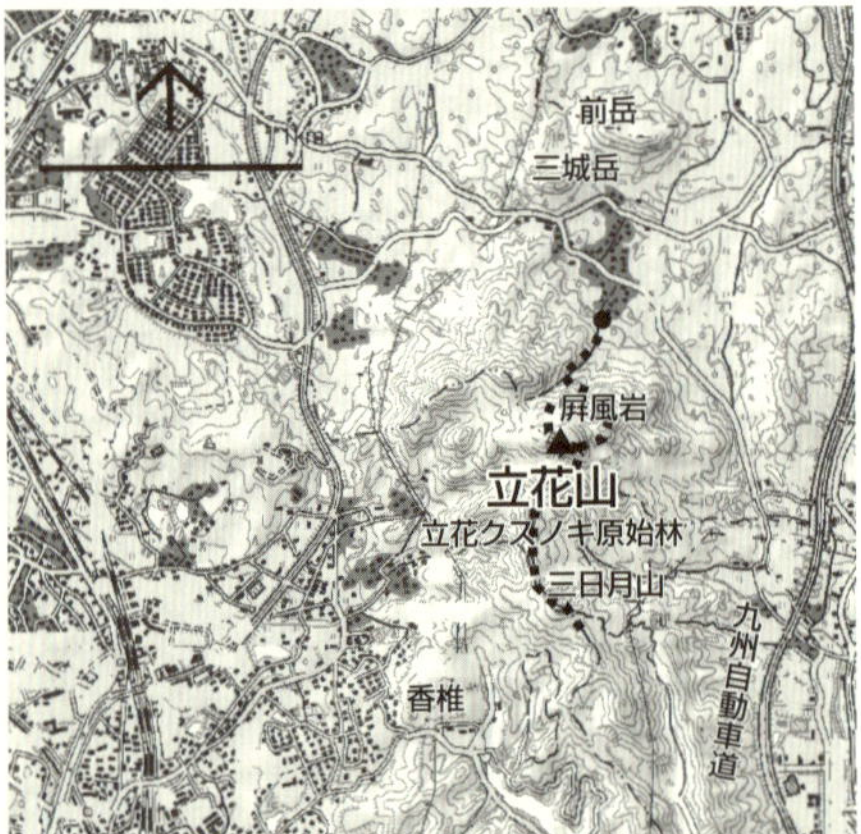

た案内板があり、そこから少し下った場所に高さ30ｍ、幹周り８ｍくらいのクスの巨木があり、付近にも大きい楠の木が何本もある。

屛風岩に戻り（12：10）、山頂を目指す。なだらかな坂を上り、夫婦杉を過ぎると右下に古井戸がある。水はなかったが井戸の石枠は形をなしていた。立花城存続の間、貴重な飲料水として使用されたものである。やがて山頂が見えてくる。**立花山**山頂の広い城跡には親子連れや登山者が場所をとり、楽しそうに昼食をとっていた。博多湾や福岡市街が眼下に一望できる格好のハイキングの山である（12：25－12：35）。

国の特別天然記念物の大クス

山頂から照葉樹林のなかの急坂を下ると右から下原登山口からの道が合わさる（12：45）。カシやシイ等が繁る緩やかな坂道を南へ歩き、山頂直下の坂をひと登りで**三日月山**山頂２７２ｍである（13：00－13：25）。広い芝生の広場で前（南）に若杉山・宝満山・九千部山・脊振山など、左右には福岡市街や篠栗の街が眺められる。

復路は下原分岐（13：40）から右へ立花山腹を巻くように屛風岩へ向かい、屛風岩から大クスの方へ下り、「修験坊の滝」経由で登山口に戻る（14：00）。駐車場までの帰りには六所権現を崇拝する立花道雪が出陣に際し、戦勝祈願した六所神社や道雪の墓がある梅岳寺など史跡に立ち寄るのもよい。

♨温泉　薬王寺温泉
田地図　古賀・福岡
☎問い合わせ　新宮町役場＝０９２（９６２）０２３１

112 貫山 712m

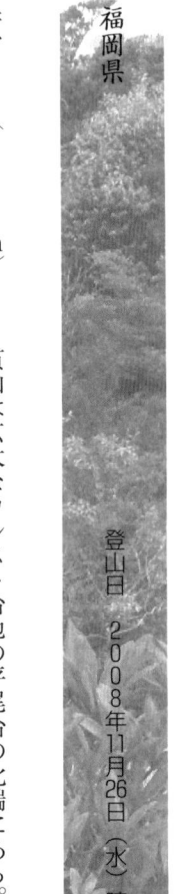

【アクセス】自宅（8：45）⇩若宮IC（7・7km）⇩小倉南IC（33・2km）で下車し、国道322号線を田川方面へ⇩平尾台入口信号（36・7km）左折して県道28号線を上り、吹上峠駐車場（41・8km／9：40）

【登山路】歩行時間4時間15分（往160分・復95分）

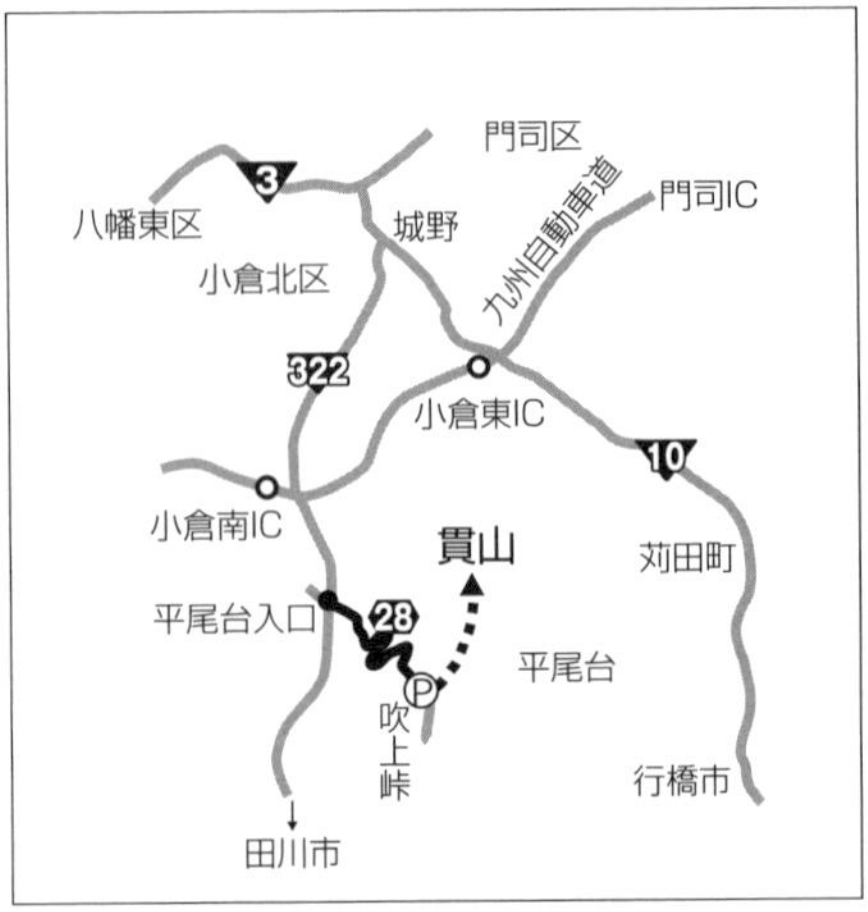

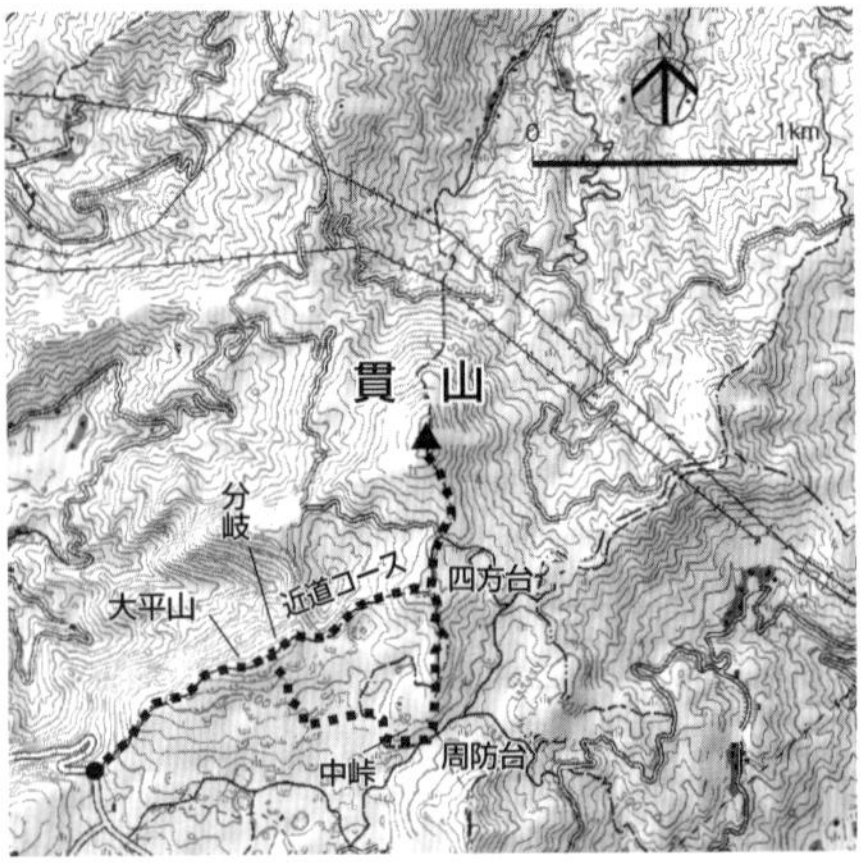

貫山は広大なカルスト台地の平尾台の北端にある。草原には白いカレンフェルト（石塔原）が無数に並んでいる羊群原やドリーネ（円形のカルスト穴）、また、地下には鍾乳洞（千仏・目白・牡鹿）もある。

駐車場前（9：50）から自然歩道を辿って急坂を登り上がるとススキ原で、緩やかな道となる。ほんの少し先から石灰岩ロードになり、三つ目のピークが**大平山**山頂である（10：25－10：40）。白く見える石灰岩は正に羊群原である。「純白の羊の群が牧場の中を群遊しているように見える」（解説文）。山頂から東へちょっと下った所に**分岐**がある。四方台への直進（近道）コースと右（東南）の茶ケ床・中峠方面へ迂回して四方台へ行くコースである。

迂回路を歩く。草原をくだり、ベンチのカ所過ぎから見える大平山は斜面に多数の羊が草を喰んでいるように映る。薄が波打つ小笹ヶ原を緩やかに上り返すと貫山へ通じる入口があり、１００ｍほど下ると**中峠**（11：15）である。ここから広谷湿原は左へ７５０ｍ、茶ケ床園地は右へ７６０ｍである。中峠から右へ50ｍほど歩くと周防台への登山口がある。草原の急登であるが、登ってみる。**周防台**山頂（６０６・５ｍ）からは周防灘や苅田・行橋方面が眼下に広がる（11：40－11：50）。心地いい風をうけながら中峠へ戻り（12：05）、貫山を目指す。広谷湿原の方へ１００ｍほど歩いた地点から急坂の台地を一つ、二つと越えていく。二つ目のピークから振り返ってみると周防台から天狗岩へかけての山容がすばらしい。このピークの左下にドリーネがポッカリ空いている。笹の頂稜をのぼると四方台（６１８・７ｍ／12：30）で大平山への近道は左へ、右が貫山への道である。

四方台から急坂を下山中

　四方台から下り、林道を横切って上り、左（北）へ曲がると山頂が見えてくる。防火帯みたいな直進の登り道をのぼると**貫山**山頂に達する（12：55－13：25）。南から北への縦長の芝生広場で響灘・周防灘、京都や小倉方面が一望できる。

　下山は**四方台**から近道して大平山へ帰る。四方台過ぎての長いながーい急降下は慎重に下ることが肝要だろう。降りた所に井手浦分岐（13：55）がある。大平山まで石灰岩の間をぬうように台地を越えていく。白くて色々の形をした石灰の岩容は見飽きない。遠くから眺めると

石灰岩の羊群原

まるで氷河にみえるから不思議だ。驚きの風景である。大平山に近づくと右側に照葉樹に覆われた塔ケ峰の石灰岩の絶壁が間近に見える（14：15）。往路で右へ迂回した分岐カ所をこえて大平山頂（14：25）に帰り着き、自然歩道を下って吹上峠の登山口に戻る（15：00）。

♨温泉　柿下温泉

田地図　苅田

☎問い合わせ

北九州市役所＝093（582）2525

113 足立山 598m 小文字山 366m

福岡県
一等三角点

登山日 2008年12月1日(月)晴

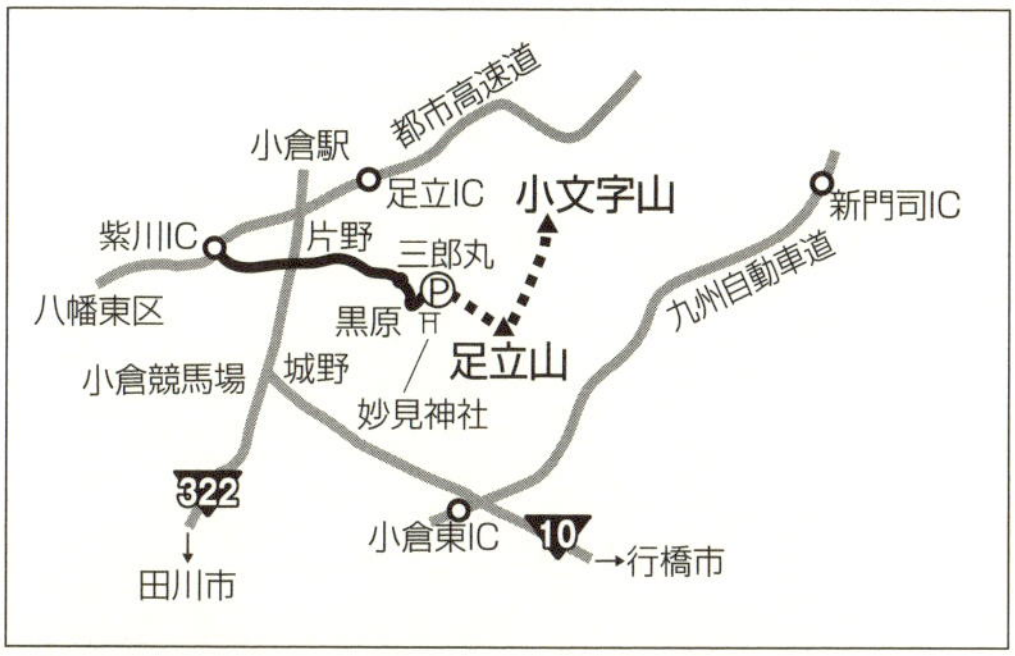

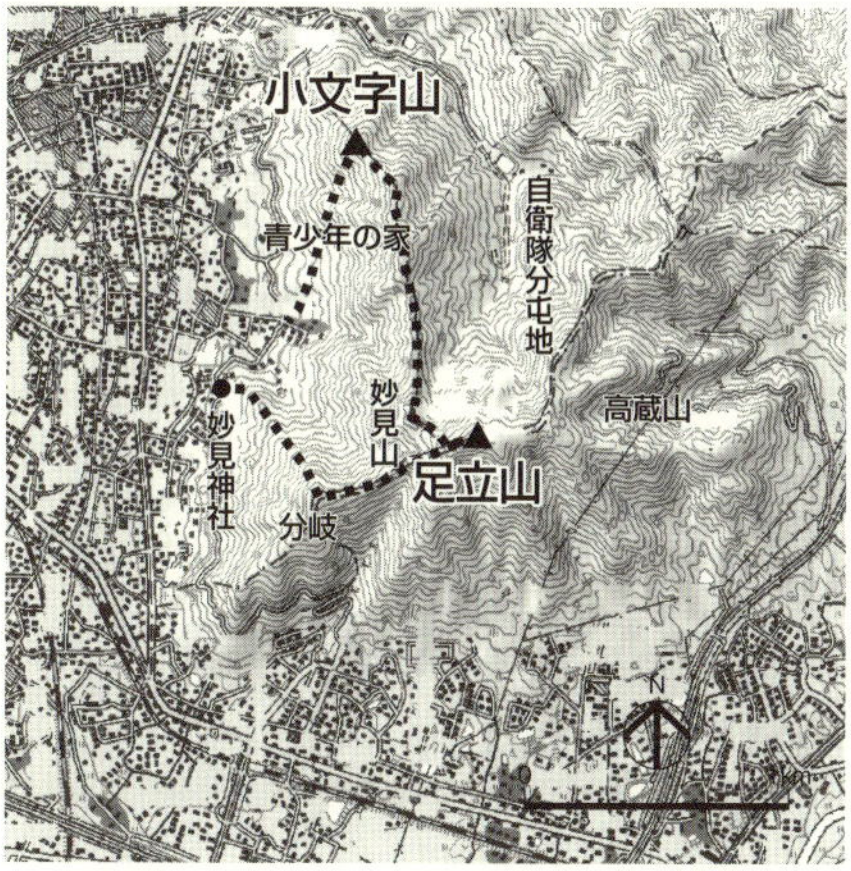

【アクセス】 自宅(8:45)⇩若宮IC⇩紫川IC下車⇩片野2丁目信号⇩三郎丸信号⇩黒原1丁目信号⇩妙見神社(45km/9:40)

【登山路】 歩行時間2時間45分(往70分・復95分)

足立山は企救山地の最高峰で自然林が多く残り、西麓には森林公園もあり、市民の憩いの山である。山名は弓削《ゆげ》道鏡《どうきょう》に足の筋を切られた和気清麻呂《わけのきよまろ》が山麓湯川の霊泉で治り、足が立ったという伝説による。

妙見神社の階段を上ると珍しい猪の像がある。本殿にお詣りし、黄色く色づく大銀杏前を過ぎると和気清麻呂像が見えてくる。登山口はその裏手にある(10:10)。ヤマモモ・アカガシ・ヤブニッケなどの照葉樹林が生い茂る企救自然歩道を登る。10分すぎから檜林になり、右が開けるが、すぐに樹林に入り、より急坂になりジグザグに登る。歩道が緩やかな登りになると間もなく高射砲陣地跡がある**砲台山分岐**に着く(10:50)。右折するとすぐに大岩があり、その脇を上り広い山頂広場に出る(10:53)。反射板の下まで歩くと南側の展望が開け、貫山や小倉南区の家並みがよく見える。

分岐に戻り(11:15)、灌木林に入り、道の左右にツバキが多くなるといくらか上りになってくる。「妙見山へ」の標識から左折し、杉の巨木の間を進むと真正面に妙見神社上宮の石段がみえてくる。石段前から右折すると足立山・小文字山の分岐点がある（11：25）。百数段の急な丸木段を４００ｍ登ると**足立山**山頂である（11：40－11：55）。北が開き、船が行き交う関門海峡や戸ノ上山などの眺望がすばらしい。南方向には英彦山も遠望できる。

　小文字山へ向かう。小文字山分岐近くの大杉ブランコで遊び、石段を１００段ほど上ると杉に囲まれた妙見神社上宮がある（12：15）。お宮の右横から北へ樹林帯の

小文字山から響灘を望む

海が見える足立山頂上

急斜面を下る。ハイノキ・カクレミノ・リョウブなどが見られる歩道を防火帯に沿って上り返し、小さなピーク（標高４３３ｍ）に着く（12：40－12：50）。足立山頂や小文字山への縦走路等がよくわかる。一息つくのに良い場所である。

　二つの小高いピークを越えると眼下に円い山頂の**小文字山**があり、すぐに到着できた（13：05－13：20）。抜群の大展望が広がる。海峡には白い飛沫の航路が映り、汽笛が響く。八幡の皿倉山、若松の高塔山も眺められ、間近には小倉市街がある。

　下山は南西へ木段を急降下し、照葉樹林のなかを左へ左へとジグザグに下り、森林公園の林道に出て、妙見神社に帰る（13：55）。

♨温泉　極楽湯小倉店
⊞地図　小倉
☎問い合わせ
小倉北区役所＝０９３（５８２）３３１１

114 万年山 1140m

大分県
一等三角点

登山日 2008年12月24日（水）晴

【アクセス】 自宅（8：00）⇩古賀IC⇩玖珠IC下車⇩国道387号線の柚木バス停右折（141km）⇩黒猪鹿集落の黒猪鹿地区構造改善センター到着（道路を隔てて八幡宮がある、142・6km／10：25）。ここから斜め後ろに道路を300m走ると万年山5・1kmの道標がある。ここを左折（直進すれば川西バス停へ）して九州自然歩道（民家が2、3軒ある）を1・6km上ると万年山3・7kmの道標がある（144・5km／11：35）。この付近に駐車スペースあり。

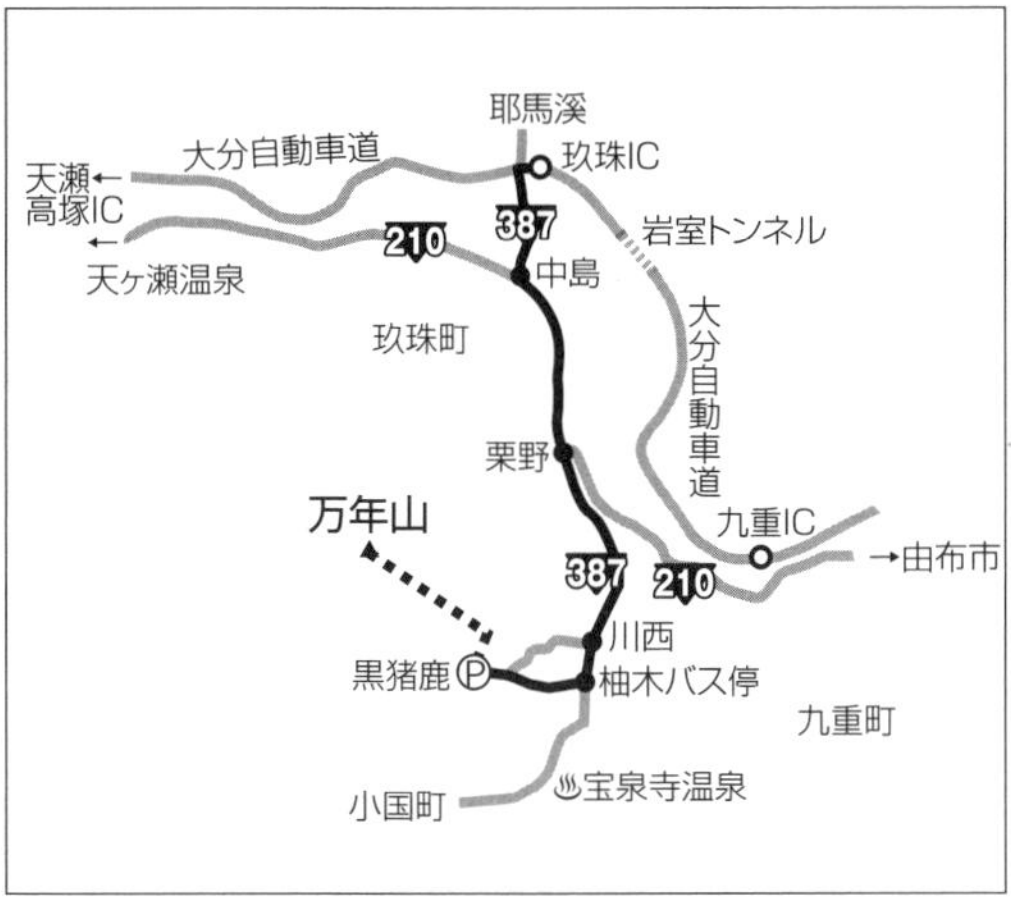

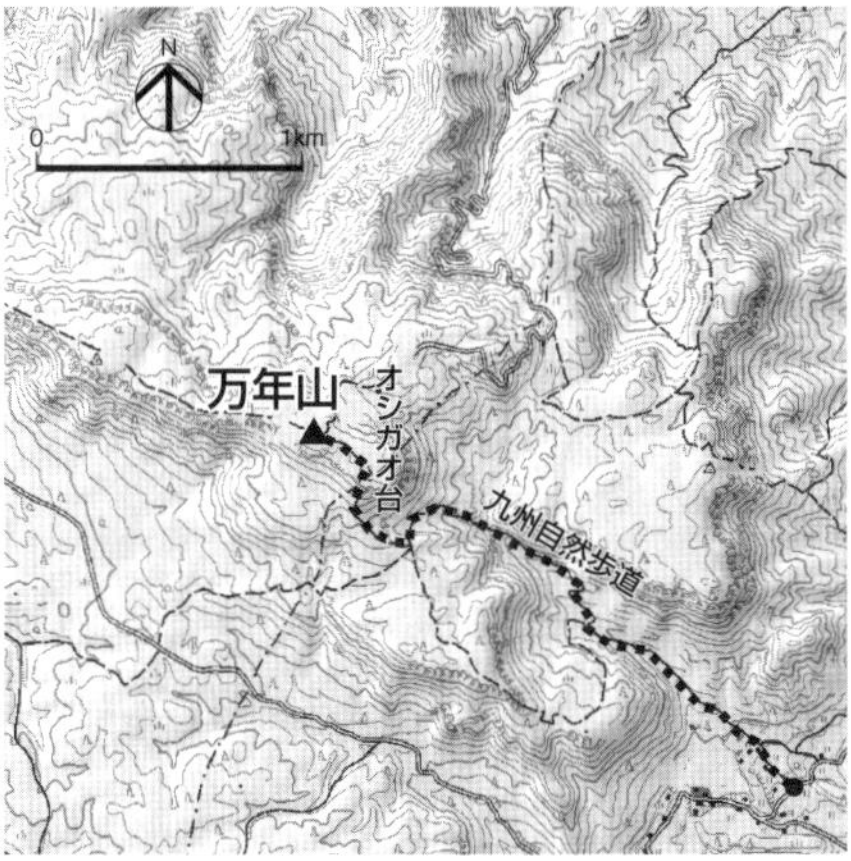

【登山路】 歩行時間2時間45分（往105分・復60分）

玖珠町のシンボルである万年山は屈指の溶岩台地で柱状節理が東南面に見られ、断崖絶壁をなしている。山頂は平坦で東西に3km、南北に0・5kmの広さがある。

堰堤下の重水治山の説明文を読み（10：50）、渓流を徒渉して谷沿いのセメント舗装の道を行く。杉林のなかの椎茸栽培木を見ながら上っていくと、杉がなくなり櫟などの雑木林になると万年山の山容がより近づいて見えるようになり、**オシガオ台**と呼ばれている草原に出る（11：30）。草原が檜その他の植林地となり、シカ除けネットが張られている。ネット沿いに歩くと万年山のメサがハッキリ見

山頂付近の雪景色

雪の万年山頂上

えてくる。やがて松林を抜け、**林道**を横切ると万年山1・1kmの標識がある（11：40）。ここから西へ、右前方に万年山を仰ぎ、スズタケ道を進み、急坂になるあたりから杉林に入る。木段を80段ほど上ると杉からアセビやクヌギなどがまばらな草原になり、斜面を登ると山頂まで0・5kmの案内板がある地点に着く（12：00）。振り返ると根子岳や中岳も望める眺望のよい所である。快晴のこの日、突然、目の前に樹氷が現れる。

野ウサギの足跡クッキリ万年の道

雪で真っ白なススキとクマザサの道を歩く。ミヤマキリシマがあり、マツもある。山頂に近づくにつれクマザサが背丈ほどに伸び、道も隠れてまったくわからず、目見当で笹をかき分けかき分け進む。雪で上着まで濡れ、いくらか冷たさを肌に感じてきたが雪化粧の山は疲れを感じない。ベンチが6脚ある牧場からの出合いを過ぎると100mほどで**万年山**山頂である（12：35）。広々とした草原でぐるっと遮るものがなく大展望が広がる。東に由布岳、西に英彦山、南に九重連山、北には鹿嵐山・八面山などが丸見えである。ハルリンドウ・キスゲ・マツムシソウなど草花も多種多彩であり、その季節は楽しませてくれるが、真っ白に雪化粧した万年山も魅力的である。

なお、時間にゆとりがあれば山頂から西側の鼻ぐり岩まで3km歩いてみるのもよい。

下山（13：05）は往路を戻る。山頂まで1・1km地点（13：30）、オシガオ台（13：35）、駐車場所（14：05）。

✿花　ミヤマキリシマ（5月）
♨温泉　宝泉寺川底温泉せせらぎの湯
⊞地図　豊後中村
☎問い合わせ　玖珠町役場＝0973（72）1111

115 鹿納山 1567m

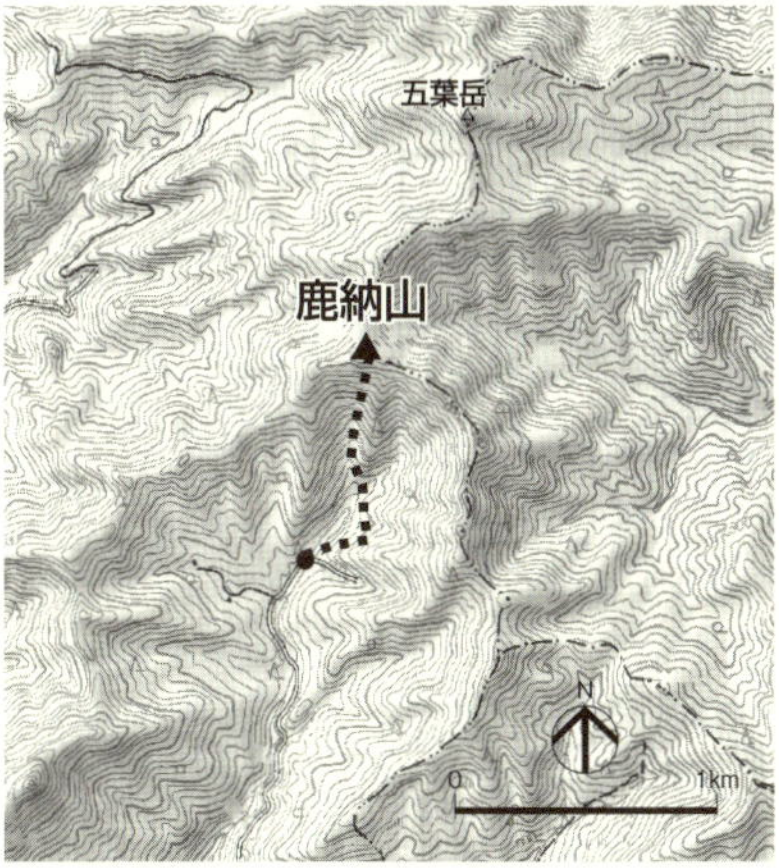

【アクセス】 山荘かつらの樹（3：45）⇩国道325号線高森町村山⇩山都町柳信号左折⇩高千穂町河内信号右折⇩高千穂町三田井信号（高千穂町武道館前、45km）左折して国道218号線へ⇩馬門信号（47km）⇩青雲橋（58・4km）⇩北方町槙峰（66・7km）から右折し、下方に下り、鹿川渓谷入口（68km／5：00）より県道214号線（上祝子綱ノ瀬線）に入り、綱ノ瀬川に沿って上る⇩比叡山登山口（73・5km）⇩下鹿川小学校前（閉校）⇩上鹿川小学校前（閉校）⇩今村橋（鹿川渓谷入口、84・8km／5：35）。

鹿川渓谷入口には駐車場とWCがある。右は鹿川キャンプ場への道である。

今村橋5：45（0kmにして直進の比叡山林道に入る）⇩3・6kmで未舗装になる⇩5・8km（2007年11月4日大崩山登山の折、駐車した地点）。ここから木戸元橋までに道路崩壊5カ所が修復されていた⇩木戸元橋6・7km⇩大崩山登山道入口6：15（宇土内谷／7km）⇩小谷橋7・3km（ここから通行不可点まで6カ所修復されている。特に6カ所地点のナメ床や大岩は景観良好）⇩9・9km通行不可（6：30／駐車可）。鹿納山の鹿納谷登山口まで歩く。

【登山路】 歩行時間4時間20分（往130分・復130分）

比叡山林道も日隠林道も水害により大崩

アケボノツツジと鹿納山岩峰

壊し、長らく通行止めが続き、日帰り登山が難しくなっていたが、この4月から林道の一部が開通した。待ちに待った登山である。

鹿納山は五葉岳の南部に位置し、鹿納ノ野から東に3つの峰が連なる岩尾根で、その最高の岩峰が鹿納坊主と呼ばれている。

25分ほど（約1・5km？）歩くと林道沿いに「祖母山・傾山・大崩山周辺森林生態系保護地域」の案内板があり、その左奥に登山口がある。

赤肌のヒメシャラの木に鹿納山登山口と書かれた板が結びつけられている尾根に取りつく（7：10）。栂の巨木が多い原生林の急斜面となる。大岩を越え、左の高台の下を下ると特異な形の鹿納山が樹間から見えてくる（7：35－7：40）。このあたりからミツバツツジやアケボノツツジが多くなり、花に見とれる。クマザサの坂道をのぼる頃から栂に加えてブナ・イタヤカエデ・ヒメシャラなども目につくようになる（8：10）。その巨木群のなかにツツジの花が咲き乱れみごとな絵になっている。幾分、急坂も緩んできたかなと思っていると**大崩山分岐**（尾根縦走コース）に到着する（8：15－8：20）。大崩山は右へ。鹿納山は先（北）である。

平らに近い尾根道を若葉が美しいブナやミツバツツジ

九州百名山完登の鹿納山頂

の群落を観ながら歩き、下り、また上るとピークがある。アケボノツツジが満開である。ピンク一色の花を楽しみながらピークから下り、岩のヤセ尾根を越えて、展望のいいピークに上る（8：40－8：45）と、鹿納坊主が眼前に現れる。ここもミツバツツジとアケボノツツジのオンパレードである。三つ葉と五つ葉、赤と桃色の花が実に美しい。

　ロープでヤセ岩尾根を下り、また上り、急坂をくだり、熊笹トンネルをかき分けて飛び出すと**鞍部**広場がある。右（東）へ行けば権七小屋谷を経て三里河原へ通じる。

　広場を直進して岩峰基部に行き、左（西）側（このあたりもツツジが咲き誇っている）を巻いて、北側から木や岩に摑まり岩場を急登し、**鹿納山**山頂に達する（9：10）。山頂はぐるっと360度の視界が開け、大崩山・五葉岳・祖母山・傾山なども一望できる。狭い岩峰の上で高度感があり、眼下に広がる祝子川源流域の原生林が素晴らしい。

　下山（10：35）は往路を戻る。みごとな花を観賞し、写真を撮り、楽しみながらゆっくり帰る。権七小屋分岐（11：10）、大崩山分岐（11：50）、左の高台下の鞍部（12：20）、登山口（12：45）。

※この日は九州百名山完登の日である。すぐ後に登頂された方が偶然にも同郷の人（原さん）で記念写真を撮っていただき感謝する。

※仲村橋からの日隠林道も開通しているのでお化粧山から鹿納ノ野を経てのコースも登れるようになっている。

✿花　アケボノツツジ（5月）・ミツバツツジ（4月）
♨温泉　日之影温泉駅
⊞地図　見立・大菅
☎問い合わせ　北方町役場＝0982（47）2001
八戸森林事務所＝0982（88）1322

トレッキング7コース

南阿蘇外輪壁を歩く
雪の地蔵峠から駒返峠へ

―熊本県

縦走日　２００８年2月4日（月）曇

【コース】久木野庁舎前⇩M社南阿蘇保養所⇩高城雨量観測所⇩地蔵峠⇩大矢岳⇩大矢野岳⇩駒返峠⇩久木野庁舎前

【状況】歩行時間8時間30分

阿蘇山は中央火口丘の阿蘇五岳を中心として周囲１２０ｋｍ、東西16ｋｍ、南北24ｋｍの外輪壁をもつ大カルデラである。南外輪山は高岳・根子岳など五岳の展望と春から秋にかけて咲く色とりどりの山野草は何度歩いても見飽きない。

立春の今日、南阿蘇一帯は雪で覆われ真っ白である。樹氷が観たくなって歩き出す。

久木野庁舎前（9：00）からM社保養所横を通り、山手へ向かい杉林を抜けると右上に羅漢岩が見えてくる。高城雨量観測所がある高台（9：35）を過ぎ、グリーンロードに出る（11：05）。山に入り近道を辿る。雪で道が消えて歩きにくいが何とか峠登山口に出て、階段を上り、**地蔵峠**１０８６ｍに着く（11：50）。古くは南郷谷、御船・矢部村の人々の往来があった峠である。阿蘇五岳も南阿蘇村も白一色の銀世界である。

寒い中、軽い食事をとり、駒返峠めざして出発（12：10）。

春立つ日粉雪はじく登山靴

普段は草原が続き、上りやすく展望を楽しみながら歩ける道だが、今日は積雪30ｃｍで大変である。山一面が白く輝き、樹氷も見られる。満開の桜を思わせるほど美しい。

アイゼンをつけているので滑りはしないが登山靴がズボッズボッと雪に埋まり時間がかかる。それでも40分で大矢岳１２２０ｍに上がることができた（12：50）。

東へ防火帯の草原を歩き樹林のなかへ。尾根は緩やかで雪は深いが歩きやすい道である。ナラやケヤキの巨木が混ざった灌木帯も白銀の世界である。アセビの長いトンネルを潜りぬけると**大矢野岳**１２３６ｍに達する（13：40）。天を仰げば紺碧の空に映える樹氷が際立って白く輝く。

雪の道案内役は猪の跡

いったん下り、勾配の少ない尾根道を20分も進むと左方には二つコブの杵島岳やカマドの型をした御竈門山などが眺められるビューポイントもある。このあたりはブナやミズナラの大木が多数あり、自然林の生命力、自然の豊かさを感じる所である。

雪の尾根道をゆく

地蔵峠から３・１ｋｍ、駒返峠まで３・７ｋｍの道標地点（14：30）を過ぎると間もなく、広くて平らな灌木の美林帯がある。勝手に千間平と呼んでいる場所である（14：55）。小動物も右へ左へと動き回っているようで足跡がハッキリ残っている。

立春に南外輪雪深し

アップダウンを数回くり返し、駒返峠まで１・３ｋｍを越えると、やがてクマザサが道の両端を覆う。なだらかな下り道になると峠は近い。地蔵菩薩が立つ**駒返峠**１１５３ｍは大杉５、６本に囲まれた小広場である（16：25－16：35）。かつては南郷谷と矢部とを結ぶルートだったようだ。

一休みした後、北東へ下る。石段も木段も雪で見えなく、スティックで足下を確認しながら歩く。林道に出て（17：05）、すぐに杉林に入り、小さな渓流を渡り、牧道を歩いて駒返峠登山口があるグリーンロードに出る（17：25）。歩いて久木野庁舎前に帰着する（18：00）。

※積雪のため普段より2時間ほど余計に時間を要した。

雪をかぶった大矢野岳の頂上

宗像四塚連峰縦走

福岡県

縦走日　2008年5月20日（火）晴

【アクセス】　自宅（7：30）⇩ＪＲ福岡教育大前駅近くの西鉄バス赤間営業所の角を右折（３ｋｍ）⇩城山登山口（駐車可／３・５ｋｍ／７：40）。

【状況】　歩行時間5時間25分

　宗像四塚連峰は南端の城山から金山・孔大寺山・湯川山と北へ連なる宗像山地である。

　城山３６９・３ｍはかつて赤馬山・蔦ケ嶽などと呼ばれ、山頂には宗像大宮司の居城址がある。金山３１７・４ｍは照葉樹林のなかの稜線歩きが楽しく、南岳と北岳の二つのピークがある。孔大寺山４９９ｍは四塚連峰の最高峰であり、中腹には孔大寺神社の社殿とご神木の大銀杏（県天然記念物）がある。湯川山４７１・４ｍはマテバシイの群落があり、山頂からは雄大な玄界灘が一望できる。

　水汲み場横の城山登山口出発（7：50）。階段を直登するとＴ字路になり、右の周遊道を通らずに左へ本道をとる。杉の巨木が並ぶ十本杉を過ぎると、やがて三郎丸登山口からの道と出合う（8：10）。この先で九州百名山の福智山を遠望し、タブノキ・カゴノキ・ムクロジ・イチイなど自然林が多く見られるようになるとすぐに**城山**山頂３６９ｍである（8：25－8：30）。山頂は広く、展望もよく皿倉山・古処馬見山地やこれから歩く金山・孔大寺山なども見える。

　金山へは北隅から照葉樹林のなかをロープを握って下るような急坂を2度ほど繰り返すと鞍部の**石峠**（山頂から１・２ｋｍ）に着く（8：55－9：00）。ベンチで一息ついたら金山南岳をめざして高度を稼ぎながら急坂をジグザグに登る。少し窪んだ場所から振り返ると城山が見え、急降下したことがわかる。また登りになるが傾斜が緩くなると**金山南岳**３１０ｍに達する（9：20－9：30）。南西面が開け、許斐山や宗像市街が望める。サワグルミの木が3本とベンチがある。

　弥勒山分岐を左に分け、稜線を3度ほどアップダウンし、山のなかでは滅多に見ることができないヤマナシがある場所を過ぎ、短く急登し**金山北岳**３１７ｍに上がる

湯川山頂上付近からみる玄界灘

（9：40－9：45）。城山山頂から２・３ｋｍ地点である。狭い頂きだが孔大寺山が正面に迫って見える所だ。右（東）へなだらかな下りから急な下りを繰り返し、緩やかに上り返すと大きな松やノグルミ・山桜などがあり、やがて檜の植林帯になる。孟宗竹が増えてくると金網に突き当たる（10：20）。右下へ狭い急斜面をいっきに下り**地蔵峠**（県道２９１号線）に飛び出す（10：25－10：35、城山山頂から３・８ｋｍ地点）。途中、今しか咲かない銀竜草も見ることができた。

孔大寺登山は県道２９１号線の道路沿いに狭いセメント階段を上るところから始まる（梛《なぎ》野《の》集落の孔大寺神社遙拝所から参道を進み、８１０段の石段を登り、県天然記念物の大銀杏の横からのルートが一般的である）。樹林のなかをひたすら登る。やっと急坂を登り切り（11：00）、左折すると緩やかになり、アカガシ・椎ノ木やミズキなどの大木を見ながら歩く余裕も出てきた。何度かアップダウンをくり返し、白山からの道（11：10）や梛野からの道（11：20）と合流し、ひと登りで樹木に覆われた**孔大寺山**頂４９９ｍに着く（11：25－11：30、城山山頂から５・６ｋｍ地点）。ベンチがあり、ゆっくりしたいが展望がないので湯川山が正面に見える見晴台まで下り、昼食をとる（11：35－12：00）。

孔大寺山に群生するマテバシイ

尾根の長いながーい急な下りから少し上ると松尾ピーク（標高３２５ｍ、12：25、孔大寺山頂から１・５ｋｍ下りた地点）に着き、直角に左折する。ここからロングの急降下が待っている。厳しい斜面をジグザグに下る。張ってあるロープも緩んでいるので転ばぬように注意して下りきるとマテバシイの森が広がる（12：40）。見事な風景林である。
ほどなく**垂水峠**（国道４９５号線）に出た（12：50－13：00）。かつての郡境を示す石柱がたつ。「従是　東遠賀郡　西宗像郡」の文字が彫られている。城山山頂から７・８ｋｍ地点である。縦走最後の湯川山登山口もここである。

いきなり樹林のなかを西北に向かっての急登が続く。一つの株から何本も幹がでているマテバシイがここにも多数見られる。右から登ってくる内浦からの道と合流（13：15）してからは支尾根の平坦に近い緩やかな道で、左側はマテバシイの並木が続く。やがて杉の植林帯になり、またジグザグに登っていくとＮＴＴ湯川無線中継所の鉄塔の横に出る（13：40）。直進して杉・灌木のなかを登り、九電やＮＨＫの鉄塔横を通り抜け、ひと登りで**湯川山**山頂４７１ｍ到着である（14：00－14：30）。城山山頂から10・３ｋｍ縦走したことになる。地島・大島が浮かぶ玄界灘や岡垣の白砂海岸、さつき松原など抜群の眺望が得られる。

下山は西へ向かい、鐘崎・上八への下り道の先から承福寺（室町時代、宗像大宮司氏国の家臣・占部越前守安延の開基）の方へ下る。樹林のなかの急斜面を下り、杉林を通り、水場のある林道を横切り、承福寺に着く（15：00）。門前バス停まで歩き、バスで西鉄赤間営業所まで帰る。

英彦山を歩く 一

裏英彦山

福岡県

登山日 2008年6月15日（月）晴

【コース】 豊前坊⇩北岳・中岳・南岳⇩籠水峠⇩裏英彦山⇩薬師峠⇩豊前坊

【アクセス】 自宅7：00⇩直方市の羽高信号（23ｋｍ／7：35）を右折し、田川バイパス（県道22号線）に入る⇩県道201号線を右折して東大橋信号左折（35・5ｋｍ／8：00）⇩下今任信号（原医院前、39ｋｍ）右折し、県道52号線へ入り、添田町民会館（47ｋｍ／8：20）⇩道の駅歓遊舎ひこさん（49ｋｍ）⇩彦山駅前（55ｋｍ／8：35）を直進し、国道500号線に入る⇩英彦山温泉しゃくなげ荘前（59・3ｋｍ）⇩銅の鳥居前（61ｋｍ）⇩別所駐車場前（62・5ｋｍ）⇩青年の家前（65・4ｋｍ）⇩豊前坊（高住神社）前駐車場（66・3ｋｍ／9：00）

【状況】 歩行時間5時間40分

英彦山山地の主峰・英彦山は奈良時代以降、最盛期には800余の宿坊もあった修験道の霊山である。中腹には英彦山神社があり、銅《かね》の鳥居からの参道には宿坊跡も残っている。奇岩・巨岩があり、樹齢1000年を超す鬼杉の他、ブナ・トガ・ヒメシャラ・ウチワカエデなどの自然林も多い。また、東の薬師峠から求菩提《くぼて》山へ、南は岳滅鬼《がくめき》峠から釈迦ケ岳・大日ケ岳への峰入りの道も連なっている。

登山道は正面参道ルート・北参道ルート・南参道ルートの三カ所が一般的である。今回は北参道から登る。

豊前坊駐車場前（9：15）から長い石段の参道をウォーミングアップ代わりにゆっくりと上っていくと御神木の天狗杉が聳えている。その先に社殿があり、牛馬の神が祀られている。この右側が登山口で樹齢800年は超えるであろう大杉が林立している。それらを仰ぎながら数分も歩くと筆立岩や逆鉾岩などの奇岩が眼前に現れる。その脇をすり抜けるように進むと**「望雲台」の分岐**に着く（9：25）。

望雲台は分岐から50ｍほどで鎖場があり、溝状の岩の急斜面を一歩一歩登り切ると目の前が絶壁で足がすくむ幅が１ｍもないような狭い岩上を右手の鎖を握り通過すると望雲台が見えてくる。一歩ずつ足を岩にかけながら鎖で垂直に登る。台には鎖で繋いである金属棒が立っているので大丈夫と思って登ったら、眼前は百数十メートルの断崖絶壁で台幅が狭く足が震える。直下の美林や鷹ノ巣山のビュートが一望できる絶佳の展望台である。

分岐点に戻り（9：55）、北岳を目指して苔むした自然石の石段を登る。シオジ林の新緑の美しさに加え、オ

南岳から鎖場をくだる

オヤマレンゲの優雅な純白の花が映える。60数段の木造の階段を上ると平坦な尾根（鞍部）に出る（10：25）。すぐにロープカ所もある急坂を登る。ブナの大木が目立つようになると間もなく**北岳**山頂１１９２ｍである。石の祠があり、磐境がある（10：35－10：45）。

ブナ林の緩やかな道を下り、しばらく歩くと岩場の急登になって**中岳**１１８０ｍの山頂広場に上がる。片隅にはヒコサンヒメシャラの白い花がぽつんぽつんと咲いている。九重・阿蘇・雲仙の山々も遠望できる（11：10－11：25）。

中岳英彦山神社上宮前から左の急な坂を鞍部に下りて登り返すと**南岳**山頂１２００ｍである（11：35－12：05）。紅ドウダンやエゴノキがちょうど花の時季で美しい。頂上には小さな鳥居と彦山大権現をまつる祠があり、一等三角点もある。山頂広場は周りの樹木が伸びて展望はないが、展望台に上がれば３６０度の眺望が得られる。

鬼杉の方へ下る。長い鎖がついた急な岩場（12：15）を下り、樹林帯を過ぎると視界が開け、岳滅鬼岳など峰

懸崖のみえる籠水峠

入り古道の山並みが望める地点もある（12：35）。すぐに**材木石**（安山岩の柱状節理）があり、大きな杉が現れ出すとやがて大南神社分岐に着く（12：55）。ここから裏英彦山へ抜ける峠である籠水峠へ向かう（13：00）。苔むすゴロゴロ石とスズタケ道を巻きながら進む。広葉樹が多いなかに際立つ大きさの栂の木や杉もある。涸れ沢を渡り、上り下りを繰り返し、大岩をすり抜けるように上っていくと広い谷間がある（13：25）。キツネノカミソリの群落地のようだ。まだ枯れたままだが夏にはオレンジ色の花が見られるだろう。左上へアブラチャンが繁る急坂をひと登りで**籠水峠**に到着した（13：30－13：40）。左手に懸崖が見える。右は猫ノ丸尾を経て岳滅鬼峠へ通じる道であり、左は薬師峠への裏英彦山道である。

峠下の小広場にはブナ・ケヤキ・カエデなどが多数見られる。英彦山の東山腹をトラバースするルートのようである。いくつもの谷を越え、斜面を巻いて自然林のなかを歩く楽しみ多い道である。鹿ノ角（１０７１ｍ）の東下あたりの大きな岩の間を抜けるとみごとな風景が現れる。岩・岩・岩の谷間にサワグルミの巨木など若葉繁る自然林が林立し、風の音が聞こえ、しばし、疲れも忘れる（14：05－14：10）。

ほどなく岩壁から水が3筋4筋と細い線をつくり滴っている場所の**垂水の壺**に着く（14：25－14：30）。岩壁の下はくりぬけて岩屋のようである。かつては山伏の修行の場だったかもしれない。南岳の南東の尾根直下あたりだろうか。位置を確かめながら歩くのも楽しい。やがてコケむす岩が幾つもいくつも重なり合っている**ケルンの谷**に着いた（14：35）。ケルンが無数に立ち並ぶ岩、岩の谷である。昔から人が通っていたらしく古い茶錆びたブリキの案内板が木に巻きつけられている。

　豊かな自然林と清流と爽やかな風が吹き抜ける谷を後に北東に向かう（14：40）。岩石ばかりの斜面を上り、途中から右のクマザサ道へ入り、左の山腹には石ゴーロが無数に見られる道を4、5回巻くようにアップダウンしながら歩く。ゴーロ石がなくなると小ピークに上がる（15：05）。この先はアブラチャンの森で急斜面を下り、巻くように進む。またまた、左斜面がゴーロ石になり2度ほど上り下りすると鷹ノ巣山の山容が望めるピークに上がり、クマザサ道を下るとすぐに右側が開け、展望が広がる。重畳《ちょうじょう》たる山並みが見える。足下をみると岩が切れ落ちて絶壁となっている（15：35－15：40）。

　左（北）へ灌木と笹の尾根道を急降下し、緩やかになってくると植林帯（檜から杉）に入り、ジグザグにくだっていき**薬師林道**に飛び出した（15：55）。出た所には雨量計がある。左の薬師峠を越え、国道５００号線に出て、豊前坊へ戻る（16：20）。

紅葉の菊池渓谷

熊本県

縦走日　２００８年11月11日（火）晴

【アクセス】　山荘かつらの樹（8：50）⇩阿蘇大橋より国道57号線⇩赤水（ミルクロード入口／14・７ｋｍ）左折して県道23号線に入る⇩二重峠（20・３ｋｍ）右折⇩県道３３９号線（ミルクロード北外輪山大津線）に入り兜岩展望所（30・４ｋｍ／９：30）。

【状況】　歩行時間５時間25分（往１５０分・復１７５分）

　日本森林浴の森百選・日本名水百選等に選ばれている菊地渓谷の紅葉を観に歩く。渓谷入口（菊池市側）から広河原周辺は何度か訪ね、名渓を楽しんだことはあるが、阿蘇北外輪山の**兜岩展望所**から渓谷入口まで往復縦走することはなかった。

　展望所前の売店駐車場角に九州自然歩道、菊池渓谷へ９・６ｋｍの道標がある。ここから牧道を北西に歩き出す（９：45）。道は緩やかに下っていく。「第一深葉橋」を渡ると、やがて道端のススキの穂が風で波を打ち、銀色に輝く。舗装路から土の道になると間もなく進入禁止の金網が見えてきた（10：15）。人はその横を通れるように配慮されている。植林されている希望の森をみながら１００ｍも進むとカナクギノキの大木（株立ち８本）が聳えている。このあたりから左下は渓流となり、段々深い谷になっていく。歩道は分厚い落ち葉の絨毯であり、青空に映える真っ赤なモミジ、黄色く色づいているケヤキやブナが続く。

　芳香を放ちて落葉かつらの木

　みごとな紅葉を堪能している間に、ほぼ中間点の**清水谷橋**に到着した（11：00－11：10）。橋を渡ると大きな三差路広場に突き当たる。「菊地渓谷案内図」が掲げられ、菊地市側の表の入口（菊池渓谷入口）までの道程がよくわかる。えごのき科の「あさがらのき」という初めて見る木もある。

　左（西）へ渓流沿いに下る。イヌシデ・ブナ・モミなどの巨木が多く、豊かな自然林を楽しめる。野鳥の森入口からユーターンするように下りていくと第六深葉橋が

紅葉の第八深葉橋

ある（11：25－11：30）。木造の橋の欄干は苔むし少々朽ちかけているが、下を流れる清流と無数の青苔した自然石が素晴らしい渓谷美を造っている。樅木谷も欅谷も自然林と渓谷とが幽谷の息吹を醸し出している。数本の支流から流れ込む水を取り込んだ谷は白い飛沫をあげて綺麗な水を流している。見上げると紅葉したカヤ・ケヤキ・イタヤカエデなどの大木があちらこちらに林立し、あたり一面が燃えている。

　渓谷に苔をまといし大けやき

　このみごとな紅葉と渓谷を眺めていると、いつの間にか造られてまだ浅いような新しい堂山橋に着いた（12：00）。橋上は輝くような赤黄色の落ち葉で埋め尽くされている。下流で楽しむ人たちの声が微かに聞こえてくると休憩舎のある**広河原**である（12：10）。

　白く、空色に見える速い水の流れ（天狗滝・竜ケ淵・紅葉ケ瀬）と赤く染まった渓谷林を右にみながら**渓谷正面入口**を目指す。入口の「阿蘇国立公園　菊地渓谷」の文字が見えた時は9・6ｋｍ歩けた歓びを感じた瞬間だった（12：30）。

　［復路］赤い橋を渡り対岸へ（12：40）。遊歩道にはイワガラミやバラ科のエドヒガンなど多種類の樹木がある。黎明の滝・天狗滝・四十三万滝が広い河原で水しぶきをあげ、勢いよく流れる様はまさに名水百選に選ばれている名水源を思わせる。夏の涼と晩秋の紅葉は特に観光客を惹きつける。広河原橋を渡り、往路を引き返す（13：10）。

　カヤの巨木の傍らのベンチで軽い昼食（13：15－13：25）をとる。堂山橋（13：35）を過ぎると渓谷入

広河原の清流

口から１ｋｍ毎に距離が掲示されわかりやすい。瀬音を聞き、舞い落ちる落ち葉を顔に浴びながらひたすら歩く。渓谷と自然林の美しさに心打たれる。

累々と岩しきつめし深き谷
赤き実の万年青いだきし大ケヤキ
大岩に名知らぬ苔輝やけり

第六深葉橋を通り過ぎると、午後の陽光が注ぎ、一段と紅葉が映える。赤いカエデを逆光でみるとより綺麗である。欅や櫟、ブナなどの黄色い葉っぱも鮮やかな色合いである。あっという間に清水谷に帰り（14：25－14：35）、希望の森近くのゲートに着いた（15：20）。展望所までの道すがら土手のカヤのなかには紫色のリンドウの花が顔を出し、また枯れた丸い花実のハバヤマボクチもにょきにょきと多数見受けられた。春から夏にかけては数多くの高山植物が見られることだろう。兜岩展望所帰着（15：55）。

（注）第六深葉橋から先の木造橋は翌年、いくつかが改築されている。

南阿蘇外輪壁を歩く　二
地蔵峠から護王峠往復

熊本県

縦走日　2009年4月7日（火）晴

【コース】地蔵峠⇩冠ケ岳⇩冠ケ岳分岐⇩一ノ峯分岐⇩護王峠の往復縦走

【アクセス】南阿蘇村久石信号（8：00）⇩県道39号線（グリーンロード）⇩地蔵峠駐車場（10km／8：15）

【状況】歩行時間5時間40分（往200分・復140分）

地蔵峠への階段

地蔵峠には石の地蔵尊のお堂がある。かつては南郷谷と御船町・矢部村とを往き来するルートの峠である。阿蘇山が真向かいに望める場所であり、特に雲海に浮かぶ涅槃像は格別の美しさである。現在は近くを車道が通り、峠に上る観光客も多い（8：30）。

今日は冠ケ岳に登り、南外輪壁を護王峠まで歩き、高原の大展望を楽しみ、また、ここ地蔵峠に戻ってくる。

北へコナラやクヌギ林の遊歩道を歩き、グリーンロードに出て、西へ100mほど進んだ右手に冠ケ岳への取つき口がある（8：50）。階段を上り、右手にブナ林を見ながら上り下りしながら歩くとブナ・ミズナラに囲まれ、根子岳も望める休憩地がある（9：10）。

すぐ先で道が左へ曲がる所にある山親父（エノキ）は一見に値する巨木である。

ここから檜の植林のなかを歩き、杉林を抜けるとクマザサが繁り、灌木林の間の平坦な道になる。ほどなく**冠ケ岳分岐**に着く（9：45）。左へ入り小高いピークに登ると冠ケ岳が見える。鞍部におりて薄と笹の道を緩やかに登ると野芝が緑の芽を出した縦長の**冠ケ岳**山頂（1154・1m）に達する（10：00－10：35）。四周遮る物がなく東に高岳・杵島岳、西に一ノ峯・二ノ峯、南には大矢野岳方面、北に俵山などが望める。まさに３６０度の大パノラマである。また、山頂のすぐ先には大岩が二つあり、眺望がよい。十文字峠方向への鉄塔コースはこの下に開けている。

阿蘇五岳が見える岩石のピーク

冠ケ岳分岐へ戻り（10：50）、護王峠へ向かう。分岐から左の広場に出ると俵山への縦走路が見え、南外輪山の雄大な眺めが広がっている。急斜面を下り、ザレのピークに登る（11：00－11：05）。右下には南郷谷の田園風景があり、左には一ノ峯・二ノ峯の柔らかなラクダ色したスロープが見える。

ザレ場をくだり、上り返すと岩石の丘である（11：20－11：25）。地獄温泉の立ちのぼる湯煙や九重山方面も見える絶佳の場所だ。展望を楽しみ、ここを下り茅や野芝の歩きやすい道を、緩やかに登るとポールが立つ**一ノ峯分岐**（11：35－11：40）があった。一ノ峯から登れば外輪壁に突き当たる地点である（以前、一ノ峰から来てつけた赤テープが残っていた）。

この分岐から大小ピークを三つ越え、四つ目の高いピークに登る（12：15）と俵山が指呼の間である。長い急坂をくだり、小さく登り返すと石ノ丘陵である（12：30）。また小丘を二つ越えて、緩やかに下り**護王峠**に到着する（12：40）。

護王峠にて、俵山をバックに

左（南）は西原村出ノ口、右は南阿蘇村へ、正面の地蔵菩薩の方へ登れば俵山山頂へ30分の所である。

ハルリンドウなどの野草を見ては楽しみ、往路を引き返す（13：15）。一ノ峯分岐（14：00）、冠ケ岳分岐（14：35－14：50）、地蔵峠（15：50）。

英彦山を歩く 二

峰入り古道

福岡県

登山日　２００９年8月24日（月）晴

【コース】鬼杉⇩籠水峠⇩猫の丸尾⇩石楠花の頭⇩岳滅鬼峠⇩岳滅鬼山

【アクセス】自宅（6：10）⇩彦山駅前⇩英彦山温泉しゃくなげ荘前を右折⇩大南林道ゲート前（8：10）。

【状況】歩行時間5時間40分

国の天然記念物の鬼杉

大南林道ゲート前から5分ほど下り、鬼杉入口（8：30）からシカ除けネットに沿って歩き、沢を2回渡ると**鬼杉**に着く（8：45－8：55）。距離表示板が１００ｍごとにありわかりやすい。国の天然記念物の鬼杉は上部が台風で折れているが巨大な杉（樹齢１２００年、周囲12・4ｍ）に変わりはない。鬼杉から１００ｍくらい前へ進むと分岐点がある。直進は自然歩道で籠水分岐に通じている。ここは左上へ上り、岩窟のなかに建つ赤屋根の大南神社に詣でていく。英彦山49窟の1つである岩窟である。今も剣の代わりに綱を持つお綱替え不動として信仰されている。

その横を鎖で登り、大岩の裏側を抜けると「奉幣殿」への分かれ道があり、その先20ｍで鬼杉よりの自然歩道と合流する。南岳山頂は左へ、籠水峠は右への分岐点である（9：15－9：20）。

籠水峠方面へ右折し、ゴーロ石の道を進む。広葉樹が多く、見晴らしは良くないが大杉があり、栂の巨木も見かける。沢を渡り（9：35）、アップダウンをくり返しながら歩き、大石を擦り抜けるように上って行くと間もなく広い谷間にキツネノカミソリの群落が見えてきた（9：45－9：50）。あいにく花の時季を過ぎ、花の数は少なかったがオレンジの綺麗な花を観賞した後、アブラチャンが繁る急坂を左上へ登る。左手に大岸壁が聳え、**籠水峠**に上がる（9：55－10：20）。左は薬師峠へ通じる裏英彦山道。右は猫ノ丸尾から岳滅鬼峠へ通じる要所である。

猫ノ丸尾頂上から岳滅鬼山をみる

岳滅鬼山めざしてオオヤマレンゲやホウノキを見て、繁茂するスズタケ道の急坂を登る。平らな道になってきたと思っているとすぐに急降下がはじまり鞍部に下る（10：30）。ここからは緩やかな上りになり、広くて豊かな樹林帯を越えると東側が開けている尾根に出る（10：40）。北に南岳・中岳や鷹ノ巣山などが望める場所である。檜林のなかのなだらかな坂を登り**猫ノ丸尾**山頂1044mに達する（10：45－11：15）。

前（東南西）は伐採されて展望が良く、石楠花の頭から岳滅鬼山への稜線が近くに見える。阿蘇・九重山系も遠望できる。東の方へ伐採地を下り、つぎのピーク（檜林の丘陵）を越え、南へくだり、また緩やかに登る。このあたりからブナ・ナラ・リョウブやミツバツツジ・イタヤカエデなどが多く緑濃い山で心地よい。ピークから下った所が**最低鞍部**（11：40－11：50）である。右へ下りると大南林道ゲート付近に出れる。

最低鞍部から急登し、90度左折してヤセ尾根を登る。シャクナゲとブナの大木が多くみられる。道の両側はスズタケの尾根をピークまで登る。**石楠花ノ頭**（10：10）から急坂を下るとロープがつけられている細長い岩（幅1m、長さ10m程）下りがある。ここから先もスズタケが茂り、ヤセ尾根道は続く。緩い上りから、少し下り、また上ると**「上塚山分岐」**に着く（12：30－12：40）。上塚山は左へ90分の位置にある。北に南岳や猫ノ丸尾が望め、赤屋根の大南神社もハッキリ見える。岳滅鬼峠は右へ。５分ほどで深い谷の岩斜面にロープが張ってある難所がある。ここを越えればスズタケのヤセ尾根歩きである。大小12個ほどのピークをアップダウンしながら**岳滅鬼峠**に着く（13：25－13：45）。「従是北豊前国小倉領」との文字が刻まれた藩境を表す石碑がある。人々の往来が頻繁にあったことが想像できる。

　峠から西へ尾根に取りついて上り下りしながらロープ

藩境の石碑がたつ岳滅鬼峠

カ所を登ると眺めの良い露岩がある（13：55－14：05）。ミツバツツジ・クロモジ・ブナなどが見られ、ロープが３カ所もある急斜面を登り切ると峠から０・６ｋｍの第３のピーク（岳滅鬼岳１０４５ｍ）である（14：15－14：20）。シャクナゲの自生地であり、リョウブ・ブナなどの自然林もある。

　下って登れば三角点のある円頂丘の**岳滅鬼山**１０３７ｍはすぐだった（14：35－15：30）。山頂は広大でアブラチャンあり、ブナの巨木ありで豊かな緑と爽やかな風が吹く至福の森である。ハート型した英彦山とその社殿を眺めると、かつて山伏たちが春の峰入りでここを歩いたことなど思わず考える（ここから釈迦ケ岳５・６ｋｍ、大日ケ岳６・９ｋｍのルートあり）。

　下山は岳滅鬼峠へ戻り（16：20）、樹林帯から、檜の植林に入り、岳滅鬼山登山口がある大南林道に出る（16：45）。駐車しているゲート前まで大南林道を30分歩いて帰る（17：15）。

錦繍の霧立越

宮崎県

登山日　２００９年10月27日（火）晴

【アクセス】　山荘かつらの樹（5：50）⇩国道２６５号線馬見原信号右折（35ｋｍ／6：25）⇩本屋敷右折（46・4ｋｍ）⇩カシバル峠（53ｋｍ／6：50）⇩ゴボウ畑（白岩山登山口、54ｋｍ）⇩五ヶ瀬ハイランドスキー場（55ｋｍ／7：05）

【状況】　歩行時間8時間20分（往３０５分・復１９５分）

　霧立越は九州脊梁山地の向坂山から扇山山小屋まで尾根伝いの峠道で、昭和初期（昭和8〈１９３３〉年）までは熊本県馬見原から宮崎県五ヶ瀬町鞍岡を通り、椎葉村まで馬により物資を運んでいた道である。また、平家の落人が椎葉へ逃れた道としても知られている。

　紅葉狩りに霧立越10ｋｍを往復する。カシバル峠から白岩林道に入り、ゴボウ畑を過ぎ、スキー場まで上る。スキー場の建物前の**霧立越登山口**（7：30）からゲレンデの上端に上がり、阿蘇山・九重連山・祖母傾山を遠望し、遊歩道に入る。シカ除けネットに沿って歩く。向坂山への道中にはオオヤマレンゲ・コハウチワカエデ・オオカメノキなど多くの樹種の名が記されている。５７０ｍの短い距離だが落ち葉の絨毯を踏みしめての歩きは楽しくすぐに**向坂山**山頂（１６８４ｍ）に着いた（7：

縦走路につぎつぎ現れる巨木

折り返し地点の扇山頂上

45）。樹木に囲まれ、展望はよくない。西の三方山へ５・６ｋｍの案内がある。

　山頂から南の杉越（白岩峠）までの９００ｍはブナに始まり、カエデ・マンサク・ミヤマサクラ・ナナカマドなどの紅葉が真っ盛りでアッという間に**霧立越関所**（**杉越**）に下りた（8：10－8：15）。気温7度で暑くなく寒くなく歩くのにちょうど良い。ゴボウ畑からの道が左から合流する。

　ここから扇山山頂まで８９００ｍの尾根道歩きである。緩やかな上りから下りになると左にブナの巨木があり、ほどなく「白岩山石灰岩峰植物群落地」の案内板があり、氷河期生き残りの植物（イワギク・ホタルサイコ等）や草花（ヤマシャクヤク・トリカブト・シモツケソウ・キリンソウなど）を守るためのネットがある。ネットを潜るとすぐ**白岩岩峰**１６２０ｍである（8：30－8：45）。北東に祇園山・揺岳、西に国見岳などの山々が望める。岩峰から前方に下り、ネットを出てシロモジの黄葉やカエデの紅葉を眺めながら、緑濃い苔の道を落ち葉を踏みしめ進むと水呑分岐に達する（9：05）。**水呑ノ頭**１６４６ｍは左上へ１３４ｍの距離でチョイ登りができる。展望はないがツクシシャクナゲの群生地で花の季節には登山客で賑わう場所である（9：10－9：15）。

　また水呑分岐に戻り（9：20）、平らな道を南へ向かう。右（西）へ行ったり、左へ曲がったりと向きを変えながら、緩やかな上り下りを紅葉を楽しみ歩ける快適な道である。ブナ・ミズナラ・ハリギリの巨木が次々と現れるし、ウチワカエデやドウダンツツジの深紅の葉っぱが鮮やかで最高に心地いい地点である。家内の俳句がポ

扇山の山小屋

ンポンと飛び出した所である。その中から二句記そう。

紅葉の霧立越や声弾く

霧立つやブナの巨木に鹿の声

尾前地区へ下る道を右に分け、しばらくで右上に展望のよい岩場がある（10：15－10：25）。西の眺めがよく国見岳から五勇山方面の山並みが一望できる。一息ついて下り、イチイの大樹が5、6本目に付く場所を越えると、やがて道は平坦になり、**「馬つなぎ場」**に到着する（10：40－10：45）。ミズナラ林が広がり、ゆっくりと休憩できる千間平である。向坂山から５８００ｍ歩いてきた地点であり、扇山山小屋までは、まだ３９００ｍある。

ここから西・東・西と向きを変えながらアップダウンをくり返し進むと「霧立越　**平家ブナ**」の標柱立つ場所に着く（10：25－10：30）。扇山山小屋まであと１５００ｍである。道の両側のクマザサも元気いいが、苔むしたブナの巨木の逞しい生命力にも驚かされる。まだまだ紅葉真っ盛りの道は続く。

やがて前方が開け、左上（東）には紅黄葉絶佳の峰があり、その向こうに扇山の山頂も見える（11：40）。こ

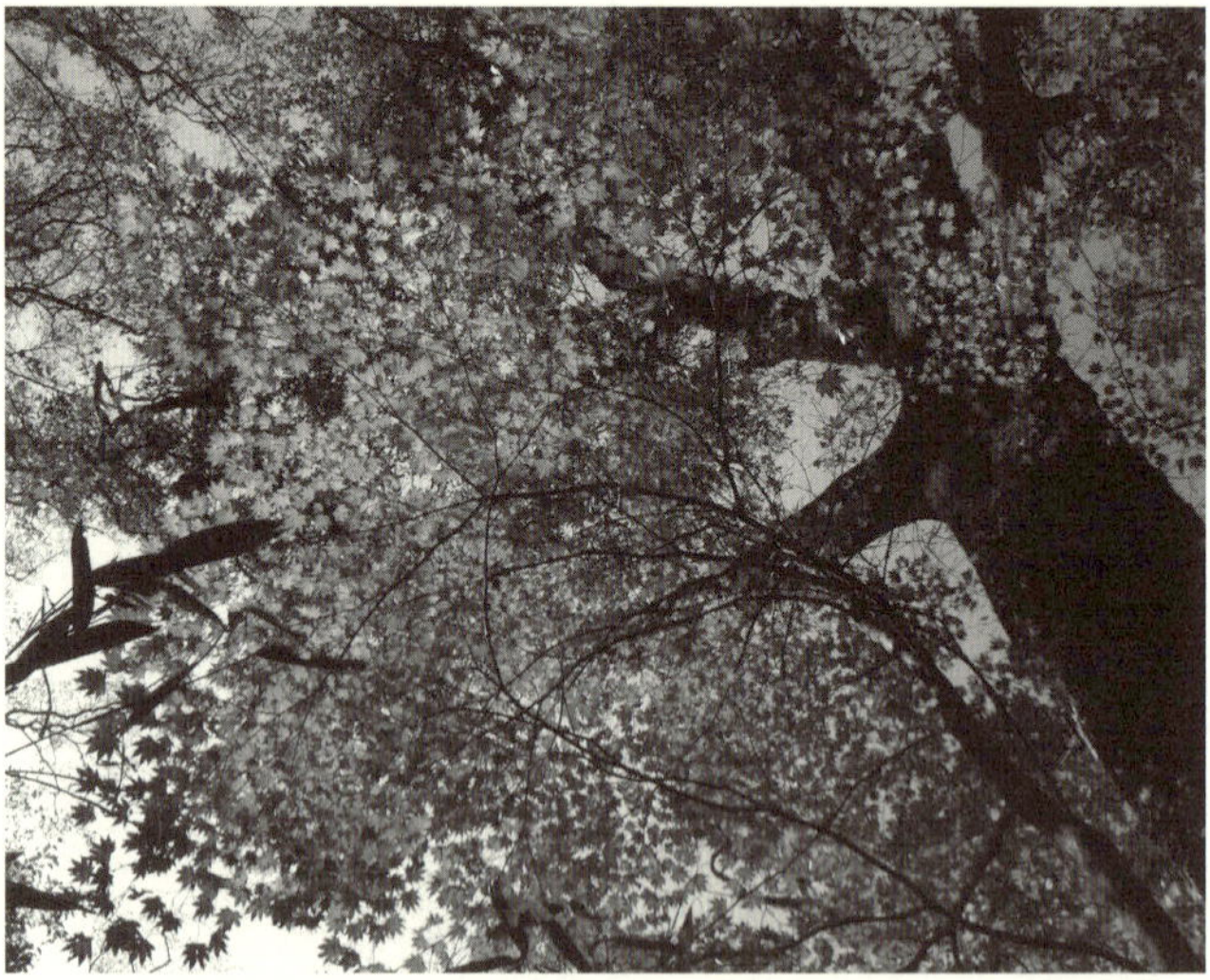

青空に映える鮮やかな紅葉

こを下り、また上ると間もなく**扇山山小屋**が見えてきた。丸太作りの山小屋で部屋もきれいに管理されている（12：00－12：05）。直進すれば椎葉村の松木登山口へ1700mである。

山小屋前から斜面をひと登りで稜線に上がり、大きな露岩を過ぎ、シャクナゲが増えてくると**扇山**山頂（1661・3m）である（12：25－12：55）。赤く染まったドウダンツツジと濃い緑のツクシシャクナゲが調和した頂きは遮る物がなく360度の絶景が楽しめる。

往路を引き返す。往きはみごとな紅葉に惹かれ、5時間あまり時間を要したので復路は足早になる。真っ赤なコハウチワカエデ・ミツバツツジ・アケボノツツジ、黄色に輝くモジノキ・ブナ・ミズナラ等々に歓声をあげながら歩く。疲れも感じずにほぼ3時間15分で帰り着いた。8時間20分の心地よい時間が過ごせた霧立越だった。

【行程】 ゲレンデ（霧立越登山口）⇩（570m）⇩向坂山⇩（900m）⇩杉越⇩（950m）⇩白岩山⇩（450m）⇩水呑分岐⇩（1334m）⇩水呑ノ頭⇩（1334m）⇩水呑分岐⇩（3km）⇩馬つなぎ場⇩（2400m）⇩平家ブナ⇩（1500m）⇩扇山山小屋⇩（600m）⇩扇山

おわりに

「九州百名山完登　２００９・５・11　鹿納山　１５６７m　宗像イケドン会」と記した用紙を掲げた記念写真がある。頂上で青空に向けて両手を高く上げ、何度もシャッターを切る。比叡山林道の崩壊で登れなかった目標の山への登頂は今でも印象に残る。登山路では何度も足を止め、満開のアケボノツツジに目を止める。鹿納坊主と呼ばれる岩峰がだんだん近づいてくる。背丈ほどもあるスズタケをかきわけ頂上直下を進む時のワクワクとした感覚は忘れられない。

　定年後、毎日が〝サンデー〟、自由に使える時間がたっぷりあった。夫の「最近少し丸くなってきたね」の一言が気になり、軽い散歩を始めた。近所の家々のガーデンウォッチングをしながらゆっくり歩いた。二、三カ月経った頃、同じコースにもの足りなさを感じて近くの川沿いのロングコースへと足をのばした。宗像大社の横を流れ、玄海へとそそぐ釣川沿いのコースはウォーキングの格好の場所である。川は毎日ちがった表情を見せてくれ、季節を楽しみながら歩き続けた。歩きはじめて四十分を過ぎる頃から脚が軽くなり、不思議なことにどこまでも歩いていけそうな気がしてきた。その頃から地元宗像市を囲む新立山・許斐山・城山へと足を向けるようになった。

　毎日ひと通り家事を済ませるとリュックサックにおにぎりとお茶を入れて背負い出かける。山頂でジオラマのような町並みを眺めながら頬張るおにぎりの味は格別であった。また、地元の山歩きに加え城山・金山孔大寺山・湯川山の四塚縦走も試みた。そして、いつも新立山の頂から東方に仰ぎ見ていた福智山に登った。その折、かなりの登山経験をもつ人に出会った。「記録用にデジタルカメラを利用している」とのこと。早速、購入し登山の度に少しずつ撮りため、スクラップブックに貼っていった。書店では登山のガイドブックを購入し、登山用品店へも足を運ぶようになった。

ひとつ一つ九州の名山と言われる山に出かけたが、登りはじめると登山口を見つけることに大変苦労した。山で出会ったベテランの登山者の方の話を聴いたり、登山用品店で情報を得たりしながら、九州の主たる山を登り続けている。以前は山頂を踏むことだけを考え、時間を気にしながらせっせと歩み続けるだけだったが、今はその山の特徴を楽しむことにしている。花の季節にはゆっくりとその姿を眺め、滝があれば足を止め、岩あれば眼下の景観を望む。新緑や紅葉の季節感をたっぷり味わい、また山で出会った登山者との会話も楽しんでいる。

歩き初めて早や十年、九州の名山目指して五年の月日が流れた。気にしていた体重も減り、体調もよく、何よりも食事が美味しい。今は毎日の生活の中に早朝登山が日課となり、悪天候でないかぎり地元の新立山３２６ｍに出かけている。私にとって、この新立山は足腰を強くしてくれるありがたい存在、今では「新立山総合病院」と呼んでいる。

今後は日頃の健康に感謝しつつ、一日でも長く山歩きを続けていきたい。

平成二十二年九月

上島秀子

上島昭宣（うえじま・あきのぶ）
昭和13（1938）年生まれ。永年、福岡県立高等学校に勤め、その間、福岡県商業教育研究部会会長、福岡県産業教育振興会理事、全国商業高等学校長協会理事などを歴任。また、高校野球部長、監督として甲子園、九州大会など数多くの大会に出場した。平成11（1999）年に福岡県立門司商業高等学校長を最後に定年退職。その後、中村国際ホテル専門学校・中村調理製菓専門学校（教育部長、評議員）に勤務。現在、教育カウンセラー、ソフトボール宗像ビガーズ代表・監督。宗像市在住。

上島秀子（うえじま・ひでこ）
昭和16（1941）年生まれ。福岡県立若松商業高等学校、若松高等学校、新宮高等学校教諭を経て、平成15（2003）年に定年退職。現在、華道草月流師範。

登山口《とざんぐち》がわかる！　九州《きゆうしゆう》の名山《めいざん》115

■

2011年5月16日　第1刷発行

■

著者　上島　昭宣

発行者　西　俊明

発行所　有限会社海鳥社

〒810-0072 福岡市中央区長浜3丁目1番16号

電話092(771)0132　FAX092(771)2546

http://www.kaichosha-f.co.jp

印刷・製本　大村印刷株式会社

ISBN978-4-87415-801-2

［定価は表紙カバーに表示］